KOSCHKA LINKERHAND (HRSG.)

FEMINISTISCH STREITEN 2

TEXTE ZU BEWEGUNG UND TRANSNATIONALEN KÄMPFEN

QUERVERLAG

Erste Auflage: September 2024

Lektorat: Regina Nössler

Umschlag und grafische Realisierung von Sergio Vitale

Druck und Weiterverarbeitung: Finidr
ISBN 978-3-89656-348-4
Printed in the Czech Republic

Bitte fordern Sie unser Gesamtverzeichnis an:
Querverlag GmbH
Akazienstraße 25, 10823 Berlin
www.querverlag.de

Inhalt

Vorwort

Feministisch streiten 2 ist wie sein Vorgänger ein Sammelband, wenn auch eine Sammlung eigener Texte. Entstanden in den Jahren 2020 bis 2024, dokumentiert sie in assoziativer Reihung eine Entwicklung hin zur Bewegungstheorie und einer Theorie transnationaler Kämpfe, die in engem Zusammenhang mit den politischen Ereignissen dieser Jahre steht. Anders als im ersten Teil von *Feministisch streiten* handelt es sich weniger um einführende Texte. Es sind eher Haltungstexte, suchende Texte zu aktuellen feministischen Streitfragen. Weniger noch als vor fünf Jahren nehme ich in Anspruch, sie abschließend zu klären.

Das feministische Wir … und der Kampf um das Recht auf Abtreibung fußt auf einem Vortrag über das politische Subjekt Frau, den ich in den vergangenen Jahren immer wieder gehalten habe. *Extraktivismus und die „tiefen Spaltungen" im politischen Subjekt Frau* erschien zuerst – zusammen mit drei Übersetzungen ökofeministischer Texte aus dem globalen Süden – in *outside the box*, Nummer 8, im Juli 2023. *„Uns bewegt der Wunsch"* liegen zwei Texte für die Zeitschrift *konkret* vom August und September 2020 zugrunde. *Über die Gewalt im Geschlechterverhältnis* und *Mit dem Staat oder gegen ihn?* gehen in den Grundzügen auf einen Vortrag von 2021 zum Verhältnis von Patriarchat und Rechtssystem zurück. *„Ich bin eine stolze jesidische Lesbe und will euch Mut machen"* resümiert die Zusammenarbeit mit Azadiya H., mit der ich im Herbst 2022 im Querverlag den biografischen Bericht *Um mein Leben* veröffentlicht habe. Der Text entstand für einen noch nicht erschienenen Sammelband, herausgegeben von Karin Stögner. *Pro Kopftuch und kontra Abtreibung*, mein Versuch zur vergleichenden Religionskritik, basiert auf einem Artikel in der *Phase 2*, Nummer 59, Herbst 2021. *Warum Materialismus nicht Transfeindlichkeit bedeutet* erschien zuerst in *perspektiven ds. Zeitschrift für Gesellschaftsanalyse und Reformpolitik*, Nummer 1/2023.

Der übliche blinde Fleck und die Exkurse, die einzelne Argumentationsfäden der größeren Texte weiterführen, entstanden eigens für dieses Buch. Einige Exkurse sind inspiriert von meiner Kolumne *Der Stand der Bewegung*, die ich 2022 und 2023 für die Wochenzeitung *Jungle World* geschrieben habe.

Eine Anmerkung zum Gendern: Ich verwende Sternchen, wenn ich Menschen unabhängig von ihren Geschlechtern meine (*Leser*innen*), und das generische Femininum (*Leserinnen*), wenn ich mich ausdrücklich auf Frauen oder das politische Subjekt Frau beziehe. In diesem Sinn schreibe ich z.B. von den Aktivistinnen oder Theoretikerinnen der Zweiten Frauenbewegung – weil diese Bewegung ausdrücklich und immer wieder Frauen als ihr Subjekt artikuliert hat. In dieser Schreibweise bleibt unberücksichtigt, dass sich einige wenige Männer, trans und cis, in der Frauenbewegung getummelt haben, und einzelne Autorinnen wie Monique Wittig argumentierten, Lesben seien keine Frauen. Von Queerfeminist*innen schreibe ich hingegen mit Sternchen, weil diese feministische Strömung sich ganz wesentlich über ihr Bekenntnis zur Geschlechtervielfalt definiert. Welches Subjekt eine feministische Bewegung zur Sprache bringt, finde ich die politisch relevantere Frage als die nach dem Geschlecht jedes Einzelnen ihrer Mitglieder.

Explizit von Männern bzw. struktureller Männlichkeit ist in Pluralformen wie *Tätern* und *Polizisten* die Rede. Die Schreibweise folgt patriarchatskritischen Erwägungen, die an den jeweiligen Stellen hoffentlich deutlich werden.

Ich habe versucht, den Texten eine möglichst leicht lesbare Form zu geben, weshalb sie z.B. keine Fußnoten enthalten. Im Interesse einer schlanken Form des Zitierens ist nicht extra vermerkt, dass ich manche Zitate aus dem Englischen oder Spanischen übersetzt habe. Diese Stellen sind an den englisch- oder spanischsprachigen Quellentiteln zu erkennen.

Zuletzt möchte ich meinen Dank und meine Liebe aussprechen: meinen Freundinnen und Genossinnen Jule und Katja Wagner, Maria Neuhauss, Carolin Krahl und Sabrina Zachanassian, dafür, dass sie in meinem Leben sind und mich politisch begleiten. Alle hier versammelten Texte haben von ihren Anmerkungen, ihrer Kritik und Ermutigung profitiert.

Einige wichtige Überlegungen, die in dieses Buch eingeflossen sind, verdanke ich meinem Lesekreis mit Jule und Conny.

Viele schöne und erhellende Abende lang haben wir uns u.a. durch die Werke von Rita Segato, Verónica Gago, Bafta Sarbo und Eleonora Roldán Mendívil, Karl Marx, Rosa Luxemburg und Walter Rodney gekämpft. Constanze Stutz sei außerdem in ihrer hochgeschätzten Doppelrolle als Geliebte und Genossin dankend erwähnt.

Ich danke meinen Genossinnen der feministischen Zeitschrift *outside the box* für die Jahre der gemeinsamen Arbeit in der Redaktion, darunter besonders Katharina Lux und Veronika Lechner für ihre Anmerkungen zu Texten dieses Bandes. Merle Stöver danke ich für ihre Gedanken zu *Der übliche blinde Fleck* und Kim Posster für den Anstoß zu *Warum Materialismus nicht Transfeindlichkeit bedeutet*. Azadiya H. danke ich für die neuen Horizonte, politisch wie stilistisch, die sie mir eröffnet hat. Nicht zuletzt danke ich dem Querverlag für die Anregung, mich an eine Fortsetzung von *Feministisch streiten* zu setzen, und Regina Nössler für das angenehme Lektorat.

Leipzig, im Juni 2024

Koschka Linkerhand

Einleitung

Die Suche nach der Bewegung

Mehr als sechs Jahre sind seit dem Erscheinen von *Feministisch streiten* vergangen. Nach dem Skandalerfolg von *Beißreflexe. Kritik an queerem Aktivismus, autoritären Sehnsüchten, Sprecherfolgen*, herausgegeben von Patsy l'Amour laLove, habe ich 2018 meine eigene Skandalnudelsuppe gekocht. Es ging mir darum, die mit *Beißreflexe* in Stellung gebrachte Kritik am vorherrschenden Queerfeminismus weiter zu verfolgen, und zwar auf explizit feministische Weise. Vom einseitigen Fokus auf Sprachregelungen und richtiges Verhalten in Szenenischen wollte ich den feministischen Blick zurücklenken auf die gesellschaftlichen Verhältnisse, die unser Denken, Arbeiten, Begehren und Zusammenleben strukturieren. Deshalb trug ich einführende Artikel zu weiblicher Sexualität und Sozialisation, Prostitution, Religionskritik, lesbischem Feminismus und zu den Fragen nach Kapitalismus und Patriarchat sowie nach Feminismus und Antirassismus zusammen. *Feministisch streiten* sollte diese klassischen feministischen Streitfelder in Erinnerung rufen und die Debatte darüber aufs Neue anstoßen.

Vielerorts stieß dieses Vorhaben auf offene Ohren. *Feministisch streiten* hat mir unzählige Einladungen zu Lesungen und Vorträgen beschert, die die letzten sechs Jahre geprägt haben. An verschiedensten Orten in Deutschland, Österreich und der Schweiz, in Uniräumen, linken Zentren, Kneipen und Cafés, parteinahen Bildungszentren, in feministischen Bibliotheken und alternativen Jugendzentren habe ich mit Genoss*innen Bier getrunken und feministisch gestritten: über Identitätspolitik, das politische Subjekt Frau, Sternchen und Doppelpunkte, Essstörungen, biologische und soziale Geschlechter und Islamismus. Besonders gefreut habe ich mich über die zahlreichen Rückmeldungen, dass *Feministisch streiten* in Lesekreisen rezipiert wurde, häufig als Einstieg in feministische Theorie überhaupt. Genau das hatte ich bei der Konzeption im Sinn.

Während mein Altersunterschied zu den Organisator*innen der Veranstaltungen zunehmend größer wird, ist mir das gemeinsame Diskutieren über die Jahre immer wichtiger geworden. Vorträge und Podiumsbeiträge präsentieren nicht nur die Ergebnisse meiner theoretischen Arbeit, sondern sind ihr wichtiger Bestandteil und ihre wichtige Voraussetzung. Dazu gehört auch die Auseinandersetzung mit den Anfeindungen wegen meiner angeblichen Transfeindlichkeit und meines angeblichen antimuslimischen Rassismus, die die Vorträge immer wieder begleitet haben. Sie verweisen auf linke Konfliktgewohnheiten und diskursive Lücken, die im Interesse emanzipatorischer feministischer Politik überwunden werden müssen. Das kann nur im offenen Gespräch passieren, in dem alle – auch ich vorn im Referentinnensessel – das Risiko eingehen, ihre Ansichten zu überdenken. Insofern ist ein Vortrag, nach dem keine*r was sagt, für mich eine sehr unbefriedigende Angelegenheit geworden. Feministisches Streiten setzt ein Gegenüber voraus, das auch etwas vom Feminismus will, und das ist in keinem Fall völlig deckungsgleich mit meinen eigenen Ansichten. Ich mag es nicht mehr, eingeladen zu werden, um das Richtige zu sagen, das, was alle schon zu wissen meinen, und um die gewünschte Feindbestimmung vorzunehmen.

Materialismus gegen queer

Die Kritik am Queerfeminismus war für eine Weile eine geeignete Stoßrichtung, um meinen Wunsch nach Veränderung, nach Vorwärtsbewegung, ja überhaupt nach Bewegung zu artikulieren. Der aktivistische und akademische Queerfeminismus bot genügend Angriffsfläche, um linke Selbstbezüglichkeit und das Verharren im Status quo, das neoliberale Gefangensein in sich selbst und in den Verhältnissen, in denen man sich's bei allem Unbehagen recht komfortabel eingerichtet hat, zu illustrieren. Ein materialistischer Feminismus, der sich in erster Linie am Queerfeminismus und seiner Begrenzung auf Identität und Sprachgebrauch abarbeitet, schien mir daher ein geeignetes Kritikinstrument zu sein. Schon als Schlagwort war Materialismus wichtig – um überhaupt eine andere Art von Feminismus wieder in die Diskussion zu bringen.

Vor zehn, zwölf Jahren, als noch recht unerfahrene Referentin, musste ich immer wieder feststellen, dass genau das eine provozierende Angelegenheit war. Auf feministischen Camps und Konferenzen herrschte mit überwältigender Mehrheit die Ansicht, es gebe a) den alten Feminismus der Zweiten Frauenbewegung, der in nahezu allen Positionen überholt sei, und b) den zeitgemäßen Queerfeminismus, der ganz neue, unerhörte Erkenntnisse bereithalte. Die meisten Leute waren eifrig bestrebt, ihren Feminismus zu queeren, um alle Menschen einzuschließen und niemanden zu diskriminieren. Wenn ich und meine Genossin Sabrina Zachanassian, mit der ich damals meist auf Vortragstour war, z.B. über Prostitutionskritik sprachen, herrschte grundsätzlich Aufruhr, warum wir Sexarbeiter*innen diskriminierten. Wenn wir über geschlechtsspezifische Sozialisation referierten, kam prompt der Vorwurf, wir schlössen trans, inter und nichtbinäre Menschen aus unserem Feminismus aus. Unsere Verwunderung wich schnell einem politischen und intellektuellen Trotz: Wir hatten uns doch belesen und alles durchdacht und besprochen! Wir hatten Simone de Beauvoir, Alice Schwarzer, Judith Butler und Jessica Benjamin gelesen. Diese Leute glaubten dennoch, uns über Identitäten belehren zu müssen – als lebten wir Kritikerinnen gesellschaftlicher Strukturen und Verhältnisse hinterm Mond! Als könnte man so mit emanzipierten Frauen umgehen!

Aus diesem Unbehagen und diesem Zorn speisten sich meine frühen theoretischen Texte, in denen ich an einer materialistischen Argumentation feilte. Mit *Beißreflexe*, als Queerkritik plötzlich populärer wurde, kam die Freude am Skandalnudeligen dazu.

Ein Blick auf die Texte in diesem Band zeigt, dass die Kritik am Queerfeminismus nicht mehr den Mittelpunkt meines politischen Denkens ausmacht. Zwar halte ich an vielen Punkten grundsätzlich fest. Nach wie vor denke ich nicht, dass Dekonstruktivismus, einseitige Identitätspolitik und eine Intersektionalität, die sich auf das Nebeneinanderstellen von Identitäten beschränkt, der Königsweg zur Befreiung der Geschlechter sind. Diese Kritikpunkte werden in *Feministisch streiten 2* wiederaufgenommen.

Andere Punkte möchte ich im Folgeband revidieren – wie die Annahme, dass Queerfeminist*innen, egal auf welche Identitätsvariante sie sich stürzen, doch Frauen bleiben. Dieses Verständnis von gesellschaftlicher Realität und ihrer subjektiven Verarbeitung und Politisierung finde ich nicht mehr haltbar. Überdies wird das Beharren auf cis Frauen als einzig akzeptablem Subjekt des Feminismus heute stark von Radikalfeministinnen in Stellung gebracht. Der Radikalfeminismus hat mittlerweile eine sehr erfolgreiche Bewegung für ein Prostitutionsverbot auf die Beine gestellt, leider mit allzu staatsgläubiger sowie transfeindlicher Schlagseite. Das erfordert eine neue Positionierung und auch Abgrenzung eines materialistischen Feminismus.

Wieder andere Punkte möchte ich modifizieren, weil ich sie nicht mehr ausschließlich im Queerfeminismus verorte: wie die Selbstbezüglichkeit und Selbstgenügsamkeit der Kritik, der es gar nicht mehr um eine Veränderung der Verhältnisse zu tun ist. Solche Gleichsetzungen passieren schnell, wenn man erst eine schöne Abgrenzungsfolie wie *Materialismus gegen queer* auf die Beine gestellt hat. Dass selbstbezügliche Kritik auch in anderen Teilen der Linken vorherrscht, will ich im Folgenden anhand meiner politischen Sozialisation schildern. Neben der Queerkritik ergibt sich daraus ein zweiter Ausgangspunkt für das, was mittlerweile meinen hauptsächlichen theoretischen Fokus ausmacht: die Suche nach der feministischen Bewegung.

Politisierung im Lesekreis

Was suche ich in Gesellschaftstheorie, warum beschäftige ich mich damit? Um sich der eigenen Motive bewusster zu werden, hilft es, sich und Anderen die eigene politische Geschichte zu erzählen. Sich als denkendes Subjekt zu vergegenwärtigen und ernst zu nehmen, ist auch eine gute Übung in feministischer Selbstreflexion. Darum blättere ich in meiner autobiografischen Betrachtung übers feministische Streiten noch ein paar Seiten weiter zurück.

Sabrina, ich und einige meiner ehemaligen Genossinnen der feministischen Zeitschrift *outside the box* begannen unseren politischen Denkprozess in einer antideutschen Theorielinken in Ostdeutschland, die nach dem Niedergang der DDR mit keiner realexistierenden Linken noch etwas zu tun haben wollte. Die antideutsche Linke beschränkte sich weitgehend auf abstrakte Strukturkritik. Patriarchat bedeutete demzufolge eine reine, kapitalismusimmanente Strukturkategorie, gegen die man ohnehin nichts ausrichten konnte; oder es meinte die Kopftuchtyrannei der iranischen Mullahs, gegen die man von Leipzig aus auch nichts ausrichten konnte. Patriarchat war nicht hier und heute. Das hing damit zusammen, dass die antideutsche Theorie den Antisemitismus linker Bewegungen zum Kernpunkt ihrer Kritik gemacht hatte. Antisemitismus galt als nahezu unvermeidliche Begleiterscheinung linker Kollektive im postnazistischen und wiedervereinigten Deutschland. Allerdings hatten die Antideutschen ihm wenig mehr entgegenzusetzen als den empörten Rückzug aus jeder sozialen Bewegung und vielen linken Gegenentwürfen. Man ging selbstverständlich davon aus, dass es keine progressive linke Form gebe, sich gegen Kapitalismus und Patriarchat zusammenzutun. Der Staat Israel galt als hauptsächlicher emanzipatorischer Bezugspunkt – neben der kritischen Theorie v.a. Theodor W. Adornos.

Wenn man sich mit der Melancholie des späten Adorno aufs Sofakissen gestickt hat, dass Theorie die einzige Form der politischen Praxis ist, die noch Sinn macht, liegt die Versöhnung mit zutiefst bürgerlichen Formen von Politik und einer unpolitischen Lebensgestaltung nicht fern. Viele Bücher und viel Zeit zum Denken zu haben – ungebundener, kritischer Geist zu sein –, war auch meine Vorstellung von Glück. Immerhin lebte ich im antideutschen Hausprojekt, also nicht fernab autonom organisierter Strukturen, und war nicht ganz allein mit dem adornitischen Hochmut, mit dem ich auf die Welt und auf die übrige Linke blickte. Mit meiner Mitbewohnerin Bine las ich Adornos und Horkheimers *Dialektik der Aufklärung* in einem zweijährigen Lesekreis. Dieser Lektüre und den Diskussionen, die ich damals führte, verdanke ich meinen Anspruch, zwischen gesellschaftlichen Widersprüchen zu denken, und das Misstrauen gegen ein einfaches Dagegen-Sein.

Zum Misstrauen gegen politische Aktionsformen kam, dass mir Vorgänger*innen fehlten. Anders als in westdeutschen Städten gab es in Leipzig in den 2000er Jahren kaum ältere Linke und Feminist*innen. Die feministischen Einrichtungen, die wir kannten, ohne viel mit ihnen zu tun zu haben – die Frauenbibliothek, das Frauenkulturzentrum, der Frauenhausverein –, waren alle im Zuge von 1989/90 gegründet worden; ältere Organisationen gab es nicht. Aber auch mit den Frauen dieser Wendegeneration hatte ich nichts zu schaffen. Ich hielt mich an das Gerücht, dass sie Menstruationsgöttinnen töpferten und Bücher über sogenannte Indianerfrauen lasen. Meinen Genossinnen und mir hingegen war glasklar, dass Frausein nichts Natürliches, kein Widerständiges, sondern in erster Linie eine Strukturkategorie ist.

Trotzdem ging aus der antideutschen Jugendgruppe, zu der einige meiner Schulfreundinnen gehörten, eine Frauengruppe hervor – weil es am Ende doch die Jungs waren, die über Schulkritik und Israel und die Notwendigkeit des Irakkriegs referierten und im Marx- und Adorno-Lesekreis die Wortführer bildeten. In der von Sabrina ins Leben gerufenen Frauengruppe trieben wir weiter Strukturkritik, lasen die Wertabspaltungskritikerin Roswitha Scholz, Martha C. Nussbaum, Necla Kelek und feministische Psychoanalytikerinnen und näherten uns der Zweiten Frauenbewegung an.

Das Besprechen und Theoretisieren eigener Erfahrungen nahm einen gewissen Raum ein. Aber im Ganzen blieben wir dem Modell einer einerseits abstrakten, andererseits hochpolemischen Kritik treu, die jeder Art von Kollektivierung, auch der frauensolidarischen, mit großem Misstrauen begegnete. Wir kritisierten lediglich bestimmte Auswirkungen davon, etwa die antideutschen Totalverrisse des Definitionsmachtskonzepts. Man sollte Frauen, die sexuelle Gewalt erlebt hatten, grundsätzlich Glauben schenken und sie unterstützen, fanden wir, statt in solchen Fällen auf den Rechtsstaat zu vertrauen. Aber unsere hauptsächliche Praxisform blieb es, zusammen zu lesen und zu diskutieren.

Distanzierte Annäherung

Ich habe oft darüber nachgedacht, warum mein Zugang zum Feminismus ein derart theoretischer war. Als Materialistin gehe ich davon aus, dass Gesellschaftskritik keine noble oder uneigennützige Angelegenheit ist, sondern aus Unzufriedenheit mit der Gesellschaft, ja aus Leiden an ihr erwächst. Es wäre also naheliegend, dass feministisches Engagement aus Unterdrückungserfahrungen rührt, die mit Geschlecht und Sexualität zu tun haben.

Für mich selbst aber fällt mir die Beweisführung nicht leicht. Natürlich habe ich mich als Jugendliche darüber geärgert, wenn ich häufiger Geschirr abtrocknen musste als mein Bruder oder der Physiklehrer sexistische Sprüche klopfte. Aber mit 18, als mich eine Schulfreundin zur Frauengruppe einlud, glaubte ich mich erhaben über solchen Alltagskram. Ich wollte Schriftstellerin werden und begriff mich als stolzes und freigeistiges Individuum, nicht als Mitglied *irgendeiner* sozialen Gruppe. Was hatte ich mit den Frauen zu schaffen? Ich stand kurz vorm Abitur und wollte danach Germanistik und Philosophie studieren und Romane schreiben und ansonsten in Ruhe gelassen werden. Laut Tagebuch ging ich zur Frauengruppe, „weil mir die Sache mit dem Feminismus so eigenartig fremd ist und ich ja immer Angst habe, den Kontakt zu meinen politischen Freunden zu verlieren."

Aber dann ließ ich mich schnell von feministischen Theorien begeistern. Sie halfen mir, die Welt zu erklären – und hielten sie mir zugleich vom Leib. Der theoretische und dadurch recht distanzierte Weg, mich mit Weiblichkeit, patriarchaler Gewalt,

Begehren zu beschäftigen, war genau meine Kragenweite. Ich hielt Distanz zu meiner Familie und legte mich auch kaum mit den Bildungsinstitutionen an, die ich besuchte. Arbeiten musste ich noch nicht; mit Männern ging ich kaum je eine so nahe Beziehung ein, dass ich mich mit ihnen hätte streiten müssen. Ich radelte nachts alleine und völlig bedenkenlos durch den Park. Der 8. März hatte für mich genauso wenig eine persönliche Bedeutung wie die Rechtswidrigkeit von Abtreibungen.

Ich hatte mich gewissermaßen vom gesellschaftlichen Frausein ausgenommen – wie ich es Queerfeminist*innen später vorwarf. Vielleicht musste meine erste Auseinandersetzung mit der Weiblichkeit abstrakt sein, damit sie mir überhaupt möglich wurde. In *Fat is a Feminist Issue*, unserem Text über Essstörungen im ersten Band von *Feministisch streiten*, haben Charlotte Mohs und ich die Distanzierung vom eigenen Körper und der eigenen Sexualität, die für Frauen der Preis intellektueller Emanzipation sein kann, ein Stückweit erkundet.

In der Zeitschrift des linken Kulturzentrums Conne Island wurde damals eine Debatte über den Gegensatz von (Real-) Politik und (Gesellschafts-)Kritik geführt. Kritikerin wollte ich sein: kühl, ironisch, wortgewandt, wie ich es von Thomas Mann kannte; nicht in realer und frontaler Opposition. Was mich anzog, war die grundsätzliche Negation zur bestehenden Gesellschaft, die ich bei Adorno und Roswitha Scholz fand: ein rabenschwarzes, aber dezentes, im Alltag fast unsichtbares Nicht-mit-mir.

Nebenbei ging ich zu Demos gegen Nazis und gegen Antisemitismus, die eher gesellige Spaziergänge waren. Anders als das sächsische Umland war Leipzig in diesen Jahren befriedet, wir spazierten am 1. Mai über den abgesperrten Ring und verrammelten nur mehr symbolisch die Tür vom Hausprojekt; die Nazis standen ohnehin eingekesselt am Hauptbahnhof und würden dort bleiben. Ansonsten nahm ich gelegentlich am Fraueneinlass bei der Disko freitagabends im Conne Island teil. Links und rechts der Tür standen Ladys mit kühler Miene und schwarzer Bomberjacke, das mochte ich; manchmal, wenn noch nicht viel los war, packten Bine und ich unseren Adorno aus.

Auf der Suche nach Kollektivität

Ich habe Formen und Inhalte meiner politischen Sozialisation, die immerhin fast 20 Jahre her ist, so detailliert geschildert, um meine Ausgangslage für die Suche nach einer transnationalen feministischen Bewegung zu beschreiben. Für andere Feminist*innen kann das ganz anders aussehen: Neulich sah ich eine Doku über die feministische Bewegung in Argentinien. Eine sehr junge Frau kam zu Wort, deren Mutter während der Militärdiktatur entführt worden und seither verschwunden war. Sie war bei der Großmutter aufgewachsen, die immer für die Aufklärung der Verbrechen während der Diktatur gekämpft hat. Eines Tages, erzählte das Mädchen, während sie sich ein Venussymbol auf die Wange malte, sei ihr klar geworden, dass das Traurige in ihrem Leben mit vielen anderen patriarchalen Missständen zusammenhing. Sie stieß die Tür auf, und da zogen abertausende Frauen mit Transparenten, Trommeln und lila Tüchern vorbei, zu denen sie sich gesellte. Soweit die ARTE-Dokumentation.

Mein Weg zu feministischer Kollektivität war umständlicher – nicht nur, weil vor meiner Tür keine abertausend Frauen vorbeizogen. Dabei treibt mich die Sehnsucht nach dem gemeinsamen Krawallschlagen, nach klaren Worten und klaren Kampflinien, nach einem Aktivismus, der auch den Alltag, den Körper und die Sehnsucht nach einem emanzipatorischen Miteinander einbezieht, schon seit vielen Jahren um. Bereits der erste Band von *Feministisch streiten* war ein großer Schritt in die Welt hinaus. Gegenüber der rabenschwarzen Negation war er ein überwältigendes Beziehungsangebot an andere Menschen, andere Feminist*innen über den engsten Szenekreis hinaus.

In den Jahren zuvor hatte ich erste eigene Texte veröffentlicht (in der Conne-Island-Zeitschrift, der *outside the box* und der *Phase 2*) und die Leipziger antideutsche Blase nach verschiedenen Richtungen hin verlassen. Ich hatte angefangen, als feministische Referentin herumzureisen und Thesen zur Debatte zu stellen. Zurück in Leipzig, trat ich der Redaktion der *outside the box. Zeitschrift für feministische Gesellschaftskritik* bei. Mittlerweile hatte ich Lust, nicht nur am stillen Schreibtisch zu sitzen, sondern auch mit realen Genossinnen in einem wöchentlichen Plenum praktisch zu werden, übers Zeitschriftenmachen. Die Redaktionsarbeit war mein Versuch, kollektiv feministisch zu arbeiten. Für *Feministisch streiten*, das parallel entstand, war ich allein verantwortlich.

In der *outside the box* wiederholte sich zum einen die Erfahrung aus der antideutschen Linken, dass der Zugang zu einer feministischen Bewegung verstellt ist und die Suche danach Züge einer nicht zeitgemäßen Sehnsucht trägt. Zum anderen aber erarbeitete sich die Redaktion der *outside the box* zwei Erkenntnisse, die für *Feministisch streiten* sehr wichtig waren: erstens, dass Feminismus sich Objekte setzen muss, also Kritikgegenstände, die außerhalb seiner selbst liegen. Dass er Außenwelt braucht, um Wirkung zu entfalten, überhaupt sinnvoll zu sein; dass Feminismus nicht nur ein Selbstverhältnis ist, sondern ein Verhältnis zur Welt, in der wir leben. Die zweite, damit zusammenhängende Erkenntnis lautete, dass es produktiv ist, Feminismus als intersubjektiv zu verstehen. Feminismus ist eine Bewegung auch zwischen Feminist*innen, die einander als politische Subjekte ernstnehmen und den Mut und das Vertrauen aufbringen, viel voneinander zu erwarten und dabei auch Kritik zu üben. Insofern kann feministische Geschichtsschreibung, ja überhaupt feministische Theorie als Konfliktgeschichte verstanden werden. Viele Konflikte reichen bis in die Gegenwart und werden immer wieder brisant, beispielsweise: Wer ist das Subjekt des Feminismus? Was ist eine Frau?

Auch aufgrund unserer Überlegungen in der *outside the box* denke ich mittlerweile, dass es weniger darum geht, hinter solche Konflikte einen vermeintlichen Schlusspunkt zu setzen und sich auf die richtige Seite zu schlagen. Vielmehr halte ich es für klug, historische Konflikte nachzuzeichnen, sie in Beziehung zu den gesellschaftlichen Bedingungen zu setzen, unter denen sie damals virulent wurden und es heute wieder werden, und daraus Positionierungen in aktuellen politischen Diskussionen abzuleiten. Die Hoffnung dieses Verfahrens liegt darin, dass streitende Feminist*innen ihre Standpunkte produktiv aneinander reiben, statt sich an immer denselben Konfliktpunkten die Köpfe einzuschlagen und einander unverzeihliche Kränkungen zuzufügen.

Eine Gefahr des feministischen Austauschs liegt darin, sich unter Frauen und Genoss*innen immer wieder gegenseitig in Frustrationserfahrungen mit dem Patriarchat zu bestätigen und dabei in erster Linie Trost und Verständnis voneinander zu erwarten, statt sich gemeinsam kämpferisch auf die Außenwelt zu beziehen. Dass das Streiten als feministische „Beziehungsweise" (Bini Adamczak) keine leichte Übung ist, war der Hauptgrund, dass ich die Redaktion der *outside the box* 2021 wieder verließ. Seither versuche ich, das Scheitern am Kollektiv als Erfahrung in meine Suche nach der feministischen Bewegung zu integrieren.

Diesseits und jenseits des Internets: Aktivismus gegen sexuelle Gewalt

Gleichzeitig wurde die Sehnsucht nach einem kollektiven feministischen Aufbruch auch in breiterem Rahmen spürbar. Besonders augenfällig war das auf dem Streitfeld patriarchale Gewalt und Femizide. Bereits 2013 und 2017 hatten die Kampagnen *#aufschrei* und *#metoo* Sexismus in der Öffentlichkeit, am Arbeitsplatz und im Privaten thematisiert. Wohl weil sie großenteils online geführt wurden und entsprechend niedrigschwellig waren, schlossen sich viele Frauen und Queers an und teilten ihre Diskriminierungs- und Gewalterfahrungen. Die Erschütterung reichte bis in die großen Medien hinein. Dabei konnten ausgerechnet in einer Zeit, in der selbstbewusste Antifeministen wie Trump, Putin und Erdoğan höchste Staatsämter bekleideten, Täter patriarchaler Gewalt zur Rechenschaft gezogen werden, die sich aufgrund ihres Geschlechts und ihrer ökonomischen und kulturellen Machtstellung bisher sehr sicher hatten fühlen können: etwa der Filmproduzent Harvey Weinstein und die Regisseure Woody Allen und Dieter Wedel. Auch die sexuelle Gewalt gegen Kinder, die Michael Jackson und Amtsträger der katholischen Kirche mutmaßlich verübten, wurde in diesen Jahren aus der öffentlichen Verdrängung geholt.

Doch während *#metoo* in den USA in der Verurteilung Weinsteins wegen verschiedener Sexualverbrechen gipfelte, hatte die Kampagne in Deutschland kaum Auswirkungen auf die öffentliche Wahrnehmung von frauenfeindlicher Gewalt und auf das Alltagsleben. Das haben nicht zuletzt die schnell fallengelassenen Vorwürfe gegen die Band *Rammstein* im Jahr 2023 gezeigt. Die Medienberichte junger Frauen über sexuelle Gewalt, die sie auf Konzerten erlebt hatten, unterlagen der Klageflut von *Rammsteins* Anwält*innen – vor allem aber einer sehr großen Fangemeinschaft, die den Trumpismus des Sängers Till Lindemann, der sich alles erlauben kann, begeistert feierte.

Es ist leicht, über Hashtags und eine lila Schleife am Social-Media-Profilbild feministisches Engagement zu bekunden. Es gerät nicht so schnell in Widerspruch zu den patriarchalen Verdrängungs- und Rationalisierungsmechanismen im realen Leben: zu den eigenen Männer- und familiären Beziehungen, zur Benachteiligung am Arbeitsplatz oder auch nur zu den popkulturellen Vorlieben. Um Gesellschaft zu verändern, braucht es eine Praxis, die tiefer greift als reine Onlinekampagnen, die hauptsächlich identitäre Bekenntnisse hervorbringen: Ich bin gegen sexuelle Gewalt!

Eine wichtige Erfahrung, was es bedeutet, gegen sexuelle Gewalt zu sein, war für mich die Kundgebung gegen Till Lindemanns Solokonzert in Leipzig Ende 2023, die aus der Solidarität mit seinen mutmaßlichen Opfern erwuchs. Die gut besuchte und lautstarke Kundgebung führte mir lebhaft vor Augen, dass es gar nicht so schwierig ist, praktisch zu werden. Man kann sich über eine Sache informieren und sie mit den eigenen politischen Grundsätzen abgleichen; sich empören, einen Spruch auf ein Schild malen, und los geht's. Nicht immer braucht es lange Texte, stellte ich fest, nicht immer ist die Sachlage überaus komplex. Alle, die sich ein wenig mit feministischer Kritik beschäftigt haben, wissen von den grundlegenden Mustern patriarchaler und sexueller Gewalt. Leider sind diese Muster seit ihrer Politisierung in den 1960er und 1970er Jahren weitgehend aktuell geblieben.

Ein feministisches Krawallschlagen, zu dem sich eine leidlich große Anzahl von Genoss*innen zusammenfindet, hat das Potenzial, in den Alltag der Einzelnen hereinzuschwappen. Es bietet eine Kollektivität, die über Lektüre und übers Internet kaum ins Leben zu rufen ist: weil sie draußen stattfindet, auf der Straße, in der Öffentlichkeit. Weil Kälte und Dunkelheit, Aufregung, Heiserkeit vom Parolen-Brüllen und vom Hochhalten des Schilds schmerzende Arme wettgemacht werden durch die auch körperliche Anwesenheit Anderer, die mein Anliegen teilen, die mir vermitteln, dass ich zumindest zu dieser Zeit und an diesem Ort nicht allein bin mit meiner Wut auf beschissene Sexisten wie Lindemann.

Feminismus im Streik

Ähnliches hatten bereits die Versuche im Sinn gehabt, zum 8. März einen Frauen- oder feministischen Streik auf die Beine zu stellen. Sie begannen 2018, brachen 2020 wegen der Corona-Pandemie ab und nehmen seit 2023 neue Fahrt auf.

Inspiriert von der lateinamerikanischen Streikbewegung, handelte es sich in den meisten deutschen Städten zunächst um zögernde Gehversuche, die noch keine klare Agenda hervorbrachten, warum feministische Frauen und Queers welche Arbeit verweigern sollten. Aber das Unbehagen an den Produktions- und Reproduktionsverhältnissen sowie der Wille, gemeinsam etwas zu verändern, waren vorhanden. Die feministischen Streiks fallen zeitlich mit der Streikwelle im Dienstleistungssektor zusammen, die seit einigen Jahren andauert: Kita-Erzieher*innen haben gestreikt, Pflegekräfte, Lehrer*innen, der öffentliche Nahverkehr und Lokführer*innen. Sie bezogen sich teils auf dieselben Missstände, etwa die neoliberale Privatisierung von Dienstleistungen und die damit verbundene Verschlechterung der Arbeitsbedingungen in Care-Jobs. Feminist*innen ergänzten diese Kritik, indem sie auf die zusätzliche Belastung von Frauen durch unbezahlte Haus- und Beziehungsarbeit verwiesen, auf transnationale Perspektiven, die Rassifizierung von

Arbeitsverhältnissen, auf sexuelle Gewalt sowie sexistische und transfeindliche Diskriminierung im Job.

Die Frage, ob Prostitution bzw. Sexarbeit Arbeit sei und welche Forderungen daraus abzuleiten wären, war ein großer Streitpunkt vieler Streikbündnisse. Auf weitere Konflikte werde ich in diesem Band zu sprechen kommen. Obwohl sie, soweit ich es mitverfolgt habe, meist nicht inhaltlich und im Hinblick auf eine gemeinsame Praxis ausgetragen wurden, finde ich den bloßen Versuch aufregend, übergreifende feministische Bündnisse zu bilden, in denen sich linksradikale Gruppen mit Institutionen und ehrenamtlichen Initiativen verständigen. Umkreisend, manchmal intervenierend frage ich mich: Was ist die Rolle, die feministische Theorie im Streik einnehmen kann?

Die Bewegung gegen Femizide

Die Empörung über patriarchale Gewalt nahm mit dem Aktivismus gegen Femizide neue Fahrt auf. Während der Pandemie flammte die Diskussion um häusliche Gewalt wieder auf: In vielen Ländern thematisierten Feminist*innen, dass das eigene Zuhause für viele Frauen einen Ort der Gewalt bis hin zum Mord darstellt. Gegen die erzwungene Vereinzelung durch Lockdowns und Homeoffices bot sich damit ein Anlass zur Kollektivierung – digital und dann darüber hinaus.

In Leipzig fand im Mai 2020 die erste Demonstration gegen Femizide statt: nach der Ermordung von Myriam Z. durch ihren Ex-Partner. Die Gruppe *#KeineMehr*, die sie organisierte, hatte sich 2017 zuerst in Berlin gegründet, um Impulse aus der lateinamerikanischen und italienischen Femiziddebatte nach Deutschland zu holen. Drei Jahre später liefen einige hundert Demonstrant*innen, die Myriam Z. größtenteils nicht gekannt hatten, durch die pandemiebedingt stillgelegten Straßen.

Das Thema Femizide etablierte sich in der feministischen Debatte. Begünstigt durch die gesellschaftliche Gesundheitskrise, die auf viele Menschen direkte, nämlich körperlich, sozial und finanziell spürbare Auswirkungen hatte, kam eine neue

Qualität feministischen Engagements auf, die sich in meinen Augen durch Alltags- und Lebensnähe auszeichnete. Die Lockdowns richteten den Blick auf das, was mitten unter uns stattfindet: Was hat patriarchale Gewalt mit der Stadt zu tun, in der ich lebe, mit meinem Viertel, meinem Haus? Wie verändert die Beschäftigung mit Femiziden mein Verhältnis zu feministischen Gewaltschutzeinrichtungen, zur Situation migrantischer und rassifizierter Frauen in Leipzig? Zur regionalen Presse, zur Polizei, zum Bordell in der Nachbarschaft? Zu der unausgesprochenen Vermutung, dass eine Freundin oder Nachbarin von ihrem Partner nicht gut behandelt wird?

Die neue Qualität wurde auch andernorts spürbar. Um nur zwei Beispiele von vielen zu nennen: In Wien gründete sich zur selben Zeit die Gruppe *Claim The Space*, die Kundgebungen gegen Femizide veranstaltete. 2022 konstituierte sich, ebenfalls nach einem Frauenmord im nahen Umfeld, die Initiative *Feminizide stoppen*, um belastbare Zahlen für Deutschland zu erstellen.

Mit dem Aktivismus und der Theoretisierung von Femiziden ist etwas in Bewegung geraten, das Anlass zur Hoffnung gibt, endlich aus dem bloßen Internetaktivismus und der neoliberalen Selbstverkapselung, die auch die politische Praxis formt, herauszukommen. Dass Gewalt gegen Frauen nicht nur grundsätzlich mit dem Kapitalismus zusammenhängt, sondern ganz konkret mit Regierungsentscheidungen, dem Gesundheitssystem und mit der ökologischen Krise, war für mich eine zentrale feministische Erkenntnis der letzten Jahre. In *„Uns bewegt der Wunsch"* und *Extraktivismus und die „tiefen Spaltungen" im politischen Subjekt Frau* habe ich versucht, diesen Erkenntnisprozess zu umreißen.

Theorie als Weg in die Welt

Die gesellschaftlichen Krisen der letzten Jahre – Pandemie, Klimawandel, Rechtsruck – haben mich also dazu gebracht, meine Sicht auf feministische Theorie neu auszurichten. Ich bin weit davon abgekommen, eine Theoriebildung anzustreben, die einfach freischwebende Kritik am Großen und Ganzen sein will. Ich habe kein Interesse daran, als kritischste aller Kritikerinnen Theorie als persönliches Trostpflaster gegen eine unveränderlich schlechte Welt zu benutzen. Dass die gesamte Linke in Deutschland – nicht nur die radikale, auch die parlamentarische – zu einem marginalen Grüppchen geschrumpft ist, adelt nicht die Haltung, auf einsamen Adlerschwingen über den Dingen zu segeln. Ich sehe feministische Theoriebildung vielmehr als Weg in die Welt hinein, zur emanzipatorischen Verständigung mit anderen Menschen, besonders Frauen und Feminist*innen.

Dass ich sie als Prozess der Öffnung begreife, als Möglichkeit, Eigenes nach außen hin zu vermitteln und darüber einen Platz in der Welt zu finden, hat auch persönliche Gründe, u.a. mein Selbstverständnis als Schriftstellerin. Sie sind sicherlich nicht verallgemeinerbar. Ich halte es aber für wichtig, sich klar zu machen, worin das eigene politische Begehren und die eigenen Abneigungen wurzeln: psychisch, historisch, sozioökonomisch. Der persönliche Nährboden hinterlässt seine Spuren in der Theorie und im Aktivismus. In meinem Fall ist es die Selbstabdichtung gegen die Welt; ich kenne sie allzu gut und halte sie vielleicht deshalb nicht mehr gut aus. Politisch findet sich eine solche Abdichtung in der adornitischen Attitüde wieder, Theorie als Flaschenpost an eine verständnisvollere Nachwelt zu verstehen. Aber sie steckt auch in der Tendenz queerfeministischer Sprachregelungen, zwischenmenschliche Begegnungen außerhalb der eigenen Politblase zu erschweren.

Wie kann eine welthaltige Theorie aussehen? Im Juli 2022 ging ich zu einem Vortrag von Katharina Oguntoye – der damaligen Schirmherrin des Leipziger CSD – über Audre Lorde und die afrodeutsche Frauenbewegung. Ich war sehr angetan von Oguntoyes kämpferischer, klarer, aber völlig unprätentiöser und auch entspannter Haltung. So zu sprechen, dass viele mich verstehen können, und dennoch das Schwierige und Widersprüchliche nicht zu meiden, ist mein Ideal als politische Schriftstellerin. Katharina Oguntoye und viele weitere Vertreterinnen der Zweiten Frauenbewegung können und konnten das. Als einem Kind der bewegungsfernen 1990er und 2000er Jahre, als zuallererst theoretische Feministin fällt es mir unglaublich viel schwerer, mich verständlich zu machen. Auch auf Vorträgen höre ich ab und zu, dass meine Kritik ja interessant wäre, aber schwierig zu verstehen, gerade abends nach der Arbeit oder einem langen Tag an der Uni.

Natürlich braucht es auch bei der Leser*in und Zuhörer*in eine gewisse Hartnäckigkeit, sich mit theoretischen Dingen befassen zu wollen. In *Der lange Sommer der Theorie* beschreibt der Historiker Philipp Felsch, dass die Linke in den 1960er bis 1980er Jahren – also auch die Zweite Frauenbewegung – noch sehr viel mehr Hoffnung damit verband, die Welt über Theorie zu verstehen und zu verändern, als es heute der Fall ist.

Augenfällig ist die Distanz aktueller feministischer Theorie zu Geschlechterfragen im Alltag. In *„Uns bewegt der Wunsch"* habe ich in der Auseinandersetzung mit lateinamerikanischen Feministinnen untersucht, unter welchen gesellschaftlichen Bedingungen feministische Theorie im Hier und Jetzt produziert wird. Meist sind das die Universität und die Subkultur – Bereiche, die einen sehr begrenzten Teil der Gesellschaft ansprechen und häufig eher auf Abdichtung nach außen als auf Vermittlung bedacht sind. Ich habe versucht, dieses Buch auf eine Weise zu schreiben, die weder zu akademisch noch zu subkulturell geprägt ist. Ich wollte die einfachsten Wörter und Sätze benutzen, die einer feministischen Analyse der Verhältnisse gerecht werden; Wörter, die am ehesten aus dem Alltag und der Erfahrung kommen.

Ein transnationaler Ansatz

Aber wie kommt Erfahrung, wie kommt Welt in die Theorie? Ich will nicht einfach meine Erfahrung kundtun, sondern sie mit der Erfahrung anderer Frauen und Queers über Theorie vermittelbar machen. Daher ist Transnationalität ein zweites zentrales Stichwort dieses Bandes. Die These, die ich ihm voranstellen möchte, ist: Materialistischer Feminismus muss transnational sein, weil das kapitalistische Patriarchat global ist.

Im einleitenden Artikel von *Feministisch streiten* habe ich das Theorem von Gleichheit und Differenz innerhalb des feministischen Subjekts entwickelt. Die Lage von Frauen und LGBTI (Lesben, Schwulen und Bisexuellen sowie trans- und intergeschlechtlichen Menschen) weltweit ist nicht gleich, aber vergleichbar. So unterscheiden sich die Lebenssituation und der Möglichkeitsspielraum einer rassifizierten Frau in Deutschland von denen einer weißen deutschen Muttersprachlerin. Sie unterscheiden sich strukturell hinsichtlich ihrer Lohnarbeitsverhältnisse, sozialstaatlichen Absicherung, gesundheitlichen Versorgung und Möglichkeiten zur sexuellen Selbstbestimmung. Sie unterscheiden sich voneinander – und noch einmal stärker von einer indigenen Frau in einem argentinischen Erdölabbaugebiet. Auf der anderen Seite eint alle drei Frauen, ob cis oder trans, die Last der gesellschaftlichen Erwartung, dass Frauen im Rahmen der kapitalistischen Produktionsweise Haus- und Sorgearbeit verrichten sollen, die schlecht oder gar nicht bezahlt wird. Zugleich wiegt diese Last – im Rahmen der postkolonialen internationalen Arbeitsteilung – für rassifizierte Frauen häufig schwerer. Im Interesse eines breiteren Verständnisses der frauenfeindlichen Gesellschaft ist es wichtig, diese Gemeinsamkeiten und Unterschiede herauszuarbeiten. Nach wie vor glaube ich, dass wir uns nur so auf die Suche nach geteilten politischen Anliegen von Feminist*innen weltweit machen können. Auch für die Verständigung über Differenzen, die immer wieder in die Zusammenarbeit hineingrätschen, hilft es, Unterschiede und Gemeinsamkeiten herauszuarbeiten.

Ich beziehe den Begriff des Transnationalen also auf die Annahme, dass Geschlecht und geschlechtliche Arbeitsteilung mit der globalen Durchsetzung des Kapitalismus überall auf der Welt dieselbe gesellschaftliche Form angenommen haben: ein binäres und hierarchisches Geschlechterverhältnis, das von einem männlichen, weißen Subjekt und seinen Abspaltungen ausgeht. Dadurch werden Frauen, Queers, Rassifizierte und Jüd*innen, aber auch Kinder in die schlechteren Positionen der Gesellschaft abgedrängt und erfahren ein besonders hohes Maß an Ausbeutung und Gewalt. Weil mir die Verknüpfung von

Geschlecht und Produktionsweise besonders wichtig ist, spreche ich vom kapitalistischen Patriarchat. Damit soll nicht gesagt sein, dass ich etwa Rassismus für weniger grundlegend für die herrschende Gesellschaftsform halte; ich halte ihn vielmehr für genauso konstitutiv wie Sexismus oder Antisemitismus. Aber mein Erkenntnisinteresse ist ein primär feministisches. Andere Theoretiker*innen mögen andere Begriffe bevorzugen, um etwa eine zuvörderst antirassistische Theorie zu formulieren.

Als ich für dieses Buch tiefer und transnational vergleichend die kapitalistisch-patriarchalen Verhältnisse untersucht habe, fiel mir auf, dass bestimmte Kategorien, an denen ich Gleichheit und Differenz bisher angesetzt hatte, zu grob und nicht verallgemeinerbar sind. So hielt ich die bürgerliche Kleinfamilie als soziale Organisationsform des Kapitalismus lange für universell. Antirassistischen Theoretiker*innen wie Shulamith Firestone und Saidiya Hartman verdanke ich die Einsicht, dass es zur spezifischen Unterdrückung schwarzer Frauen gehört, in den reproduktiven Dienst weißer Kleinfamilien gestellt zu werden. Die Gründung einer eigenen Familie wurde und wird ihnen durch schlechtere, auf Überausbeutung gründende Arbeitsbedingungen und rassistische Kriminalisierung v.a. der Männer strukturell erschwert. Ich musste also mein analytisches Instrumentarium überprüfen und verfeinern.

Indem ich meine Annahme eines kapitalistischen Patriarchats in einen transnationalen Bezugsrahmen setze, knüpfe ich an den Internationalismus der Arbeiter*innen- und der Frauenbewegungen an. Dennoch hantiere ich überwiegend mit dem Begriff *transnational*, um auszudrücken, dass es mir weniger um Beziehungen und Verflechtungen zwischen kapitalistischen Nationalstaaten und ihren Staatsbevölkerungen geht, wie es der Begriff *international* häufig ausdrückt (etwa in „internationaler Arbeitsteilung"). Der Staat ist nicht Adressat meiner Analyse, und seine Kategorien, z.B. deutsche oder internationale Gesetze, geben nicht ihren Rahmen vor. Mir geht es um Geschlecht und geschlechtliche Arbeitsteilung als transnational wirksame Kategorien; und es geht mir um Feminismus als transnationales, staatenübergreifendes Projekt, das verschiedene und doch vielfach miteinander verbundene Analysen, Aktionsformen und Anknüpfungspunkte hervorbringt.

In dieser Hinsicht beschäftigte mich besonders die feministischen Revolutionsversuche im Iran in den Jahren 2022 und 2023. Während diese Bewegung sich nachdrücklich auf die universelle Geltung von Frauen- und Menschenrechten bezog, las und diskutierte ich in einem neuen Lesekreis antikoloniale Feminist*innen. Sie betonten, dass die universalistische feministische Perspektive häufig die Rolle des Kolonialismus vernachlässige, der das gesellschaftliche Frausein global sehr verschieden präge. Beide Perspektiven schienen mir wichtig und notwendig für einen transnationalen Ansatz. In *Pro Kopftuch und kontra Abtreibung* habe ich versucht, diesen Widerspruch anhand der universalistischen Forderung nach Selbstbestimmung zu entfalten.

Ich suche die Lektüre von und die Nähe zu Feminist*innen aus anderen Milieus, Orten und Zeiten. Vormals war es v.a. die Zweite Frauenbewegung, heute sind es exiliranische, lateinamerikanische und osteuropäische Feminist*innen oder welche aus der DDR. Obwohl ich aus Ostdeutschland komme, habe ich lange ausschließlich die Geschichte der westdeutschen Frauenbewegung als meine eigene gesehen. Mittlerweile halte ich ein Verständnis der Frauen- und Lesbenkämpfe der DDR und der widersprüchlichen realsozialistischen Emanzipation der Frauen für einen unerlässlichen Beitrag zum deutschsprachigen Feminismus. Es ist kein Zufall, dass mit dem transnationalen Ansatz zugleich der Fokus auf Leipzig als meinen geografischen und gedanklichen Ausgangspunkt größer geworden ist. Die Frage nach globalen Gemeinsamkeiten hinsichtlich der Arbeitsbedingungen und Freiheitsmöglichkeiten von Frauen schärft den Blick für die regionale Geschichte und Gegenwart – und umgekehrt.

Frau, Leben, Freiheit

Im September 2022 war ich überwältigt von den revolutionären Erhebungen im Iran. Der staatliche Femizid an Jina Mahsa Amini, die angeblich ihr Kopftuch nicht richtig getragen hatte, löste im gesamten Land Aufstände aus, die an Mut und Vielgestaltigkeit ihresgleichen suchen. Unter dem Ruf „Jin, jiyan, azadî!“, der der kurdischen Frauenbewegung entstammt, mischten sich die feministische Forderung nach der freien Entfaltung von Frauen, Mädchen und LGBTI mit der Kritik am islamistischen Mullah-Regime, das seine Bürger*innen terrorisiert. Zugleich prangerten Demonstrant*innen die brutale nationalistische Unterdrückung von Kurd*innen, Belutsch*innen, Araber*innen und Afghan*innen an, die wiederum eng mit ökonomischer Ausbeutung in den Fabriken und auf den Feldern verbunden war. Daran schloss sich die Kritik an der Zerstörung der natürlichen Ressourcen des Landes, die den Anbau von Nahrungsmitteln und den Zugang zu sauberem Wasser erschwert. Auch die stetige Verteuerung der Energie- und Lebensmittelpreise und eine Corona-Politik der Verleugnung, die vermutlich viele tausend Iraner*innen das Leben gekostet hat, trieben weitere Massen auf die Straße.

Mich begeisterte das Ineinandergreifen dieser vielen Themen, das jedem intersektionalen Ansatz zum Forschungsobjekt werden müsste. Auch dass es keine führenden Persönlichkeiten oder Organisationen gab, beschäftigte mich, und dass die Schnittmengen der Demonstrierenden zwischen Feminismus, Sozialismus, Arbeitskämpfen, Sozialismus, Antirassismus, Bürgerbewegung bis hin zu Nationalismus und Royalismus changierten. Genauso vielseitig waren die Protestformen: Massendemonstrationen, Fabrik-, Schul- und Universitätsstreiks, öffentliche Kritik von Prominenten, Online-Aktionen junger Frauen, die vor der Kamera tanzten, sich das Haar abschnitten, jemanden küssten oder andere illegale Dinge taten; Männer, die unverschleierte Frauen in der U-Bahn gegen Sittenpolizistinnen unterstützten oder Mullahs die Turbane vom Kopf stießen; Familien und Gemeinden, die an den Gräbern ihrer ermordeten

Kinder sangen, tanzten und zu weiterem Widerstand aufriefen. In den meisten Fällen riskierten diese Iraner*innen ihr Leben.

Ich war zutiefst beeindruckt vom Mut und der Entschlossenheit der Bewegung. Sie besaß dieselbe Klarheit, wofür es sich zu leben und zu sterben lohnt, die ich seit vielen Jahren an muslimischen und exmuslimischen Feministinnen bewundere, die sich aus religiöser patriarchaler Unterdrückung befreit haben und dafür kämpfen, dass alle Frauen und Mädchen selbstbestimmt leben können.

Zu ihnen zählt Mina Ahadi, die im Herbst 2022 in Leipzig einen Vortrag über reproduktive Selbstbestimmung im Iran halten sollte. Aufgrund ihres Engagements für die Proteste erhielt Ahadi massive Todesdrohungen vom panisch gewordenen Regime: Sie werde den Vortrag nicht überleben. Die Polizei überließ die Verantwortung den Veranstalter*innen, der Gruppe *Pro Choice*, die den Vortrag schließlich ins Internet verlegte. In der Linken blieb der Vorfall weitgehend undiskutiert – vermutlich aus einem Gefühl der Ohnmacht heraus, plötzlich mit einer enorm repressiven politischen Macht konfrontiert zu sein, die ihre Arme in die eigene Stadt ausstreckt.

Was tun gegen die Ohnmacht? Was braucht es, um sich mit revolutionären Erhebungen anderswo zu solidarisieren – und hilft das überhaupt irgendjemandem? Ich teilte auf Social Media verwackelte Bilder und Videos aus dem Iran, ging zu Kundgebungen mit mehr Fahnen, mehr Leidenschaft, mehr lauten Männern und mehr Kunstblut, als ich es bis dato gekannt hatte; richtete ein VPN ein, um Leuten im Iran freien Internetzugang zu ermöglichen, und versuchte, so viel wie möglich von iranischen und exiliranischen Aktivist*innen mitzukriegen.

Doch bald füllte sich mein Instagram- und Facebook-Feed mit blutigen Bildern und schwarzgerahmten Porträts. Schnell wurde klar, dass das Regime zu keinerlei Zugeständnissen bereit war und aus dem Ausland – auch von der deutschen Regierung – wenig zu befürchten hatte. Sie lassen die Mörder einfach machen, stellte ich fest und befasste mich mit der verschiebbaren Rolle von Frauenrechten in internationalen Beziehungen. Währenddessen verhaftete, folterte, vergewaltigte das Regime tausende Demonstrant*innen; im Dezember 2022 begannen die Hinrichtungen. Die Proteste dauerten fort und gingen erst sehr allmählich, unter dem Eindruck brutalster Repression, zurück.

Ich habe, aus der Ferne, eine feministische Revolte miterlebt, die mich tief bewegt hat, weil sie meine eigenen Fragen und Kämpfe berührt. Auch dieses – vorläufige – Scheitern begleitet seither meine politische Arbeit.

Materialismus als Abgrenzung?

Während die Welt näher rückte, fragte ich mich oft: Welche Rolle spielt heute das Beharren auf einem materialistischen Feminismus? Oben habe ich ausgeführt, dass ich Materialismus nicht mehr in erster Linie als großen Gegenspieler zum Queerfeminismus verstehe. Im Interesse einer streitbaren feministischen Bewegung, die sich über Gemeinsamkeiten und Differenzen verständigen kann, wäre es ganz unproduktiv, die materialistische Feministin als identitäre Selbstauskunft in Stellung zu bringen.

Zudem scheint sich gerade in Social-Media-Kontexten die verkürzte und falsche Queerkritik durchgesetzt zu haben, Materialismus bedeute, Weiblichkeit und Männlichkeit geradlinig auf Biologie zurückzuführen. In *Warum Materialismus nicht Transfeindlichkeit bedeutet* verteidige ich den materialistischen Feminismus gegen diese Vereinnahmung.

In *Das feministische Wir* und *Über die Gewalt im Geschlechterverhältnis* führe ich aus, dass materialistischer Feminismus für mich zu einem großen Teil Subjekttheorie bedeutet. Streit ist ein intersubjektives Geschehen – das macht seine Schwierigkeit und seinen Reiz aus. Im Zusammenhang damit beziehe ich mich in der Tradition feministischer Marxist*innen auf die geschlechtliche Arbeitsteilung als grundlegendes Übel der patriarchalen Gesellschaft, das – verwoben mit den Ideologien Sexismus, Rassismus und Antisemitismus – die Subjekte formt.

Wichtige Erkenntnismethoden sind für mich die feministische Psychoanalyse und der historische Materialismus. Ein weiterer großer Punkt ist das utopische Denken aus der frühen kritischen Theorie Max Horkheimers: Kritische Theorie zielt darauf, den Gegenstand der Kritik, etwa den Kapitalismus, nicht nur gedanklich zu untersuchen, sondern auch abzuschaffen. Materialistische Patriarchatskritik ist also niemals Selbstzweck oder akademisches Glasperlenspiel, sondern strebt danach, das kapitalistische Patriarchat auch in der Realität zu überwinden. Dieser utopische Bezug bringt wiederum den Gedanken der Emanzipation in die Theorie: Emanzipatorisch ist, was aus dem Bestehenden herauswill in einen anderen, nicht mehr frauen- und queerfeindlichen gesellschaftlichen Zustand.

Aus einer materialistischen Perspektive kritisiere ich Intersektionalität und Dekonstruktivismus als queerfeministische Methoden. Ersteres wird hoffentlich in *„Ich bin eine stolze jesidische Lesbe und will euch Mut machen"* deutlich, ein Text, den ich über meine Begegnung mit Azadiya H. und ihren Kampf gegen Ehrenmorde geschrieben habe.

Über Dekonstruktivismus schreibt Friederike Beier in ihrem jüngst erschienenen Sammelband *Materialistischer Queerfeminismus*, mit dem sie beide Theorierichtungen einander näherbringen will, „dass der materialistische Feminismus durch die Methode des historischen Materialismus Geschlecht und Sexualität als konstruiert versteht. Ein materialistischer Feminismus ist somit schon in seiner Entstehung dekonstruktiv und in Ansätzen sogar queertheoretisch, etwa wenn wie bei Wittig der Theoretisierung von lesbischen Lebensweisen eine zentrale Rolle zukommt" (Beier 2023, S. 10).

Es ist im Sinn feministischen Streitens, auf die gemeinsame konstruktivistische Grundannahme zu verweisen. Dennoch halte ich es für nötig, an der Kritik des queerfeministischen Dekonstruktivismus festzuhalten. Im Anschluss an den Poststrukturalisten Jacques Derrida wird darin Feminismus in erster Linie als Diskursanalyse verstanden. Realität erscheint als Text. Das zeigt sich in der gängigen Wendung, dass Menschen „als etwas gelesen werden", etwa weiblich, weiß, hetero (obwohl sie in Wirklichkeit vielleicht queer sind oder eine Migrationsgeschichte haben). Die naheliegende Befreiungsmethode wäre also, in den normativen Text einzugreifen und darüber die sprachliche oder sogar die soziale Norm zu dekonstruieren. Das kann z.B. bedeuten, Andere nicht (vorschnell) geschlechtlich einzuordnen, indem man sagt „Ich meine die Frau im gelben Pulli", sondern zu sagen, wie es mittlerweile in linken Kreisen üblich geworden ist, „die Person im gelben Pulli". Dadurch werde die Norm gebrochen und – um in der Textmetapher zu bleiben – umgeschrieben: Man übt sich darin, Menschen weniger anhand der binären Gruppen Mann oder Frau, Mädchen oder Junge einzuteilen, sondern aufmerksam für weitere Geschlechtsausdrücke oder einfach andere Persönlichkeitsmerkmale zu sein.

Mittlerweile räume ich der Möglichkeit eines veränderten Umgangs mit Geschlecht im Alltag mehr emanzipatorischen Raum ein als früher. Ich empfinde diese Versuche nicht mehr so stark als einengende Sprechverbote, die meine eigene Wahrnehmung negieren. Vielleicht hängt das damit zusammen, dass viele queerfeministische Gruppen und Institutionen ihre Kritik am normativen Sprachgebrauch heute stärker mit anderen feministischen Handlungsfeldern verbinden. Wenn die Gewalt gegen LGBTI im öffentlichen Raum ansteigt oder der italienische Staat lesbischen Co-Müttern die Elternschaft aberkennt, bleibt nicht mehr so viel Raum, die patriarchale Welt vorrangig als Diskurs zu rezipieren. Der stärker werdende Zwang der Verhältnisse lässt sich in der Textmetaphorik kaum fassen. Dekonstruktion, so mein Eindruck, wird weniger als ausreichende Form der Gegengewalt in Stellung gebracht.

Dennoch möchte ich weiterhin materialistisch eine Spannung zwischen der als konstruiert erkannten Realität und ihrer noch bevorstehenden Abschaffung geltend machen. Die Realität wurde als konstruiert – falsch konstruiert – erkannt und bleibt dennoch vorerst real. Die patriarchale Zweigeschlechtlichkeit und ihre Ausschlüsse lassen sich nur durch eine tiefgreifende Umwälzung der Produktionsverhältnisse und ihrer Reproduktion abschaffen. Zwar bestreiten das weder Beier noch die französischen Materialistinnen der 1970er Jahre, auf die sie sich bezieht. Aber die angebliche Macht der sprachlichen und sozialen Dekonstruktion ist heute ein fester Bestandteil linker Grundannahmen: etwa, wenn Feminist*innen einander unerträgliche sprachliche Gewalt vorwerfen, ohne das mit anderen Formen patriarchaler Gewalt abzugleichen, gegen die man gemeinsam vorgehen müsste. Im ungünstigsten Fall werden physische, psychische, sexuelle und institutionelle Gewalt völlig unterschätzt – je nachdem, wer wie darüber spricht und schreibt.

Dazu kommt, dass der Fokus auf einem diskriminierungsfreien Sprechen und Schreiben in den letzten Jahren zum Angriffspunkt eines Kulturkampfs von rechts geworden ist. Auch das erschwert es mitunter, sich für eine feministisch reflektierte Sprache einzusetzen, deren Wirkung aber nicht völlig zu überschätzen.

Die Kämpfe um sprachliche Deutungshoheit, z.B. wenn es um geschlechtsanzeigende Pronomen geht, sind durchzogen von einem Nebeneinander verschiedener theoretischer Annahmen, die häufig nicht thematisiert werden. So liegt der Praxis, den eigenen Namen mit einem gewünschten Pronomen anzugeben („Anne, sie/ihr" oder „Leo, kein Pronomen"), ein spezifisch queeres Konzept von Geschlechtsidentität zugrunde, das die Selbstdefinition betont. Ich habe oft gehört, dass es für viele trans oder nichtbinäre Personen eine Erleichterung bedeutet, wenn in Vorstellungsrunden routinemäßig nicht nur der Name, sondern auch ein Pronomen genannt wird. Von cisweiblichen Feministinnen, die ihr Frausein zuvörderst als patriarchale Zumutung verstehen, kann es hingegen als anmaßend empfunden werden, sich als „sie" ausweisen zu sollen: als hätten sexistische Zwänge nicht alles getan, um meinen Körper, meine Mimik und Gestik und mein Sozialverhalten von frühester Kindheit an als weiblich zu markieren.

Ich halte nichts davon, sich für diese Marker blind zu stellen (sofern nicht andere Marker, etwa das Styling einer Person oder geschlechterpolitische Codes, die sie trägt, Hinweise geben, dass sie sich mit der zugeschriebenen und wahrscheinlich sozialisierten Weiblichkeit nicht identifiziert). Die Einordnung als Frau ist für mich eine gesellschaftliche; sie in die eigenen Hände zu nehmen, wäre – anders vielleicht als für eine trans

Frau – kein befreiender Akt. Mich nicht an einer verallgemeinerten Pronomenrunde zu beteiligen und das auch freundlich begründen zu können, ohne die Pronomenwünsche von Gesprächsteilnehmer*innen zu missachten, erfordert die hohe Kunst feministischen Streitens.

Hier befinde ich mich in einer ähnlichen Situation wie vor zehn, zwölf Jahren – wenn ich nämlich darauf bestehen muss, dass es durchaus verschiedene Vorstellungen davon gibt, auf welche Weise man sich am besten gegen geschlechtliche Zwänge zur Wehr setzt. An dieser Stelle könnte eine gemeinsame, respektvolle Erkundung, wie man die Konstruktion von Geschlecht jeweils genau interpretiert und welche eigenen Erfahrungen dabei eine Rolle spielen, hilfreich sein. Um solche Differenzen deutlich zu machen, ist eine analytische Unterscheidung von materialistischen und queertheoretischen Konzepten von Nutzen. Meiner Erfahrung nach sind unverstandene Konflikte auf lange Sicht am destruktivsten: Konflikte, in denen die Differenz und das Unbehagen unverstanden bleiben, in denen man nicht zu fassen kriegt, warum die andere Feminist*in plötzlich so schrecklich ist.

Ich teile Friederike Beiers Anliegen, politische Differenzen nicht unnötig zuzuspitzen und zu Grabenkämpfen um Labels auszuweiten, sondern sich auf Gemeinsamkeiten zu konzentrieren und Bündnisse gegen gemeinsame politische Feinde sowie antikapitalistische Utopien zu schmieden. Dennoch müssen Differenzen ihren Platz in feministischen Räumen haben, müssen sie artikuliert und auf produktive Weise ausgetragen werden können. Ich plädiere dafür, die Differenz – wie am Beispiel der Pronomenrunde beschrieben – am jeweiligen Gegenstand auszudiskutieren, statt sie als Identitätsmarker ins Feld zu führen. Dann würde es schnell heißen: Ich bin für Transrechte, du etwa nicht? Die andere Seite würde antworten: Ich bin für Frauenrechte, du nicht?, und es könnte ein dicker Kreidestrich mitten durch den Raum gezogen werden.

Zugleich müssen die Punkte erkannt und benannt werden, an denen die politische Differenz zu groß wird, um weiter feministisch zusammenzuarbeiten. Das kann offene Transfeindlichkeit sein. Nach dem 7. Oktober 2023, dem Tag des Hamas-Massakers an israelischen Zivilist*innen, lautete der Punkt für mich: Antisemitismus unter Feminist*innen. Sehr, sehr viele queere, antikoloniale und intersektionale Feminist*innen gingen danach mit antisemitischer Israelkritik an die Öffentlichkeit. In *Der übliche blinde Fleck* habe ich mich damit befasst, dass das kein Zufall war. Dieser Antisemitismus gründet vielmehr in den Grundannahmen der antikolonialen Theoriebildung, die nicht identisch mit queeren Theorien ist, aber große inhaltliche Überschneidungen mit ihnen aufweist. Ein beschämendes Beispiel ist die Leugnung der Vergewaltigungen israelischer Frauen durch Hamas-Kämpfer, die als rassistisches Diskursprodukt beschrieben werden. Die queerfeministische Ikone Judith Butler zweifelte noch im März 2024 an den Gewalttaten, die Sanitäter*innen, Forensiker*innen, Journalist*innen und auch die Täter selbst dokumentiert hatten (Schmid 2024). Auch die palästinensische Leipziger Gruppe *Handala* postete: „Einfach widerlich, dieser ungebremste koloniale Rassismus! Die braunen Barbaren, natürlich vergewaltigen sie weiße Frauen. Es gibt keine Beweise von Vergewaltigungen durch die Hamas-Widerstandskämpfer" (zit. n. X-Post von @jamesholdenOG vom 28.6.2024).

Der 7. Oktober hat gezeigt, dass Antisemitismus innerhalb eines dekonstruktivistischen und intersektionalen Feminismus zur Leugnung von Gewalt gegen Frauen führt, wenn sie Jüdinnen sind. Hier stellt sich die Frage nach theoretischer Abgrenzung – und danach, wie es weitergehen kann mit der Suche nach der transnationalen feministischen Bewegung.

Bewegung statt Setzung

Während der Entstehungszeit von *Feministisch streiten 2* ist der Drang stärker geworden, über materialistische Absichtserklärungen hinauszugehen und mich an konkreten Gegenständen abzuarbeiten. Das beinhaltet natürlich das Risiko fehlzugehen, misszuverstehen, den Gegenstand nicht voll zu erfassen, ihn nicht mehr unter einen Hut zu bekommen. Die Gegenstände meiner Kritik sind offener und vieldeutiger geworden, haben neue Fäden ausgestreckt und sich mir immer wieder entwunden.

Der Hut, den ich ihnen dennoch aufsetzen kann, ist: Es geht mir um das Streiten als Bewegung – zwischen Standpunkten und zwischen feministischen Subjekten. Eine glasklare politische Agenda ist in vielen Situationen von Vorteil, sie verleiht Geschlossenheit, Stärke und oftmals Anziehungskraft. Aber die Bewegung, die ich suche, ist keine Marschformation. In diesem Band möchte ich – bei allem Bemühen um Klarheit und Verständlichkeit – einer uneindeutigen Theorie das Wort reden, einer Theorie, die riskiert, am Gegenüber und an der Praxis fehlzugehen, sich aber gerade darin offen hält für uneinheitliche Erfahrungen, überraschende Begegnungen und neue Horizonte, die in der Welt und zwischen Feminist*innen entstehen.

Das feministische Wir

... und der Kampf um das Recht auf Abtreibung

Der erste Band von *Feministisch streiten* beginnt mit einem flammenden Plädoyer für das politische Subjekt Frau. Im Sinne einer streitbaren Auseinandersetzung schlug ich vor, nicht länger die Differenzen zwischen Feminist*innen absolut zu setzen und gegeneinander zu werfen. Ebenso wenig fruchtbar fand ich es, von einem vermeintlich eindeutigen, überzeitlichen Subjekt Frau auszugehen, das überall auf der Welt gleich wäre. Stattdessen plädierte ich dafür, Gleichheit *und* Differenzen innerhalb des gesellschaftlichen Frauseins zu verhandeln und uns darüber in Beziehung zueinander und zu unseren politischen Anliegen zu setzen (Linkerhand 2018).

In diesem Text möchte ich, anschließend an die in der Einleitung skizzierten Entwicklungen innerhalb der feministischen Bewegung, die Frage nach dem politischen Subjekt des Feminismus neu stellen. Ob in der Streikbewegung, dem feministischen Widerstand gegen sexistische Parteien und Präsidenten oder im Aktivismus gegen Femizide: In all diesen Kämpfen ist der Bezug auf das patriarchale Geschlechterverhältnis gegenwärtig. Gleichzeitig wird mit harten Bandagen gekämpft, wie dieses feministische Wir bezeichnet werden soll: als Frauen? Als Feministinnen? Oder mit inkludierendem Sonderzeichen als Frauen*, Feminist:innen oder companer@s? Als weitere Alternative ist im deutschsprachigen (Queer-)Feminismus seit einigen Jahren FLINTA* als Kürzel für Frauen, Lesben, intergeschlechtliche, nicht-binäre Personen, trans und agender Personen geläufig; das Sternchen, das meist hinzugefügt wird, soll die Offenheit und Diversität dieser Kategorien betonen.

Manchmal wird ins Ringen um diese Selbstbezeichnungen genauso viel Kraft gebuttert wie in das politische Anliegen, das nach außen getragen wird. Schlimmstenfalls zerstreitet sich das feministische Kollektiv und trägt gar kein Anliegen mehr nach außen. Ähnliches passierte 2018 in Leipzig, als sich das Bündnis für den 8. März über der Frage, ob man Frauenstreik oder feministischer Streik heißen wolle, in zwei konkurrierende Streikgruppen spaltete. Was hier verhandelt wird, ist die Frage nach dem Subjekt des Feminismus: Wer wird aktiv, wer organisiert sich? Aber auch: Um wessen Rechte und Freiheiten und wessen gutes Leben geht es? Und warum ist diese Selbstversicherung so wichtig?

Ich möchte die Frage nach dem politischen Subjekt des Feminismus konkret und beispielhaft an einem wichtigen Streitfeld entwickeln: an den feministischen Kämpfen um das Recht auf Abtreibung, die in vielen Ländern geführt werden und sich daher ausgezeichnet für eine transnationale Betrachtung eignen. Die Forderung nach sexueller Selbstbestimmung stellt die Reproduktionsverhältnisse im kapitalistischen Patriarchat in Frage – denn diese Reproduktion beruht global auf der Fremdbestimmung von Frauen, Queers und Rassifizierten und ihren Körpern. Mit diesen Überlegungen möchte ich einen theoretischen Beitrag leisten, der einem gemeinsamen feministischen Kampf für das Recht auf Abtreibung zugutekommt.

Die Kämpfe gegen das Abtreibungsverbot in Deutschland

Bleiben wir vorerst in Deutschland. Im folgenden historischen Abriss stütze ich mich hauptsächlich auf den Artikel *Kurze Geschichte des Paragrafen 218 Strafgesetzbuch* von Dirk von Behren (2019).

§ 218 StGB, der Abtreibung zum Straftatbestand erklärt, existiert seit der Einführung des Strafgesetzbuches von 1871. Bürgerliche wie sozialistische Frauenrechtlerinnen, z.B. Camilla Jellinek und Helene Stöcker, sowie linke Parteien und sexualreformerische Vereine, kritisierten ihn bereits um die Jahrhundertwende. In der Weimarer Republik vergrößerte sich die Bewegung gegen § 218. Noch stärkeren Auftrieb bekam der Wunsch zur Reformierung bzw. Abschaffung des Paragrafen ab den späten 1960er Jahren: In der BRD forderte die Zweite Frauenbewegung vehement das Recht auf Abtreibung ein – angefangen bei der von Alice Schwarzer initiierten Kampagne „*Wir haben abgetrieben!*“, die von einer ähnlichen Kampagne in Frankreich inspiriert war. 374 teils prominente Frauen bekannten, eine Schwangerschaft abgebrochen zu haben. Der Tabubruch in den großen Medien erzeugte großen öffentlichen Druck, der 1976 zur Reformierung von § 218 führte. Die Reform – verabschiedet gegen heftigen Widerspruch der Kirchen und der CDU/CSU – schuf eine kombinierte Fristen- und Indikationslösung. Schwangere durften bis zur zwölften Woche abtreiben, sofern sich eine Ärzt*in dazu bereit erklärte, den Abbruch vorzunehmen; bei aufgrund von Vergewaltigung entstandener Schwangerschaft, sozialer Notlage oder einer erwartbaren Behinderung des Kindes waren auch Spätabtreibungen möglich.

In der DDR herrschte zunächst ein weitreichendes Verbot von Abtreibungen. Im Jahr 1972 beschloss der Staat eine Fristenlösung, die Schwangerschaftsabbrüche relativ unproblematisch machte. Der Staat hatte ein Interesse daran, dass Frauen nicht durch Kinderreichtum oder schwangerschaftsbedingte Krankheiten als Arbeitskraft ausfallen. Außerdem wurde die Neuerung, genauso wie das pragmatische Scheidungsrecht, als Schritt zur realsozialistischen Gleichberechtigung der Frau verstanden. Das geschah abseits ausdrücklich feministischer Interventionen – obwohl sich zunehmend Ärztinnen für das Recht auf Abtreibung einsetzten und ein modernes Frauenbild auch eine Frage der Systemkonkurrenz mit der BRD war. Religiöse Bedenken spielten keine Rolle, weil die Kirchen in der DDR kaum Mitspracherechte besaßen.

Der Beitritt der DDR zur BRD im Jahr 1990 zeigt, dass der Kampf für das Recht auf Abtreibung keine einfache Fortschrittsgeschichte ist: Die gemäß Einigungsvertrag 1995 neu verabschiedete Gesetzeslage erweiterte zwar die zulässigen Indikationen für eine Abtreibung, beinhaltete aber auch eine Beratungspflicht: Seither können Frauen und andere Schwangere nur dann bis zur zwölften Woche abtreiben, wenn sie einen Nachweis für eine sogenannte Schwangerschaftskonfliktberatung vorlegen (z.B. von *Pro Familia* oder einem Gesundheitsamt). Ostdeutsche Feministinnen kritisierten, dass diese Neuregelung die prekäre rechtliche Position von Abtreibung in genau festgelegtem Rahmen als „rechtswidrig, aber straffrei" zementierte. Für ungewollt Schwangere in Ostdeutschland bedeutete das nicht nur eine rechtliche, sondern häufig auch eine weltanschauliche Verschlechterung, weil Abtreibung in Westdeutschland vielerorts verpönter und tabuierter war und ist als in der ehemaligen DDR. „Was soll ich sagen, ich stand kurz vorm Kommunismus und wurde dann in die Vormoderne zurückgebombt", ironisierte eine ehemalige DDR-Bürgerin die Situation nach der Wende (Hofmann 2015).

Während der letzten Jahre haben Feminist*innen die Rechtslage wieder stärker ins Visier genommen. Besonders im Fokus stand § 219a, das sogenannte Werbeverbot für Schwangerschaftsabbrüche. Es wurde von der politischen Rechten und fundamentalen Christ*innen genutzt, um Ärzt*innen wie Kristina Hänel vor Gericht zu bringen, die auf ihrer Homepage darüber informiert hatte, dass sie Abtreibungen vornimmt. Hänel klagte sich, unterstützt von feministischen Initiativen, durch drei Instanzen, verlor aber jedes Mal. Durch zunehmenden Druck seitens feministischer Gruppen und Institutionen, von Medien, aber auch den Parteien Grüne, Linke und FDP verhandelte der Bundestag § 219a neu. 2019 wurde der Paragraf zunächst verkompliziert und am 24. Juni 2022 endlich abgeschafft. Ärzt*innen dürfen jetzt offen darüber informieren, dass sie Schwangerschaftsabbrüche vornehmen; verurteilte Ärzt*innen wie Kristina Hänel wurden rehabilitiert. Zu wünschen ist, dass dieser große Etappensieg Feminist*innen als Fanal für die endgültige Abschaffung von § 218 StGB dient, der seit 150 Jahren für viel zu viele ungewollt Schwangere Unrecht und Schwierigkeiten gestiftet hat.

Das Recht auf Selbstbestimmung als zentrale Forderung

Was macht diesen politischen Kampf überhaupt zu einem feministischen? Wie angerissen, gab es in der DDR Begründungen für eine liberale Abtreibungsgesetzgebung, die nicht explizit feministisch waren. Die KPD und diejenigen Vertreter*innen von SPD und USPD, die in den 1920er Jahren §218 reformieren wollten, verwahrten sich sogar gegen die „Begründung bürgerlicher Frauenrechtlerinnen, daß jedermann unbedingt freier Herr seines Körpers sei" (zit. n. von Behren 2019). Diesen Gegner*innen von §218 ging es mehr um den Klassenaspekt im Strafrecht: Die Frauen, die wegen einer Abtreibung zu Zuchthausstrafen verurteilt wurden, waren zuvörderst Arbeiterinnen, die nicht die Mittel hatten, eine diskrete Ärzt*in für den kriminalisierten Schwangerschaftsabbruch zu bezahlen. Darüber hinaus kritisierten viele Linke generell die entwürdigende Zuchthausstrafe.

Von frauenrechtlicher Seite hingegen, etwa dem von Helene Stöcker mitgegründeten *Bund für Mutterschutz und Sexualreform*, wurde bereits zu dieser Zeit das Recht auf körperliche Selbstbestimmung eingefordert: das Recht von Frauen, sich männlicher Kontrolle und männlichem Zugriff zu entziehen. Damit konnte – und kann – ebenso der eigene Mann oder Vater gemeint sein wie der Staat oder die Kirche. Diese Ausrichtung an der weiblichen Selbstbestimmung ist nicht immer eindeutig emanzipatorisch: So verband Stöcker ihr Engagement für das Recht auf Abtreibung eng mit sozialdarwinistischen und eugenischen Bestrebungen. Schwangere Frauen sollten mithin nicht nur ihre eigene Lage, sondern auch die ihrer „Rasse" berücksichtigen (Taylor Allen 1991). Dennoch lässt sich sagen, dass Feminist*innen von Anfang an die Forderung in den Mittelpunkt stellten, dass Frauen über das sexuelle und reproduktive Potenzial ihres Körpers selbst bestimmen können.

Die materielle Grundlage: Reproduktion im Kapitalismus

Genau das bleibt innerhalb des globalen kapitalistischen Patriarchats ein unvereinbarer Widerspruch – und zwar aufgrund des instabilen Subjektstatus von Frauen in dieser Gesellschaftsform. Damit komme ich zur materiellen Grundlage des Kampfs um das Recht auf Abtreibung in unserer Gesellschaft.

Gemäß der kommunistischen Gesellschaftstheorie von Karl Marx sind Frauen zunächst in den allermeisten Fällen Lohnabhängige, d.h. sie müssen ihre Arbeitskraft zu Markte tragen. Das teilen sie mit Menschen aller Geschlechter. In den demokratischen Staaten des Westens haben sie überdies oftmals eine Wahl, was sie lernen und arbeiten möchten, und sind außerdem gleich vor dem Recht. Frauen sind also Subjekte im Sinn von doppelt freien Lohnarbeiterinnen und bürgerlichen Rechtssubjekten, die ihre Arbeitskraft vertraglich verkaufen sowie Privateigentum erwerben können.

Auf der anderen Seite werden sie dazu gedrängt, reproduktive Tätigkeiten zu übernehmen, d.h. den Erhalt der Arbeitskraft durch Liebe, Sorge, Pflege, Erziehungsarbeit zu sichern. Lohnarbeit verschlingt einen Großteil der Energie der Arbeitenden und schließt viele (selbst-)versorgende Tätigkeiten aus, sodass eine andere Person sie für die Arbeiter*in verrichten muss. Zwar ist die Anforderung, sich mittels Lohnarbeit ökonomisch über Wasser zu halten, für alle Menschen mit der Anforderung gepaart, unbezahlte Reproduktionsarbeit zu verrichten, z.B. müssen sie sich duschen und anziehen und ihre Wohnung sauberhalten. Aber schon bei der Frage, wer das Essen einkauft und zubereitet, die Kleidung wäscht und sich um die Kinder kümmert, zeigt sich, dass Reproduktionsarbeit geschlechtlich organisiert ist. Sie bleibt zum größten Teil an Frauen hängen, die überdies einer Lohnarbeit nachgehen müssen. Die Soziologin Regina Becker-Schmidt hat diese Anforderung, die sich in der BRD in den 1970er Jahren durchsetzte und in der DDR von Anfang an bestand, die „doppelte Vergesellschaftung der Frau“ genannt.

Die Abspaltung der gesamtgesellschaftlich anfallenden Sorgearbeit auf Frauen vollzieht sich durch die jeweilige Art der Jobs, die Männern und Frauen offenstehen, durch den Lohnunterschied zwischen den Geschlechtern und steuerliche Vergünstigungen für heterosexuelle Ehen, in denen die Frau in Teilzeit arbeitet, den Großteil der Elternzeit übernimmt oder, bei ausreichendem Verdienst des Mannes, ganz zu Hause bleibt. Auch in der geschlechtsspezifischen Sozialisation wird Mädchen Reproduktionsarbeit zugewiesen, z.B. durch die Erwartungen zuzuhören, nachzugeben, Verantwortung für das Wohlbefinden Anderer zu übernehmen und sich um ein hübsches und angenehmes Äußeres zu kümmern. Denn zur Reproduktionsarbeit gehört neben der Hausarbeit auch die sexuelle Befriedigung von Männern sowie die gesellschaftliche Erwartung, dass Frauen nachgiebig und verfügbar sind. Auch die Bilder von Weiblichkeit, die die Kulturindustrie vermittelt, bedienen die tief eingeprägten Bedürfnisse und Sehnsüchte, schön, liebens- und begehrenswert und damit eine richtige Frau zu sein.

Sorgearbeit bzw. Care-Arbeit wird entweder in Form von Reproduktionsarbeit im engeren, marxistischen Sinn verrichtet – als unbezahlte, außerhalb des kapitalistischen Produktionsprozesses angesiedelte Hausarbeit – oder durch Überführung derselben Tätigkeiten in schlecht bezahlte Lohnarbeit. In Deutschland arbeiten viele Frauen als Erzieherinnen, Pflege- oder Reinigungskräfte, Friseurinnen, Physiotherapeutinnen oder in der Gastronomie. Ein großer Teil davon arbeitet halbtags, um nebenher die häusliche Reproduktionsarbeit zu bewältigen und Kinder oder pflegebedürftige Angehörige zu versorgen. Dadurch geraten Frauen häufig in ökonomische Abhängigkeit, meist von einem männlichen Partner, von der Familie oder staatlichen Sozialleistungen. Kein Wunder, dass hierzulande das Hauptverdiener-Zuverdienerin-Modell das am weitesten verbreitete Finanzierungsmodell der heterosexuellen Kleinfamilie ist. Die Rolle der Partnerin und Mutter darin ist nur bedingt die eines eigenständigen Subjekts. Neben der Lohnarbeit, in der privaten und häuslichen Sphäre, tendiert sie dazu, ein den Mann ergänzendes, sich selbst zurückstellendes und nur halb sichtbares Nichtsubjekt zu sein, das sich zwischen Kindern, Haushalt und Job zerreibt und doch kaum finanzielle und soziale Anerkennung bekommt.

Die patriarchalen Rollenanforderungen negieren fortlaufend, dass Frauen Subjekte sind: Sorgearbeit widerspricht tendenziell der Zurichtung zur Lohnarbeit. Sie erlaubt wenig körperliche und psychische Abgrenzung von Anderen, wenig selbstbestimmte Zeit- und Aufgabeneinteilung, und sie stellt Zuhören und Reagieren auf Andere über das Sich-selbst-Setzen in der

Welt. Das sind an sich wichtige und notwendige Fähigkeiten; jede soziale Beziehung erfordert sie in gewissem Maß, besonders aber die Betreuung von Kleinkindern, von kranken und älteren Menschen. Niemand kann ohne Versorgung und Pflege durch andere Menschen überleben. Die patriarchale Schieflage liegt darin, dass Sorge ganz selbstverständlich von Frauen und Mädchen erwartet – und zugleich abgewertet wird.

Marxistische Feminist*innen haben seit den 1970ern betont, dass die patriarchale Abwertung von Frauenarbeit und von Weiblichkeit verschleiern, dass es keine Produktion ohne Reproduktion geben kann – und somit kein Lohnarbeitssubjekt ohne Nichtsubjekte, die seine Reproduktion gewährleisten.

Die Zuweisung von Reproduktionsarbeit an Frauen unterliegt zwar historischen und regionalen Schwankungen. Jedoch hat die marxistische Feministin Silvia Federici in ihrem großen Werk *Caliban und die Hexe* (2004) dargelegt, dass der strukturelle Ausschluss der Frauen von vielen Berufen sowie die Abwertung von Tätigkeiten, die keinen Mehrwert erzeugen, als Frauenarbeit bereits zur Zeit der Entstehung des Kapitalismus entstand und für ihn grundlegend wurde. Wo der kapitalistische Produktionsprozess die Gesellschaft strukturiert, kommt die Notwendigkeit auf, die Reproduktion der Arbeitskraft gesondert zu organisieren. Federici schildert, dass Staat und Arbeitgeber*innen stets ein großes Interesse an der Geburt neuer Arbeiter*innen hatten. Im 19. Jahrhundert wurde die Gebärfähigkeit der Frau ein wichtiges ideologisches Argument für ihre benachteiligte gesellschaftliche Position (Korecky 2020). Es trug dazu bei, dass das Verlagern der Reproduktionsarbeit auf Frauen historische Kontinuität annahm.

Reproduktion und Rassismus

Während Frauen als Ehefrauen, Partnerinnen und Mütter einen Großteil der Hausarbeit verrichten, wird die Sorgearbeit, die in Form von Dienstleistungen verrichtet wird, überwiegend von rassifizierten Frauen übernommen.

Einige Sorgetätigkeiten, die einstmals zur Hausarbeit gehörten, wie das Nähen von Kleidung, werden im Ausland ausgeführt, beispielsweise von Billigjobberinnen aus Bangladesch. In der baufälligen Textilfabrik im bangladeschischen Sabhar, die 2013 einstürzte und mindestens 1.127 Näherinnen unter sich begrub, ließen sowohl Adidas als auch H&M und Primark produzieren (Linkerhand 2017). Auch die abendliche Pizza nach einem harten Tag im Büro wird von einem migrantischen Fahrradkurier an die Haustür geliefert. Fertiges Essen, gewaschene Wäsche, eine geputzte Wohnung oder auch Sex können gekauft werden. Die Dienstleister*innen, die auf diese Weise die Reproduktion der Arbeitskraft wiederherstellen helfen, arbeiten unter vergleichsweise schlechten Bedingungen: geringer Lohn, kaum Arbeitsschutz und hohe körperliche Belastung. Das patriarchale Herrschaftsverhältnis ist zugleich ein rassistisches, in dem rassifizierten Frauen, die für Andere kochen, putzen, nähen ein besonders ungerechter Posten zugeschoben wird.

Eine materialistische Analyse des Rassismus in der globalen kapitalistischen Arbeitsteilung bieten Bafta Sarbo und Eleonora Roldán Mendívil in ihrem Sammelband *Die Diversität der Ausbeutung*. Im Anschluss an Marx betonen sie die Gleichzeitigkeit der Ausbeutung einheimischer, weißer Lohnarbeiter*innen und der Überausbeutung rassifizierter Lohnarbeiter*innen im globalen Süden sowie im heimischen Niedriglohnsektor, die auch heute mitunter an Versklavung grenzt. Überausbeutung bedeutet einen vergleichsweise geringeren Lohn und längeren Arbeitstag und sichert nicht die Reproduktion des Lebens, weil Arbeits- und Gesundheitsschutz, Bildung und Altersvorsorge nicht gewährleistet sind. Auf diese Weise werden BIPoC (Black, Indigenous and People of Color) auf dem Arbeitsmarkt seit über 500 Jahren benachteiligt – und darauf verwiesen, die ausgelagerte Reproduktionsarbeit weißer und reicherer Menschen zu übernehmen.

Die patriarchale Herrschaft über den Körper

Auffällig ist, dass es sich bei der ausgelagerten Arbeit meist um körperliche Arbeit handelt: Federici führt in *Caliban und die Hexe* aus, dass Herrschaft über Frauen und Rassifizierte stets Herrschaft über Körper bedeutet. Subjektivität bedeutet auch die bürgerliche Illusion eines autonomen Geistes, der den eigenen Körper sowie die Körper anderer, unterworfener Menschen fest unter Kontrolle hat. Körper zu sein, körperlich zu arbeiten, über den Körper fremdbestimmt zu sein, wird ideologisch, aber auch materiell (nämlich über die geschlechtliche und rassistische Arbeitsteilung) auf Frauen und Rassifizierte verschoben.

Die Abtreibungsdebatte zeigt, wie sehr Frauenkörper sowohl für den Staat, aber auch für Ehemänner, Liebespartner*innen und eine patriarchale Öffentlichkeit ein Terrain von Machtausübung sind. Dass Frauen selbstständig entscheiden können sollten, ob sie eine Schwangerschaft austragen, bedeutet eine harte Konfrontation mit der patriarchalen Illusion vom männlichen Subjekt, das angeblich niemals vom weiblichen Körper und weiblicher Fürsorge abhängig gewesen ist.

Diese scheinbare Autonomie wird immer wieder über körperliche und sexuelle Gewalt gegen Frauen hergestellt. Männergewalt verdeutlicht Frauen, was im Zweifelsfall ihr Platz in der Gesellschaft ist: nämlich der eines verfügbaren Objekts, eines Nichtsubjekts (siehe dazu die Texte *Über die Gewalt im Geschlechterverhältnis* und *„Uns bewegt der Wunsch"* in diesem Band). Unter Umständen zwingen Gewalttäter Frauen durch eine ungewollte Schwangerschaft, ihre Subjektivität in Form von Arbeitsfähigkeit, aber auch ökonomischer und rechtlicher Unabhängigkeit zumindest zeitweise aufgeben zu müssen. Die Beschneidungen variieren je nach Rechtslage, aktueller Sexualnorm, Ausbau des Sozialstaats – und auch hier spielt Rassifizierung eine Rolle. Rassismuskritische Feminist*innen wie Saidiya Hartman haben herausgestellt, dass die straflose Vergewaltigung und Schwängerung schwarzer und indigener Frauen durch weiße Männer der Aufrechterhaltung einer auch rassistischen Geschlechterordnung dient (Hartman 2022).

Manchmal scheint es, als hätte der kapitalistische Fortschritt die körperliche Last der Hausarbeit vermindert. Hier und heute werden viele reproduktive Tätigkeiten weniger über Muskelkraft als über Maschinen verrichtet, etwa Waschmaschinen, Spülmaschinen und selbststeuernde Staubsauger. Übersehen wird, dass die Hausarbeit dadurch nicht einfach wegfällt, sondern auf die Ausbeutung von Rohstoffen zur Herstellung und zum Betrieb von Elektrogeräten verlagert wird – sowie wiederum auf andere Arbeiter*innen, meist in Ländern des globalen Südens, die diese Rohstoffe aus dem Boden holen, die Maschinen zusammensetzen und sie später auf riesigen Müllbergen entsorgen. In der mexikanischen Grenzstadt Ciudad Juárez produzieren beispielsweise tausende rassifizierte Arbeiterinnen unter schlechten Bedingungen für die „Weltmarktfabrik" von Bosch (Zeiske 2022, S. 102). Aktivist*innen gegen Femizide haben häufig einen Zusammenhang zwischen dieser Art von Frauenbeschäftigung und patriarchaler Gewalt hergestellt.

Angewachsen ist zudem die Anforderung an Frauen hierzulande, den Alltag und seine vielfältigen Verpflichtungen zu managen und dabei ständig am Handy zu hängen, um Schul-, Arbeits- und Freizeitaktivitäten aller Familienmitglieder kompatibel zu machen, weder Arzttermine noch den Spielzeugtag im Kindergarten zu vergessen – und abends um elf die Wäsche aufzuhängen, die nebenbei maschinell gewaschen wurde. Zusätzlich sollen Mütter sich nicht gehen lassen, sondern durch Yoga, zuckerfreie Ernährung und Achtsamkeitspodcasts zu sich selbst und zu neuer Attraktivität finden (zumindest im weißen, linken, akademischen Milieu, in dem ich mich bewege). Dass der weibliche Körper im einen Fall Arbeitsmittel, im anderen eher zu gestaltendes Arbeitsprodukt ist (vgl. Orbach 2010), zeigt recht gut, wie ungleich die globale Frauenunterdrückung funktioniert.

Das Subjekt und seine Anderen

Von der Warte einer feministischen Subjektkritik können diese Abspaltungen von Reproduktion, Überausbeutung und körperlicher Verausgabung als Entsubjektivierung bezeichnen werden. Die grundsätzliche Gleichheit der Lohnarbeitssubjekte, die der Kapitalismus hervorbringt, liegt quer zu den patriarchalen und rassistischen Strukturen, die er ebenfalls erzeugt. Frauen sollen Subjekte sein und gleichzeitig die Kosten des Subjektstatus tragen, der auf Männer zugeschnitten ist.

Der Gegensatz von bezahlter Lohnarbeit und unbezahlter Reproduktionsarbeit strukturiert das Geschlechterverhältnis und begründet die Dynamik zwischen Subjektivierung und Entsubjektivierung im gesellschaftlichen Frausein. Wo sie zugunsten der Subjektivität ausschlägt, z.B. für einige Frauen der Kapitalist*innenklasse bzw. des globalen Nordens, geschieht das zulasten der Subjektpotenziale anderer Frauen und/oder rassifizierter Menschen. In der Logik des kapitalistischen Patriarchats ist das Festnageln vieler Frauen auf Reproduktionsarbeit und schlecht bezahlte Care-Arbeit unverzichtbare Bedingung dafür, dass Männer – und einige andere Frauen – Subjekte sein können.

Die geschlechtsübergreifende Ausbeutung durch Lohnarbeit und die reproduktive Unterdrückung von Frauen sind kapitalismusimmanente Tendenzen, die seit Anbeginn des Kapitalismus miteinander wie gegeneinander existiert haben. Dieser Widerspruch prägt jedes einzelne weibliche Leben im kapitalistischen Patriarchat, wenn auch auf sehr unterschiedliche Art und in unterschiedlicher Ausweglosigkeit. Eine klassische Beschreibung des widersprüchlichen Subjektstatus von Frauen im Kapitalismus findet sich in Simone de Beauvoirs *Das andere Geschlecht* (1949). De Beauvoir prangert die Unvereinbarkeit von Frausein und Subjektsein an: Frausein bedeutet, zugleich Subjekt zu sein, das auf eigene Faust sein Leben gestalten will, das aktiv sein und handeln will – und ist doch mit Entfremdung und Fremdbestimmung verknüpft, damit, Objekt von Männern und männlichen Herrschaftsstrukturen zu sein.

Federici und andere antikoloniale, v.a. aber schwarze Feministinnen wie bell hooks und *The Combahee River Collective* haben diese Kritik dahingehend präzisiert, dass der Subjektstatus nicht nur an Männlichkeit, sondern auch an Weißsein, also die Rassifizierung anderer Bevölkerungsgruppen, gebunden ist. Schwarze Männer – wie der oben erwähnte Fahrradkurier – gelten also nur eingeschränkt als männliche Subjekte: Ihre ökonomische Unabhängigkeit ist weitaus prekärer als die weißer Männer, und sie sind rassistischer Gewalt ausgesetzt. Schwarze Frauen werden als Frauen *und* als Schwarze entsubjektiviert: Rassifizierte Frauen übernehmen in den USA (genau wie philippinische Hausangestellte in Saudi-Arabien) häufig die häusliche Reproduktionsarbeit reicherer Frauen. In Deutschland sind sie aufgrund rassistischer Bildungsbenachteiligung und diskriminierender Einstellungspolitik oft auf Jobs an der Kasse, in der Putzkolonne oder in der Pflege verwiesen. Durch diese erschöpfende Care-Arbeit öffnen sich Reproduktionslücken, wenn z.B. angesichts kräftezehrender Schichtdienste Hausarbeit und Kindererziehung kaum mehr geleistet werden können. Aber auch transnational entstehen Reproduktionslücken – wenn etwa polnische Kinder von ihren Großeltern aufgezogen und früh selbstständig werden müssen, weil ihre Mutter in Deutschland in der 24-Stunden-Pflege arbeitet. Sie verrichtet Care-Arbeit unter schlechteren, entgrenzteren Bedingungen als eine Krankenschwester in einem deutschen Krankenhaus; auf Kosten ihres Privat- und Familienlebens ermöglicht sie, dass die erwachsenen Kinder der deutschen Rentner*in ihrer eigenen Lohnarbeit und der Erziehung ihrer Kinder nachgehen können.

Lesbische und queere Feminist*innen haben wiederum auf die heterosexuelle, cisgeschlechtliche und binäre Ordnung aufmerksam gemacht, die die kapitalistisch-patriarchale Subjektivität global durchsetzt. Sie sieht nur arbeitende Männer vor sowie Frauen, die neben dem Job Kinder und Haushalt nicht vernachlässigen. Die reproduktive Arbeit von Queers, die nicht nur das gemeinschaftliche Aufziehen von Kindern und die Sorge umeinander umfasst, hat in dieser Ordnung keinen Platz. Häufig wird sie weder gesellschaftlich anerkannt noch sozialstaatlich gefördert. Die Transfeministin Nat Raha führt aus, dass Queers zur Wiederherstellung der eigenen Lohnarbeitssubjektivität Wege finden müssen, sich von alltäglicher Diskriminierung zu erholen und sich dagegen zur Wehr zu setzen (Raha 2023).

Alle diese Feminist*innen kämpf(t)en darum, aus der fremdbestimmten Reproduktionsarbeit und ökonomischen Abhängigkeit herauszutreten, um körperlich, sexuell und reproduktiv selbstbestimmt leben zu können. Wie dargestellt, läuft das einer ganz grundlegenden Bestimmung des Kapitalismus, nämlich der geschlechtlichen und rassistischen Arbeitsteilung, zuwider. Die Forderung nach dem Recht auf Abtreibung besitzt derartige Sprengkraft, weil sie die Reproduktionsverhältnisse des kapitalistischen Patriarchats angreift: Dürfen Frauen, Nichtweiße und Queers Subjekte sein?

Die feministischen Kämpfe um das Recht auf Abtreibung können also als Kämpfe gegen unsere fortwährende Entsubjektivierung verstanden werden. Gleichzeitig werfen sie die Frage auf: Was für eine Subjektivität wollen wir genau?

Abtreibung als Frauenrecht

Ein feministisches Subjekt zu formulieren, ein Wir, das feministische Forderungen stellt, ist ein erster Schritt zur Subjektivierung. Damit komme ich auf meine Eingangsfrage zurück. Die Debatte um das Recht auf Abtreibung ist eine Protestbewegung, die sich gegen die patriarchale Außenwelt richtet. Gleichzeitig findet eine innerfeministische Auseinandersetzung statt: Um wen geht es dabei?

In der Zweiten Frauenbewegung, die in den 1960er Jahren in den demokratischen Ländern des globalen Nordens begann, schien auf den ersten Blick ziemlich klar zu sein, dass das Recht auf Abtreibung frauenspezifisch ist. Es ging um „die konkrete Situation der Frau“ (de Beauvoir), die als biologisch, v.a. aber als sozial konstruiert verstanden wurde. Dazu zählten die Rechte der Frau, ihr Körper, ihr Begehren, ihre Rolle in der Gesellschaft, die vielfältigen und doch so ähnlichen Arten von sexistischer Diskriminierung, denen sie ausgesetzt ist. Auch das Recht auf Abtreibung wurde über das Frausein politisiert: Für die Aktivistinnen war es offensichtlich, dass die Gesetzgebung so ungerecht ist, weil sie der männlichen Fremdbestimmung von Frauen dient. Ungewollte Schwangerschaften können jede Frau treffen, hieß es – weil es ganz grundsätzlich um Herrschaft über die Gebärfähigkeit des weiblichen Körpers und männliche Gewalt gehe. In der Forderung „Abtreibung ist Frauenrecht!" lebt diese frauenspezifische Politisierung bis heute fort.

Differenzen zwischen Frauen: Die dunklen Seiten der Abtreibungspolitik

Auch an dieser Stelle wiesen schwarze Feminist*innen darauf hin, dass es doch schwieriger um die Einigkeit aller Frauen bestellt ist. Das Abtreibungsverbot hatte nämlich immer schon eine Kehrseite: eine rassistische Bevölkerungspolitik. Sie klingt bei Helene Stöcker an (auch wenn sie die Selbstverantwortung der schwangeren Frau in den Vordergrund stellte) und zieht sich durch die Geschichte der gesellschaftlichen Debatten um Schwangerschaftsabbrüche.

So waren die Nazis einerseits entschlossene Abtreibungsgegner*innen. Im Interesse möglichst kinderreicher Familien verschärften Nazi-Juristen den Paragrafen § 219a, um den allgemeinen Zugang zu Abtreibungen zu erschweren, und führten sogar die Todesstrafe für Frauen ein, die abgetrieben hatten; Nazi-Richter verhängten hohe Gefängnisstrafen. Ebenfalls im Sinn der eugenischen Bevölkerungspolitik war andererseits das „Gesetz zur Verhütung erbkranken Nachwuchses", das Abtreibungen für behinderte und suchtkranke Frauen geradezu einforderte. Gegen Ende des Zweiten Weltkriegs wurden Frauen, die von sowjetischen Soldaten vergewaltigt worden waren, Schwangerschaftsabbrüche gestattet – anders als in Fällen, in denen die Täter Deutsche oder Angehörige der westlichen Armeen waren (Poutrus 1995, S. 124). Hier zeigen sich die zwei Seiten staatlicher Abtreibungspolitik: Abhängig davon, ob ihr Nachwuchs

„rassisch“ erwünscht war, durften Schwangere abtreiben oder nicht.

Dieselbe dunkle Seite der Abtreibungspolitik zeigte sich in der Nachkriegsgesellschaft der USA. Das vorherrschende konservative Frauen- und Familienbild, wonach die Hausfrau Mutter mehrerer Kinder sein sollte, galt hauptsächlich für die weiße Bevölkerung. Schwangerschaften schwarzer und puertoricanischer Frauen wurden hingegen zum Problem erklärt: Wie könnten arme, vielleicht alleinerziehende Frauen, denen überdies Drogenkonsum und „Geistesschwäche“ nachgesagt wurden und deren Männer im Gefängnis säßen, fähige Mütter sein? Aufgrund dieser rassistischen Stigmatisierung drängte man ihnen Abtreibungen auf oder sterilisierte sie sogar ohne ihr Wissen (Federici 2020). Auch weiße Frauen mit Behinderungen oder solche, denen Promiskuität nachgesagt wurde, waren von Zwangssterilisationen betroffen.

In ihrer Angst vorm Aussterben der Weißen gingen westliche Länder ab den 1960er Jahren so weit, Abtreibungstechnik, ärztliche Ausbildung und pränatale Diagnostik zu exportieren, um in den ehemaligen Kolonien Bevölkerungszuwachs zu verhindern. In Indien kamen auf diese Weise westlicher Sexismus und Rassismus mit einer Frauenfeindlichkeit zusammen, die sich ihrerseits in der Amalgamierung einheimischer Religionen und Traditionen mit kolonialer Unterdrückung herausgebildet hatte. Die technischen Importe schufen eine Praxis der Abtreibung weiblicher Föten – teils gegen den Willen der Schwangeren –, die bis heute anhält und zu einem mittlerweile erheblichen Männerüberschuss der indischen Gesellschaft beiträgt.

Eine weitere Situation in Indien lenkt die Aufmerksamkeit darauf, dass Lohnarbeiterinnen im globalen Süden auf Kosten ihrer Möglichkeit, schwanger zu werden, ausgebeutet werden: Arbeitgeber*innen und Gynäkolog*innen im ländlichen Westindien raten schwer körperlich arbeitenden Zuckerrohrarbeiterinnen, sich die Gebärmutter herausnehmen zu lassen, damit sie nicht wegen Menstruations- und Entzündungsbeschwerden ausfallen. Viele Frauen nehmen die Operation auf sich, weil sie keine andere Jobmöglichkeit haben (ARTE 2021). Ein Teil der indischen Zuckerrohrernte wird in die EU exportiert. Die Verfügbarkeit des billigen Rohstoffs hierzulande ist also mit der eingeschränkten reproduktiven Selbstbestimmung indischer Proletarierinnen verknüpft. Dass Zucker eine klassische Kolonialware war, verdeutlicht die fortbestehende (post-)koloniale Verknüpfung von sexistischer und rassistischer Unterdrückung.

Ein anderes Beispiel, in dem ökonomische Ausbeutung und eine rassistische internationale Arbeitsteilung zusammenwirkten, betrifft die sogenannten Vertragsarbeiter in der DDR. Dabei handelte es sich um junge Arbeitskräfte aus anderen sozialistischen Ländern, z.B. Vietnam oder Mosambik, die für maximal fünf Jahre in der DDR arbeiteten und dabei eine Ausbildung machten. Wurde eine Vertragsarbeiterin schwanger, lautete die gängige Praxis: Abtreibung oder sofortige Ausweisung. Den Staat interessierte nur die unmittelbare Arbeitsleistung der Frau, die Integration ausländischer Arbeiterinnen durch Familiengründung war meistens keine Option.

Verónica Gago, eine Aktivistin und Theoretikerin des feministischen Streiks in Argentinien, greift die Klassendimension des Kampfes um das Recht auf Abtreibung wieder auf: Solange der Staat (oder die Krankenkasse) nicht die Kosten übernimmt, wird es ungewollt Schwangere geben, die sich eine Abtreibung einfach nicht leisten können. Gago beschreibt, wie rechte Kräfte und die katholische Kirche in der argentinischen Abtreibungsdebatte behaupteten, arme, anständige Frauen würden nicht abtreiben, sondern nur familienfeindliche Karrierefrauen. Glücklicherweise zog dieses Abwehrargument nicht: Auch viele proletarische und prekär verdienende Frauen schlossen sich der Forderung nach „legaler, sicherer, kostenfreier Abtreibung“ an (so eine Formulierung der Bewegung).

Silvia Federici sagt selbstkritisch über die westliche Pro-Abtreibungs-Bewegung in den 1970er Jahren: „Der Kampf um Abtreibung schränkte sich selbst ein, weil er nicht mit einbezog, allen Frauen zu garantieren, dass sie Kinder bekommen konnten, wenn sie es wollten. […] Die feministische Bewegung beging damals den Fehler, den Kampf für Abtreibungen nicht mit dem Kampf für eine Verbesserung der materiellen Lebensbedingungen von Frauen zu verbinden" (Federici 2020, S. 34f.). Damals wie heute sind Frauen im kapitalistischen Patriarchat nicht gleich, wenn es um das Recht auf Abtreibung geht.

Nicht nur Frauen – nicht alle Frauen

Die Diskussion um Differenzen zwischen Frauen setzt sich heute mit Blick auf sexuelle und geschlechtliche Vielfalt fort. In queerfeministischen Initiativen, die sich gegen § 218 einsetzen, wird oft deutlich herausgestellt, dass nicht nur cis Frauen in die Situation einer ungewollten Schwangerschaft kommen können (also nicht nur Personen, die als Baby aufgrund ihrer Vulva den Mädchen zugeordnet wurden, eine weibliche Sozialisation hinter sich haben und sich grundsätzlich mit dem Frausein identifizieren). Die Gleichsetzung „Abtreibung ist Frauenrecht" wird in Bezug auf Geschlechtsidentität erweitert: Aktivist*innen betonen, dass auch trans Männer oder nichtbinäre Menschen (die sich weder als Frauen noch als Männer verstehen) unter Umständen schwanger werden können; während manche trans Frau vielleicht darunter leidet, dass sie nicht schwanger werden kann und das Thema Schwangerschaft und Abtreibung sie schmerzlich berührt. Manchmal wird in Flyern und Texten dann vereinfachend von „Menschen mit Uterus" gesprochen, die von ungewollten Schwangerschaften betroffen sein können, oder man benutzt das Kürzel FLINTA*, das meist alle Geschlechter außer dem cis Mann meint.

Angesichts der vielfältigen geschlechtlichen Lebensrealitäten, die ins Licht der Öffentlichkeit gerückt sind, sowie der Vorsicht, niemanden diskriminieren zu wollen, geht die Debatte nicht mehr von einem allgemeinen gesellschaftlichen Frausein aus, sondern von sehr vielen verschiedenen Geschlechtsidentitäten, deren reproduktive Rechte gleichermaßen berücksichtigt werden sollen. Nat Raha macht darauf aufmerksam, dass Lesben und trans Menschen häufig das selbstbestimmte Kinderkriegen und -aufziehen erschwert wird. In Deutschland äußert sich diese Benachteiligung z.B. darin, dass in einer lesbischen

Ehe geborene Kinder nicht automatisch als Kinder der nichtgebärenden Partnerin anerkannt werden – anders als in heterosexuellen Ehen. Heterosexuelle cis Frauen sind von strukturellen Ausschlüssen aus der Subjektivität anders betroffen als queere Frauen oder Queers, die keine Frauen sind, aber ebenso die geschlechtlich begründete Entsubjektivierung des kapitalistischen Patriarchats zu spüren bekommen.

In einer globalisierten Welt mit sehr unterschiedlichen Lebens- und Arbeitsbedingungen, mit unterschiedlichen Lebenswelten und Erfahrungen mit dem „Schwangerwerdenkönnen" (Antje Schrupp) ist es ein sinnvoller Ausgangspunkt, von Gleichzeitigkeit und Überschneidungen der Differenzen auszugehen – innerhalb des gesellschaftlichen Frauseins und darüber hinaus. Der queerfeministische Ansatz der Intersektionalität und der Identitätspolitik arbeitet damit, aus der eigenen sexuellen oder geschlechtlichen Identität heraus politisch zu handeln: „Als lesbische cis Frau mit Kinderwunsch fordere ich …" Diese Positionierung zwischen verschiedenen Intersektionen von Macht und Ohnmacht wird als Reflexion auf die eigene gesellschaftliche Verortung verstanden. Mitunter wird sie als „Privilegiencheck" eingefordert: Wo stehe ich mit meinen Besonderheiten und Benachteiligungen im Vergleich zu Anderen?

Die Tücken der Identitätspolitik

Der identitätspolitisch orientierte Feminismus bietet jedoch keine Methode, sich zum individuellen Identitätscluster der Genoss*innen anders in Beziehung zu setzen als über Quantifizierung und Hierarchisierung: „Als weiße cis Lesbe mit Kinderwunsch kann man sich vielleicht nicht vorstellen, dass es für nichtbinäre Menschen noch mal schwieriger ist, Unterstützung zu bekommen." Überdies identifiziert er über solche Selbstverortungen Menschen vollständig mit bestimmten Umständen in ihrem Leben; er setzt sie mit ihren geschlechtlichen, sexuellen und rassifizierten Identitäten in eins. Laura ist die weiße cis Lesbe und Jules die weiße nichtbinäre Person. Die Versuchung liegt nahe,

Jules' und Lauras Beiträge zur Abtreibungsdebatte hauptsächlich in diesem Raster wahrzunehmen, Jules also in erster Linie als Expert*in für Nichtbinarität anzusprechen. Überdies soll Jules in den Augen intersektionaler Feminist*innen mehr zur Diskussion beizutragen haben als Laura, weil Nichtbinarität gesellschaftlich stärker an den Rand gedrängt ist als Cisweiblichkeit.

Das macht Kritik und Nachfrage zu etwas, das direkt auf den Kern der Menschen zielt und dadurch sehr schnell zu verletzten Gefühlen führt: Als würde jeder Kommentar zu Abtreibungen, die nichtbinäre Personen durchführen, Jules' innerstes Sein und Fühlen angreifen, seine*ihre Erfahrungen entweder rückhaltlos bestätigen oder abwerten. Person und Themenfeld verschmelzen.

Wenn ich nur noch etwas über mich aussagen kann, über die Dinge, von denen ich selbst betroffen bin, führt die Diskussion schnell in Sackgassen. Die Diskussionsteilnehmer*innen fokussieren hauptsächlich ihre jeweiligen Identitäten und ihren individuellen Selbstausdruck und sind ängstlich bemüht, nicht zu diskriminieren und nicht diskriminiert zu werden – anstatt Wege zu suchen, sich gemeinsam kritisch auf die patriarchale Außenwelt zu beziehen, hier § 218.

Identitätspolitik fordert, dass alle Menschen als diejenigen anerkannt werden, die sie sind, dass alle gesehen und nicht diskriminiert werden. Das ist natürlich eine Voraussetzung jeder feministischen Zusammenarbeit. Wenn man aber immerzu eine Identität zu verteidigen hat, verengt sich der Raum für die gemeinsame Analyse der gesellschaftlichen Bedingungen von Geschlecht und Sexualität. Geschlecht, Diskriminierung können nicht als Drittes, als Diskussionsgegenstand in den Raum gestellt werden, sondern sind immer schon hautnaher Teil von uns selbst. Das ist der große Nachteil, den Identitätspolitik gegenüber Strukturkritik und Subjekttheorie hat. Geschlechtliche und sexuelle Identitäten bleiben oft beziehungslos im Raum stehen, und ihr konkreter Zusammenhang mit dem kapitalistischen Patriarchat wird nur wenig feministisch befragt und diskutiert.

Die Tücke der Identitätspolitik liegt m.E. darin, dass zwar bisher randständige geschlechtliche Erfahrungen, z.B. die

Erfahrung queerer Mutterschaft oder Abtreibungsberichte von trans Männern (z.B. Liebermann 2022), dank der leidenschaftlich verfochtenen Identitätenvielfalt sichtbarer geworden sind. Allerdings ist das in einem politischen Rahmen geschehen, der für feministische Auseinandersetzungen und ein solidarisches feministisches Wir keine guten Bedingungen bietet.

Wie lassen sich Differenzen feministisch verhandeln?

Eine Alternative könnte darin bestehen, die Überschneidungen und Differenzen hinsichtlich der Abtreibungsfrage inhaltlich zu besprechen und über Gesellschaftskritik zueinander in Beziehung zu setzen: Wer hat welches politische Interesse am Recht auf Abtreibung? Während es vielen cis Frauen hauptsächlich um den Zugang zu sicheren, legalen und kostenfreien Abtreibungen gehen dürfte, interessiert trans Frauen möglicherweise in erster Linie der damit verbundene Kampf gegen sexuelle Männergewalt und Fremdbestimmung, von denen auch sie in großem Ausmaß betroffen sind. Wieder Anderen geht es vielleicht darum, sich bewusst für ein Kind zu entscheiden und dabei sozialstaatlich unterstützt zu werden. Cis Männer könnten sich dafür einsetzen, Mitverantwortung für ungewollte Schwangerschaften und die Reproduktionsarbeit mit Kindern zu tragen.

Ein Blick auf die historischen und transnationalen Kämpfe um das Recht auf Abtreibung hilft, den eigenen Widerstand feministisch zu verorten und Argumente sowie Strategien zu sammeln, um ihn produktiver zu führen und mit den Kämpfen anderer Feminist*innen zu verbinden. Wir müssen lernen, Differenzen untereinander auszuhalten und auszuhandeln, ohne sie lediglich zu hierarchisieren.

Die Kunst einer transnationalen feministischen Bewegung besteht m.E. darin, reproduktive Ausbeutungszusammenhänge als verschiedene, aber miteinander verbundene Erfahrungswelten innerhalb des kapitalistischen Patriarchats einzuordnen. Es ist nicht konstruktiv im Sinn feministischen Streitens, die Differenzen quantitativ oder moralisch abzuhandeln: Wer leidet mehr? Werde ich meine Schuld los, wenn ich nur noch fair produzierte Nahrungsmittel kaufe – oder verstumme, sobald eine Feministin aus dem globalen Süden das Wort erhebt? Zu einer sorgfältigen Auseinandersetzung mit Gemeinsamkeiten und Differenzen gehört es, einen guten Umgang mit Schuldgefühl, Neid, Wut, Erschrecken und Exotisierung zu finden, die die Beschäftigung mit Frauen und Queers, die vielleicht ganz anders leben, in uns auslösen können.

Ist das Subjekt Frau die Rettung?

Im Interesse einer transnationalen feministischen Solidarität, die so viele Frauen, so viele Menschen wie möglich erreicht, ist es also sinnvoll, sich zueinander und zu den jeweiligen feministischen Anliegen in Beziehung zu setzen. Das führt zurück zur Frage nach dem Subjekt des Feminismus: Was ist der kleinste gemeinsame Nenner, um kollektiv für reproduktive Rechte zu kämpfen?

Ich plädiere weiterhin für einen politischen Kampfbegriff *Frau*, der sich zwischen Gleichheit und Differenz zwischen Frauen aufspannt. *Frau* ist im Feminismus ein sehr hilfreicher Begriff: Zum einen knüpft er an feministische Theoriebildung an. Das Verständnis des kapitalistischen Patriarchats ist nicht möglich, ohne das binäre Zweigeschlechtersystem, das ihm zugrunde liegt, zu benennen und zu kritisieren. Das Frausein ist eine prägende strukturelle Gemeinsamkeit ungefähr der halben Menschheit im globalen kapitalistischen Patriarchat. Auch um Differenzen sinnvoll zu diskutieren, braucht es ein Vergleichendes, das sich in vielen Fällen fruchtbar unter dem Nenner des gesellschaftlichen Frauseins diskutieren lässt: Frauen sind gleichzeitig auch Schwarze, auch Lesben, auch Transgender; sie sind Akademikerinnen, Facharbeiterinnen, Hausfrauen, illegalisierte Reinigungskräfte oder unsichtbare Pflegekräfte im 24-Stunden-Dienst; sie sind Mütter oder kinderlos, jeweils auf oder gegen eigenen Wunsch oder irgendetwas dazwischen. Diese Überschneidungen anhand der Subjektpotenziale zu diskutieren, die den jeweiligen Frauen offenstehen bzw. verwehrt sind, kann eine gelingende Art von Intersektionalität bedeuten.

Der Begriff *Frau* knüpft außerdem an das geschlechtliche Selbstverständnis sehr vieler Feminist*innen an und stellt ein begriffliches Werkzeug zur Verfügung, das hilft, sexistische Diskriminierung, Sozialisation und das eigene gesellschaftliche Sein auf den Punkt zu bringen. Die allermeisten Feminist*innen, auf die ich mich beziehe, sind Frauen. *Frau* ist überdies ein Begriff der Alltagssprache, über den man mit sehr vielen Leuten in sehr vielen Zusammenhängen diskutieren kann, der sich leicht übersetzen lässt und an dem viel Erfahrungswissen hängt. (Spannend wird es, wenn in der Diskussion aufscheint, dass die Frage „Was ist eine Frau?" sich durchaus nicht von allein beantwortet.)

Zu diesen Erfahrungen gehört auch Weiblichkeit als Kränkung, als Diskriminierungserfahrung, die im Widerspruch zur Autonomie des Subjekts steht. Einiger queerfeministischer Unmut über den Begriff *Frau* resultiert nicht aus dem Bedürfnis, eine andere geschlechtliche Identität zu artikulieren – sondern daraus, dass sich Feminist*innen durch ihn gedrängt fühlen, sich mit der Kränkung des Frauseins zu identifizieren. In identitätspolitischem Rahmen, der den Subjekten eine hautenge Geschlechtsidentität abverlangt, liegt eine solche Bedrängnis nahe. Ich möchte dagegensetzen, dass man die gesellschaftliche Abwertung von Frauen und von Weiblichkeit nicht loswird, indem man sich des Begriffs entledigt. Die patriarchale Abwertung geht uns alle an – egal, ob cis oder trans Frauen, nichtbinäre oder agender Personen oder trans und cis Männer –, und sie muss thematisiert und reflektiert werden, *damit* wir sie loswerden können.

Das gesellschaftliche Frausein ist also ein wichtiges Feld feministischer Theorie und Aktion, gerade wenn es um das Recht auf Abtreibung und insgesamt die gesellschaftliche Organisation von Reproduktionsarbeit geht, die zutiefst vergeschlechtlicht ist.

Um Inhalte streiten, nicht um Identitäten

Trotzdem mache ich das politische Subjekt des Feminismus heute nicht mehr dezidiert am Frausein fest. Ich lege den Fokus mehr auf die geteilten politischen Anliegen statt auf die geschlechtlichen Selbstverortungen von Aktivist*innen. Das ist auch eine Reaktion auf die ihrerseits identitäre Verengung des Kampfbegriffs *Frau*, die Radikalfeministinnen aktuell betreiben. „Wir Frauen!" zu rufen, kann genauso identitär sein wie die queerfeministische Ablehnung des Kampfbegriffs *Frau*. Es zielt auf erlittene und nicht weiter diskutierbare Verletzungen, die eine „als Frau" getroffen haben, v.a. aber auf einen angeblich normalen Alltagsverstand, wer als richtige und natürliche Frau anzuerkennen wäre. Das richtet sich häufig gegen die Anerkennung der Weiblichkeit von trans Frauen (siehe *Warum Materialismus nicht Transfeindlichkeit bedeutet*), bietet aber auch eine offene Flanke zum reaktionären Ressentiment, in dem Radikalfeministinnen und christliche wie rechte Ideolog*innen mitunter zueinanderfinden. Unter solchen Umständen ist Frausein gerade kein Begriff, mit dem produktiv gestritten werden kann.

Das Subjekt des Feminismus auf ein Geschlecht festzulegen – das darüber hinaus nicht in erster Linie gesellschaftlich, sondern biologistisch bestimmt wird –, halte ich nicht für zielführend. Zum einen wirft es die Frage auf, wie die Lebensrealitäten und politischen Anliegen von Menschen anderer Geschlechter feministisch thematisiert werden können. Nichtbinäre und trans Männer sind, anders als cis Männer, der Abspaltungslogik der kapitalistischen Subjektivität ebenso ausgesetzt wie cis und trans Frauen, haben also ein naheliegendes Bedürfnis, sie zu politisieren und zu bekämpfen. Wie oben angerissen, gilt das strukturell auch für den instabilen Subjektstatus rassifizierter und schwuler Männer.

Zum anderen macht es viel mehr Sinn, feministischen Streit nicht anhand von Identität zu führen, sondern von Inhalten. Ich denke, es würde sich lohnen, die Analyse auf eine nicht identitäre Weise zu betreiben. Das bedeutet zu akzeptieren, dass Begriffe und Theorien meist nicht unmittelbar mit dem eigenen Erleben zusammenfallen – obwohl sie unsere Lebenswelt berühren und vielleicht starke oder unangenehme Assoziationen wecken. Der Austausch über unsere jeweiligen Erfahrungen mit dem Patriarchat muss von der Absicht getragen sein, ein Stückweit vom Eigenen zu abstrahieren, die Erfahrungen auf Gleichheit und Differenz zu befragen und in einen theoretischen Zusammenhang mit der Gesellschaft zu setzen, in der wir leben und die wir kritisieren. Katharina Lux hat diesen Ansatz in Bezug auf die Selbsterfahrungsgruppen der Zweiten Frauenbewegung untersucht und festgestellt: Sofern die Teilnehmerinnen bereit waren, sich von ihren Erfahrungen ausgehend in einen offenen Austausch zu begeben und diesen mit feministischer Lektüre zu unterstützen, zeichneten sich eine kollektive Ermutigung und emanzipatorische Handlungsperspektiven ab (Lux 2019).

Daher möchte ich heute sagen: Eine Einigung darauf, dass das Geschlechterverhältnis anhand der Achsen Patriarchat und Kapitalismus kritisiert und verändert werden muss, ist eine gute Voraussetzung dafür, auf feministischen Kampffeldern zusammenzufinden. Der kleinste gemeinsame Nenner könnte beispielsweise so lauten: Feminismus bedeutet Gesellschaftskritik und soziale Kämpfe unter der Perspektive des Geschlechterverhältnisses. Ich vermute, in vielen Fällen müssen die gemeinsamen theoretischen Prämissen gar nicht allzu konkret sein. Wichtiger ist die Konkretheit des geteilten Anliegens: Wenn man sich zusammengefunden hat, um für das Recht auf Abtreibung zu kämpfen, wie es die zahlreichen *Pro Choice*-Gruppen tun, ist relativ einleuchtend, über welchen Aspekt des kapitalistischen Patriarchats man sich mit den Genoss*innen auseinandersetzt. Weltanschauliche Differenzen, z.B. über einen frauenrechtlichen, queerfeministischen oder antikolonialen Zugang zur Abtreibungsfrage, können und müssen in genau diesem Rahmen geklärt werden. Gruppen und Bündnisse müssen besprechen, wen sie als Subjekt des Kampfes gegen Abtreibungsverbote adressieren; und das ist nicht nur eine Frage des Sprach- oder Sternchengebrauchs. Sich darüber zu verständigen, für wen das Recht auf Abtreibung wichtig ist und warum, ist unverzichtbarer Teil der gemeinsamen Aufklärungs- und Mobilisierungsarbeit. Hingegen würde es den Rahmen sprengen, sich in einer *Pro Choice*-Gruppe detailliert mit Prostitutionskritik auseinanderzusetzen und dafür alle Kräfte aufzubrauchen. Meiner Erfahrung nach ist der gemeinsame thematische Fokus ein gutes Mittel, um Differenzen der Identität, der Erfahrung und auch der politischen Überzeugung abzuwägen und ins Verhältnis zum Anliegen der Gruppe zu setzen.

Die Pointe meiner Ausführungen lautet also: Die Frage nach dem Subjekt des Feminismus lässt sich nicht abschließend klären. Jede feministische Gruppe oder Bewegung muss im Rahmen ihrer Kämpfe herausfinden, welche Begriffe und Selbstbezeichnungen ihr nützlich sind. Das feministische Subjekt kristallisiert sich heraus, wenn das geteilte Anliegen und der gemeinsame Feind (etwa die kapitalistischen Produktions- und Reproduktionsverhältnisse) klar umrissen sind. Darüber können wir uns – innerhalb feministischer Gruppen und darüber hinaus – aufeinander beziehen und zu einer Bewegung zusammenfinden.

Bewegungen gegen das Abtreibungsverbot, international

Auch die gemeinsame Zuversicht, dass kollektives Aufbegehren wichtig ist, hilft ungemein. Feminismus kann man nicht alleine machen, zumindest nicht auf Dauer, weil die patriarchalen Verhältnisse viel zu stark sind, um sich ihnen als Einzelne entgegenzustellen. In *„Uns bewegt der Wunsch“* lege ich dar, dass die neoliberale Vereinzelung im Alltag und auch in politischen Angelegenheiten ein großes Hemmnis für Frauen und Queers ist, sich zu einer Bewegung zusammenzuschließen. Wo und unter welchen Vorzeichen gelingt das dennoch?

Blicken wir abschließend auf die transnationale Abtreibungsdebatte. Eine schlimme Ironie der feministischen Geschichte liegt darin, dass am 24. Juni 2022, demselben Tag, an dem in Deutschland § 219a abgeschafft wurde, der Oberste Gerichtshof der USA das Grundsatzurteil zum Recht auf Abtreibung aufhob, auf das sich Ärzt*innen und Patient*innen 50 Jahre lang berufen konnten. *Roe vs. Wade* erlaubte Abtreibungen ungefähr bis zur 24. Schwangerschaftswoche, dem Zeitpunkt der angenommenen Lebensfähigkeit des Fötus außerhalb des Mutterleibs. In vielen Bundesstaaten traten sofort harsche Abtreibungsverbote in Kraft, Abtreibungskliniken schlossen über Nacht: ein Triumph der republikanischen Partei, die es sich zum Ziel gesetzt hat, alle frauen- und queerrechtlichen Errungenschaften der letzten Jahrzehnte zunichte zu machen. Nicht erst seit diesem dunklen Tag ist der Kampf für reproduktive Selbstbestimmung ein Nenner, auf den sich feministische und linke Kräfte einigen können.

In Polen und Argentinien hat sich 2020 viel verändert. In Argentinien wurde – nach 30-jährigem feministischem Kampf – Abtreibung legalisiert. Seither gilt eine Fristenlösung bis zur 12. Schwangerschaftswoche (wie in der DDR), ergänzt durch die Möglichkeit einer medizinischen und kriminologischen Indikation.

Die argentinische Protestbewegung gegen das Abtreibungsverbot beruhte auf sehr breiten Bündnissen, die einen Großteil der Bevölkerung erreicht haben, sodass das politische Establishment nach mehreren vergeblichen Anläufen zugunsten der Liberalisierung entschieden hat. Dabei gelang es, den Einfluss der katholischen Kirche zurückzudrängen. Einziger Wermutstropfen des neuen Gesetzes ist, dass Ärzt*innen sich aus Gewissensgründen weigern dürfen, Abtreibungen vorzunehmen. Besonders im Fall eines gesellschaftlichen Backlashs – wie nach der Wahl des ultrakonservativen Präsidenten Javier Milei im Dezember 2023 – könnte der Druck auf sie steigen, sodass Schwangere zwar abtreiben dürfen, aber de facto keine Ärzt*in finden. Am 8. März 2024 gingen zehntausende Feminist*innen zusammen mit Gewerkschaften, Nachbarschafts- und Studierendenverbänden auf die Straße, um gegen die drohende Abschaffung des Abtreibungsrechts zu protestieren. Sie setzten es in Zusammenhang mit dem angekündigten Abbau des Frauenministeriums sowie des Bildungs- und Gesundheitswesens und protestierten damit gegen den neoliberalen Rückzug des Staats aus seiner Verantwortung für die Reproduktion des Lebens.

Das polnische Verfassungsgericht hingegen hat im Oktober 2020 Abtreibung weitestgehend verboten. Das bedeutet, dass Frauen und andere Schwangere zukünftig auch einen nicht lebensfähigen Fötus austragen müssen und dass auch ihr eigenes Sterberisiko durch schwere Krankheit oder Behinderung nicht ins Gewicht fällt. Das Abtreibungsverbot ist ein Projekt der nationalkonservativen Regierung, die eng mit der katholischen Kirche zusammenarbeitet. Der erste Vorstoß im Parlament 2016 löste große öffentliche Empörung aus: Ich vermute, es waren die größten feministischen Demos in Europa seit Jahrzehnten, die durch polnische Städte zogen. Die Demonstrant*innen zogen so viel internationale Aufmerksamkeit auf sich, dass die PiS-Partei das Projekt vorerst verschieben musste. Infolge des Verbots 2020 gab es erneut vielfältige Proteste: Demos, Straßenblockaden, einen Aufruf zum Generalstreik und viele kritische Stimmen im öffentlichen Raum. Die Regierung setzte ihnen eine harte Strafverfolgung und prügelnde Polizisten entgegen. Ein neuer Wind ist immerhin seit der Abwahl der PiS im Oktober 2023 zu erwarten. Die neue, liberale Regierung muss ordentlich Druck seitens ihrer Wähler*innen, aber auch transnationaler feministischer Bewegungen spüren, die Abtreibungsgesetzgebung erneut zu verhandeln

Sich in Beziehung setzen

Sich zu den Ereignissen in den USA, Polen und Argentinien in Beziehung zu setzen, ist aus einer deutschen feministischen Perspektive heraus nicht schwierig. Die rechte und religiöse Mobilmachung gegen weibliche Selbstbestimmung und sexuelle wie geschlechtliche Vielfalt ist auch hierzulande im Aufwind. Deutschland hat nach wie vor eins der restriktivsten Abtreibungsgesetze in Europa. Abtreibungsgegner*innen verbreiten ihre Propaganda, kapern Schulveranstaltungen und organisieren reaktionäre Massenevents wie die *Demo für alle* und *1000-Kreuze-Marsch*, unterstützt nicht zuletzt durch den katholischen Flügel der AfD. Der autoritäre patriarchale Backlash ist in Deutschland genauso auf dem Vormarsch wie in Polen – nur hat er noch nicht die Regierungsmacht, und der Einfluss der Kirchen ist weniger groß. Gleichzeitig gibt es in Deutschland keine große feministische Bewegung, die sich zwischen Straße, Institutionen und Parlament aufspannt. Hartnäckig hält sich die Illusion, wir würden in einer geschlechtergerechten Gesellschaft leben. Patriarchales Elend wird folglich als individuell erlebt. Auch eine ungewollte Schwangerschaft gilt als persönliches Pech und äußert sich vielfach im Selbstvorwurf: „Wie peinlich, 30 Jahre alt und zu blöd zum Verhüten" oder „Meine Schuld, warum habe ich nicht darauf bestanden, dass er ein Kondom benutzt?" Wie im Fall von häuslicher Gewalt oder Essstörungen sind die Betroffenen vereinzelt; sich einander solidarisch anzunähern, ist schwierig. Etwas weiter weg vom Privaten, das privat bleibt, bildet der Kampf gegen §§ 218 und 219a aber auch in Deutschland ein Thema, in dem sich die allermeisten Feminist*innen einig waren bzw. sind. Überdies spricht es dafür, dass die zunehmende Bedrohung durch Faschist*innen und Fundamentalist*innen ernstgenommen wird und Bündnisse gesucht werden.

Es ist nützlich, mit der Frage anzufangen: Was hat ein feministischer Kampf wie der um das Recht auf Abtreibung mit mir zu tun – mit dem Unbehagen, das mir das Leben als Frau, als queere Person oder auch als Mann in dieser Gesellschaft bereitet? Warum geht dieser Kampf mich an? Was soll ich tun – aus feministischer Selbstsorge und feministischer Solidarität? Und weiterhin: Mit wem möchte ich diesen Kampf zusammen führen?

Intersubjektivität

Als Gegenmodell zur völligen Identifikation mit anderen Menschen, einem Geschlecht, einer Sexualität oder einem politischen Anliegen möchte ich *Intersubjektivität* als feministische Kollektivierungsweise vorschlagen.

Wir begegnen einander als Subjekte und gehen intersubjektive Beziehungen ein: als Kolleg*innen, als Käufer*innen oder

Anbieter*innen einer Dienstleistung, als Freund*innen, Verwandte oder Genoss*innen. Intersubjektivität bezeichnet ein Sich-in-Beziehung-Setzen, das immer schon zwei Punkte hat: mich und den/die/das Andere(n), dazu den objektiven Rahmen des kapitalistischen Patriarchats. Als feministisches Subjekt setze ich mich bewusst in Beziehung – nicht nur zu anderen Subjekten, sondern auch zu einer patriarchalen Außenwelt, die ich verändern möchte. Diese Beziehungen können eng, lose, liebevoll oder zweckmäßig sein; und je nachdem, wie wir sie gestalten, erlauben sie ausreichend Atemluft zwischen mir und der anderen Feminist*in.

Unsere verschiedenen Subjektivierungen und Entsubjektivierungen – Erfahrungen, Diskriminierungen, Abneigungen und Selbstverständlichkeiten – trennen uns ebenso sehr, wie sie uns verbinden. Eine gemeinsame feministische Analyse, eine gemeinsame Aktion zu entwickeln, erfordert daher viel Willen, Kraft und Zuversicht. Das ist nicht so, weil die Genoss*innen, die man vorfindet, nur mittelmäßig wären; sondern weil Vermitteln, Verhandeln, Verstehen und Missverstehen das Wesen intersubjektiv verstandener Beziehungen sind. Das zu akzeptieren, macht die Dinge schwerfälliger, zugleich aber beweglicher und offener.

In meinen Augen ist Intersubjektivität ein hoffnungsvollerer Zugang zu feministischer Kollektivität als Identitätspolitik. Diese schwankt häufig zwischen Ohnmachts- und Allmachtsempfinden, weil sie die Welt nur als feindliches Anderes *oder* als mit sich Identisches erleben kann. Intersubjektivität hingegen holt die Welt in Gestalt anderer Menschen, anderer Ideen und Erfahrungen in die Debatte. Sich-in-Beziehung-Setzen ist ein dynamisches Verhältnis, das bruchhaft, kompromisshaft, anstrengend bleibt – aber immer die Verbindung zu Anderen sucht. Ich meine damit z.B. das Selbstverständnis, gleichzeitig Feministin und Kritikerin der feministischen Bewegung zu sein, aus dem Grund heraus, dass sie mir etwas bedeutet und viel zu sagen hat. Ich möchte Teil von ihr sein, auf sie einwirken, und weiß zugleich, dass ich nur eins von vielen Fischlein im transnationalen feministischen Strom bin. Überdies weiß ich, dass ich noch etwas anderes bin als Feministin; und dass viele Ansichten vieler Feminist*innen mir nicht passen, während andere Ansichten derselben Leute mich vielleicht begeistern.

Eine Haltung, die Feminist*innen als voneinander getrennte, aber politisch verbundene Subjekte begreift, nimmt auch die konsumistische Sicht aufs Korn, dass der Feminismus oder die andere Feminist*in zuallererst da wären, um meine Vorstellungen und Bedürfnisse zu befriedigen. Es ist keine sinnvolle Intervention, sobald einem bestimmte Meinungen oder Akteur*innen nicht passen, enttäuscht zu rufen: „Nein, nein, das ist nicht *mein* Feminismus!" – statt in die Debatte zu gehen, Kritik zu formulieren und Anschlusspunkte zu suchen. In diesem Sinn sind etwa kritische Würdigungen Helene Stöckers oder Alice Schwarzers notwendig. Es gehört zu einem umsichtigen Sich-in-Beziehung-Setzen zu feministischer Geschichte, beider Verdienste im Kampf um das Recht auf Abtreibung anzuerkennen, ohne Kritikpunkte wie Stöckers Hang zur Eugenik oder Schwarzers Empathie mit weiblichen Nazis wie Leni Riefenstahl zu verschweigen.

Patriarchale Missstände wandeln sich immerzu, aber ihre Grundzüge, ihre Grundstrukturen ähneln sich seit der globalen Durchsetzung des kapitalistischen Patriarchats: Subjektivität ist eine gesellschaftliche Verfassung, die auf Männer, Heterosexuelle, Cisgeschlechtliche und überdies auf Weiße zugeschnitten ist. Die weibliche, queere und rassifizierte (Nicht-)Subjektivität steht ihr als Ort von Reproduktion, intensivierter Ausbeutung und Gewaltausübung gegenüber. Liebe, Kümmern, Hingabe sowie Schwerst- und Drecksarbeit, das bloße Körper-Sein, sind die abgedrängten und abgespalteten Teile der Subjektivität, ein Teil, von dem sie so abhängig bleibt wie die kapitalistische Produktionsweise von ihrer Reproduktion. Frauen werden in dieser Gesellschaftsordnung reproduktive Tätigkeiten zugeordnet, die nicht oder nur schlecht bezahlt werden. Sie gehen mit untergeordneten und fremdbestimmten Positionen einher, die wiederum häufig mit der Pflicht zum Gebären oder einem Gebärverbot verknüpft sind und Müttern kaum je ökonomische und soziale Unabhängigkeit gewährleisten. Das ist die strukturelle Gemeinsamkeit im Kampf um das Recht auf Abtreibung.

Dennoch unterscheiden sich die konkreten Erfahrungen mit dem Patriarchat, aktuell z.B. in Deutschland, Polen, Argentinien und den USA. Es macht also Sinn, das feministische Wir über Differenz und Gleichheit, über verschiedene Subjektivierungsweisen zu bestimmen; und dabei nie die völlige Übereinstimmung mit einer Identität, einer Kategorie oder anderen Menschen zu erwarten. Realistischer – und am Ende erfreulicher – ist ein streitbares Miteinander, das neben Einigkeit und Ermutigung auch Reibung, Irritation und Missverständnisse hervorbringt.

Ich plädiere dafür, Feminismus als Streitbewegung zu sehen, aus der wir lernen können; in der nichts endgültig feststeht; an der wir an verschiedenen Stellen mitwirken können. Das schließt ein, dass man sich mit dem Kollektiv manchmal ärgert oder unwohl fühlt oder nicht genau am richtigen Platz. Außerdem fällt ins Gewicht, dass unsere vielfältigen Erfahrungen von Entsubjektivierung der Verständigung manchmal im Weg stehen: Viele Frauen, Queers, Rassifizierte sind es nicht gewohnt, ernst und beim Wort genommen zu werden, und haben vielleicht andere, nicht sonderlich offene Weisen kultiviert, ihre Ansichten zu äußern und durchzusetzen. Auch darüber müssen wir reden können. Bestenfalls hilft uns die am eigenen Leib erfahrene Entsubjektivierung, eine Subjektivität zu entwickeln, die nicht die gewaltsame Abspaltung und Abwertung des bürgerlichen Subjekts wiederholt.

Ein sich als intersubjektiv verstehendes Kollektiv hält Differenz und die subtilen Spielarten weiblicher Aggressivität aus und muss nicht jede Sehnsucht befriedigen. Das Kollektiv sollte dazu taugen, die Einzelne zumindest zeitweise in ihren Kämpfen gegen patriarchale Zumutungen zu begleiten und Wege freimachen, diese Zumutungen gemeinsam zu bekämpfen. Das ist das Versprechen und die Hoffnung, die meiner Ansicht nach eine feministische Bewegung ausmachen.

Exkurs 1

Wider das formalisierte Subjekt

Meiner Erfahrung nach taugen Kollektivbezeichnungen, die in erster Linie auf Inklusion abzielen, nur bedingt dazu, das eigene politische Anliegen zu artikulieren und prägnant zu vermitteln. Festgelegte Formeln wie FLINTA* oder LGBTIQA* (Lesbian, Gay, Bi, Trans, Inter, Questioning, Agender u.v.m.) werden häufig über jedes Anliegen gestülpt, und man soll sie auch wirklich jedes Mal benutzen. Wie dargestellt, zerreißt das die Verbindung zwischen Identität und Inhalt: Um wen geht es *in dieser Sache* genau und warum? Darüber hinaus üben formelhafte Bezeichnungen häufig Druck aus und führen zu neuen Schuldgefühlen: Wer hat's falsch gesagt? Wer hat eine Identität vergessen und damit jemanden unsichtbar gemacht?

Stattdessen plädiere ich dafür, verschiedene Wörter und Schreibungen zu kennen und zu nutzen und miteinander abzugleichen und auf ihre aktuelle Angemessenheit zu überprüfen. Inwiefern ist geschlechtliche Zugehörigkeit wichtig für das Thema, das wir zusammen zu Gehör bringen wollen?

Eine solche Reflexion führt zu Differenziertheit im Sprachgebrauch – aber auch zu größerer Kompromissbereitschaft und einer größeren Offenheit für die Praxis und die Erfahrungen anderer Feminist*innen. Verónica Gago schreibt in ihrem Buch *Für eine feministische Internationale* grundsätzlich von „Frauen, Lesben, Travestis und Transpersonen" und erklärt, die Bewegung habe sich auf diesen Begriff geeinigt. Wenn die feministischen Streikenden in Argentinien gut damit arbeiten können, ist das eine respektable Lösung, z.B. für gemeinsame Stellungnahmen. Dennoch würde es mir widerstreben, sie als sakrosankte Wendung zu verinnerlichen, die man nicht hinterfragen dürfte oder um jeden Preis übernehmen müsste. Selbstbezeichnungen sind natürlich hochpolitische Wörter. Aber gerade, weil sie so sehr aufgeladen sind, schadet es nicht, sich daran zu erinnern, dass sie immer zeit- und ortsgebunden sind und sich vielleicht wieder ändern, wenn die Zusammensetzung der Teilnehmer*innen oder der politische Schwerpunkt sich ändert (der hier deutlich auf der Anerkennung von Transidentitäten im Feminismus liegt).

Wenn ein FLINTA*-Kollektiv einen halbstündigen Redebeitrag zum Recht auf Abtreibung hält, in der das Wort *Frauen* nicht vorkommt, bin ich befremdet; aber vermutlich stehen wir in dieser Frage trotzdem auf derselben Seite der Barrikade, und darauf kommt es an. Meines Erachtens sollten wir uns ein Stückweit von der allzu sprachpolitischen Frage verabschieden, was man genau sagen muss und was man nicht sagen darf. Wichtiger ist eine differenzierte Beschäftigung mit dem Feind, dem kapitalistischen Patriarchat, und mit feministischen Kämpfen, die einem etwas zu sagen haben.

Exkurs 2

Die Sehnsucht nach dem politischen Subjekt Frau

Nicht zuletzt der inbrünstig geführte Verteidigungskampf von Radikalfeministinnen um das politische Subjekt Frau führt mich zu der Frage: Was zieht *mich* so sehr zum Subjekt Frau? Warum habe ich jahrelang darauf beharrt, dass es im Feminismus zentral um Frauen gehen müsse, dass in erster Linie Frauen Feminist*innen sind?

Um das zu verstehen, muss ich mich in Beziehung zu meinem eigenen Frausein und meinem Verhältnis zu anderen Frauen setzen. Sogleich kommt mir in den Sinn: Ich habe so sehr um ein Frausein gerungen, mit dem ich gut leben kann. Viele Jahre lang konnte ich mich als Mädchen und Frau nicht gernhaben. War ich nicht zu groß, zu dick, zu ungeschickt, zu laut, zu gierig, zu stark bebrillt und zu hoffnungslos verliebt in andere Mädchen, um jemals selber ein passables Mädchen abzugeben? Die Mädchen bzw. die Frauen bildeten eine ersehnte Gruppe auf der anderen Seite eines tiefen Grabens, zu der ich nicht gelangen konnte.

Das Mädchenbild in meinem Kopf mutet an wie aus dem vorletzten Jahrhundert. Aber damals war es für mich völlig alternativlos. Ich sah keine andere Möglichkeit, als immer neue Diätregeln auszuhecken und mir lesbische Fantasien zu verbieten. Auch lange nachdem ich Feministin geworden war, führten diese alten Vorschriften ein (oft wenig beachtetes) Eigenleben. Gelegentlich tauchen sie immer noch aus dem Teich der versenkten Moralsätze auf und quaken sehnsüchtig nach den Frauen, die ich nie werde sein und haben können.

Ich bin froh, dass ich meine frühen Bilder von Weiblichkeit nicht gegen das Lesen, Denken und Schreiben ins Feld geführt und versucht habe, mich in diesen Bereichen zu beschneiden. Dennoch trauere ich um die Jahre, in denen ich mich selbst so schlecht aushalten konnte. Ich trauere um die leeren Seiten im Fotoalbum, auf denen steht: „Seit meinem 16. Geburtstag gibt es keine Fotos mehr. Niemand soll später wissen, wie ich mal aussah."

In den 20 Jahren, die seither vergangen sind, habe ich nach und nach eine Form von Weiblichkeit gefunden, die mir meistens gut passt: lesbisch, feministisch, mit breiten Schultern, langen Haaren und lauter Stimme. Ich versuche, Frau zu sein und trotzdem und gleichzeitig und rücksichtslos ich selbst. Es war ein langer Kampf, und es bleibt wohl einer. Ich gehe davon aus, dass ich immer wieder mit den gesellschaftlichen Anforderungen zu tun haben werde, wie eine Frau zu sein hat, wie sie sein kann und wie sie auf keinen Fall sein darf.

Heute ringe ich darum, in Beziehung zu anderen Frauen zu treten, ohne deren Weiblichkeit, die sich von meiner unterscheidet, entweder zu idealisieren oder abzuwerten (unter patriarchalen Vorzeichen immer ein kniffliges Unternehmen). Mir ist klarer geworden, dass das emotionale und auch sexuelle Interesse an anderen Frauen ein wichtiger Beweggrund für meinen Feminismus ist. Das Herz geht mir auf, und die Wangen werden rot, wenn es um Frauen geht. Auch deshalb berühren mich feministische Texte aus der Zweiten Frauenbewegung und aus Lateinamerika, die den Aktivismus von Frauen und ihr gemeinsames (Über-)Leben in den Mittelpunkt stellen. Das ist Teil meiner Geschichte, das Gute, das ich daraus machen konnte: das feministische Bezogensein auf andere Frauen.

Ich halte es für einen guten Weg, die eigene Sehnsucht und die eigenen geschlechtlichen Kämpfe ernstzunehmen und behutsam zu politisieren. Es macht Sinn, sich in diesem Prozess dafür offenzuhalten, dass diejenigen Feminist*innen, die das Subjekt Frau ablehnen, nicht einfach unwissend sind, von der Männergesellschaft gekauft oder geschichtsvergessen – sondern aus ihren eigenen

Gründen und mit ihrer eigenen Geschichte ein anderes politisches Subjekt artikulieren.

Wie gut, dass manche Feminist*innen ein stärker queeres Interesse an Geschlechterfragen haben. Wie gut, dass wieder andere Feminist*innen sich kritisch mit Männlichkeitskritik und konkreten Täter-Männern befassen. (Ich möchte es selbst nicht tun, weil ein Teil meiner Sozialisationserfahrungen mit cis Männern enorm frustrierend und schmerzlich war. Aber feministische Männlichkeitskritik für unwichtig zu erklären, um endlich die Männer loszuwerden, wäre genau das kurzschlüssige Eins-zu-eins-Übersetzen von Persönlichem ins Politische, von dem ich hier spreche.) Für wieder andere Genossinnen ist ihr Frausein nicht das wichtigste politische Thema, das sie auf die Barrikaden treibt.

Das Nichtverstehen, warum andere Feminist*innen weniger leidenschaftlich am Subjekt Frau hängen, erzeugt Reibung – und die kann den Horizont weiten und Erkenntnis stimulieren. Welche Rolle hat in ihrem geschlechtlichen Selbstverständnis die Sozialisation hin zur Weiblichkeit gespielt, und womit standen sie in Konflikt? Welcher Generationsunterschied besteht zwischen uns, welcher im sozialen Milieu, zwischen Homo-, Bi- und Heterosexualität, Cis- und Transgeschlechtlichkeit, zwischen ost- und westdeutscher Herkunft? Welche Möglichkeiten, Geschlecht zu leben, haben sich während der letzten Jahre aufgetan, welche geschlossen? Der strukturelle Widerspruch zwischen Frausein und Subjektsein äußert sich bei jeder Frau und jedem Menschen, der einmal zur Frau werden sollte, verschieden. In jedem Fall zeigt er, dass Frausein stets ein Geworden-Sein bedeutet. Es ist nicht einfach natürlich, sondern geschichtlich und zugleich strukturell und individuell.

Feminist*innen haben immer darüber gestritten, was genau eine Frau ausmacht. Grundsätzlich können sich radikale, queere und materialistische Feminist*innen auf die soziale Konstruktion des Geschlechterverhältnisses einigen.

Das politische Subjekt Frau, das die Zweite Frauenbewegung formulierte, sollte aus den Zwängen dieser patriarchalen Konstruktionen befreien. Ob es heute noch – in Zeiten eines institutionalisierten und teils sogar staatstragenden Feminismus – dazu taugt, muss Gegenstand fortlaufender Diskussionen sein, die sich an konkreten feministischen Themen abarbeiten.

Eine angebliche Natürlichkeit, Allgemeinheit und Selbstverständlichkeit des Subjekts Frau einzuklagen, kann jedenfalls nur reaktionär sein. Es steht zu vermuten, dass diejenigen, die das tun, ihren eigenen harten und unaufhörlichen Kampf um das Frausein auch von anderen Feminist*innen einfordern. Wenn man sich gewaltsam identisch gemacht hat, liegt es nahe, die erfahrene Härte gegen Feminist*innen zu richten, die keine Frauen (mehr) sind – oder die, wie im Fall von trans Frauen, eine andere, bewusster gesetzte Art von Weiblichkeit leben. Ich kenne das Bedürfnis, mir ein materialistisches Mäntelchen umzuwerfen und z.B. nichtbinäre Queerfeminist*innen als eigentliche oder gesellschaftliche Frauen zu bezeichnen.

Fruchtbarer im Sinn feministischen Streitens ist es zu akzeptieren, dass andere Feminist*innen andere Wege suchen und finden, den Geschlechterzwängen des kapitalistischen Patriarchats entgegenzutreten. Wie sinnvoll die verschiedenen Art feministischer Politik sind, lässt sich immer noch diskutieren. Hier geht es mir darum, die Gewalt in der eigenen Geschlechtergeschichte, den weiblichen Selbsthass in die Diskussion hereinzuholen und zu betrauern – statt das politische Subjekt Frau als Genugtuung für durchgestandene Zwänge durchboxen zu wollen. Dafür ist es wirklich zu schade.

Exkurs 3

Differenzen im Streik

Bereits 2018, als sich in Deutschland zum ersten Mal seit 1994 feministische Streikbündnisse konstituierten, zeichneten sich politische Differenzen ab, die so tief reichten, dass sie der Konstitution mitunter im Weg standen. Zuerst war das die Frage nach dem politischen Subjekt des Streiks: Ging es um Frauen, Frauen*, FLINTA* oder alle Feminist*innen? Wer und was sollte folglich bestreikt werden?

Das gegen die tendenziell queerfeministisch orientierte Mehrheit gerichtete Beharren, dass es um Frauenrechte gehen müsse, wurde damals v.a. von materialistischer Seite sowie älteren Feministinnen stark gemacht, die in der Tradition der Zweiten Frauenbewegung standen. In meiner Wahrnehmung bekam es erst später, mit dem Erstarken radikalfeministischer Argumentationen, eine explizit transfeindliche Schlagseite. So fand sich in Leipzig 2023 eine Frauentagsgruppe zusammen, die die Einheit aller Frauen über Biologismus (wieder-)herstellen wollte (Instagram-Post von @frauenkampftag_leipzig vom 18.4.2023).

Ein Jahr später hatte sich die Konfliktlinie um das politische Subjekt erneut verschoben. Jetzt waren es rote Gruppen mit Namen wie *Frauenkollektiv* und *Arbeiter:innenmacht*, die am nachdrücklichsten den Frauenkampf propagierten. Ein Schwerpunkt ihres Aktivismus rund um den Streik lag darin, die Unterdrückung von Frauen und Queers in Palästina mit der israelischen „Apartheid" zu erklären (Instagram-Post von @8m_leipzig vom 2.3.2024).

„Rote Gruppen" oder „K-Gruppen" ist eine Fremd- und meistens Feindbezeichnung für Sozialist*innen marxistisch-leninistischer Prägung, die sich an den Lehren Maos, Stalins oder Trotzkis orientieren. Sie sind autoritär strukturiert, d.h. es gibt Kader, die die Gruppen aufbauen und nach einem festgelegten Schema organisieren. Die – meist sehr jungen – Mitglieder werden in „Schulungen“ und „Bildungen“ über das ebenso festgelegte Weltbild in Kenntnis gesetzt: Der Staat und die Konzerne oben, wir Arbeiter*innen hier unten, ergo braucht es entschlossenen Klassenkampf gegen Erstere. Die Weltanschauung der K-Gruppen ankert an einem einfachen Hauptwiderspruch zwischen Kapital und Arbeit, auf den letztlich alle Unterdrückung zurückzuführen sei. Auch die Unterdrückung von Frauen, Queers und Rassifizierten basiere demnach auf ihrer ökonomischen Lage als „werktätige Bevölkerung“ (Instagram-Post von @ priderebellion.leipzig vom 3.2.32024).

Der linke Publizist Volkmar Wölk, selbst in den 1970ern in K-Gruppen organisiert, stellt heraus, dass Frauen- bzw. feministische Untergruppen heute unverzichtbar seien, um in der Linken zu agieren (Prüwer 2024). Tatsächlich mischen Leipziger rote Frauen- und LGBTI-Gruppen neuerdings am 8. März, am 28. September (dem Safe Abortion Day), am 25. November (dem Tag gegen patriarchale Gewalt) sowie am 20. November (dem Transgender Day of Remembrance) und bei den Christopher Street Days mit. Sie knüpfen an alle möglichen feministischen Themen an, wobei Redebeiträge und Texte oft holzschnittartig wirken: Aktuelle Schlagwörter, z.B. Femizide, werden vor die Folie einer Gesellschaftsanalyse gehalten, die auf einem revolutionären Wir des Klassenkampfs beruht. Dagegen möchte ich einwenden, dass patriarchale Gewalt zwar in engem Zusammenhang mit den kapitalistischen (Re-)Produktionsverhältnissen steht, aber dennoch – wie das patriarchale Geschlechterverhältnis überhaupt – einer eigenständigen Analyse bedarf.

Ähnlich wie bei manchen radikalfeministischen Äußerungen wirkt das feministische Subjekt der K-Gruppen, das verschiedenste Kämpfe umstandslos zusammenwirft, merkwürdig aus der Zeit gefallen: „Frauen, auf zur Revolution!“ (Instagram-Post von @youngstruggle_leipzig vom 25.2.2024). Auch ideologisch zeigen sich Ähnlichkeiten: K-Gruppen wie Radikalfeministinnen argumentieren, als stünde immer schon fest, was Frausein oder Klasse bedeuten und wie sie politisiert werden müssten. Sie agieren, als wären das nicht auch in der Linken stets umkämpfte Kategorien gewesen. Darüber hinaus erscheinen sie in zeitlichem und transnationalem Rahmen durchaus verschieden – obwohl Klasse und Frausein grundlegende Strukturen des kapitalistischen Patriarchats sind.

Ich möchte diesen Kritikpunkt an einigen Beispielen veranschaulichen. Am Beispiel des Rechts auf Abtreibung ist hoffentlich deutlich geworden, dass es nicht immer und in jedem Fall darum geht, dass eine Schwangere abtreiben kann. In manchen Fällen entspricht es der Selbstbestimmung einer Frau, entgegen der Forderung von Kindsvater, Staat oder Arbeitgeber nicht abzutreiben, sondern Unterstützung für sich und ihr Kind zu bekommen.

Eine andere feministische Positionierung, die nicht für alle Zeiten und Orte feststeht, ist die zu körperbetonter Kleidung für Frauen. In der Zweiten Frauenbewegung wurde zu Recht angeprangert, dass Miniröcke in erster Linie dazu da seien, um Männern objektivierende Blicke auf Frauenbeine zu verschaffen. Die exiliranische Feministin Mina Ahadi erzählt jedoch, als junge Frau habe sie Marx lesen und Miniröcke tragen wollen – gegen die dörflich-muslimische Tradition, in der sie aufgewachsen war (Power-Feitz 2023). Der Minirock kann also, genau wie die Abtreibung, für oder gegen weibliche Emanzipation stehen.

Ebenso gibt es m.E. keine feministische Haltung zu Prostitution, die unabhängig von spezifischen gesellschaftlichen Rahmenbedingungen richtig wäre (siehe *Extraktivismus und die „tiefen Spaltungen“ im politischen Subjekt Frau*). Ein politisches Subjekt Frau zu formulieren, ohne sich um Differenzen und Veränderungen innerhalb des gesellschaftlichen Frauseins zu scheren, ist engstirnig und dogmatisch.

Typisch für das Vorgehen der K-Gruppen ist, dass sie linke oder basisdemokratische Strukturen – etwa Stadtteilläden oder Veranstaltungsräume, die eher pluralistisch aufgestellt sind – unterwandern und schließlich übernehmen. Nach außen hin wird das nicht so leicht deutlich. Es mehren sich nur die Plakate und Aktionen, in denen die Wörter „Proletariat", „Klassenkampf", „Frauenkampf" und „Palästina" häufig vorkommen, während widersprechende Positionen und Initiativen zurückgedrängt werden.

So verhielt es sich auch mit dem Leipziger 8.-März-Bündnis. Nach dem 7. Oktober 2023, dem Tag des Angriffs der Hamas auf Israel, kamen die K-Gruppen aus der Deckung, in der sie innerhalb der traditionell israelsolidarischen Leipziger Linken bislang geblieben waren. Wie in anderen deutschen Städten auch, bagatellisierten sie die mörderische und v.a. sexuelle Gewalt gegen Jüdinnen, die integraler Teil des Massakers war, oder akzeptierten sie als Zutat eines notwendigen Befreiungskampfes der angeblich kolonisierten Bevölkerung von Gaza (Instagram-Post von @zora_leipzig vom 17.10.2023). In *Der übliche blinde Fleck* habe ich versucht, auf den Punkt zu bringen, dass ein Weltbild, das alles dem Klassenkampf unterordnet und dabei eine widerspruchsfreie, affektiv hochaufgeladene Gegenüberstellung von Gut und Böse propagiert, auch ein Einfallstor für Antisemitismus bietet.

Im feministischen Streikbündnis verschob sich der Themenschwerpunkt zu „internationalen Frauenkämpfen" vom Iran über Rojava bis Palästina (Instagram-Post von @8m_leipzig vom 2.3.2024); Veranstaltungen anderer Gruppen und Initiativen waren kaum mehr vertreten. Bevor alle Teilnehmer*innen und Interessierten es überhaupt bemerkt hatten, war die gesamte Organisationsstruktur geschlossen und intransparent, obwohl sie nach außen angeblich „maßgeblich aus Einzelpersonen" bestand (Instagram-Post von @8m_leipzig vom 29.2.2024).

Was tun mit solchen Differenzen und Umgangsweisen mit dem politischen Subjekt des 8. März? Einerseits ist es feministischem Streit wohl eher hinderlich, sich hinter Feindbildern zu verbarrikadieren (wie ich es hier schon halb getan habe). Andererseits ist die detaillierte Zurkenntnisnahme der Positionen anderer Feminist*innen unabdingbar, um sich zu Bündnissen zusammenzuschließen.

Das kann zur Konsequenz haben, sich gegen potenzielle Bündnispartner*innen zu entscheiden und das sachlich zu begründen. Gute Argumente wären in diesem Fall: a) der Antisemitismus der K-Gruppen: ihr politisches Subjekt Frau lässt Jüdinnen und weibliche Israelis außen vor, b) die Instrumentalisierung feministischer Organisationsformen für ihre Version von Klassenkampf und c) die hierarchische Organisationsweise, die traditionell patriarchale Partei- und Gruppenstrukturen ungebrochen weiterführt.

Hier lässt sich auf eine historische Erfahrung zurückgreifen: Bereits in der Zweiten Frauenbewegung stellten feministische Initiativen fest, dass Frauen aus K-Gruppen versuchten, die Bewegung für ihre dogmatisch feststehenden Ziele einzuspannen; das Frauenzentrum Berlin schloss daraufhin eine weitere Zusammenarbeit aus (Lux 2022, S. 120). Was wir genau mit dieser Erfahrung anfangen, muss im Hinblick auf unsere Zeit und unsere politischen Ziele diskutiert werden. Inwieweit ist die Organisation als explizit feministische Gruppen bei *heutigen* K-Gruppen Strategie – oder ernstgemeintes politisches Anliegen?

Vermutlich lässt sich das am besten in der direkten Auseinandersetzung herausfinden. Bündnisfähigkeit setzt auch die hohe Kunst des Umgangs mit Linken anderer Politiktraditionen voraus. Ich halte es für eine unselige Gewohnheit, (potenziellen) Bündnissen ohne weitere Diskussion fernzubleiben und Kräfte mit heimlicher Feinderkundung zu vergeuden. Dabei läuft man Gefahr, die eigenen Ressentiments zu bedienen, weil der Konflikt nicht offen geführt wird – und am Ende gar nichts auf die Beine zu stellen.

Die Auseinandersetzung mit den K-Gruppen sollte überdies zur Selbstverständigung unter Feminist*innen anregen, die nicht mit ihnen zusammenarbeiten möchten. Was macht eine feministische Linke, die sich als universalistisch und antisemitismuskritisch, aber auch als undogmatisch versteht, eigentlich aus? Wie gehen wir mit Hierarchien um? Wie werden theoretische Grundlagen vermittelt, aber auch in der Diskussion gehalten und immer wieder aktualisiert? Ist unser Bezug auf die Gesellschaft, in der wir leben, weniger von einfachen Erklärungen und Gruppenidentifikationen verstellt? Wie zugänglich sind unsere Politstrukturen für Interessierte, auch für Leute verschiedener sozialer Milieus? Was schließen wir daraus, dass viele junge Frauen, Queers und v.a. Linke of Color eher in K-Gruppen gehen als in antiautoritäre Strukturen? Warum ist eine stark individualistische und hedonistische Organisationsweise vielleicht weniger attraktiv als vor zehn oder zwanzig Jahren? Lehnen wir Machtpolitik in jeder Form ab – und wenn ja, ist das klug?

Außerdem ist nach den thematischen Gemeinsamkeiten zu fragen, die nicht von der Hand zu weisen sind: etwa dem Kampf gegen Nazis in einem Bundesland, in dem ein Drittel der wahlberechtigten Bevölkerung ihr Kreuz bei der AfD macht. Überlassen wir Internationalismus, Antikolonialismus und Klassenkampf den K-Gruppen, statt eigene Perspektiven darauf zu entwickeln? Und: Wie unterscheidet sich das politische Subjekt Frau der K-Gruppen von dem, das wir am 8. März auf die Straße tragen?

Während das Phänomen innerhalb Leipzigs noch neu ist, spielte es bundesweit bereits 2019 eine Rolle, nachdem das Berliner Frauenstreikbündnis auf eigene Faust eine antizionistische Rednerin zum Vernetzungstreffen eingeladen und verkündet hatte: „Palestine is a feminist issue" (Baeck 2019). Unter Feminist*innen in Lateinamerika hingegen – die das Konzept des feministischen Streiks am 8. März initiierten – scheint die Solidarität mit Palästina so ungebrochen zu sein, dass sie gar nicht als Streitpunkt auftaucht. Dort ist das Thema, soweit ich es überblicke, auch nicht zwangsläufig mit autoritär-kommunistischen Positionen verbunden, sondern knüpft an den Antikolonialismus des globalen Südens an, der bei Weitem nicht nur linke Politiken prägt.

In allen Fällen sollten wir regionale, historische und analytische Differenzen sorgsam registrieren und sie in Beziehung zum jeweils proklamierten Subjekt des feministischen Streiks setzen. Dann wären wir wieder bei der eigentlich wichtigen Frage: Welche Formen von Arbeit und patriarchaler Gewalt sollen am 8. März bestreikt werden und warum?

Extraktivismus und die „tiefen Spaltungen“ im politischen Subjekt Frau

Auf der Suche nach den materiellen Bedingungen feministischer Kämpfe

„Der Kapitalismus hat brutalere und listigere Formen der Versklavung hervorgebracht, da er im Körper des Proletariats tiefe Spaltungen geschaffen hat, die der Verschärfung und dem Verschleiern der Ausbeutung dienlich gewesen sind.“
Silvia Federici

Was ist Extraktivismus?

Im März 2020, zu Beginn der Corona-Pandemie, wurde mit dem ersten Lockdown das gesellschaftliche Leben drastisch heruntergefahren. Auch die Redaktion der feministischen Zeitschrift *outside the box* traf sich nur noch online oder in kleinen Gruppen. Meine Redaktionskollegin Olga Winter und ich kamen zu einer Kleingruppe zusammen, die den Blick auf länder- und milieuübergreifende Kämpfe weiten wollte – gerade während des erzwungenen Rückzugs, in Zeiten von Ausgangsbeschränkungen und der Isolation voneinander wie von vielen anderen Teilen der Gesellschaft.

Andere Feminist*innen waren uns vorangegangen. Das *Transnationale feministische Manifest*, unterzeichnet von lateinamerikanischen, europäischen und kurdischen Gruppen, hob hervor: „Die Pandemie macht die Unhaltbarkeit der kapitalistischen, patriarchalen und kolonialen Organisation der Gesellschaft und die Krise des Neoliberalismus deutlich“ (Arriba Las Que Luchan

2020, S. 4). Das Coronavirus – auf Menschen übergegangen durch zu engen Kontakt mit Wildtieren, deren Lebensräume immer weiter zerstört werden – und seine rasante globale Ausbreitung hingen offensichtlich mit den sozialen und ökologischen Krisen des kapitalistischen Patriarchats zusammen. Dennoch fühlten wir uns politisch so abgetrennt von einem Großteil der Gesellschaft wie eh und je. Die Uneinigkeit darüber, was feministisches Engagement bedeutet, auf wen und worauf es sich beziehen sollte, begann schon vor unseren Haustüren. Was hatten wir erst mit der Kaffeebäuerin in Chiapas zu tun oder mit der indigenen Frau, die im ecuadorianischen Yasuní-Nationalpark um das Überleben ihrer Gemeinschaft kämpft?

Bei der marxistischen Feministin Silvia Federici lasen wir von „tiefen Spaltungen“ innerhalb der globalen Arbeiter*innenklasse, bedingt durch Sexismus und Rassismus, die ein transnationales Bewusstsein und gemeinsame politische Kämpfe immer wieder verhindern. Vielleicht lag es an der pandemiebedingten Isolation, dass diese These lange nachhallte. Wir beschlossen, ihr anhand einer Auseinandersetzung mit dem Ökofeminismus weiter nachzugehen.

Die Lektüre Federicis verwies uns auf die Kämpfe lateinamerikanischer und afrikanischer Feminist*innen gegen Extraktivismus (Federici 2020a). Extraktivismus wird von der Initiative *World Rainforest Movement* definiert als „ein ökonomisches und politisches Modell, das darauf basiert, Natur zur Ware zu machen und hemmungslos auszubeuten. In Lateinamerika hat es sich seit den 1990er Jahren stark verbreitet. Dieses Modell erzeugt durch die Verschmutzung der Luft, des Bodens und des Wassers sowie durch den Verlust an Biodiversität irreversible Schäden. Außerdem führt es zu gravierenden Verstößen gegen die Menschenrechte und die kollektiven Rechte der betroffenen Communitys, zerstört traditionelle Lebens- und Wirtschaftsweisen und macht diese Communitys von externen Märkten abhängig“ (World Rainforest Movement 2018). In den Ausführungen der Initiative wie auch bei Federici wird deutlich, dass diese Art des ökologischen Raubbaus eng mit der internationalen kapitalistischen Arbeitsteilung verzahnt ist: In einem

Zusammenspiel von Politik und Konzernen werden in vielen lateinamerikanischen und subsaharischen Ländern Rohstoffe wie Erdöl, Edelmetalle und seltene Erden abgebaut, nach Europa, Nordamerika und China exportiert und dort weiterverarbeitet. Auch die Profite fließen großenteils in diese Länder.

Die Arbeitskraft, die für den Rohstoffabbau unter extrem gesundheitsgefährdenden Bedingungen ausgebeutet wird, ist vorrangig die von Männern. Dadurch geraten die Frauen dieser Regionen in finanzielle Abhängigkeit und sind gleichzeitig als Ehefrauen, Mütter, Pflegerinnen, Subsistenzbäuerinnen, Kleinhändlerinnen und Prostituierte integraler Teil des extraktivistischen Systems. Dessen patriarchale Züge zeigen sich nicht nur in der ökonomischen Prekarität von Frauen, sondern auch in den hohen Raten an häuslicher und sexueller Gewalt und Femiziden sowie der Verseuchung von Wasser, Luft und Boden, mit der besonders Frauen und Mädchen in ihrer alltäglichen Reproduktionsarbeit zu kämpfen haben. Diese Verheerungen des Extraktivismus legen den Zusammenhang von Kapitalismus und Patriarchat offen, der im globalen Norden oft weniger offensichtlich ist.

Wir wollten wissen: Was verbindet uns mit Frauen, die direkt vom extraktivistischer Ausbeutung betroffen sind und die sie bekämpfen? Auf welche materiellen Bedingungen gehen die „tiefen Spaltungen" zwischen ihrer und unserer eigenen Arbeits- und Lebensrealität zurück? Welche gegen den Extraktivismus gerichteten Aktionsformen, welche Analysen sind für uns wichtig, um unsere eigene gesellschaftliche Situation besser zu verstehen? Und: Wie lassen sich die jeweiligen feministischen Kämpfe transnational zusammendenken?

Während unserer Treffen an der frischen Luft, um die Ansteckungsgefahr zu minimieren, stürzten Olga und ich uns in ein zweijähriges Lese- und Übersetzungsprojekt. Schnell einigten wir uns darauf, nicht nur akademische Zusammenfassungen zu lesen, sondern Originaltexte extraktivismuskritischer Feminist*innen. Dabei wurden Übersetzungen nötig, was die virtuelle Forschungsreise holpriger, aber auch interessanter machte. Unsere mangelnde Vertrautheit mit der nicht-deutschen und nicht-westlichen linken Theoriebildung bewirkte manche Verunsicherung – verstärkt von den Online-Übersetzungsprogrammen, durch die wir die spanischen und teils auch die englischen Texte schickten. Auf drei dieser Texte, die schließlich in deutscher Übersetzung in der *outside the box* veröffentlicht wurden, möchte ich zunächst näher eingehen.

Eva Vázquez: Extraktivismus stärkt das Patriarchat

Eine Fußnote bei Federici führte uns zum Autorinnen- und Aktivistinnenkollektiv *Miradas Críticas del Territorio desde el Feminismo* („Kritische Betrachtungen des Territoriums aus feministischer Perspektive"). Auf ihrer Website fanden wir u.a. ein Buch über die feministischen Kämpfe gegen Ölbohrungen im Yasuní-Nationalpark in Ecuador (Colectivo Miradas Críticas 2014). In einem Beitrag für eine der zahlreichen transnationalen Konferenzen gegen extraktivistische Ausbeutung, auf die wir bei der Recherche stießen, führt Eva Vázquez von *Miradas Críticas* aus: Die Gewinnung von Erdöl „nährt, verstärkt und verbreitet den schon vorher dagewesenen Machismo" (Vázquez 2023, S. 34). Vázquez betont die hohe Belastung der Frauen durch die alleinige Verantwortung für den Erhalt von Familien und Communitys, die zu „hohem Stress und Angstzuständen" führe. Daraus folgt, „dass die Gewinne, die durch den Rohstoffabbau generiert werden, strukturell von der kostenlosen, nicht sichtbaren und unterschätzten Arbeit der Frauen ebenso abhängen wie von der Aneignung der natürlichen Rohstoffe" (ebd., S. 37). Neben der häuslichen Reproduktionsarbeit sind Frauen zudem unter großem persönlichem Risiko als politische Aktivistinnen tätig – und müssen überdies die Ernährerinnenrolle übernehmen, wenn ihre Männer im Zuge von Streiks und Protesten inhaftiert werden. Auf der anderen Seite werden sie „bei Landverkäufen oder dem Erwerb von Land […] von der Entscheidung ausgeschlossen" (ebd., S. 35), weil die Ölfirmen ausschließlich mit den Männern verhandeln.

Vázquez spricht von einer „Vermännlichung des Raums" in den extraktivistischen Gebieten, wo sich überproportional viele männliche Lohnabhängige aufhalten, die ihrerseits von Sicherheitsmännern, Soldaten und Polizisten überwacht werden. Das bringe „einschüchternde und übergriffige Situationen für die Frauen mit sich“ (ebd., S. 37f.), die zu deren Verdrängung aus dem öffentlichen Raum führten.

Als adäquate politische Antwort setzt die Autorin: „Der Ökofeminismus macht die Erfahrungen der Frauen sichtbar, er wird ihr Sprachrohr angesichts der Aggressionen gegen ihre Körper, ihr Leben und ihre Territorien“ (ebd., S. 38).

Nancy Piñeiro Moreno: Widerstand indigener Frauen gegen den Extraktivismus

Wie ökofeministisches Engagement gegen Ölbohrungen aussehen kann, beschreibt Nancy Piñeiro Moreno, die über den Kampf der Mapuche in der argentinischen Provinz Neuquén forscht. Ihr Text *Erinnerungen an das Morgen* handelt davon, wie sich indigene Frauen der Zerstörung ihrer Lebensgrundlagen durch die besonders umweltschädliche Abbaumethode des Frackings widersetzen. So kettet sich die Aktivistin Chela an eine Bohrinsel, um den US-amerikanischen Konzern Chevron an weiterem Abbau zu hindern. Chevron fördert in mehr als 180 Ländern Rohstoffe und hatte zu diesem Zeitpunkt bereits bei Bohrungen in Brasilien und Ecuador große Umweltschäden durch austretendes Erdöl verursacht. Auch Chelas Gemeinde leidet seit Jahrzehnten darunter. Chela begründet ihre Protestaktion damit, dass nationale und internationale Verträge zum Schutz des Mapuche-Lands seit dem 19. Jahrhundert notorisch missachtet werden.

Anknüpfend an Eva Vázquez‘ Analyse „könnte [man] sagen, dass die indigene Frau ein dreifaches Opfer der extraktivistischen Projekte auf ihrem Land ist: „als Frau, Arbeiterin und Indigene“ (Piñeiro Moreno 2023, S. 242). Indigene sind auf ihren Territorien noch stärker Rechtsbrüchen und sozialen wie gesundheitlichen Schädigungen seitens der extraktivistischen Konzerne ausgesetzt als weiße oder mestizische Proletarier*innen. (Der

Begriff *Mestizen* entstand als kolonialrassistische Kategorie für Menschen, die teils indigener, teils europäischer Abstammung sind. In der gesellschaftlichen Hierarchie standen sie häufig zwischen beiden Gruppen. Da die Kategorie weiterhin gesellschaftliche Wirkmacht besitzt und außerdem nicht nur kritisiert, sondern auch als Eigenbezeichnung verwendet wird – wenn auch nicht bei Piñeiro Moreno –, benutze ich sie hier.)

„Der Widerstand der Mapuche muss im Licht dieser Geschichte betrachtet werden", schreibt Piñeiro Moreno (ebd., S. 241). Mit demselben historischen Bewusstsein beziehen sich Chela und ihre fünf Schwestern auf die Überlieferung ihrer Großmüttergeneration von der weiblichen Rolle in der Gemeinschaft: „‚Als wir frei waren, hatte die Mapuche-Frau eine führende Rolle als Wissensträgerin. [...] Wir Frauen haben uns immer in der Politik engagiert, in Zeiten der Freiheit, in Zeiten der Unterdrückung und heute; nur die Zeiten haben sich geändert. Heute kann man mehr Mapuche-Frauen sehen, die Sprecherinnen sind, und viele Gemeinden haben weibliche Vorsteherinnen'" (ebd., S. 241f.). Diese Modernisierung begründen die Mapuche-Aktivistinnen mit überlieferten Vorstellungen von Geschlechtergleichheit: „Wir können nicht über die Autonomie der Frauen sprechen ohne die Autonomie der Männer. Wir verteidigen ein komplementäres Recht" (ebd., S. 242). Der Kampf gegen den Sexismus von Staat und Konzernen wird zusammen mit den Männern der Community geführt, und gleichzeitig erweitert er die geschlechtsspezifischen Möglichkeiten und Erfahrungen der Frauen. Daraus schöpfen sie neue Kraft. Nancy Piñeiro Moreno schlussfolgert: „Die indigene Frau ist – wie alle Frauen es sein können – eine Schlüsselfigur im Widerstand gegen den immer brutaler vordringenden Extraktivismus" (ebd., S. 243).

Samantha Hargreaves und Patricia Hamilton: Extraktivismus und Prostitution

Wie der Extraktivismus das Geschlechterverhältnis genau verändert, beschreiben zwei afrikanische Autorinnen, Samantha Hargreaves und Patricia Hamilton vom Kollektiv *WoMin – Women in Mining* („Frauen im Bergbau“). In dessen Textsammlung *Women, Gender and Extractivism in Africa* kommen Aktivistinnen verschiedener subsaharischer Länder zu Wort. Hargreaves und Hamilton gehen an einem Punkt in die Tiefe, den Vázquez nur anreißt: die Prostitution in extraktivistisch ausgebeuteten Gebieten. Sie stellen fest: „Wo es Minen gibt, folgt oft die kommerzielle Sexarbeit“ (Hargreaves/Hamilton 2023, S. 45). Die beiden Autorinnen theoretisieren Prostitution zwischen Widerstand und „notwendigem Übel“, das Frauen aus dem ländlichen Raum auf sich nehmen, viele von ihnen zeitweise, weil es kaum andere Jobs gibt und die Zerstörungen durch den extraktivistischen Bergbau es zunehmend erschweren, dass die Bevölkerung sich von Landwirtschaft ernähren kann.

Hargreaves und Hamilton berichten von der harten Männlichkeit der Minenarbeiter, die schwere körperliche Arbeit mit hoher Verletzungsgefahr verrichten. Dieser unter extraktivistischen Arbeitsbedingungen ausgebildete Männlichkeitspanzer kanalisiert sich im oft gewalttätigen und ungeschützten Sex, den die Arbeiter bei Prostituierten suchen. Die Frauen wiederum sind dem Stigma ausgesetzt, als Singles und allererziehende Mütter überleben zu müssen: „‚Der einzige Weg, respektiert zu werden, ist, einen Mann zu haben‘“, zitieren Hargreaves und Hamilton eine südafrikanische Sexarbeiterin (ebd., S. 44). Damit bestätigen die *WoMin*-Autorinnen Eva Vázquez' These, dass die Ausbeutung durch Prostitution in extraktivistisch bewirtschafteten Regionen in engem Zusammenhang mit der Ausbeutung der Männer in den Minen und mit der Ausbeutung der natürlichen Lebensgrundlagen steht.

Als Gegenmittel empfehlen Hargreaves und Hamilton, die Arbeitsrechte von Prostituierten zu stärken: über Entkriminalisierung der Prostitution, staatlichen Schutz vor sexueller Gewalt und Aufklärungskampagnen über Geschlechtskrankheiten. Als genauso essenziell betrachten sie es aber auch, „armen Frauen realistische ökonomische Perspektiven anzubieten", etwa durch die Möglichkeit zu „Subsistenzlandwirtschaft und der Verarbeitung ihrer Produkte in kleinen Betrieben" (ebd., S. 54). Damit schließt sich der Kreis zwischen der Selbstbestimmung der Frauen und ihren Möglichkeiten, das Territorium, auf dem sie leben, eigenständig zu bewirtschaften. Auf diese Verknüpfung von Land und Frauen(-körpern) stießen wir immer wieder in den Texten extraktivismuskritischer Feministinnen.

Die Spaltung zwischen proletarisierten Männern und Frauen während der ursprünglichen Akkumulation

Die Autorinnen der *WoMin*-Textsammlung greifen bei der Beschreibung der ökologischen und sozialen Verheerungen, die der Extraktivismus in Ländern wie Tansania, Sambia oder Südafrika bewirkt, auf theoretische Konzepte lateinamerikanischer Autor*innen zurück. Außerdem beziehen sich alle genannten Autorinnen auf Silvia Federici. Würde uns dieser geteilte theoretische Bezugsrahmen helfen, den „tiefen Spaltungen" zwischen Arbeiter*innen, zwischen den Geschlechtern und auch zwischen Frauen auf die Spur zu kommen?

Gemeinsamer Nenner in allen drei Texten ist der Kolonialismus, der für die Entfaltung der europäischen Industrien unabdingbar war und Lateinamerika sowie die subsaharischen Regionen in eine ähnliche, benachteiligte Position in der globalen Arbeitsteilung drängte. *WoMin* schreiben, dass das extraktivistische Modell „seit der Kolonialzeit [besteht], und zwar im Wesentlichen unverändert. Im Kolonialismus versorgte der Abbau natürlicher Ressourcen in den Kolonien die kolonialen Zentren mit den Rohstoffen, der Energie, den Mineralien und den Nahrungsmitteln, die die Kolonialherren zur Kapitalakkumulation und für ihre industrielle Entwicklung benötigten. Der Rohstoffabbau ging mit massenhaften Landenteignungen einher, mit Umweltzerstörung und der tödlichen Ausbeutung der Arbeitskraft der kolonisierten Untertanen, auch durch Leibeigenschaft und Versklavung“ (WoMin 2013, S. 6).

Eine gewinnbringende materialistische Theoretisierung des Zusammenhangs von Kapitalismus, Patriarchat und Kolonialismus bietet Federici in ihrem großen Werk *Caliban und die Hexe*. Darin untersucht sie Marx’ These der ursprünglichen Akkumulation und den gesellschaftlichen Übergang vom europäischen Mittelalter zur kapitalistischen Neuzeit – eine Entwicklung, die das Geschlechterverhältnis bis heute formt.

Ursprüngliche Akkumulation bedeutet, dass die kapitalistische Ökonomie, um in Gang zu kommen, der Enteignung und Einhegung großer Bodenflächen bedurfte, die die ansässige Bevölkerung bislang zur Erzeugung ihrer Nahrungsmittel bewirtschaftet hatte. Das Land war zwar nicht ohne Eigentümer, stand aber als Allmende in Form von Feld, Wiese, Wald und Gewässer zur allgemeinen Verfügung. Die bäuerlich lebende Mehrheit musste dem Grundbesitzer Abgaben und Dienste leisten, war jedoch durch die selbst erzeugten Lebensmittel nicht völlig von ihm abhängig. Diese Subsistenzlandwirtschaft wurde durch Enteignung zerstört und machte die Ansässigen zu doppelt freien Lohnarbeiter*innen im entstehenden kapitalistischen Fabrikbetrieb: frei von Produktionsmitteln und frei, ihre Arbeitskraft zu Markte zu tragen, wenn sie nicht verhungern wollten (Marx 1974).

Federici führt aus, dass die ursprüngliche Akkumulation einer „historischen Niederlage der Frauen“ entspricht (Federici 2015, S. 94). Die Allmende war zuvörderst von Frauen bewirtschaftet worden, die folglich eine informelle Entscheidungsgewalt über ihre Verwendung und innerhalb der dörflichen Siedlungen besaßen. Anhand zahlreicher historischer Zeugnisse zeigt Federici, dass Heilkunde, Bierbrauen, Geburtshilfe und volksmagische Praktiken in den Händen der Frauen lagen – der rechtlichen und religiösen Vorrangstellung des Mannes zum Trotz. Die Zerschlagung der Allmende beendete diese relative Macht der Frauen.

So entstand die materielle Spaltung zwischen Männern und Frauen – obwohl beide Geschlechter enteignet und in Abhängigkeit von der Lohnarbeit gezwungen wurden. „Die ursprüngliche Akkumulation bestand nicht allein in der Konzentration von Kapital und für die Ausbeutung verfügbaren Arbeitern. Es handelte sich vielmehr um eine Akkumulation von Unterschieden und Spaltungen innerhalb der Arbeiterklasse, so dass Hierarchien, die auf dem Geschlecht, aber auch auf der ‚Rasse‘ und dem Alter beruhen, für die Klassenherrschaft und die Herausbildung des modernen Proletariats konstitutiv wurden. Wir können die kapitalistische Akkumulation daher nicht mit der Befreiung des Arbeiters oder der Arbeiterin gleichsetzen [...]. Im Gegenteil: Der Kapitalismus hat brutalere und listigere Formen der Versklavung hervorgebracht, da er im Körper des Proletariats tiefe Spaltungen geschaffen hat, die der Verschärfung und dem Verschleiern der Ausbeutung dienlich gewesen sind“ (ebd., S. 82).

Während der männliche Proletarier fortan unter dem Disziplinarregiment von endlosen Arbeitsstunden und absoluter Abhängigkeit vom Lohn des Arbeitgebers lebte, profitierte er gleichzeitig von der Entmachtung der Frauen. Sie wurden nicht nur aus dem Handwerk ausgeschlossen und mussten sich meist mit schlechter bezahlten Jobs für unqualifizierte Arbeitskräfte begnügen. Sie verloren auch die Allmende als wichtiges Produktionsmittel und darüber hinaus die Verfügungsgewalt über ihre Körper und ihre Sexualität. Weil Staat und Kapitalisten ein Interesse an der zahlenmäßigen Regulierung der Arbeiter*innenschaft hatten, bestraften sie Empfängnisverhütung und Abtreibung. Gleichzeitig sanken unter dem kapitalistischen Regime der Lohnarbeit Tätigkeiten wie Kochen, Krankenpflege und Kindererziehung, für die traditionell Frauen zuständig waren, zur Nicht-Arbeit herab, da sie nicht im Rahmen eines Lohnarbeitsverhältnisses verrichtet wurden. Dadurch wurden „die Frauen selbst zur Allmende, da man ihre Arbeit als eine außerhalb der Sphäre der Marktbeziehungen angesiedelte Naturressource definierte“ (ebd., S. 122). *WoMin* kommen zum selben Schluss: „Die Abwertung der Frauenarbeit rührt von der ‚Naturalisierung‘ eines Großteils dieser Arbeit im Haushalt, in der Familie und in der Gemeinschaft her. Wenn es natürlich ist und Frauen geboren werden, um zu pflegen, zu kochen oder zu putzen, dann muss diese Arbeit nicht mit einem ökonomischen Wert versehen und entlohnt werden" (WoMin 2013, S. 13).

Als Folge der ursprünglichen Akkumulation, argumentiert Federici weiter, verelendeten Frauen, die nicht am Lohn eines Mannes teilhatten, und ihre althergebrachten Kenntnisse (oder auch ihr Aberglaube) wurden, solange sie in der Bevölkerung noch Autorität besaßen, als Hexerei verfolgt. Dieser frauenfeindliche Wahn, aus dem später das beengte bürgerliche Frauenbild hervorging, war die ideologische Seite der kapitalistisch-patriarchalen Spaltung zwischen den Geschlechtern.

Die Spaltung verstetigt und globalisiert sich

Der strukturelle Ausschluss der Frauen aus der Sphäre der Lohnarbeit widerspricht der von Marx und Engels formulierten Annahme, wonach die kapitalistische Entwicklung „alles Ständische und Stehende verdampft" (Marx/Engels o. J.) und damit letztlich den gesellschaftlichen Fortschritt aller Menschen hin zum Kommunismus einleitet. Ob der Kapitalismus als großer Gleichmacher die Frauen vom Patriarchat befreie, ist bis heute ein Streitpunkt unter Marxist*innen. Unsere Annäherung an die Extraktivismuskritik bestätigt eher Federicis Analyse, dass der Kapitalismus stets aufs Neue Ausbeutungsverhältnisse hervorbringt, die „tiefe Spaltungen" unter den Lohnabhängigen bewirken. So schafft der Extraktivismus als neokoloniale und neoliberale Form der kapitalistischen Ausbeutung eine neue Qualität der patriarchalen Abhängigkeit von Frauen: Vorkapitalistische, z.B. indigene Geschlechterordnungen, die bereits auf festgeschriebenen Männer- und Frauenrollen beruhten, weichen einer besonders unbarmherzigen Ausprägung des „warenproduzierenden Patriarchats" (Roswitha Scholz), die es Frauen unmöglich macht, ohne Mann ökonomisch zu überleben.

Die Verheerungen des Extraktivismus bestätigen auch Federicis zweiten wichtigen Kritikpunkt an Marx: dass die ursprüngliche Akkumulation kein einmaliger historischer Prozess war, der im Europa des späten 15. bis ins 18. Jahrhundert stattfand. Vielmehr ist sie ein immer aufs Neue stattfindender Vorgang, mit dem international operierende Konzerne und Banken, Nationalökonomien und Wirtschaftsbündnisse wie die EU sich fortwährend Produktionsmittel – etwa Rohstoffe – und menschliche Arbeitskraft aneignen. Die heutige Zusammenarbeit lateinamerikanischer und afrikanischer Staaten mit multinationalen Konzernen setzt die koloniale Ausbeutung von Land und Menschen mit anderen Mitteln fort. Nominell sind diese Staaten unabhängig, realiter jedoch den ökonomischen Zwängen des globalen Kapitalismus und der staatlichen und wirtschaftlichen Player v.a. des globalen Nordens ausgesetzt, die etwa die Industrialisierung afrikanischer Länder immer wieder verhindern (Rodney 2023, S. 191-203). Federici führt aus, dass neoliberale „Strukturanpassungen“, die die Weltbank afrikanischen Bevölkerungen seit den 1980er Jahren aufzwingt, beileibe nicht zur wirtschaftlichen Blüte führen. Stattdessen bringt die Privatisierung von Land zwecks Rohstoffabbau und Exportlandwirtschaft neue Gruppen von Besitzlosen hervor, die sich fortan als prekäre Lohnabhängige und Tagelöhner*innen durchschlagen müssen. Den Frauen und Mädchen dieser Communitys kommt dabei die Rolle von Elendsverwalterinnen zu. Einerseits müssen sie gegen alle Widerstände das Überleben ihrer Familien sichern; gleichzeitig führt die Implosion tradierter sozialer Gefüge zu Wellen sexistischer Gewalt, die immer wieder in Vergewaltigungen, Kinderehen und modernen Hexenverfolgungen gipfeln (Federici 2020a, S. 176-198).

WoMin führen aus, dass ländliche subsaharische Communitys bis heute häufig durch Kombinationen aus Lohnarbeit und Subsistenzwirtschaft überleben. Anders als in unserem Teil der Welt ist noch nicht alles Land eingehegt und werden nicht alle Bedürfnisse über Warenkonsum befriedigt – schon deshalb, weil die Löhne dafür zu gering sind. Dadurch bleiben die Communitys auf umfangreiche Reproduktionstätigkeiten der Frauen angewiesen, die auch Feldarbeit und die Versorgung von Tieren umfassen. Wenn Männer ihre Jobs verlieren, können sie auf die Nahrungsmittel zurückgreifen, die Frauen im Garten oder auf Brachen angebaut haben. Verunglückte Arbeiter müssen unentgeltlich zu Hause gepflegt werden, weil Staat und Arbeitgeber*innen dafür keinerlei Vorsorge bereithalten (WoMin 2013, S. 10). Gemeinschaftlich – und manchmal widerrechtlich – genutztes Land und die Arbeit der Frauen sind Bereiche, die sich der Verwertung entziehen und doch Voraussetzung des extraktivistischen Gesamtbetriebs sind.

Rassismus als weitere Spaltung

Eine zweite „tiefe Spaltung" unter den Lohnabhängigen ist der Rassismus. Die Extraktivismuskritikerinnen Afrikas und Lateinamerikas verweisen auf den rassistischen Charakter des Rohstoffabbaus: Indigene und schwarze Arbeitskräfte machen die Drecksarbeit für die Besitzenden bzw. die reichen Industrieländer.

In *Caliban und die Hexe* zeigt Federici, dass der Industriekapitalismus in Europa und später in den USA nur aufgrund der kolonialen Ausbeutung Afrikas, Lateinamerikas und weiter Teile Asiens florieren konnte. Dafür waren nicht nur Rohstoffe wie Gold, Holz, Zuckerrohr und Baumwolle wesentlich, sondern auch die billige Arbeitskraft der Bewohner*innen der kolonisierten Territorien bzw. dorthin verschiffter afrikanischer Sklav*innen. Die internationale Arbeitsteilung schuf verschiedene Grade der Ausbeutung, die einander bedingten: Einer zunehmend besser verdienenden, besser ausgebildeten und besser abgesicherten Arbeiter*innenschaft im globalen Norden standen die Entrechtung und ungehemmte Ausbeutung der Arbeitskräfte in den Kolonien gegenüber, die keinerlei Emanzipation durch Lohnarbeit zu erwarten hatten. Der antikoloniale Marxist Walter Rodney beschrieb in den 1970ern, dass Afrikaner*innen während der gesamten Kolonialzeit systematisch Bildung, Ausbildung und ein Lohn, der zum Leben ausreichte, verwehrt blieben. Arbeitskämpfe wurden kaum über Gewerkschaften geführt oder sozialstaatlich eingehegt, sondern brutal niedergeschlagen (Rodney 2023, S. 392ff.). Auch heute setzt der Energiekonzern Chevron in Nigeria schwer bewaffnete Sicherheitstrupps, Helikopter und Geländefahrzeuge zur Aufstandsbekämpfung gegen die Bevölkerung ein. Dafür arbeitet Chevron eng mit dem nigerianischen Militär zusammen, das das staatliche Interesse an der einträglichen Ausbeutung des Nigerdeltas verteidigt (Ekine 2009). In den Industrieländern muss sich Chevron damit begnügen, Umweltaktivist*innen zu verklagen.

Die schlecht bezahlte oder Sklavenarbeit der Kolonisierten war für das kapitalistische Ganze von Anfang an ebenso unverzichtbar wie die unbezahlte Reproduktionsarbeit der Frauen. Dementsprechend wurde und wird sie ideologisch auf ähnliche Weise legitimiert: über die rassistische Einteilung der Bevölkerung in Weiße, Indigene, Mestiz*innen und Schwarze, die den Menschen ihren Platz in der Gesellschaft anhand der Hautfarbe zuwies. Bis heute zeigt sie recht zuverlässig die Verteilung von Besitz, Bildung, Erwerbsmöglichkeiten und Machtpositionen an – nicht nur in den Ländern Afrikas und Lateinamerikas, sondern global. (Dabei variiert die rassistische Kategorisierung je nach Weltregion. So sind Menschen, die als Araber*innen interpretiert werden, in Deutschland antiarabischem und antimuslimischem Rassismus ausgesetzt; während in arabischen Ländern, die eine eigene Kolonialgeschichte haben, schwarze und asiatische Arbeiter*innen rassistisch benachteiligt werden.)

Genauso wie Sexismus legitimiert Rassismus Ausbeutung und Unterdrückung. Alle hier vorgestellten Autorinnen berichten von Menschenrechtsverletzungen, unerträglichen Arbeitsbedingungen und sexistischer wie rassistischer Gewalt in den extraktivistisch bewirtschafteten Territorien. Sie führten uns vor Augen, dass die kapitalistische Ausbeutung nicht nur zwischen Männern und Frauen sowie zwischen Weißen und Rassifizierten tiefe soziale Trennlinien hervorbringt, sondern auch zwischen weißen und rassifizierten Frauen. Die Rassifizierung von Frauen steht in engem Zusammenhang damit, an welcher Stelle im globalen Produktionsprozess und seiner Reproduktion sie stehen.

Was ist eine Frau?

Angesicht dieser globalen Ungerechtigkeit lag es nahe, dass sich die „tiefen Spaltungen“ unter den Lohnabhängigen nicht nur innerhalb des materiellen Frauseins (etwa zwischen weißen und rassifizierten Frauen) bemerkbar machen würden, sondern auch zwischen verschiedenen feministischen Kämpfen, die daraus resultieren. Die ideellen Trennungen zeigten sich in den unterschiedlichen Auffassungen davon, was eine Frau ist und wie sie sich befreien kann.

In allen Texten, die wir lasen und diskutierten, stehen Frauen im Fokus: als Leidtragende und als Kämpferinnen, als Bewahrerinnen und Verteidigerinnen ihrer Communitys. In dieser Rolle geht es vor allem um ihre reproduktiven Tätigkeiten. Obwohl diese weithin als gesellschaftlich verstanden werden, betonen die Autorinnen die Verbundenheit der Frauen mit der Natur, die dadurch entsteht. Eva Vázquez erläutert diese materielle Verbindung am Beispiel des Wassers, mit dem die Frauen kochen und waschen, weshalb sie unmittelbar von seiner Verschmutzung betroffen sind. Die Forderung, Wasser, Luft und Boden vor der Verseuchung z.B. durch Pipelines zu bewahren, wurzelt also im regionalen, ökologischen und sozialen Lebenszusammenhang der Frauen. In Nancy Piñeiro Morenos Text spiegelt sich der Schmerz um das enteignete Land in der Trauer um Chelas Schwester Celmira, die an Brustkrebs gestorben ist: „Verschmutztes Wasser und verschmutzte Luft, Stress durch ständige Konflikte, Erschöpfung durch direkte Aktionen auf die Angriffe der staatlichen Behörden und der Konzerne, die Unmöglichkeit, nach Mapuche-Vorstellungen zu leben – das ist eine verheerende Kombination“ (Piñeiro Moreno 2023, S. 242).

Vázquez erzählt, wie die Verbundenheit mit der umgebenden Natur in der Erkenntnismethode des „Körper-Territoriums“ bewusst gemacht wird: „Die Methode besteht darin, durch Zeichnungen der Körper zu lokalisieren, wie diese Körper die Gewalt erleben, die auf sie ausgeübt wird, und wie und wo wir die Gewalt, die in den ausgebeuteten Territorien überall präsent ist, im eigenen Körper spüren“ (Vázquez 2023, S. 39). Das können von Schlägen oder Vergewaltigungen verursachte physische Wunden oder Narben sein. Feministische Kollektive versuchen, den Schmerz, den Enteignung und Ausbeutung hinterlassen haben, körperlich zu „kartografieren“ und zu betrauern. Der Widerstand gegen den Extraktivismus wird begriffen als von kraftvollen Frauenkörpern ausgehend, die sich zusammenschließen.

Weil die Unterdrückung der Frauen oftmals zugleich rassistisch ist, werden indigene Geschichtsschreibung und die Erinnerungen an ein besseres Leben vor der Kolonisierung bzw. dem Extraktivismus in Stellung gebracht. Piñeiro Moreno berichtet aus dem letzten Interview mit Celmira: „Celmira erinnert sich, wie ihre Großmutter mit ihnen schimpfte, wenn sie nach Sonnenuntergang noch aufblieben: Die Holzscheite sollten für den nächsten Tag aufbewahrt werden. Sie sollten die heiße Kohle mit Erde bedecken, um damit am nächsten Tag wieder Feuer zu machen. ‚Lasst es für morgen liegen‘, pflegte sie zu sagen – was nicht dasselbe ist wie akkumulieren. Der alten Frau, sagt Celmira, ging es darum, ihnen das Haushalten mit den Gaben der Natur zu vermitteln“ (ebd., S. 243). Die Tradierung dieses Wissens soll Vorbilder für eine nicht-mehr-extraktivistische Zukunft schaffen und eine weibliche Mapuche-Identität stärken, die auf Widerstand gründet.

Dass Staat und international operierende Konzerne von dieser lebensnahen Warte aus kritisiert werden, macht sicherlich einen Teil der Attraktivität ökofeministischer Bewegungen aus. Auch Federici zeigt sich begeistert von der Sprengkraft des lateinamerikanischen Subjekts Frau, das aus der Alltagserfahrung heraus politische Kämpfe führt (Federici 2020a, S. 199-220). Dabei fallen, den Analysen in *Caliban und die Hexe* mitunter widersprechend, das biologische und das soziale Frausein sowie dessen feministische Politisierung tendenziell in eins. Diese per se antikapitalistische Weiblichkeit irritierte Olga und mich. Wir waren es gewohnt, die fraglose Verknüpfung von Frausein mit reproduktiven Tätigkeiten als Essenzialismus zu kritisieren – also eine Zuschreibung, die die patriarchale Naturalisierung von Weiblichkeit wiederholt.

Federicis Quasi-Essenzialismus lässt sich darauf zurückführen, dass die Frauen, von denen sie schreibt, allesamt Lohnabhängige sind. Federici schreibt Geschichte von unten – nicht aus der Perspektive von Staaten, Arbeitgebern oder vermeintlichen Sachzwängen. Diese Art der revolutionären Geschichtsschreibung schärft das Bewusstsein für Klassenkämpfe, vernachlässigt aber, dass die Unterdrückung von Frauen nicht nur innerhalb des Proletariats stattfindet, sondern quer zum Klassenverhältnis liegt. Frauen aller Klassen werden sexistisch unterdrückt und haben ihrerseits – abhängig von Klassenposition und evtl. Rassifizierung – verschiedene Möglichkeiten, andere Frauen, Rassifizierte und Arbeiter*innen zu unterdrücken bzw. auszubeuten. Wenn man davon ausgeht, dass das Geschlechterverhältnis nicht dem Klassenverhältnis unterzuordnen ist, stellt sich umso dringlicher die Frage nach den materiellen und ideologischen Spaltungen, die das globale kapitalistische Patriarchat *zwischen* Frauen bewirkt.

Die enge Verquickung von Frauen- und Klassenfrage findet sich auch in manchen Teilen der Zweiten Frauenbewegung im globalen Norden (etwa im Feminismus-Marxismus von Frigga Haug oder bei der Historikerin Gerda Lerner). Uns fiel auf, dass wir eher mit demjenigen Strang der Zweiten Frauenbewegung vertraut sind, der unter feministischer Emanzipation verstand, die geschlechtliche Arbeitsteilung in Ehe und Familie aufzukündigen und sich auf die Suche nach nicht-mehr-patriarchalen Lebens- und Gesellschaftsentwürfen zu machen. Während in den extraktivismuskritischen Texten Frauen in selbstverständlichem Zusammenhang mit ihrer reproduktiven Arbeit und ihren Communitys gesehen werden, ruft diese Tradition zur Befreiung von den Zwängen der Familie und auch von der Familie selbst auf.

Daher stellten sich uns die Fragen: Was ist mit der Frau, die keinen Mann und keine Kinder will? Die die Community verlassen möchte, um anderswo ihr Glück zu suchen? Die in der Community um einen Platz als Alleinstehende oder als Lesbe ringt? Die gar keine Frau ist, sondern ein trans Mann? Wie passt ein Feminismus, der die Community fokussiert, mit einem individualistischen Glücksversprechen zusammen?

In den Texten, die wir gelesen haben, waren Geschlechtsidentität, sexuelles Begehren oder auch das Recht auf Abtreibung nicht die brennenden Fragen – obwohl wir wussten, dass auch diese Themen im lateinamerikanischen Feminismus breit diskutiert werden. Vielleicht gedeihen sie im städtischen Raum besser. Auch bei den Kämpfen im ländlichen, von Minenarbeit und Subsistenzlandwirtschaft geprägten Raum geht es um weibliche Selbstbestimmung, z.B. darum, Kinder gesund großzuziehen. Jedoch steht aufgrund der unterschiedlichen materiellen Lebensgrundlagen in einem Fall die Emanzipation der Community im Mittelpunkt, im anderen die Emanzipation der Einzelnen *von* der Herkunftscommunity.

Die Sehnsucht, mit der Federici ein aktiv handelndes feministisches Wir formuliert, ist nicht verwunderlich. Der westlichen feministischen Bewegung fehlt schmerzlich ein revolutionäres Subjekt, das aus einem geteilten Alltag und kollektivierten Erfahrungen heraus Kampfesmut, Kraft und ein utopisches Wollen ziehen könnte. Auch wir sind es gewohnt, dass feministische Theorie nur einen kleinen Kreis Interessierter erreicht, meist im selben Milieu. Die Verheißung weiblicher Emanzipation existiert abgeschnitten von einer großen Frauenbewegung, die uns tragen würde, sie ist neoliberal unterfüttert und von der Kulturindustrie gefressen, verdaut und wieder ausgespuckt worden. Unsere Redaktions- wie Kneipengespräche kreisten besonders in der Corona-Zeit häufig um die eigene politische Machtlosigkeit.

Das politische Subjekt Frau, wie es in der Zweiten Frauenbewegung verhandelt wurde, hatte einige Jahrzehnte lang ausgedient. Erst in den transnationalen feministischen Bewegungen der letzten Jahre ist es langsam wieder zum Vorschein gekommen: in der Forderung nach einem Frauenstreik, im Kampf um das Recht auf Abtreibung und gegen Femizide. Dass das Bewusstsein einer globalen, kapitalistischen Unterdrückung aufgrund des Geschlechts so nachdrücklich in Lateinamerika artikuliert wird, ist sicherlich kein Zufall: Aufgrund der postkolonialen Arbeitsteilung treten Ausbeutung und patriarchale Gewalt viel brutaler zutage.

Die westliche Verdrängung der Spaltung

Was sollten wir nun mit den verschiedenen Konzepten von Frausein und weiblicher Befreiung anfangen? Wie wären sie mit dem universalistischen Ansatz vereinbar, dass wir trotz der großen Differenzen doch alle im globalen kapitalistischen Patriarchat leben und gleichermaßen auf Rechte und Ressourcen zurückgreifen können sollten?

Die europäische Aufklärung hatte alle Menschen als Weltbürger ausgerufen und allen gleichermaßen Glück und Wohlstand zugebilligt, sofern sie nur fleißig arbeiteten. Im Zuge von Kolonialismus und Neokolonialismus erwies sich das kapitalistische Weltbürgertum aber nicht nur als strukturell männlich, sondern auch als strukturell weiß und abhängig von der Sklav*innenarbeit Anderer sowie von der Ausbeutung natürlicher Ressourcen. Das war die erste Erkenntnis für eine transnationale feministische Subjekttheorie, die wir aus der Kritik des Extraktivismus ableiteten.

Was hatte das genauer mit uns und unserer gesellschaftlichen Situation zu tun? Auch heute stehen der abstrakten Gleichheit vor dem Gesetz und auf dem Weltmarkt, die mittlerweile durchgesetzt sind, konkrete Unterdrückungsverhältnisse gegenüber. Die Nationalökonomien Lateinamerikas und Afrikas fungieren nach wie vor als Rohstofflieferanten der Industrieländer und sind wirtschaftlichen und politischen Krisen viel stärker ausgesetzt. Ein Teil ihrer Bürger*innen hat keine andere Wahl, als unter extraktivistischen Bedingungen zu arbeiten. Für diese Arbeiter*innen gelten die Freiheits- und Glücksversprechen des kapitalistischen Staats – Bildung, freie Berufswahl, Gesundheits- und Altersvorsorge, politische Partizipation – nur sehr eingeschränkt.

Die zweite Erkenntnis war, dass die Arbeit dieser extraktivistisch Ausgebeuteten eine Voraussetzung unserer eigenen Arbeit ist. Zum einen ist sie das direkt stofflich durch die seltenen Erden, die in unseren Handys und Laptops verbaut sind. Zum anderen sind diese Geräte eine materielle Grundlage unseres Denkens und Schreibens und unserer Kommunikation. Während die rassistischen Ausbeutungsverhältnisse in Deutschland in unserem persönlichen Alltagserleben kaum spürbar sind, warf die Beschäftigung mit dem Extraktivismus ein grelles Schlaglicht auf die materiellen Bedingungen unserer Möglichkeiten der Wahl, Selbstbestimmung und ökonomischen Absicherung. Wie unsere Handys und Laptops hängen diese Freiheiten mit weiblicher Armut und Unfreiheit in anderen Weltgegenden und anderen sozialen Schichten zusammen. Es handelt sich um zwei Seiten einer postkolonialen Weltökonomie.

Das klingt fast banal. Und doch war es ein langer Prozess, uns ansatzweise aus der Bewusstseinsspaltung freizukämpfen und zu verstehen – dritte Erkenntnis: Unser relativer Wohlstand verdankt sich der Armut und Ausbeutung anderer Teile der Welt (und anderer sozialer Milieus hier in Deutschland). In ihrem großartigem Essay *Hegel und Haiti* bringt Susan Buck-Morss die enorme Verdrängungsleistung auf den Punkt, mit der die europäischen Aufklärer*innen das koloniale Unrecht aus ihrem Denken und ihrer Politik verbannten. Die Berührungsangst des gegenwärtigen westlichen Feminismus, sich mit den Lebensverhältnissen von Frauen im globalen Süden zu befassen, stammt sicherlich zu einem guten Teil aus dieser Verdrängung, die die großen sozialen Bewegungen der Arbeiter*innen, der Frauen und der Schwarzen einst thematisierten. Heute werden diese horrenden gesellschaftlichen Ungerechtigkeiten häufig zur Schuldfrage sogenannter „white feminists“ moralisiert und individualisiert, nicht zuletzt von weißen Feminist*innen selbst. Oft heißt es, man solle das globale Unrecht irgendwie mitdenken oder einbeziehen, ohne sich aber ein Urteil zu bilden; das stehe nur den von diesem Unrecht Betroffenen zu. So bleibt ein diffuses Schuldgefühl, den globalen Süden betreffend. Aber weder Schuldgefühl noch Berührungsangst oder Moralisierung tragen dazu bei, die materiellen und ideologischen Spaltungen zwischen weißen und rassifizierten Feminist*innen zu erhellen, geschweige denn aufzulösen.

Dazu braucht es die Einsicht, dass wir selbst „Betroffene“ der postkolonialen Vergesellschaftung sind, wenn auch in anderem Ausmaß und anderer Form. Handys und transportable Computer sind nicht nur Freiheitsmöglichkeiten, sondern auch Zubehör einer neoliberalen Arbeitswelt, die auf steter Verfügbarkeit und verinnerlichter Disziplin und Leistungsbereitschaft basiert (siehe *Exkurs 5: Materialismus und Digitalisierung*). In dieser Arbeitswelt ist der Körper als Arbeitsinstrument quasi abgeschafft und muss mit Sport und Superfoods in Schuss gehalten werden – während nicht nur Avocados und Chiasamen, sondern auch die technischen Voraussetzungen für diese Lebensweise in extraktivistisch geprägten Regionen geschaffen werden, wo (Frauen-)Körper im Arbeitsprozess massiv ausgebeutet und verletzt werden. Der Kampf gegen unsere eigenen, mit Selbstverwirklichungsideologie verbrämten Arbeits- und Reproduktionsbedingungen bleibt kurzsichtig, solange er den feministischen Widerstand gegen extraktivistische und rassistische Ausbeutung im globalen Süden außen vor lässt.

Während der Lektüren und Diskussionen zum Extraktivismus wurde uns – viertens – deutlich, dass die aufklärerische Forderung nach dem uneingeschränkten Subjektstatus für alle Menschen nicht nur die Ausbeutungsverhältnisse ignoriert, die der Kapitalismus stetig neu hervorbringt. Sie stößt auch an ökologische Grenzen. Die Analyse der zerstörerischen gegenwärtigen Produktionsverhältnisse macht völlig klar, dass es außerhalb der Kapazitäten des Planeten liegt, westliche Lebensstandards für alle zu fordern. Allein unser Pro-Kopf-Verbrauch an Wasser, Stahl und Plastik spricht einer umweltverträglichen Weltwirtschaft Hohn. Auch die Hoffnungen auf Green Capitalism und Energiewende berücksichtigen meist nicht, dass der massive Ausbau erneuerbarer Energien den verstärkten Abbau von Kupfer und seltenen Erden erfordern würde, die Bestandteil von Batterien, Akkus und Solarzellen sind. Daher würden Digitalisierung und Elektroautos für alle zwar die deutsche Luft schön sauber halten, aber die dreckige extraktivistische Ausbeutung in Afrika und Lateinamerika verschärfen.

Diese transnationalen Zusammenhänge wurden bereits im westlichen Ökofeminismus der 1980er formuliert. Die Thesen der patriarchalen Kolonisierung von weiblicher Arbeit und weiblichen Körpern sowie die Parallelisierung von Frauenunterdrückung und Naturausbeutung waren in der Zweiten Frauenbewegung weit verbreitet, etwa im Bielefelder Subsistenzansatz. Maria Mies, eine der Bielefelderinnen, tauchte in einigen lateinamerikanischen Texten als Referenz auf. Dass Solidarität mit Arbeiter*innen im globalen Süden möglich war und auch praktisch wurde, bewies die militante Frauengruppe *Rote Zora*, die 1987 mehrere Brandanschläge verübte, um auf die horrende Ausbeutung von Textilarbeiterinnen in Südkorea hinzuweisen.

Daraus folgte die fünfte Erkenntnis: Dass solche globalen Zusammenhänge in der feministischen Bewegung Lateinamerikas viel präsenter als in der heutigen westlichen sind, zeigt, dass die Einhegungen des Kapitalismus auch geistiger und politischer Art sind. Der Feminismus verliert dort seine Kraft als soziale Bewegung, wo einige Verbesserungen für einige Frauen in den Gesamtbetrieb integriert werden konnten. Hierzulande schaffen der weitgehend ungehinderte Zugang zu Bildung und zum Arbeitsmarkt und eine – oberflächlich betrachtet – frauenfreundlichere Sexualmoral die Illusion einer geschlechtergerechten Gesellschaft. Das kommt der Verdrängung der grundsätzlich patriarchalen Gesamtmisere zugute. Dass Migrantinnen in der häuslichen Altenpflege über ihre Kräfte gehen, dass Femizide geschehen und Abtreibung am Rand der Kriminalisierung stattfindet, dringt kaum ins gesellschaftliche Bewusstsein. Im deutschsprachigen Feminismus werden diese Fragen erst seit wenigen Jahren wieder breiter diskutiert.

Die transnationale Kritik der Prostitution

Zur Illustration der materiellen Spaltungen, die bewusst gemacht werden müssen, damit wir feministische Kämpfe transnational verstehen können, möchte ich abschließend noch einmal auf Prostitutionskritik zu sprechen kommen. Die *WoMin*-Autorinnen Samantha Hargreaves und Patricia Hamilton kritisieren Prostitution als eine Begleiterscheinung des Extraktivismus, die elende Arbeitsverhältnisse für die Prostituierten bedeuten. In diesem Zusammenhang ist ihre Rede von „kommerzieller

Sexarbeit“ interessant, die im deutschsprachigen Feminismus tautologisch wäre. Bei Hamilton und Hargreaves schließt sie an Federicis Gebrauch des Begriffs Sexarbeit an, der auch die ehelichen Pflichten der Arbeiterin und das Nachgeben gegenüber missbräuchlichen Vorgesetzen einschließt (Federici 2020, S. 35). Sexarbeit wird damit zum festen Bestandteil von Reproduktionsarbeit, die Frauen ständig abverlangt wird, privat wie im Lohnarbeitsverhältnis. Prostitution bedeutet demnach, die ohnehin erwartete Sexarbeit bewusst als Lohnarbeit zu verrichten. Diese Sichtweise stellt patriarchale Zwänge in den Vordergrund, erlaubt es aber auch, Frauen, die unter diesen gesellschaftlichen Bedingungen Sex verkaufen, als selbstmächtig Handelnde anzusehen.

Hargreaves und Hamilton beleuchten, dass die funktionale Nähe von Sexarbeit und Hausarbeit unter extraktivistischen Bedingungen, wenn Männer von ihren Familien getrennt und Frauen von anderen Verdienstmöglichkeiten ausgeschlossen sind, wieder sichtbar wird: „Untersuchungen des sambischen Copperbelts zeigen, dass Frauen oftmals die Dienste einer Ehefrau auf Zeit verrichten und sowohl Sexarbeit als auch Hausarbeit im Austausch gegen wirtschaftliche Unterstützung leisten. Andere Frauen bieten ausschließlich Sex an und werden folglich als Prostituierte betrachtet“ (Hargreaves/Hamilton 2023, S. 46). Diese Mischformen offenbaren die Tragik heterosexueller Beziehungen im Kapitalismus, die von einem hierarchischen Geschlechterverhältnis und wirtschaftlicher Abhängigkeit überformt sind – zur größeren Last der Frauen. „Praktisch alle Frauen“, zitieren Hamilton und Hargreaves eine Studie aus Südafrika, „äußerten die Hoffnung, einen Kunden, vor allem einen mit Festanstellung, zu treffen, der sich in sie verlieben und sie unterstützen würde, so dass sie die Sexarbeit aufgeben könnten“ (ebd., S. 49f.).

Die Stärke dieses ökofeministischen Ansatzes liegt darin, Prostitution in ein Spektrum sexueller und romantischer Arrangements in einem spezifischen Kontext der Ausbeutung von Natur und Arbeitskraft einzubetten. Er bietet Anknüpfungspunkte für eine Prostitutionskritik, die die konstitutive Frauenunterdrückung im kapitalistischen Patriarchat benennt, die Prostitution erst ermöglicht: ein Verständnis vom Frauenkörper als Ware und konsumierbarer Ressource, die gegen Geld zur Verfügung steht. Gleichzeitig benennen die *WoMin*-Autorinnen die gesellschaftlichen Rahmenbedingungen als historisch und regional: Am Beispiel von Studien aus Südafrika und Australien ziehen sie einen Vergleich zwischen Prostitution in Bergbaugebieten im globalen Süden und im globalen Norden. Darin erscheinen die südafrikanischen Prostituierten als prekäre Kleinunternehmerinnen, die unter dem Radar eines offiziellen Prostitutionsverbots Sex verkaufen. Im australischen Outback hingegen, wo Prostitution generell erlaubt ist, spielen größere Bordelle, eine temporäre Armutsmigration, v.a. aus asiatischen Ländern, und vermutlich auch Frauenhandel eine vergleichbare Rolle wie bei der Prostitution in Deutschland.

Die variierenden materiellen Bedingungen, unter denen sich Frauen prostituieren, könnten ein Hinweis darauf sein, dass eine emanzipatorische feministische Haltung zu Prostitution nicht in jedem Fall zu denselben Schlüssen gelangen muss. Zu fragen ist, was Frauen brauchen, um möglichst selbstbestimmt und frei von patriarchaler Gewalt leben und wirtschaften zu können. Im Fall der afrikanischen Bergbaugebiete mögen das, wie von Hargreaves und Hamilton vorgeschlagen, Entkriminalisierung und freie Anbauflächen sein. In Deutschland hingegen sprechen gute Gründe für ein Verbot von Sexkauf: etwa, dass der finanzielle Gewinn aus der Prostitution hauptsächlich Zuhälter*innen und Bordellbetreiber*innen zufließt und dass die Armutsmigration aus Osteuropa für die betroffenen Frauen ein Höchstmaß an Ausbeutung, rechtlicher Unsicherheit und sexueller Gewalt mit sich bringt. Da die große Mehrheit der in Deutschland arbeitenden Prostituierten Migrantinnen sind, wird die sexistische Spaltung der Frauen in geachtete Ehefrauen und Partnerinnen einerseits und begehrte „Huren“ andererseits überdies rassistisch aufgeladen. (Weitere Überlegungen zum Sexkaufverbot finden sich in *Exkurs 11: Prostitutionskritik und die Sehnsucht nach dem Staat, der's richtet.*)

Hargreaves und Hamilton schaffen es auf beeindruckende Weise, Frauen als Subjekte zu beschreiben, die bewusst und im engen Rahmen ihrer gesellschaftlichen Möglichkeiten Entscheidungen treffen. Weder werden sie – wie in einem einseitigen Empowerment-Verständnis von Sexarbeit – zu völlig freien Herrinnen ihres Körpers und ihrer Sexualität erklärt, die nur gegen Stigmatisierung zu kämpfen hätten; noch erscheinen sie als bloße Opfer von Männern, Staaten und Konzernen. Weil die beiden Autorinnen die reproduktiven Anforderungen an Frauen in den Minengebieten konkret schildern, fallen sie auch nicht auf die allzu strenge Unterscheidung in gute (romantische) und schlechte (prostitutive) Sexualität zurück, die man in der aktuellen deutschsprachigen Prostitutionskritik mitunter vorfindet und die den patriarchalen Zusammenhang beider Arten von Sexualität leugnet (vgl. hierzu *Exkurs 10: Sexualisierte oder sexuelle Gewalt?*). Eine transnationale feministische Kritik der Prostitution, lässt sich von *WoMin* lernen, muss Frauen als Subjekte adressieren, die innerhalb spezifischer Ausprägungen von Kapitalismus und Patriarchat nach besseren Lebensmöglichkeiten und einer besseren Zukunft suchen. Auf dieser Grundlage lässt sich Prostitutionskritik, ohne paternalistisch zu werden, mit anderen feministischen Kämpfen gegen sexuelle und reproduktive Ausbeutung verbinden.

Die materiellen Bedingungen feministischer Kämpfe

Insofern können die feministische Bewegung und die Ökologiebewegung über nationale Grenzen hinaus als die hoffnungsvollsten sozialen Bewegungen unserer Zeit gelten. In Zeiten der sich zuspitzenden Klimakrise zeigt sich deutlicher denn je, wie sehr die kapitalistische Ausbeutung von Natur und Reproduktionsarbeit, die hauptsächlich von Frauen verrichtet wird, miteinander verwoben sind. Zudem hat die Pandemie daran erinnert, dass patriarchale Regulierungsmechanismen auch in unserem Teil der Welt für Staat und Wirtschaft griffbereit sind, auch wenn sie sich in der Stoßrichtung voneinander unterscheiden: Während mexikanische Arbeiterinnen in Fabriken ohne Hygienemaßnahmen weiterschuften mussten, damit die

Produktion für den Weltmarkt nicht zum Erliegen kam (Zeiske 2022, S. 134-139), wurden in Deutschland viele Frauen aus dem Arbeitsmarkt heraus- und in die häusliche Reproduktionsarbeit hineingedrängt – inklusive intensivierter Kinderbetreuung und Homeschooling. In beiden Ländern verschärfte sich im Rahmen des „patriarchalen Bündnisses" zwischen Staat, Arbeitgeber*innen und männlichen Lohnabhängigen (Vázquez 2023, S. 35) die häusliche Gewalt durch Ehemänner und Väter. Die relative Gleichberechtigung der Frauen, mit der wir aufgewachsen sind, erwies sich als brüchig.

Daher ist es klug, feministische Kämpfe mit ökologischen zu verknüpfen. Noch ist das in der Linken des globalen Nordens wenig der Fall. Die starken Protagonist*innen der *Fridays for Future,* wie Greta Thunberg und Luisa Neubauer, sind zwar häufig junge Frauen. Auch auf Klimademos und in den Aktionen, mit denen die *Letzte Generation* die Verdrängung der Klimakrise zu durchbrechen versucht, treten viele Aktivistinnen mit einer Entschlossenheit und Redegewandtheit an die Öffentlichkeit, von der wir in jungen Jahren nicht zu träumen gewagt hätten. Dennoch bedienen sie sich keiner explizit feministischen Argumentation.

Hier gilt es theoretisch anzusetzen. Um die „tiefen Spaltungen" zwischen Feminist*innen wenigstens ansatzweise zu überwinden, braucht es eine Theorie, die uns zusammen- und zur gesellschaftsverändernden Praxis bringt. Wenn wir die patriarchale Gesellschaft verändern wollen, muss Theorie die jeweiligen materiellen Bedingungen feministischer Kämpfe erforschen. Wir müssen die Geschichte dieser Kämpfe, ihre Utopien, ihre Aktionsformen, die weiblichen Erfahrungen, die ihnen zugrunde liegen, in Beziehung zu unseren eigenen Auseinandersetzungen und Lebensrealitäten setzen. Die Fragen lauten: Was können wir als Feminist*innen hier und jetzt tun? Wie können wir die Arbeits- und Reproduktionskämpfe von Frauen, Queers und Rassifizierten in einem übergreifenden Zusammenhang verstehen? Inwiefern sind es unsere eigenen Kämpfe, und welche kritisieren wir warum?

Die Texte von Vázquez, Hargreaves und Hamilton, Piñeiro Moreno und von Federici zeigen, dass das feministische Nischenglück kein Ausweg mehr sein kann. Es handelt sich um nichts weniger als die aktuelle Aufgabe und auch die Verantwortung feministischer Theorie: die globalen Geschlechterverhältnisse in engem Zusammenhang mit den Produktionsverhältnissen und deren ökologischen Verheerungen zu kritisieren – im Hinblick auf eine wirkmächtige und transnationale feministische Bewegung.

Exkurs 4

Ist Antisemitismus keine Spaltung?

Antisemitismus wird neben Sexismus und Rassismus oft als dritte große Ideologie kapitalistischer Vergesellschaftung benannt. Findet innerhalb des extraktivismuskritischen Paradigmas, das Geschlecht und Rassifizierung so fruchtbar miteinander in Beziehung setzt, auch die Kritik des Antisemitismus einen Platz? Handelt es sich dabei um eine weitere soziale Spaltung? In unseren Texten fanden sich darauf keine Hinweise.

In *Der übliche blinde Fleck* führe ich aus, dass der identifikatorische Bezug auf Mutter Natur, die unter dem globalen Kapitalismus und übermächtigen Eliten ächzt, schnell in Antisemitismus umschlägt. Das zeigt leider auch Silvia Federicis Engagement in Bündnissen, die unter allen Staaten der Welt ausgerechnet Israel dämonisieren und boykottieren (vgl. Wir können nur ändern, was wir konfrontieren 2020).

Dass Federici den Antisemitismus nicht kritisiert und selbst dazu neigt, ist gewissermaßen folgerichtig – denn die Feindschaft gegenüber Jüd*innen hängt nur wenig mit ihrer Stellung im kapitalistischen Produktionsprozess zusammen, die die Spaltung zwischen Männern und Frauen und zwischen Weißen und Rassifizierten hervorgebracht hat. Daher würde es keinen Sinn machen, Antisemitismus als weitere „tiefe Spaltung […] im Körper des Proletariats" zu bestimmen. Vielmehr liegt der Kern des Antisemitismus darin, dass Jüd*innen „in der antisemitischen Phantasie zum Symbol für die Moderne und das Abstrakte als solches" werden (Salzborn 2022, S. 63). Bei Federici zeigt sich das im allzu unvermittelten Gegensatz, in den sie Proletariat und Herrschende, Natur und Kolonialmoderne setzt.

Ihre Utopie von der ökofeministischen „Wiederverzauberung der Welt“ (Federici 2020a), die großes emanzipatorisches Potenzial hat, trägt in diesem Licht auch Züge eines regressiven antisemitischen Wunschtraums. Im Kampf gegen die Ideologie vom ewigen kapitalistischen Fortschritt pocht Federici m.E. zu sehr auf ein gutes vormodernes Früher, das es wiederherzustellen gelte: Im europäischen Mittelalter oder im vorkolonialen Afrika, vor der Knebelung durch Kapitalist*innen, hätten die Menschen satt und harmonisch gelebt.

Ohne direkt judenfeindlich zu sein, ist Federicis Theorie – wie viele andere marxistische Entwürfe auch – anfällig für die strukturell antisemitische Denkform, den Kapitalismus zuvörderst bei den Kapitalist*innen zu verorten und das Proletariat bzw. die Kolonisierten als revolutionäres Subjekt rein zu erhalten. Federici hat kein Verständnis von Ideologie, das erklären könnte, warum der Zorn der Ausgebeuteten sich so häufig auf Jüd*innen und auf Israel richtet.

Auch das eingangs zitierte *Transnationale feministische Manifest* zählt zu seinen Zielen ausdrücklich die Stärkung des sogenannten palästinensischen Freiheitskampfs gegen Israel (Arriba Las Que Luchan 2020, S. 4). In diesem Antizionismus offenbart sich der antisemitische Hinkefuß einer Community-basierten Argumentation. Wer Frauen (und Individuen überhaupt) in erster Linie nicht als Einzelne, sondern als Vertreter*innen benachteiligter Communitys und Territorien sieht, hält sich damit deren Involviertheit ins kapitalistische Getriebe vom Leib, der global längst niemand mehr entfliehen kann. Hier wiederholt sich die Figur vom revolutionären (Kollektiv-)Subjekt, das rein bleiben soll und mit dem man sich umstandslos identifizieren kann. Um die innere Widersprüchlichkeit der Community, z.B. im Geschlechterverhältnis oder im Freiheitsbegehren Einzelner, nicht anerkennen zu müssen, gerät man dann leicht ins Fahrwasser, das Kapitalistische, Herrschaftliche und Böswillige außerhalb der Community zu verorten. Dazu bietet sich erneut die antisemitische und antizionistische Symbolik an: die fundamentale Kritik am Staat Israel, der, stellvertretend für alle kolonisierten Völker, die Palästinenser*innen unterdrücken würde.

Marxistisch-feministische und ideologiekritische Grundlagen helfen, die sehr reale und menschenrechtsverachtende Macht der Staaten, der Konzerne und des kapitalistischen Patriarchats angemessen zu kritisieren – ohne in ihnen das Prinzip des Bösen zu verorten, das einem unschuldigen Wir der Frauen und Kleinbäuer*innen gegenüberstünde.

Vielleicht könnte an dieser Stelle Federicis Theorie produktiv gegen sie gewendet werden: indem man den Antisemitismus als äußerst wirkmächtige ideologische Spaltung betrachtet, die den Frust über die kapitalistische Vergesellschaftung in Gewalt gegenüber Jüd*innen verwandelt und das Mitgefühl mit ihnen ausschaltet. Reale Herrschaftsverhältnisse und reale Herrscher werden von Antisemit*innen in der Regel nicht angegriffen. Daher kommt der Antisemitismus, genau wie Sexismus und Rassismus, jenen zugute und muss folglich aus einer linken Perspektive bekämpft werden.

Exkurs 5

Materialismus und Digitalisierung

1

Obwohl ich ins Handyzeitalter reingewachsen bin, hasse ich Handys. Mein Hass wuchs mit dem unverfrorenen Anspruch auf stete Ansprechbarkeit, er wetzte seine Zähne an den Versuchen des Jobcenters, meine Handynummer zu bekommen, und erreichte einen neuen Höhepunkt mit der Tatsache, dass mich neuerdings der Staat per Handy vor Katastrophen warnt. Soll er doch eine bessere Klimapolitik machen, der Staat, statt ins flächendeckende Kommunizieren von Umweltkatastrophen zu investieren.

Ich habe eine tiefe Abscheu dagegen, meine zurückgelegten Schritte und meine Menstruation per Handy zu verwalten sowie Regenwolken zu tracken. Das Smartphone, eng am Körper getragen, dringt in jede Pore neoliberaler Selbstverwaltung, es speichert jeden Schritt, jeden Bezahlvorgang und jeden zärtlichen, an sonst wen verschickten Gedanken. Ich mag aber kein Cyborg sein, der bereitwillig seine Daten sammelt und optimiert und dabei Medienkonzernen in den Rachen wirft, deren antidemokratische Verfahren bekannt sind.

Seit meiner Beschäftigung mit der Extraktivismuskritik erbost mich der Glaube, die Digitalisierung brächte uns ein besseres und freieres Leben, auch auf der Ebene globaler Produktions- und Reproduktionsverhältnisse. Das Heilsversprechen der Digitalisierung ist unlauter, weil die materiellen Voraussetzungen von Internet, Stromerzeugung und entsprechenden Geräten darin überhaupt nicht vorkommen. Es wird mit dieser Verdrängung zusammenhängen, dass es oft den Anschein hat, das Internet wäre sozusagen immateriell. Man tut, als ginge es hier nicht um haarsträubende globalisierte Arbeitsverhältnisse und den Abbau natürlicher Ressourcen unter völlig menschenverachtenden Bedingungen – sondern um eine Art freischwebender, aufklärerischer Energie.

Nur so ist es zu erklären, dass die Deutsche Bahn mir freudig schreibt, die BahnCard aus Plastik werde zugunsten der App abgeschafft, der Umwelt zuliebe; oder dass Schulen glauben, dem Klimawandel entgegenzuarbeiten, wenn Schüler*innen auf Tablets schreiben und dadurch Papier sparen. Zugegebenermaßen fehlt mir das Wissen, um rechnerisch nachzuprüfen, ob Bahn und Schulen nicht am Ende doch recht haben. Aber ich finde es bemerkenswert, dass beide es gar nicht für nötig halten, eine solche Rechnung zu präsentieren.

2

Die stofflichen Grundlagen der kapitalistischen Produktionsweise sind im Hier und Jetzt wenig präsent. Diese spezifische Verleugnung von Materialität wird sicherlich dadurch begünstigt, dass viele Menschen kaum einen Bezug zur Herstellung der von ihnen konsumierten Nahrungsmittel, Kleidungsstücke und Gebrauchsgegenstände haben. Sie treten als fertige Waren in ihr Leben. Bis vor einigen Jahren war mir nicht einmal klar, dass Kleidung nicht ganz und gar automatisiert hergestellt wird; sondern dass irgendwo auf der Welt ein konkreter Mensch, wahrscheinlich ein weiblicher, an einer Nähmaschine sitzt und während sehr langer Arbeitstage für sehr wenig Geld seine Körperkräfte verausgabt, damit ich mir für 10 Euro ein T-Shirt kaufen kann.

Warenproduktion setzt körperliche Arbeit voraus, sie ist nicht vom Stoffwechsel mit der Natur abzulösen, wie es bei Marx heißt. Die durch Elektrifizierung, Digitalisierung und Robotisierung verstärkte globale Arbeitsteilung rückt physische Anstrengung ein Stückchen weiter weg von uns und schafft dabei die Illusion eines Alltags, in dem man auf den Körper weitgehend verzichten kann. Das trifft in erster

Linie auf Kopfarbeitende zu, ist also auch eine Klassenfrage. Aber Bauarbeiter*innen oder Pflegekräften ist im Alltag vermutlich ähnlich wenig bewusst, dass körperliche Arbeit dahintersteckt, wenn man sich auf der Rolltreppe nach oben fahren lässt oder wenn Alexa das Licht anschaltet.

Der patriarchale Charakter der scheinbaren Entkörperlichung beginnt nicht erst bei Alexas gefälliger weiblicher Stimme. Er liegt in der Verdrängung des Körpers aus der Alltagspraxis selbst. Subjektsein bedeutet Geistsein, bedeutet Herrschaft über den Körper, bedeutet Abspaltung der eigenen körperlichen Bedürftigkeit und Abhängigkeit auf Frauen und Rassifizierte. Die Digitalisierung ist eine neue Zuspitzung dieser Abspaltung. Sie vernutzt die Körper und *territorios* von Frauen und Rassifizierten v.a. im globalen Süden – wirkt sich aber, wenngleich spezifisch, global auf alle Körper aus.

3

Lange hat es mich befremdet, dass im Queerfeminismus so viel Aufhebens um den Körper gemacht wird, der zugleich keinesfalls Natur sein darf (im Sinn eines vordiskursiven, biologischen Frauseins). Das fängt an mit Judith Butlers Akrobatik um den Körper, der sich mühsam durch Diskurse hindurch materialisieren muss, um überhaupt da zu sein; und es geht weiter mit queeren Kunstformen, in denen in Szene gesetzte Körper immerzu etwas ausdrücken sollen, meistens etwa Widerständiges. Mittlerweile scheint mir dieses Beharren auf der Darstellungskraft des Körperlichen auch ein Versuch zu sein, den Körper wieder in den Feminismus reinzuholen.

Auch im weiteren Kontext von Social Media wird der Körper – gründlich entnaturalisiert und selbstdefiniert – zur Textoberfläche für vielfältige Geschlechter und Sexualitäten. Weiblichkeit und Reproduktionsarbeit tauchen als performative Möglichkeiten wieder auf, nicht zuletzt in der Renaissance des Hausfrauendaseins, das auf Instagram und TikTok inszeniert wird.

Der Körperfokus ist nicht verwunderlich. Man vermisst den Körper, wenn nicht nur Arbeitsprozesse, sondern auch viele Erlebnis- und Freizeitmöglichkeiten, Sozial- und Sexualkontakte, auf Laptop und Handy verlagert werden, deren Bedienung neben einem bisschen Hirn nur Augen und Daumen erfordern. Kein Wunder, dass während der Pandemie, zur Hochzeit der Digitalisierung, Schrebergärten wieder beliebter wurden. Ich finde es nur bedingt schön, meine Hände in nasse, kalte Erde zu stecken und Möhren rauszuziehen und mich solcherart in enge Beziehung zu meinen Nahrungsmitteln zu setzen. Aber der Wald hinterm Haus ist mir sehr lieb geworden und das Bedürfnis, wieder mit Hand und Füller zu schreiben und träumerisch der Tinte beim Trocknen zuzusehen. Davon lässt sich auch noch ein schönes Foto für Instagram machen.

4

Leider gilt das Schimpfen aufs Handy als Fußfessel des neoliberalen Kapitalismus nicht als sexy, auch unter Linken nicht. Es klingt kulturkonservativ, von der Notwendigkeit zu sprechen, sich im leibhaftigen Hier und Jetzt zu verorten. Den Blick im Raum schweifen zu lassen, einfach in die Kneipe zu gehen und die Ungewissheit, das Risiko unvorhergesehener Begegnungen auszuhalten, statt sofort ins Handy zu tippen: Wo bist du?!

Trotzdem: Ich halte diese Doppelung des Alltags in Realität und virtuelle Welt nur schwer aus. Wenn jemand zu spät kommt, greife ich zum Handy, um zu lesen, was ohnehin klar ist: Freundin X verspätet sich um ein paar Minuten. Der Unmut, warten zu müssen, *und* mich parallel über die Verspätung informiert halten, verdoppelt die soziale Anforderung.

Die scheinbare Entmaterialisierung hat nicht nur patriarchale Entstehungskosten, sondern auch patriarchale Effekte. Aufs Handy bezogen, vermehrt sie ganz klar Reproduktionsarbeit. Ständig ansprechbar zu sein, ist eine Grundlektion weiblicher Sozialisierung. Mütter müssen per

Handy immerzu für Kinder und Kitas zu erreichen sein, Freundinnen für Freund*innen. Handys brechen viele der räumlichen Schutzwälle, die sich im Alltag zwischen eine Frau und vielfältige reproduktive Anforderungen stellen. Oft, wenn ich in der Bibliothek sitze, sehe ich eine andere Nutzerin aufspringen und ins Handy flüsternd den Saal verlassen – eine Frau, die doch hergekommen ist, um unbehelligt geistiger Arbeit nachzugehen.

Ähnliches passiert, wenn in Politgruppen alle Planung kurzfristig per Messenger über den Haufen geworfen wird. Der gerade in der Linken verbreitete Bedürfnisdiskurs wird nicht besser dadurch, dass Bedürfnisse spontan kommuniziert werden, möglichst in Sprachnachrichten, in denen man sich gar nicht mehr zusammenreißt. Immer neue Bedürfnisse zu berücksichtigen ist anstrengend. Es geht auf Kosten von Leuten, meist Frauen, die alles auffangen und ständig neu organisieren. Aber ich mag keine Befehlsempfängerin für digital zugeteilte Reproarbeit sein. Ich will mit meinen Freund*innen und Genoss*innen leibhaftig im Plenum, in der Kneipe, auf der Straße zusammenfinden.

5

Auch transnational betrachtet, zieht die Digitalisierung häufig eine optimierte Elendsverwaltung nach sich. Es ist absurd, dass die Einen sich beim Abbau seltener Erden zu Tode schuften und die Anderen mit den so hergestellten Geräten im Akkord Tanzvideos für Social Media aufnehmen und damit ihr Einkommen generieren. Es ist Elendsverwaltung, wenn Dritte – ich beispielsweise – sich von ihrem arbeitsverdichteten Alltag ablenken, indem sie suchtartig aufs Instagram-Leben von Leuten starren, die schöner hergerichtete Körper haben oder zumindest einen Puma als Haustier.

Zwar hilft die Digitalisierung Linken und Revolutionär*innen in aller Welt, sich zu organisieren. Nicht zu vergessen die queeren Jugendlichen, die in einsamen Kinderzimmern übers Internet Gleichgesinnte finden. Auch eine Planwirtschaft, die den globalen Produktionsprozess sinnvoll und nachhaltig organisieren würde, ist heute kaum ohne Internet vorstellbar. Bereits in den 1970ern versuchte der sozialistische Präsident Chiles, Salvador Allende, mithilfe eines Computersystems die Grundbedürfnisse der Bevölkerung zu ermitteln und zu decken (eindrücklich dargestellt in Patricio Guzmáns Dokumentarfilm *Der Kampf um Chile*).

Die Staaten und Konzerne, die elektronische Informationen im Hier und Jetzt verarbeiten, verfolgen jedoch andere Zwecke: Überwachung, Vermarktung, Herrschaftssicherung. In Zeiten einer autoritären Formierung der Gesellschaft ist es daher eine schlechte Idee, unbekümmert breite Datenspuren hinter sich herzuziehen. Datensicherheit wird zum neuen Arbeitsfeld; es setzt ein Expertentum voraus, zu dem autonom Organisierten oftmals die zeitlichen und finanziellen Ressourcen fehlen.

Parallel dazu werden die Möglichkeiten, wenigstens stundenweise ohne Smartphone durch den Alltag zu gehen, immer kleiner. Sie erfordern mehr Organisationsgeschick und sorgen für Unmut bzw. mehr Reproaufwand bei den Leuten, mit denen ich mein Leben teile.

Vor diesem Elend verblasst das emanzipatorische Potenzial der Digitalisierung; sie wird zu einem Phänomen, vor dem ich mich eher schützen muss, als dass es mich befreit.

6

Ich möchte, wenigstens stundenweise, in einem Café, in einem Zug, in einem Wald sein, ohne virtuell die Realität zu verdoppeln. Ich möchte in meinem Körper sein, der ebenfalls einfach da sein darf, ohne etwas darstellen und *instagramable* optimiert werden zu müssen. Ich möchte da sein, ohne mich orten zu lassen und ohne plötzliche digitale Ansprache durch Andere, deren räumliche Abwesenheit ich im Moment gut aushalten kann. Ich möchte aushalten, dass der Moment vergänglich ist und dennoch nicht abgespeichert werden muss; dass er vergessen werden darf. Mein Geist, meine Psyche erinnern sich schon an die wichtigen

Dinge. Auch mein Körper tut meist, was wichtig und richtig für ihn ist. Allesamt müssen sie nicht von einem überarbeiteten, pausenlos mit dem Smartphone hantierenden Wächter-Ich kontrolliert werden. Allesamt sind sie – Körper, Psyche und Geist – *natürlich* in ihrem Zusammenhang, ihrem Zusammenleben mit der stofflichen Umwelt. Aber sie sind auch natürlich im Sinn von selbstverständlich: einfach da.

Und der Staat braucht mich wirklich nicht anzupiepsen.

Exkurs 6

Feminist*innen und Indigene

1

Seit der Zweiten Frauenbewegung haben feministische Historikerinnen immer wieder indigene Lebensweisen studiert, um Beweise und Inspirationen für geschlechtergerechte oder sogar matriarchale Lebensweisen zu finden. In der feministischen Bibliothek in Leipzig fanden sich bis vor wenigen Jahren zahlreiche Bücher, die von der hohen sozialen Stellung, der geheimnisvollen Mythologie und dem prächtigen Kunsthandwerk sogenannter Indianerfrauen handelten. Solche Bücher sind häufig meine *guilty pleasure* gewesen.

Vor einigen Jahren habe ich *Cherokee Women* von der Historikerin Theda Perdue gelesen, um für einen Roman zu recherchieren. Auch bei ihr ist das Interesse, die verlorenen Stärken indigener Frauen herauszuarbeiten, deutlich spürbar. Äußerst kenntnisreich schreibt sie von einer geschlechtlichen Aufgabenteilung, die noch im 18. Jahrhundert genau komplementär eingerichtet gewesen sei, ohne Männlichkeit und Weiblichkeit zu hierarchisieren. Jedoch blitzen in Details, von Perdue selbst unkommentiert, patriarchale Verhältnisse auf: etwa, wenn sie feststellt, dass Frauen, die Männeraufgaben übernahmen, als besonders kraftvoll und quasi doppelgeschlechtlich galten, während Männer, die sich dem weiblichen Bereich zuwandten, abgewertet wurden (Perdue 1999, S. 39).

Was reizt Autorinnen wie Perdue – und ihre Leser*innen – an der Auseinandersetzung mit Indigenen, sofern sie selbst nicht involviert in deren Kämpfe sind? Warum könnte es aus feministischer Perspektive wichtig sein, an den Rand gedrängte *pueblos* zu erforschen und zu würdigen?

2
In der lateinamerikanischen antikolonialen Theorie bildet das Wort *pueblo*, „Volk“, einen Gegenbegriff zur kapitalistischen Kolonialmoderne, die alles zu unterwerfen und nach westlichem Modell zu vereinheitlichen trachtet. Im Zuge dieser Gegenüberstellung steht *pueblo* für Pluralität und Widerstand. Weil das Wort auch „Dorf“ bedeutet, verknüpft es überdies ethnische Merkmale mit territorialer Integrität und einer Lebens- und Produktionsweise, die eng mit dem Wohnort verwoben ist. Eine dritte Bedeutungsebene von *pueblo* ist „einfache Leute“, also die tendenziell arme und ausgebeutete Bevölkerungsmehrheit (Kastner 2013). Daher wird der Begriff einerseits gegen die kolonisierenden Mächte des globalen Nordens in Stellung gebracht. Andererseits dient er zur Kritik der Nationenbildung der lateinamerikanischen Staaten, die sich im 19. Jahrhundert nach europäischem Vorbild und als Vertretung der weißen Bevölkerung gründeten (Segato 2021, S. 134f.). Die argentinische Feministin Rita Segato berichtet von indigenen *pueblos*, die Nachfahr*innen der vorkolumbianischen Bevölkerung Lateinamerikas sind, aber auch von afrobrasilianischen, deren Sprache, Kultur und Religion sich im Zuge der europäischen Kolonisierung und des Widerstands dagegen entwickelt haben (ebd., S. 30-33).

Eine gewisse Geschichtlichkeit kann das antikoloniale Konzept der *pueblos* und *indígenas* also integrieren. Theda Perdue untersucht, wie die Handelsbeziehungen der Cherokee mit den Kolonisator*innen das Geschlechterverhältnis bei Ersteren beeinflussten: Baumwollstoffe und Metallgegenstände erleichterten den Alltag und wurden bald unentbehrlich. Weil die Cherokee sie nicht selbst herstellen konnten, erlangten die Männer, die traditionell als Händler arbeiteten, größere soziale Wichtigkeit und – durch die Einführung von Pferden – eine größere Mobilität (Perdue 1999, S. 65-85). Im Interesse ihres Überlebens als Gemeinschaft im Kolonialherrenstaat USA übernahmen die Cherokee schließlich nicht nur teilweise die patriarchale Familienordnung der Europäer*innen, sondern beteiligten sich auch am Sklavenhandel (ebd.). Aber der gesellschaftliche Wandel hatte auch progressive Züge: Unter dem kulturellen Druck der Kolonisierung entwickelten die Cherokee Anfang des 19. Jahrhunderts eine eigene Schrift, die zur Alphabetisierung fast der gesamten Bevölkerung führte und bis heute dazu dient, ihre Sprache zu erhalten.

Eine ähnliche Methode wie Perdue wendet Walter Rodney in *Wie Europa Afrika unterentwickelte* an: Mithilfe des marxistischen Stufenmodells von Gesellschaftsformen analysiert er detailliert die Produktions- und politischen Verhältnisse verschiedener Regionen, Gemeinschaften und Staaten in Afrika seit den Anfängen der europäischen Kolonisierung. Er beschreibt etwa, dass einige Reiche aufgrund des Sklavenhandels auseinanderbrachen, während andere ihre Ökonomie darauf einstellten, Menschen zu fangen und an Europäer*innen zu verkaufen. Über die orthodoxe Anwendung des Stufenmodells lässt sich streiten. Interessant ist, dass Perdue wie Rodney eine Betrachtungsweise gelingt, die dem Kolonialismus kein bloßes Opferkollektiv entgegensetzt, sondern geschichtliche und handelnde Subjekte.

3

Zwischen Lateinamerika und Deutschland zeigen sich deutliche Unterschiede im Umgang mit Indigenen. Hierzulande, im (post-)kolonialen Zentrum, fehlen Indigene als Einwohner*innen und politische Akteur*innen fast völlig. Man bezieht sich auf Bilder und Narrative von „Indianern“ und „Afrikanern“, die in einer imaginierten und weit entfernten Vergangenheit angesiedelt sind. Wie emotional hochbesetzt die Erzählungen vom „edlen Wilden“ sind, zeigt die erhitzte Diskussion um Indianerkostüme, -filme und -lieder: Sie bedienen Vorstellungswelten von Freiheit, Naturnähe und ungebundenem Leben, die so manchem Deutschen unverzichtbar scheinen (Pychlau-Ezli/Ezli 2022). Der Anspruch, „Indianer“ und „Afrikaner“ beliebig mit diesen Vorstellungen belegen zu können, macht deutlich, dass rassistische Projektionen bis heute Teil der nationalen Selbstverortung sind. Der Soziologe Jens Kastner führt aus, dass der deutsche Begriff *Volk* – anders als *pueblo* – seit Längerem eher von der Rechten in Stellung gebracht wird, die den rassistischen Ausschluss darin betont. Auch scheinbar positive Zuschreibungen wie die, Indigene seien besonders naturverbunden, enthalten rassistische Gewalt. Sie tritt offen zutage, wenn der Einspruch von BIPoC gegen diese Zuschreibungen mit einer Aggressivität abgeschmettert wird, als würde man weißen Deutschen etwas wegnehmen, was ihnen unabänderlich zustünde.

In der Linken und im Ethno-Feminismus wird die Gewalt, der Indigene ausgesetzt waren und sind, zwar angeprangert. Dennoch greifen viele weiter auf dieselben, letztlich rassistischen Projektionen zurück und verorten darin ihre Sehnsucht nach einem nicht-mehr-kapitalistischen Leben. Die Weisheit von Schamanen und Mondgöttinnen soll helfen, den Kontakt zur eigenen Weiblichkeit und zum entfremdeten Körper wiederherzustellen, und den mühevollen Kampf um ein selbstbestimmtes Leben unterstützen. Auch hier fehlt häufig die Begegnung und die Auseinandersetzung mit indigenen Aktivist*innen. In der Linken Lateinamerikas sind indigene Communitys, Initiativen und Parteien viel präsenter – schon weil sie einen relevanten Teil der Bevölkerung bilden und ein weiterer großer Bevölkerungsteil indigene Vorfahr*innen hat.

4

Menschengruppen als Kolonisierte und Indigene zu klassifizieren, läuft generell Gefahr, die rassistische Zuschreibung zu wiederholen, die Bevölkerung der von Weißen eroberten Gebiete hätte keine eigene Geschichte und stünden mit ihren Bräuchen und Sitten der Moderne konträr entgegen. Es läuft Gefahr, die politische Ausrichtung dieser Menschen per se als gemeinschaftlich zu verstehen, als Resultat kolonialer Unterdrückung und älterer Rechte, und bringt tendenziell wenig Interesse an den einzelnen Subjekten und

Entwicklungen innerhalb des indigenen Kollektivs auf. Wie angerissen, neigt auch die feministische und linke Beschäftigung mit Indigenen dazu, die exotisierende Sehnsucht nach einer scheinbar natürlichen Ordnung von Geschlecht und Gemeinschaft zu bedienen. Hier soll das utopische Andere zum kapitalistischen Patriarchat zu finden sein – zum westlichen Leben zwischen Lohnarbeit, hektischer Getriebenheit, Ehe und heterosexueller Kleinfamilie.

Insofern ist es keine unnötige Polemik, darauf hinzuweisen, dass das Wort „indigen" nicht nur etymologisch von „eingeboren" kommt. Es ist eng verbunden mit Vorstellungen von Blut und Boden und angeblich immer schon dagewesenen Völkern. Dass es in zwischenmenschlichen Verhältnissen nichts Ursprüngliches oder Ungesellschaftliches gibt, ist aber eine Grundannahme materialistischer Gesellschaftskritik. Wie kann man sich als westliche Feministin dennoch auf indigene Kämpfe z.B. gegen Extraktivismus beziehen, ohne diese Annahme preiszugeben?

5

Gegen die romantische Annahme von der Urwüchsigkeit lässt sich die Dialektik antikolonialer Kämpfe setzen. Laut der Definition der *UN-Arbeitsgruppe über Indigene Bevölkerungen* von 1982 bringt erst der Kolonialismus die Indigenen hervor: als Kollektiv der Unterdrückten, das sich angesichts der kolonialen Gewalt zusammenfindet. Bedrängte, vertriebene, rassifizierte Bevölkerungsgruppen müssen sich neu organisieren und ihre ökonomischen und kulturellen Praktiken auf das Überleben und den Widerstand ausrichten. Eine Identität formiert sich, die als urtümliche und ureigene gegen die Kolonialmoderne in Stellung gebracht wird – und die ihrerseits von Kapitalismus, Kolonialismus und Patriarchat gezeichnet ist.

Chela und ihre Schwestern, von denen in *Extraktivismus und die „tiefen Spaltungen" im politischen Subjekt Frau* die Rede ist, gehören zu den Mapuche. Der 300-jährige Widerstand der Mapuche gegen die spanischen Kolonisator*innen und den chilenischen wie argentinischen Nationalstaat war nur möglich, indem sich bisher in loser Assoziation lebende Gruppen eng koordinierten, einen „antikolonialen Gegenstaat" gründeten und sich an einer hochaggressiven Kultur des Kampfes ausrichteten, in der bereits kleine Jungen zum Totschlagen von Weißen abgehärtet wurden (Lindig/Münzel 1978, S. 127). Tragischerweise hallte also ein Teil der Gewalt, die die Kolonisator*innen den Mapuche antaten, in deren gesellschaftlicher Reorganisation wider – ähnlich, wie es Rodney z.B. für die militaristischen Sklavenhalterstaaten der Yoruba im heutigen Nigeria beschreibt (Rodney, S. 206-211). Erst diese patriarchale Umstrukturierung konstituierte die Mapuche als indigenes Volk. Chelas Kampf gegen Ölbohrungen und alltägliche Menschenrechtsverletzungen zeigt, dass die Mapuche bis heute um ihr Überleben ringen – kollektiv wie individuell. Die Selbstdefinition als Indigene und das Einklagen indigener Landrechte im nationalen und internationalen Recht sind dabei wichtige Instrumente.

Wenn eine Mapuche-Sprecherin betont, dass die althergebrachte Stellung der Frau als Hüterin der Gemeinde neu entdeckt wird, ist das einerseits eine Aneignung der zugewiesenen Urwüchsigkeit (Piñeiro Moreno 2023, S. 241). Andererseits wird die Aneignung zur Widerstandsstrategie gegen die Unterdrückung indigener Frauen im kapitalistischen Patriarchat. Eine einfache Essenzialismuskritik greift hier zu kurz: Sie vernachlässigt, dass indigene Frauen eine spezifische, rassistische Form der Frauenunterdrückung erfahren und spezifische Formen finden, sich dagegen zu wehren.

6

Um das zu verstehen, muss materialistisch herausgearbeitet werden, dass Indigene auf besondere – und besonders nachteilige – Weise mit der kapitalistischen Weltgesellschaft verflochten sind. Indigene werden tatsächlich als *ganz Andere* subjektiviert, die eine Außenseiterposition in Nationalstaat und Nationalökonomie innehaben. In den Amerikas entstand sie durch die europäische Kolonialisierung und die

Einführung versklavter Afrikaner*innen als überausgebeuteter Arbeitskräfte, womit die einheimische Bevölkerung in den Augen der Kolonialherren vielerorts überflüssig wurde (Rodney 2023, S. 165). Afrikanischen und amerikanischen Rassifizierten wurden also verschiedene Rollen in der zunehmend globalisierten kapitalistischen Arbeitsteilung zugewiesen. Erstere wurden überausgebeutet; Letztere verdrängt und ermordet – oder ihrerseits überausgebeutet. Heute zeigt sich die Verdrängung z.B. in Gestalt umweltzerstörender Ölpipelines, die durch Reservate gelegt werden, oder an der mangelnden Strafverfolgung von Femiziden an indigenen Frauen. Die Überausbeutung zeigt sich etwa darin, dass die indigene und mestizische Bevölkerung in der mexikanischen Grenzstadt Ciudad Juárez auf schlecht bezahlte Jobs in den Fabriken internationaler Megakonzerne angewiesen ist und kaum Bildungs- und Aufstiegsmöglichkeiten hat.

Manchmal gelingt es den auf diese Weise Indigenisierten, am Rand der kapitalistischen Produktionsweise eine gemeinschaftlich orientierte und an die natürlichen Bedingungen angepasste Lebensform fort- oder wieder einzuführen. Auch das kann man als Aneignung der ihnen aufgedrängten gesellschaftlichen Position verstehen: Häufig ist das individuelle Überleben eng mit dem Überleben der ganzen Community und dem Erhalt z.B. eines fruchtbaren Flussgebiets verknüpft. Community und Ökosystem bilden einen Rückhalt, den das entrechtete und rassifizierte Individuum sonst nirgends hat.

Nicht zuletzt deshalb wurden und werden Indigene als Mahner*innen der Menschheit in Sachen Gemeinsinn und Ganzheitlichkeit idealisiert: „Wenn der letzte Fluss vergiftet ist …" Wichtig ist auch hier, die Dialektik des Kolonialismus zu berücksichtigen. Indigene sind der Natur nicht per se näher als andere Menschen. Naturnähe und Zivilisationskritik werden ihnen vom kolonialistischen und patriarchalen Kapitalismus als ideologische Abspaltungen aufgezwungen. Zugleich schafft die Ideologie, etwa in Form von Gesetzen und Arbeitgeberinteressen, materielle Bedingungen, die den so rassifizierten Menschen gesellschaftliche Positionen am Rand oder sogar abseits der kapitalistischen Zivilisation aufzwingen und sie auf ihre Gemeinschaften und deren Überlebensstrategien zurückwerfen.

7

Linke sollten diese Zwänge weder romantisieren, indem sie indigene Bevölkerungen quasi unter Naturschutz stellen. Die eigene Entfremdung von der Natur und großfamiliärem Zusammenleben lässt sich nicht am Anderen heilen. Noch sollten wir die Besonderheit der kapitalistisch-patriarchalen Vergesellschaftung Indigener im Sinn eines zu schlicht gedachten Universalismus leugnen: Dass Frauenbefreiung überall auf der Welt gleich aussehen würde, ist nur die feministische Fortführung einer Aufklärung, die ihre koloniale Schlagseite verdrängt. Ein Beispiel: Zu Recht genießt in der westlichen Frauenbewegung die Forderung nach beruflicher und finanzieller Unabhängigkeit einen hohen Stellenwert. Dennoch ist es sehr zweifelhaft, ob die Emanzipation indigener Frauen darin liegt, dass sie vor allen Dingen ihre Gemeinde verlassen können sollten, um sich in der Großstadt als schlecht bezahlte und rassistisch wie sexistisch diskriminierte Reinigungskraft durchzuschlagen.

Stattdessen sollten wir lieber aufhorchen, wenn aus der Abwehr der Kolonialmoderne heraus eine progressive politische Agenda entsteht. So engagierte sich das *Bündnis der indigenen Nationalitäten Ecuadors* jahrzehntelang mit größter Beharrlichkeit gegen die Ölförderung im Yasuní-Nationalpark, wo ihre Communitys leben. Federführend waren die Frauen der Huaorani, Kichwa und weiterer ethnischer Gruppen, weil sie am stärksten von der Zerstörung ihrer Lebensgrundlagen bedroht waren. „Ich kämpfe für mein Haus", erklärte die Huoarani-Aktivistin Alicia Cahuiya schlicht (Henkel 2023). Ein Referendum entschied 2023, dass in dem großen Regenwaldgebiet keine weiteren Ölbohrungen mehr genehmigt werden. Die Auseinandersetzung um dieses indigene *territorio* ist wegweisend hinsichtlich

Klimakämpfen, einer nachhaltigen Wirtschaftsweise und der Berechtigung von Lebensweisen neben der kapitalistischen Produktionsweise und ihrer Reproduktion (Miradas Críticas 2014).

Überdies leistete das Bündnis damit einen erheblichen Beitrag zu einem ökologischen Pionierprojekt, zu dem sich die internationale Staatengemeinschaft nicht durchringen konnte: Bereits 2013 hatte Präsident Rafael Correa der Weltöffentlichkeit angeboten, die Ölbohrungen im Interesse des Weltklimas zu untersagen, wenn Ecuador dafür internationale Ausgleichszahlungen erhalten würde. Die Zahlungen wurden nie geleistet, auch Deutschland zog, unter FDP-Entwicklungshilfeminister Dirk Niebel, seine anfängliche Zusage zurück. Anders als die kapitalistischen Nationalstaaten hatte das indigene Bündnis ein klares Interesse am Schutz der Regenwälder und setzte sich mit aller Energie dafür ein.

Ein anderes, von Linken häufig rezipiertes Beispiel bieten die Zapatist*innen im mexikanischen Bundesstaat Chiapas, Nachfahr*innen von Maya-Bevölkerungen, die durch die spanische Kolonisation und später den mexikanischen Staat extrem geschwächt und in äußerste Armut gestürzt wurden. Am 1. Januar 1994 – dem Tag, als das Freihandelsabkommen zwischen Mexiko, den USA und Kanada in Kraft trat – begann die *Zapatistische Armee der nationalen Befreiung* (EZLN) einen bewaffneten Aufstand gegen die „schlechte Regierung". Nach dessen Niederschlagung konzentrierten sich die Zapatist*innen darauf, selbstverwaltete Strukturen der landwirtschaftlichen Produktion, der Bildung und des Gesundheitswesens aufzubauen. Sie weigern sich, mit dem Staat und Parteien zusammenzuarbeiten, und streben stattdessen nach transnationaler Vernetzung mit anderen linken Befreiungsbewegungen. In ihren Dörfern haben sie ein basisdemokratisches System errichtet, das Führungspersönlichkeiten ablehnt. Sehr spannend ist auch, dass diese abgeschottet lebenden Gemeinschaften Konzepte von Feminismus entwickelt haben, die nicht nur weiße Arbeitgeber und Politiker kritisieren, sondern auch die eigenen Männer, die „patroncitos“ (kleinen Herren), und die außerdem trans und nichtbinäre Menschen umfassen, genannt „Weitere-Andere“ (EZLN 2016, S. 293). Der Spott, mit dem Zapatist*innen die Hoffnung auf einen guten und gerechten Kapitalismus bedenken, rührt sicherlich aus der historischen Erfahrung, dass Indigene im kolonialen und kapitalistischen Patriarchat stets auf der Verliererseite gestanden haben.

Ich empfinde die Auseinandersetzung mit den indigenen Befreiungskämpfen Ecuadors sowie der Zapatist*innen als große Bereicherung meines politischen Horizonts – obwohl sie nicht frei von Exotismus und einer träumerischen Sehnsucht nach dem ganz Anderen ist. Die Zapatist*innen betreiben eine sehr kollektivistische Politik, die sie von der individualistischen deutschen Linken stark unterscheidet; sie leben am anderen Ende der Welt und in großer Armut und sind brutalen Angriffen von Staat und Paramilitär ausgesetzt. Dennoch gilt ihre Kritik ähnlichen Themen wie meine eigene. An der zapatistischen Perspektive auf Patriarchatskritik interessiert mich das Verhältnis von Eigenem und Anderem, die Übersetzungsleistung beim Lesen und Verstehen; mich elektrisiert die Spiegelung, Eigenes im Anderen zu suchen und darüber in ein neues Licht zu setzen, ohne die Differenzen zu vernachlässigen.

8

Mit der Besonderheit und der gewissen Fremdheit indigener Lebenswelten lässt sich vielleicht am besten umgehen, indem Feminist*innen die dazugehörigen Individuen als politische Subjekte ansprechen, Erfahrungen und Erkenntnisse austauschen und Kritik formulieren. Bei aller Berücksichtigung kolonialer Machtstrukturen, die viele menschliche Kontakte überformen – und die Gewalt leicht übersehen lassen, wenn man sich selbst auf der Seite der Macht befindet –, sollten wir nach Möglichkeiten suchen, Anderen als Individuen zu begegnen, die sich ihren eigenen Weg durchs kapitalistischen Patriarchat bahnen, und die weit mehr sind als ihre nationale oder ethnische Zugehörigkeit. Gerade in Zeiten, in denen es ziemlich tabuiert ist, kulturelle Identitäten zu hinterfragen, findet sich nicht leicht eine gute, respektvolle Form für solche Begegnungen.

Ich halte nicht viel davon, dabei die Sehnsucht nach dem ganz Anderen auszumerzen – auch wenn sie einer rassistischen Denkform entspringt. Wir brauchen Bilder, Vorbilder, Anregungen und Träume von einem nicht-mehr-kapitalistischen Leben. Einblicke in indigene Gesellschaften können Möglichkeitsräume öffnen, wie sich Geschlecht und Arbeit, Politik und Lebensgenuss anders organisieren lassen. Weil Projektionen immer mehr mit dem projizierenden Subjekt zu tun haben als mit dem Objekt, auf das sie sich richten, plädiere ich dafür, die eigenen Projektionen nach ihrem utopischen Potenzial zu befragen: Woran mangelt es mir im Hier und Jetzt und warum? In welchen Arbeits- und Geschlechterverhältnissen will ich leben? Wie lässt sich ein Verhältnis zu anderen Menschen, zu Tieren und Pflanzen, zum Wetter und zur Landschaft aufbauen, das nicht komplett verdinglicht ist? Ein Verhältnis, das nicht nur über Geld funktioniert, sondern auch über die Sinne, individuelle Eindrücke und Entscheidungen, über eine erweiterte Wahrnehmung? Ein Verhältnis, das eine Art von Kollektivität und Miteinanderleben ermöglicht, in der die Einzelne als Individuum bestehen und trotzdem enge und liebevolle Beziehungen führen kann?

Über die Selbstbefragung, was einen an Indigenen eigentlich fasziniert, lässt sich der Exotismus im Zaum halten und erweist sich vielleicht sogar als erkenntnisleitend. Er muss nicht mehr ungehemmt auf indigene Bevölkerungen und ihr (vermeintliches) Anderssein projiziert werden und sie aufs Neue exotisieren. Sie können vielmehr als lebendiges Gegenüber anerkannt werden.

Die Utopie hat ihren Platz nicht im sehnsüchtig beäugten Anderen. Sie ist ein Nicht-Ort und hat somit gar keinen realen Platz. Wo sie aufscheint, weil ich in indigenen Kollektiven eine menschenfreundlichere Lebens- oder Widerstandspraxis gefunden zu haben glaube, stößt sie vielleicht Veränderung in mir selbst oder sogar in der Gesellschaft an: Aha, das kann man also auf eine bessere, kollektivere, radikalere, genussfreudigere Weise machen. Aber zum einen sind Kollektive nie widerspruchsfreie Gebilde, sondern Zusammenschlüsse von Individuen, in denen immer auch die eine oder andere Form von kapitalistisch-patriarchalem Zwang waltet. Aus subjektkritischer Sicht lohnt es sich also, nach dem Wohlergehen der Einzelnen im Kollektiv zu fragen, besonders dem von Frauen, Mädchen, Queers und Rassifizierten. Zum anderen kann eine Utopie gegen das entfremdete Leben nicht einfach in die entfremdeten Verhältnisse integriert werden, ohne dass sie ihren suchenden und fragenden Charakter verliert: Dann wären wir wieder beim Indianerkostüm als Bestandteil deutscher Karnevalsgepflogenheiten.

Emanzipatorische Feminist*innen können den sehnsüchtigen Anstoß dazu nutzen, sich weiterzubewegen. Statt indigene *territorios* zu naturalisieren, sollten wir ihre gesellschaftliche Verknüpfung mit eigenen Kampffeldern im globalen kapitalistischen Patriarchat erkennen. Dann können wir uns umsichtig miteinander in Beziehung setzen und Verbindendes z.B. in feministischen und ökologischen Kämpfen suchen.

„Uns bewegt der Wunsch"

Zum Verhältnis von Theorie und Bewegung anhand des transnationalen Kampfs gegen Femizide

Myriam

Am 8. April 2020 wurde in Leipzig die 37-jährige Myriam Z. von ihrem Ex-Partner ermordet. Sie war mit ihrem Baby im Auwald spazieren, einem belebten städtischen Waldstück. Der Täter fügte Myriam Z. mit einem Hammer so starke Kopfverletzungen zu, dass sie zwei Tage darauf starb. Ihr Baby blieb unverletzt.

In den folgenden Tagen war – trotz des Corona-bedingten Versammlungsverbots – von feministischer Seite viel zu hören und zu sehen: Unterführungen, die in der Nähe des Tatorts in den Wald hineinführten, wurden mit weißer Farbe bestrichen, um Platz für Trauerbekundungen und politische Forderungen zu schaffen. In diesen wurde betont, dass der Mord ein Femizid war – ein Frauenmord, ermöglicht durch strukturelle patriarchale Gewalt. Entsprechend erschienen auf den geweißten Wänden die Losungen des transnationalen feministischen Kampfs gegen Femizide: „Keine mehr – Ni una menos – Non una di meno!" Daneben fanden sich Aussagen wie „Jeden dritten Tag wird in Deutschland eine Frau von ihrem (Ex-)Partner ermordet" und „Femizid hat kein Herkunftsland". Die Forderung „Schützt eure Töchter!" wurde bald durchgestrichen und durch „Erzieht eure Söhne!" ersetzt.

An mehreren Orten knoteten Aktivist*innen weiße Bändchen an Brückenpfeiler und Zäune: eins für jede Frau, die in Deutschland während der letzten Jahre ermordet wurde. Ein feministisches Bündnis veranstaltete unter dem Slogan „Das Private bleibt politisch!" am Tatort eine Kundgebung mit anschließender Demonstration. Schon seit Bekanntwerden des Mordes wurde dieser Ort mit Transparenten, Kerzen und einem großen Stein als Gedenkort gepflegt. In der unmittelbaren Umgebung erschienen weitere Transparente, Plakate und Graffiti, klärten über den Femizid auf und enthielten – teils mehrsprachig – Hinweise für Opfer sowie Zeug*innen häuslicher Gewalt. Redakteurinnen der Zeitschrift *outside the box* sowie die Schriftstellerin Bettina Wilpert stellten der täterzentrierten Berichterstattung von *BILD* und *Leipziger Volkszeitung* über den „Auwald-Mord" femizidkritische Artikel entgegen (Wilpert 2020). Zur selben Zeit berichteten überregionale Medien über die durch die Ausgangsbeschränkungen zu erwartende Zunahme häuslicher Gewalt und über entsprechende Hilfsangebote – ein Erfolg jahrzehntelanger feministischer Aufklärung.

Am 25. November 2020, dem alljährlichen Tag gegen patriarchale Gewalt, wehte vom Neuen Rathaus ein Banner mit den Namen Myriam Z.s und der elf anderen Frauen, die innerhalb der letzten Jahre in Leipzig Femiziden zum Opfer gefallen waren. Organisiert wurde die Aktion von Frauen für Frauen e. V., dem Trägerverein der meisten Leipziger Frauenhäuser und -beratungsstellen.

Über Femizide zu sprechen, hat vor einigen Jahren die Initiative *#KeineMehr* angestoßen. Sie setzt sich für die Verwendung des Begriffs in der Berichterstattung sowie für eine entsprechende Erfassung in der Kriminalstatistik ein. Im Zuge des Femizids an Myriam Z. gründete sich eine Leipziger Ortsgruppe, die im Prozess gegen Edris Z., ihren Mörder, die Ereignisse dokumentierte und versuchte, Zeug*innen gegen die immer neuen Unterstellungen des Anwalts von Edris Z. zu unterstützen. Der Prozess zog sich über anderthalb Jahre und endete im Februar 2022 mit einer Verurteilung wegen Mordes: trotz eines Plädoyers auf verminderte Schuldfähigkeit wegen einer depressiven Störung und Panikattacken. Der Antrag auf Revision liegt noch beim Bundesgerichtshof.

Mitten unter uns

Nicht erst seit Myriam Z.s Tod verfolge ich die Thematisierung von Femiziden mit großer Aufregung und Anteilnahme. Mir scheint, zum ersten Mal seit Jahrzehnten setzen Feminist*innen in Deutschland Theorie und Praxis wieder in ein enges Verhältnis zueinander und tragen den Aktivismus gegen Femizide in die autonome Theoriebildung, in die Akademie, auf die Straße und zunehmend in Institutionen und Parlamente. Dieses feministische Kampffeld hat sich auf breiter Ebene etabliert, es hat Kooperationen und Vernetzungen hervorgebracht, die besser funktionieren als bei anderen Themen. Wie ist das möglich geworden? Welche materiellen und ideellen Bedingungen liegen dieser Entwicklung zugrunde? Entsteht hier ein Vorbild für weitere feministische Felder? Wirkt feministische Theorie dabei tatsächlich als Teil einer Bewegung?

Die Politisierung von Femiziden ist ohne Blick in die Geschichte und über den deutschen Tellerrand nicht zu verstehen. Der Begriff *femicide* wurde 1976 von der US-amerikanischen Aktivistin Diana E. H. Russell geprägt und ist seither vor allem in lateinamerikanischen Ländern zum Kampfbegriff geworden. In Mexiko oder Argentinien bringen Demonstrationen gegen Frauenmorde, gegen nachlässige polizeiliche Ermittlungen und für Strafverschärfungen Zehntausende auf die Straßen. Die Losung *Ni una menos!* („Nicht eine weniger!“) verweist auf die Morddrohung, der Frauen aufgrund ihrer Geschlechtszugehörigkeit ausgesetzt sind: vonseiten ihrer Partner, Ex-Partner oder Väter, aber auch von ihnen unbekannten Vergewaltigern, Serienmördern oder dem organisierten Verbrechen. Die Weltgesundheitsorganisation fasst die Drohung, die nur für einige Frauen wahr wird, aber alle meint, so zusammen: „Frauen werden getötet, weil sie Frauen sind“ (WHO 2012).

Bereits im ersten Band von *Feministisch streiten* schrieben die Initiator*innen von *#KeineMehr*, dass es ihnen darum geht, „schon vorhandene Kräfte wie die langjährige Arbeit von Frauenhäusern und feministischen Gruppen sowie Einzelpersonen zu bündeln. Auf diese Weise wollen wir besser verstehen, was es schon gibt, an welchem Punkt wir sind, wie und wo in die gesellschaftlichen Zustände eingegriffen werden kann und welche Veränderungen möglich sind. Wir schließen an die feministischen Abwehrkämpfe der 1970er Jahre an, in denen die Selbstbestimmung der Frau über ihren Körper ein zentrales Moment war. Wir wollen gezielt Bewusstseinsbildung darüber vorantreiben, dass diese weibliche Selbstbestimmung auch in Deutschland keine Selbstverständlichkeit ist“ (Pardeller/Wischnewski 2018, S. 172).

Der Kampf gegen Femizide beruft sich somit auf eine transnationale Gemeinsamkeit innerhalb der weiblichen Subjektposition im kapitalistischen Patriarchat. Femizide sind die extreme Zuspitzung einer Kette von patriarchalen Gewalttaten gegen Frauen und Mädchen – eine Kette, die u.a. über sexuelle Belästigung in der Öffentlichkeit, Stalking, häusliche Gewalt und Vergewaltigung reicht. Das Phänomen ist, wie bereits Diana Russell feststellte, „so alt wie das Patriarchat selbst“ (Radford/Russell 2023, S. 33), verschärft sich aber in gesellschaftlichen Krisensituationen, wie wir sie während der Corona-Pandemie erlebt haben. In Mexiko wurden allein für den Corona-Monat April 2020 377 Morde an Frauen erfasst – die höchste Zahl seit Beginn der Erfassung von Femiziden im Jahr 2012. Zum Vergleich: Die Statistik des BKA, die die (zumeist weiblichen) Todesopfer partnerschaftlicher Gewalt in Deutschland verzeichnet, gibt für das gesamte Jahr 2020 139 Morde an Frauen an. Für das Jahr 2022, das erste ihres Bestehens, dokumentiert die Initiative *Femizide stoppen* bundesweit 118 Femizide. Die Zahl der Femizide hat sich also in den letzten Jahren nur wenig verändert – während die partnerschaftliche Gewalt gegen Frauen sowie die Angriffe auf LGBTI insgesamt gestiegen sind (Clemm 2023, S. 83, 202).

Um die feministische Bewusstseinsbildung darüber voranzutreiben, erstellen Aktivist*innen Femizidstatistiken und theoretisieren die Gewalt, die mitten unter uns stattfindet. Damit sollen auch Staat und Öffentlichkeit unter Druck gesetzt werden. In einigen Ländern Lateinamerikas – wie Mexiko, Argentinien, Uruguay – haben feministische Kämpfe in den letzten Jahren erreicht, dass Femizid als Straftatbestand bzw. strafverschärfendes Merkmal in die Gesetzbücher aufgenommen wurde. Die gesellschaftliche Leugnung des Phänomens ist damit nicht vorüber: Die mexikanische Frauenrechtlerin Ana María Hernández Cárdenas kritisiert, dass von den 377 Frauenmorden im April 2020 nur 70 Fälle als Femizide kategorisiert wurden (Vogel 2020). Dennoch hat die Aufnahme von Femiziden in die Gesetzbücher sowie in die Berichte der WHO auch für die feministische Diskussion in Deutschland ein Fanal gesetzt.

Ni una menos als Massenbewegung entzündete sich 2015 in Argentinien am Mord an der 14-jährigen Chiara Páez. Sie wurde von ihrem Freund erschlagen, der die Leiche anschließend mit Hilfe seiner Familie vergrub. Hunderttausende gingen auf die Straße, weil mitten unter ihnen ein junges Mädchen getötet worden war, das den Forderungen eines Mannes eine eigenständige Entscheidung entgegengesetzt hatte: Chiara Páez hatte sich geweigert, eine Abtreibung vornehmen zu lassen.

Auch Myriam Z. wurde getötet, weil sie ihr Recht auf reproduktive Selbstbestimmung in Anspruch nahm: Sie hatte sich von ihrem späteren Mörder getrennt und mit einem anderen Mann ein Kind bekommen. Dieser Mord geschah mitten in Deutschland und mitten am Tag – in einer Zeit, als es nur draußen möglich war, Freund*innen zu treffen und Sport zu treiben, als der Auwald voller Menschen war. Er geschah hinter meiner Haustür. Im weiteren Umfeld hatten der Täter und ich gemeinsame Bekannte. Was fängt man damit an? Als zwei Jahre zuvor, im Juni 2018, die Leipziger Studentin Sophia Lösche beim Trampen ermordet worden war, hatten wir noch keine Worte gefunden, nur die ohnmächtige Feststellung: Das hätte auch mich oder dich treffen können. Nach Myriam Z.s Tod fiel die Entscheidung plötzlich leicht, ein Bettlaken zu bemalen und ein paar Plakate zu drucken: „Im Gedenken an die Ermordete – keine mehr!“ Plötzlich brachten Genossinnen und ich die Kraft dazu auf und empfanden es als notwendig. Der Auwald war auch unser Ort, an dem wir uns bis zum 8. April wohl und sicher gefühlt hatten.

Drei Jahre nach Myriam Z.s Ermordung gibt es in vielen Städten Deutschlands, Österreichs und der Schweiz Bündnisse, die nach jedem Femizid eine feministische Kundgebung organisieren – etwa *Claim the Space* in Wien. In Zürich und in Freiburg benannten sie den zentralen Platz, wohin mobilisiert wird, in Ni-Una-Menos-Platz um.

Auch diese Aktionsformen stammen aus Lateinamerika, wo Feminist*innen unter der Losung *poner el cuerpo*, „den Körper dazutun“, ihre Empörung, Trauer, Fassungslosigkeit auf die Straße tragen. Den eigenen Körper dazutun befreit zumindest für eine Weile von der gesellschaftlichen Vereinzelung, der Zumutung, alleine mit der Gewalt klarzukommen, die Menschen trifft, weil sie Frauen und/oder Queers sind wie wir. „Ein Körper trifft auf andere Körper und nährt so die Menge, gibt dem Widerstand mehr Gewicht, übt Druck aus. Die Menge legitimiert die Proteste und Forderungen, macht den Missmut sichtbar, macht das Unwohlsein greifbar. Und zur gleichen Zeit stört sie“, schreiben zwei Aktivistinnen aus Buenos Aires über die feministischen Massendemonstrationen (Tegeler/Resnik 2019, S. 47). Zusammen trägt man auch das Risiko, sich möglicher Polizeigewalt auszusetzen, und steht einander im Fall von physischen Misshandlung durch Polizisten, Tränengasangriffen und Verhaftungen bei.

In Deutschland sind weit weniger Körper auf der Straße. Außerhalb kleiner feministischer Zusammenhänge gibt es nach wie vor wenig öffentliche Empörung, kein breites Bewusstsein für die potenziell gegen alle Frauen gerichtete Vernichtungsdrohung, die dem lateinamerikanischen Aktivismus gleichkommen würde. Um das besser zu verstehen, will ich einige Differenzen zwischen den feministischen Bewegungen in Lateinamerika und Deutschland ins Auge fassen.

Die Politisierung von Frauenmorden in Lateinamerika

Silvia Federici führt in ihrer Essaysammlung *Die Welt wieder verzaubern* aus, wie im globalen Süden das kapitalistisch-patriarchale Geschlechterverhältnis durch neokoloniale Ausbeutung verstärkt wird. Das trifft indigene, schwarze und proletarische Frauen mit besonderer Härte. Die permanente ökonomische Unsicherheit eines großen Teils der Bevölkerung verstärkt laut Federici einerseits den *machismo*, der sich in physischer und sexueller Gewalt gegen Frauen äußert. Andererseits steht sie der bürgerlichen Verdrängung der reproduktiven Arbeiten in den privaten Raum entgegen. Die Frauen, die sie verrichten, sind weniger isoliert und mehr aufeinander angewiesen als in Deutschland. Sie drängen mit ihren Problemen und Diskriminierungserfahrungen in die Öffentlichkeit und werden zu Vorreiterinnen sozialer Kämpfe – „weil es nichts gibt, worauf sie sich verlassen können, und alles andauernd verhandelt werden muss, Kämpfe erfordert und auch gleich wieder zu verteidigen ist“ (Federici 2020b, S. 214). Diesen alltagsnahen, dezentralen *feminismos populares* liegt die Erfahrung zugrunde, dass Frauen sich in Communitys und Nachbarschaften autonom organisieren müssen, um sich gegen den Zugriff von Staat und Großkonzernen zu wehren.

Die Militärdiktaturen etwa in Chile und Argentinien haben den Staat als Täter und Vergewaltiger ins kollektive Gedächtnis eingebrannt. Das klagt die Protestperformance *Un violador en tu camino* („Ein Vergewaltiger auf deinem Weg“) der Aktivistinnengruppe *LASTESIS* an, die transnationale Berühmtheit erlangte. Parallel zu ihrer Verwurzelung in den *feminismos populares* beziehen sich *LASTESIS* ausdrücklich auf Rita Segato, die als feministische Anthropologin an der Universität Brasília lehrte und von Feminist*innen auf dem ganzen Kontinent diskutiert wird. Sie schöpft ihre Erkenntnisse zu Femiziden u.a. aus Interviews mit Sexualstraftätern in den Gefängnissen Brasílias und aus der Forschungsarbeit in Ciudad Juárez, der Stadt, die furchtbare Berühmtheit erlangte durch die Hundert von Frauen, die dort seit den 1990er Jahren ermordet worden sind.

Segato und weitere lateinamerikanische Feminist*innen, zuvörderst indigene Aktivist*innen, haben den Begriff des *territorio* theoretisiert: Das Leben, die Gesundheit und Sicherheit von Frauen sind abhängig von dem Gebiet, auf dem sie leben, und daher unmittelbar betroffen von patriarchaler Gewalt, die auch durch Rechtlosigkeit, extrem ausbeuterische Arbeitsbedingungen und die Zerstörung natürlicher Ressourcen begünstigt wird.

Verónica Gago betont die Parallelen zwischen Frauenkörpern, die fremdbestimmt und sexueller Gewalt ausgesetzt sind, und enteignetem *territorio*. Der Streik ist ein Mittel, sich den öffentlichen Raum gegen patriarchale Widerstände (zurück) zu erobern. Auf Versammlungen, in nachbarschaftlichen Suppenküchen, während Protestaktionen auf öffentlichen Plätzen werden die unsicheren Arbeitsverhältnisse, die massive Verschuldung durch Kleinkredite, die Neoliberalisierung des Wohnungsmarkts und des Gesundheitssystems diskutiert und mit sexueller Gewalt und Femiziden in Zusammenhang gebracht. So analysiert Gago den Verlust männlicher Lebensmodelle, die darüber funktionierten, dass der Ehemann und Vater das Geld nach Hause brachte: Durch den zunehmenden Verlust qualifizierter und einigermaßen sicherer Jobs kommen viele Männer bei der Polizei und Securityfirmen unter, die in der Regel korrupt organisiert sind und eine brutale Form von Männlichkeit begünstigen, die wiederum in Familien und Liebesbeziehungen hineingetragen wird. Ihnen gegenüber stehen Frauen, Mädchen und Queers, die aus Gewaltverhältnissen weggehen, sich einen (neuen) Mann suchen, sich vielleicht prostituieren, zurückkehren oder zurückgebracht werden, dann aufs Neue gehen. Obwohl sie ihr Leben in die eigene Hand nehmen, bleibt ihre Autonomie ohne feste Einnahmen und ohne sicheres Zuhause prekär. Sie können kaum unabhängig leben, müssen sich außerhalb formeller Arbeitsverhältnisse durchschlagen und sind extrem gefährdet, sexuell und wirtschaftlich ausgebeutet oder sogar getötet zu werden. Gago nennt diese ökonomische Entwicklung und ihre Konsequenzen für das Geschlechterverhältnis „erweiterten Extraktivismus“ (Gago 2021, S. 117), weil sie auf der Ausbeutung der Körper und der reproduktiven Arbeit von Frauen beruht und weil die Wenigen, die davon profitieren, internationale Konzerne und eine relativ abgeschottete Politikerkaste aus der Oberschicht sind.

Verónica Gagos programmatische Schrift *Für eine feministische Internationale* ist getragen von Empörung über die neokolonial-kapitalistische Ungerechtigkeit – und von Enthusiasmus für die Streikbewegung, die den vielfältigen Widerstand bündeln soll. Obwohl sie wie Rita Segato Universitätsprofessorin ist, versteht Gago ihre theoretische Arbeit als „militante Forschungsarbeit“ im Herzen der feministischen Bewegung (ebd., S. 9).

In vielen Graswurzelinitiativen lateinamerikanischer Feminist*innen, von denen Gago und Federici berichten, zeigt sich ein spannendes Paradox: Im Bemühen, ihre Familien zu versorgen, also ihren reproduktiven Verpflichtungen als Frauen nachzukommen, werfen Aktivist*innen grundsätzliche Fragen nach nicht-mehr-kolonialen und nicht-mehr-kapitalistischen Wirtschafts- und Lebensweisen auf, in denen Frauen nicht auf die patriarchale Rolle als Fürsorgerin und Elendsverwalterin abonniert wären. Gago berichtet, wie in Suppenküchen gekocht und gleichzeitig debattiert wird, inwiefern das Bestreiken dieser Tätigkeit die Verhältnisse nachhaltig ändern kann: Warum sollen immer nur Frauen kochen? Was passiert, wenn sie es einmal nicht tun? An solchen praktischen Beispielen bringen Feminist*innen das Dilemma zur Sprache, das man hierzulande aus Streiks in Kitas und in der Pflege kennt: Die Verweigerung von Care-Arbeit bringt nicht zuerst den Staat in Bedrängnis, sondern Kinder, Kranke, Alte und andere Bedürftige, die unmittelbar von den streikenden Frauen abhängig sind. Reproduktionsarbeit, die nicht im Rahmen eines Lohnarbeitsverhältnisses stattfindet, wird nicht nur schlecht, sondern gar nicht bezahlt – was hilft also ein Streik? Laut Gago entschied die Nachbarschaftsversammlung in einem armen Viertel von Buenos Aires, am 8. März Lebensmittel zur Verfügung zu stellen, aber das Essen nicht zuzubereiten. So wurden alle Seiten aufgefordert, ihren Alltag zu verändern: die Leute, die auf die kostenfreien Mahlzeiten angewiesen waren; und die Frauen, die ganz selbstverständlich täglich kochten und auch Selbstbewusstsein daraus schöpften, dass sie unverzichtbare Arbeit leisteten. Gago erzählt, es „wurde darüber diskutiert, wie diese Arbeit die konkrete populare Infrastruktur im Viertel aufbaute und gemeinsame Dienstleistungen hervorbrachte, die einen klaren politischen Wert haben. […] Der Streik […] demonstriert Machtbeziehungen, er zeigt, wo und wie sie eingeschrieben sind, er spürt die Körper, Zeiten und Räume auf […] und auch die Mechanismen, ihnen nicht zu gehorchen“ (Gago 2023, S. 54f.). Die Begriffe von Streik und von Arbeit, ja vom Politischen überhaupt können auf diese Weise feministisch erweitert werden.

Ein weiteres Paradox vieler lateinamerikanischer Kämpfe liegt darin, dass Feministinnen, v.a. indigene, einerseits mit den Männern ihrer Communitys gegen die Repressionen des Staats und gegen rohstofffördernde Konzerne kämpfen; andererseits wehren sie sich gegen Männergewalt in den eigenen Ehen und Familien. In der Theorie wie wohl auch in der Praxis bleibt die Rolle der Männer zwischen Genossen und Gegnern spannungsgeladen. Ein Bündnis indigener Frauen erklärt in einem offenen Brief an Rita Segato, die den Sexismus des indigenen bolivianischen Präsidenten Evo Morales angeprangert hatte: „Unsere Männer haben von kolonialen Machos gelernt und sich die schlechtesten Details ihres Sexismus zu eigen gemacht“ (Zuerst mächtige Frauen des Regenbogens, dann Feministinnen 2019). Im selben Text bezeichnen sie sich als „Feministinnen, begleitet von unseren Männern, auch sie Feministen und Gefährten im Kampf für das Gute.“

Die Konflikte sind also stark lebensweltlich geprägt – und können jenseits starrer Grenzen zwischen Akademie und Aktivismus verhandelt werden. Soweit ich es verstehe, spielen auch die Ländergrenzen für den Feminismus keine so große Rolle wie in Europa. Neben der Kolonialgeschichte und einer ähnlichen Position lateinamerikanischer Staaten in der internationalen kapitalistischen Arbeitsteilung begünstigt der spanische Sprachraum den transnationalen Bezugsrahmen. Angesichts der spezifischen gesellschaftlichen Voraussetzungen, denen die weibliche Subjektivität in Lateinamerika unterliegt, verwundert es nicht, dass wichtige Anstöße für feministische Bewegungen überall auf der Welt heute aus Lateinamerika kommen: der Frauenstreik und die Kämpfe für das Recht auf Abtreibung und gegen Femizide. Größe und Kraft der Bewegung sind ein ganz anderer Schnack als in Deutschland, stellte ich fest, als ich am 8. März 2023 mit Tränen in den Augen die Avenida de Mayo in Buenos Aires entlangging, wo 180.000 Feminist*innen zusammengeströmt waren und Parolen riefen, sangen, trommelten, tanzten und riesige Transparente schwenkten.

Global, aber nicht gleich

Eine weitere Differenz in den gesellschaftlichen Erfahrungen von Frauen, die sich auf feministische Kämpfe auswirken, ist die unterschiedliche Anzahl der Femizide. „Anders als in Lateinamerika kennen wenige [Deutsche] eine Frau persönlich, die ermordet worden ist“ (Pardeller/Wischnewski 2018, S. 173). Obwohl die offiziellen Frauenmord-Statistiken für Mexiko und für Deutschland nicht unmittelbar vergleichbar sind, lassen sie erkennen, dass die Femizidrate Mexikos weitaus höher ist als die deutsche. Nach einem Bericht der Organisation für Sicherheit und Zusammenarbeit in Europa von 2016 hat Honduras die weltweite höchste Rate an Femiziden, die von (Ex-)Partnern oder Familienmitgliedern verübt werden (15 Morde auf 10.000 Einwohner*innen), während Deutschland mit 0,51 Morden leicht über dem westeuropäischen Mittelwert liegt.

Der Unterschied erklärt sich zu einem Teil daraus, dass hierzulande die organisierte Kriminalität kein ähnlich großer Faktor hinsichtlich der Ermordung von Frauen ist. Segato analysiert die zahlreichen Femizide an jungen, zumeist proletarischen und indigenen Frauen bzw. *mestizas* in Ciudad Juárez, das an der Grenze zwischen Mexiko und den USA liegt, als Machtdemonstration parastaatlicher Organisationen. Diese handeln mit Drogen, Waffen und Menschen und gehen auf die wenigen weißen Familien zurück, die seit der Kolonialzeit die ökonomische und politische Herrschaft über die Region innehaben. Die Körper der gefolterten und ermordeten Frauen sollen den Territorialanspruch gegenüber anderen Organisationen bezeugen, aber auch gegenüber dem Staat und der übrigen Bevölkerung, der sie

„mit der permanenten Möglichkeit des Weggeworfen-Werdens, des Abfall-Werdens, des Ausschlusses aus dem zivilisierten, vertraglich geregelten Leben konfrontiert“ (Segato 2023, S. 127). Die Frauen werden zufällig ausgewählt, z.B. auf dem Heimweg von der Arbeit, und sind laut Segato bloßes Mittel zum Zweck: „menschliche Körper, die diesem Territorium angehören“ (ebd., S. 118). Die Täter haben kaum Strafverfolgung zu befürchten, weil die Beziehungen der „mafiösen Bruderschaften“ in alle Institutionen hineinreichen. Ermittlungen und Berichterstattung dienen, statt zur Aufklärung der Verbrechen, eher dazu, eine Drohkulisse gegenüber Anwält*innen, Journalist*innen und Menschenrechtsaktivist*innen aufzubauen und damit die Kontrolle über die Stadt und ihre illegalen Handelswege in die USA zu festigen.

Die mexikanische Gewaltforscherin Mariana Berlanga Gayón hingegen vermutet, dass die ermordeten Frauen stellvertretend für alle rassifizierten Lohnarbeiterinnen bestraft wurden, die familiäre und dörfliche Abhängigkeitsverhältnisse hinter sich gelassen haben. Mit dem niedrigen, aber eigenständigen Einkommen, das sie in den Fabriken der Grenzstadt erzielten, hätten die Täter Verantwortungslosigkeit und sexuelle Schamlosigkeit assoziiert (Berlanga Gayón 2023). Subjekttheoretisch gesprochen, wurden die Frauen demnach in genau dem Moment ermordet, als sie ihre Handlungsmacht als Subjekte in Anspruch genommen haben – ähnlich wie Chiara Páez und Myriam Z., nur auf ökonomischem Gebiet statt auf reproduktivem.

In beiden Interpretationen werden die Femizide von Ciudad Juárez zu einem gleichermaßen patriarchalen wie rassistischen Herrschaftsinstrument in einem Gebiet, aus dem sich der Staat in neoliberaler Manier weitgehend zurückgezogen hat. Segato betont: „Deshalb kann man einen fundamentalen Unterschied zwischen dieser Art von Verbrechen und solchen ausmachen, die in der Intimität der häuslichen Sphäre stattfinden und deren Opfer zum Kreis des Täters gehören (Töchter, Stieftöchter, Nichten, Ehefrauen etc.)“ (ebd., S. 123).

In Deutschland sind die meisten Frauenmorde, die verzeichnet werden, intime Femizide, d.h. der Täter ist der Partner oder

Ex-Partner. Auch Myriam Z. hatte einen potenziell gewalttätigen Ex-Partner, der ihr die Trennung nicht verzieh. Sie hatte sich von Edris Z. getrennt und ein Annäherungsverbot wegen Stalkings gegen ihn erwirkt – auf Grundlage des Gewaltschutzgesetzes, das ein Ergebnis jahrzehntelanger Kämpfe gegen häusliche Gewalt ist.

Es hat ihr nicht das Leben gerettet. Der aktuelle Stand der Frauenemanzipation in Deutschland hat die gesellschaftliche Ächtung von Frauen, die sich von ihren Männern trennen, weitgehend zu den historischen Akten gelegt. Das verhinderte nicht, dass für Myriam Z.s Ex-Partner seine Kränkung schwerer wog als ihr Leben. Im Prozess trat zutage, dass Edris Z. sie nicht nur gestalkt und bedroht hatte, sondern auch gegen einen ihrer Bekannten tätlich geworden war und ihm sogar ein Stück Ohr abgebissen hatte (Böhme 2022b). Solche Einzelheiten zeigen, dass Femizide Kulminationspunkte frauenfeindlicher Gewalt sind, die oftmals unter dem sozialen Radar laufen und vor denen auch staatliche Institutionen nicht ausreichend schützen. Azadiya H., die extreme häusliche Gewalt bis hin zum Frauenmord (mit-)erlebt hat, drückt es so aus: „Dabei ist der Mann nicht von heute auf morgen zum Mörder geworden, sondern die Gewalt hat sich gesteigert. Erst hat er die Frau kontrolliert, eingesperrt, geschlagen, bedroht. Wenn er sieht, dass er immer weitergehen kann, ohne bestraft zu werden, glaubt er zuletzt, dass er ihr auch das Leben nehmen kann“ (Linkerhand/H. 2022, S. 199f.).

Wenn eine Frau getötet wurde, sind die Leute fassungslos; auch die Menschen aus meinem weiteren Bekanntenkreis, die Edris Z. kannten, waren es. Der Glaube, dass die Gleichberechtigung von Mann und Frau in Deutschland im Großen und Ganzen verwirklicht wäre, ist beharrlich. In Deutschland beziehen sich Frauen wie Männer stark auf die frauenrechtlichen Errungenschaften der letzten 50 Jahre und leugnen dabei stärker als viele Lateinamerikaner*innen, dass Femizide eine extreme Zuspitzung des ganz normalen Geschlechterverhältnisses sind. Der Gedanke, dass ein verwandter oder geliebter Mann, ein Mann aus dem Freundeskreis oder dem Kollegium dazu möglicherweise in der Lage wäre, ist kaum erträglich – auch unter Feminist*innen. Kim Posster kritisiert in seinem Essay *Männlichkeit verraten!*, dass die grundsätzlich gewaltvolle „psycho-sexuelle Konstitution“ von Männlichkeit aktuell viel stärker verdrängt wird als zu Zeiten der Zweiten Frauenbewegung (Posster 2023, S. 61). Die Fortschrittserzählung, dass der Westen die Benachteiligung der Frauen überwunden habe, stützt sich gerade auf den (teils realen, teils ideologischen) Kontrast zu Ländern des globalen Südens sowie zu islamischen Communitys.

Femizide und Rassismus

Als psychischen Ausweg bietet unsere Gesellschaft die rassistische bzw. kulturalistische Verschiebung von frauenfeindlicher Gewalt auf migrantische Männer an – am ehesten auf Muslime. Gewalt gegen Frauen zu verurteilen, ist ein wichtiges ideologisches Kriterium geworden, uns aufgeklärte Deutsche von den migrantischen und migrantisierten Anderen zu unterscheiden, bei denen die Frauen Opfer und die Männer Täter von Gewalt wären. Auch im Prozess gegen Edris Z. und besonders in der medialen Begleitung wurde immer wieder auf dessen afghanische Migrationsgeschichte hingewiesen, um die Tat zu erklären: Wie konnte er das Schreckliche tun, fragte die Lokalpresse, obwohl er doch als „Musterbeispiel gelungener Integration“ galt (Kreuz/Wurzel 2020)?

Anders als viele andere Frauenmörder in Deutschland wurde Edris Z. wegen Mordes verurteilt, nicht nur wegen Totschlags. Das ist erst einmal erfreulich, weil es auf ein Umdenken im juristischen Umgang mit Frauenmördern hindeuten könnte. Gleichzeitig muss daran erinnert werden, dass Mordurteile häufig gegen Ehrenmörder und damit migrantische Täter ergehen. In seiner Begründung des Urteils gegen Edris Z. kam der Richter auf dessen „schwierige Biografie“ zu sprechen und erwähnte dabei nicht nur eine erhöhte Gewaltbereitschaft, sondern auch Rassismuserfahrungen in Sachsen (Böhme 2022a). Wie in den Berichten der *Leipziger Volkszeitung* blitzte die rassistische

Externalisierung im Prozess versatzstückweise auf, ohne klar den Ton anzugeben.

Welche Rolle spielt Rassismus in Femizidfällen, in denen das Opfer, die ermordete Frau, Migrantin war? Ich denke an die Sexarbeiterin aus Bulgarien, die sich Malina nannte und am 10. November 2022 in Leipzig von einem Freier getötet wurde. Hätten *#KeineMehr Leipzig* und prostitutionskritische Feministinnen wie Huschke Mau nicht auf den Fall aufmerksam gemacht, wäre über den Mord kaum berichtet worden (Ramczik 2022). Ich denke auch an Maria D., die als Arbeitsmigrantin aus Portugal nach Leipzig kam, wo ein Sexualstraftäter sie 2016 auf grauenhafte Weise ermordete. Monatelang begegnete ich ihrem Bild auf Polizeiplakaten; sie war zuletzt in einer Bar bei mir um die Ecke gesehen worden. Was und wen übersehe ich alles in meinem Alltag, auf meinen Straßen – im *territorio*, das ich nicht nur mit Myriam Z., sondern auch mit diesen beiden Frauen geteilt habe?

Frauen, die wie Malina in der Prostitution arbeiten, werden mit 18-mal höherer Wahrscheinlichkeit getötet als andere Frauen (Mau 2022, S. 217). Huschke Mau weist auf die große Rolle der organisierten Kriminalität im Prostitutionsgeschäft hin, die im Rahmen der liberalen deutschen Prostitutionsgesetzgebung nur unzureichend bekämpft wird. Hier handelt es sich offensichtlich um patriarchale Strukturen, die Gewalt gegen Frauen bis hin zum Femizid begünstigen. Die Gewalt trifft häufig Migrantinnen: In Deutschland gehen besonders Frauen aus ärmeren EU-Ländern wie Bulgarien und Rumänien der Prostitution nach, darunter viele Romnija. Mangels besserer wirtschaftlicher Perspektiven nehmen sie in Kauf, dass sie hierzulande kein soziales Netzwerk haben und häufig nicht auf das Sozialsystem zurückgreifen können, wodurch die Abhängigkeit von Zuhälter*innen und gewalttätigen Freiern steigt. Der Rassismus der EU-internen Arbeitsteilung spielt also eine strukturierende Rolle bei der Gewalt gegen Prostituierte in Deutschland.

Zugleich handelt es sich um einen Grenzfall zwischen intimem und nichtintimem Femizid, denn der Täter, so das Urteil, ermordete Malina aus enttäuschter Liebe – weil er keine intime

Beziehung über die sexuelle Dienstleistung hinaus erzwingen konnte (Böhme 2023). Der Mord an Maria D. hingegen ist ein Beispiel für einen nichtintimen Femizid in Deutschland. Offen bleibt, ob es auch in ihrem Fall eine Rolle gespielt hat, dass sie ökonomisch und aufgrund ihrer Migrationsbiografie in einer verletzlicheren Position war als ich.

Der deutsche Engtanz mit dem Staat

Solche materiellen und ideellen Voraussetzungen müssen nicht nur in der Analyse von Femiziden selbst, sondern auch im Hinblick auf den feministischen Kampf gegen sie untersucht werden. Das ist wichtig, um nicht heroisierenden Projektionen zu verfallen, dass Feminist*innen in Lateinamerika oder auch in der Zweiten Frauenbewegung die wirklichen, großen Kämpfe führen würden bzw. geführt hätten, während es hier und heute nur um Kleckerkram und Sprachpolitik ginge. Auch gegen diese – ebenso projektive – Abwertung des feministischen Engagements in Deutschland hilft eine sorgfältige Bestandsaufnahme von Gemeinsamkeiten und Unterschieden.

Eine breite feministische Selbstorganisation über Communitys, Generationen und soziale Milieus hinweg ist in Deutschland derzeit nicht in Sicht. Den *feminismos populares* steht der institutionalisierte Feminismus der Frauenhäuser und -beratungsstellen sowie der Gleichstellungsbüros gegenüber. Diese Einrichtungen sind von Staatsgeldern abhängig und folglich an ihrer Bestandssicherung innerhalb der patriarchalen Gesellschaft interessiert. Die Institutionalisierung der Frauenbewegung ist unser eigenes großes Paradox: Sie verfolgt die Ziele der feministischen Bewegung weiter – und hegt deren emanzipatorischen und staatskritischen Elan unvermeidlich ein.

Daneben greifen feministische Einrichtungen, die dem Gewaltschutz verpflichtet sind, vielfach auf Ehrenämtler*innen zurück, ohne die ihre Arbeit nicht zu stemmen wäre. Institutionalisierung und staatliche Anerkennung haben nicht nur Gehälter für Mitarbeiter*innen geschaffen, sondern – wegen chronischer Unterfinanzierung – auch die Struktur für Ausbeutung durchs Ehrenamt. Aber Ehrenämtler*innen sind per definitionem Leute, die für ihre Arbeit kein Geld bekommen, sondern sie als Dienst an der Gesellschaft verstehen, der ihnen überdies eine Ehre ist. Dem Begriff liegt also ein positiver Bezug auf die (staatlich organisierte) Gesellschaft zugrunde. Man kauft sich damit bürgerliche Sinnzusammenhänge und betriebswirtschaftliche Logiken ein, die der Absicht radikaler feministischer Gegenentwürfe zuwiderlaufen. Außerdem läuft es einer Kritik der unbezahlten Reproduktionsarbeit zuwider, Feminist*innen weitere unbezahlte Arbeit abzuverlangen, weil sie deren politischen Sinn unterstützen.

Die sozialstaatliche Einhegung der Zweiten Frauenbewegung in der Bundesrepublik kann auch als (Selbst-)Enteignung einer großen sozialen Bewegung verstanden werden: Einige gut ausgebildete Sozialarbeiterinnen haben halbwegs gut bezahlte Jobs und stehen gegenüber diversen Behörden unter Rechtfertigungsdruck. Sie verwalten das patriarchale Elend anderer, oft migrantischer und rassifizierter Frauen, die im Frauenhausalltag kaum noch als politische Subjekte im gemeinsamen Kampf gegen patriarchale Gewalt angesprochen werden. Förderlogik, Projektstruktur und Antragsunwesen prägen den hochverdichteten Arbeitstag der Mitarbeiterinnen. Ich habe größten Respekt vor der Arbeit der Frauenhäuser. Aber wie autonom können wir auf diesem *territorio* noch sein? Die heftigen Kontroversen wiederaufzunehmen, unter denen die autonomen Frauenhäuser in den 1970er Jahren dazu übergingen, sich von „Staatsknete“ finanzieren zu lassen, wäre sicherlich ein guter Ansatzpunkt, die Institutionalisierung des Kampfes gegen patriarchale Gewalt und ihre Konsequenzen neu zu überdenken.

Auch der akademische Feminismus in Deutschland, eine weitere Errungenschaft der Zweiten Frauenbewegung, muss fortwährend seine Systemrelevanz unter Beweis stellen, um weiterhin finanziert zu werden. Überdies ist die feministische Theoriebildung an deutschen Universitäten nicht mehr eng mit feministischem Aktivismus verbunden. Ich finde es nicht leicht, Formen und Vorbilder für eine nichtakademische, autonome

Theoriebildung zu finden, die sich an wissenschaftlichen Standards orientiert und gleichzeitig alltagsnah und möglichst breit verständlich und anschlussfähig ist. Schon auf formaler Ebene: Während ich dieses Buch schreibe, geht mir immer wieder durch den Kopf, welcher Textaufbau, welche Wortwahl, welche Zitationsweise am wenigsten sperrig ist, und ob der Verzicht auf Fußnoten wirklich einen Unterschied fürs Verständnis macht.

Universitär tätige Feminist*innen müssen sich als professionelle, effiziente sowie wissenschaftlich distanzierte Arbeitskräfte profilieren, die einen bestimmten Jargon und einen bestimmten Habitus an den Tag legen. Darüber hinaus wird die Promotion für viele kluge, kritische Frauen zum Stempel individuell erreichter Emanzipation – unabhängig davon, ob die einzigen Leser*innen, die ihre Arbeit findet, zwei Professor*innen und eine korrekturlesende Freundin sind. Natürlich bietet die Akademie auch einen Rahmen für sozial- und geschlechterwissenschaftliche Weiterentwicklung und Fundierung, indem sie Zeit und Geld zur Verfügung stellt, sich eingehend mit theoretischen Fragen zu beschäftigen und empirische Forschung zu betreiben. Nur ist der Weg zu kollektivierbarem Wissen von hier aus noch sehr weit; und umgekehrt ist der Abstand zu Erfahrungen und Wissen, die im Aktivismus gemacht werden, sehr groß. In vielen Fällen scheinen mir diese Arbeitsbedingungen einem Forschungsinteresse entgegenzustehen, das feministische Theorie als Teil einer politischen Bewegung begreift, für die man denkt und schreibt.

Ähnliche materielle Bedingungen sind im Literatur- und Kulturbetrieb zu beobachten. Die Formen, in denen feministische Kunst geschaffen werden kann, bedingen eine schmissige Verdaulichkeit und Verdinglichung des Produkts; sie bedingen selbstbezügliche Ausdrucksformen und sehr viel Selbstvermarktung. Wie die feministische Akademiker*in steht die feministische Künstler*in als vereinzelte, von Stipendien und befristeten Verträgen abhängige Arbeitskraft gegen einen Betrieb, in dem sie gegen andere Frauen, vielleicht sogar andere Feminist*innen konkurrieren muss.

Mich als meine eigene Marke verkaufen zu müssen, kenne ich auch als freie Theoretikerin, die eingeladen und bezahlt wird (meist mithilfe von Unis oder parteinahen Stiftungen), um mit Vorträgen und auf Podien den materialistischen Feminismus zu vertreten. Was wollen die Leute hören? Sind ihnen meine Abgrenzungen scharf genug; stehe ich in ihren Augen auf der richtigen Seite? Der freundlich lächelnde Schutzpanzer gegenüber meinen Gesprächspartner*innen, das innere Auf-der-Hut-Sein, das angespannte Verhandeln von Honoraren, die meinen aktuellen Wert als Referentin festsetzen: Das sind ganz gewöhnliche Lebensrealitäten einer Freiberuflerin im Hier und Jetzt. Es sind nicht immer die besten Bedingungen für Begegnungen unter Genoss*innen. Zeit, Kraft und die Offenheit aufzubringen, um Erfahrungen zu teilen und voneinander zu lernen, ist anstrengend. Feministisches Streiten könnte hier einen möglichst kritischen, möglichst offenen Umgang mit dieser Form von Lohnarbeit bedeuten, die uns gnadenlos voneinander isoliert – zumal der Rückhalt einer großen feministischen Bewegung schmerzlich fehlt.

Auch viele andere Spielarten von Aktivismus beschränken sich auf einen kleinen, subkulturellen Rahmen und haben sich ihrerseits von der theoretischen Auseinandersetzung entfernt. Immer noch kommen viele Statements und Forderungspapiere (queer-)feministischer Locations über das Aufzählen vielfältiger Geschlechtsidentitäten, ein Awareness-Konzept und ein schickes Corporate Design nicht hinaus. Das sind an sich keine schlechten Dinge, aber sie sind ziemlich weit entfernt von einer grundlegenden Strukturkritik, die es ermöglichen würde, eigene politische Ziele mit denen anderer Gruppen und Initiativen in Verbindung zu setzen – geschweige denn mit der Mehrheitsgesellschaft.

Weil Sprachpolitik nach wie vor die eingängigste Aktionsform ist, ist die Forderung nach einer veränderten medialen Berichterstattung derjenige Teil des Kampfes gegen Femizide, der am leichtesten in den aktuellen Stand der Bewegung zu integrieren ist. Es ist ein wichtiger Teil des Kampfs, Frauenmorde klar als solche zu benennen: Die Bezeichnungen „Eifersuchtsmord“ oder „Familiendrama“ tragen zu ihrer gesellschaftlichen Verdrängung und Verharmlosung bei. Erfreulicherweise dienten

Forderungen wie „Es heißt Femizid!“ von Anfang an nicht vorrangig dazu, andere Feminist*innen zu reglementieren, sondern richteten sich an gesellschaftliche Institutionen wie die Medien und die Polizei.

Im deutschsprachigen Aktivismus gegen Femizide, der gerade Fahrt aufnimmt, wird auf gute Weise deutlich, dass das feministische Verhältnis zum Staat und seinen Behörden eher ein paradoxer Eiertanz als ein Engtanz sein muss. So forderte *#KeineMehr Leipzig* auf einer Kundgebung zur besseren Finanzierung von Gewaltschutzstrukturen: „Auf den Staat ist kein Verlass. […] Ja, wir wollen das Geld vom Staat, denn wir können es nutzen. Aber das, was wir brauchen, ist eine breite gesellschaftliche Bewegung gegen männliche Gewalt, gegen die patriarchalen Zustände und kapitalistischen Strukturen, die diese Gewalt hervorbringen und benötigen, um weiterexistieren zu können“ (#KeineMehr Leipzig 2023). Ich finde es elektrisierend, dass diese Art von revolutionärer Realpolitik auch in Deutschland (wieder) denk-, vielleicht sogar machbar wird: mit den staatlichen Strukturen zu arbeiten, aber sich nicht mit ihnen zufriedenzugeben.

Übersetzungen, Übertragungen

In der Theorie und im Aktivismus kursieren die Begriffsvarianten *Femizid*, *Feminizid* und *Femi(ni)zid*. Diese Debatte geht auf die mexikanische Politikerin und Theoretikerin Marcela Lagarde y de los Ríos zurück, die 2008 zwei spanische Übersetzungsmöglichkeiten für Diana Russells englischen Begriff *femicide* diskutierte: *femicidio* und *feminicidio* (Lagarde 2023, S. 89). Während etwa das argentinische *Ni una menos*-Kollektiv von *femicidios* spricht, bringt Lagarde den längeren Begriff in Stellung, um zu betonen, dass *feminicidios* nicht einfach Morde sind, die mehr oder minder zufällig Frauen treffen, sondern dass ihnen patriarchale Strukturen zugrunde liegen: „Der Feminizid ist ein Staatsverbrechen“ (Lagarde 2023, S. 108). Die Ermordeten werden nicht als Rechtssubjekte behandelt, die Täter bleiben häufig straflos.

Übersetzungen sind immer auch Interpretationen und Aneignungen, Übertragungen in die eigene Sprache und ein Ins-Verhältnis-Setzen zur eigenen gesellschaftlichen Situation. Die *#KeineMehr*-Aktivistin Alex Wischnewski erläutert Lagardes Kritik damit, dass im Spanischen das Wort *femicidio* (Mord an einer Frau) als spezifizierende Analogie zu *homicidio* (Mord) funktioniert (Wischnewski 2018, S. 127). Weil im Deutschen das Wort „Homizid“ kaum gebräuchlich ist, besteht keine Gefahr, dass der Begriff *Femizid* mit einem Mord, der zufällig eine Frau getroffen hat, assoziiert wird statt mit patriarchalen Gelegenheitsstrukturen. Daher sehe ich keine Notwendigkeit für die Differenzierung in *Femizid* und *Feminizid*. Anders als *#KeineMehr*, die beide Begriffe in die deutschsprachige Debatte tragen wollen, „um Kämpfe zu vereinigen“ (#KeineMehr o.J.), halte ich zwei neue Kampfbegriffe mit verwickelter Verwendungs- und Übersetzungsgeschichte eher für verwirrend als für bereichernd.

Lagardes theoretische Rahmung von *feminicidios* passt besonders gut zur Definition, dass Frauen getötet werden, weil sie Frauen sind – etwa bei der Einordnung der Frauenmorde von Ciudad Juárez. Bei intimen Femiziden liegt der Akzent m.E. etwas anders. Wenn Partner oder Ex-Partner Frauen töten, ist nicht die bloße Geschlechtszugehörigkeit das entscheidende Mordmotiv – sondern das empfundene Versagen der Frau in ihrer weiblichen Rolle. Eine Frau, die ihren Mann verlässt, die sich weigert, weiterhin sexuell und emotional für ihn zu sorgen; eine Frau, die eine Arbeit aufnimmt, ein Kind bekommt oder eine Abtreibung vornehmen lässt: Weil sie auf eine dieser Weisen autonom handelt, bestraft ihr gekränkter Partner oder Ex-Partner sie mit dem Tod. Nach patriarchaler Logik hat sie mit ihrem Verhalten ihre Rechte als Subjekt verwirkt. Für intime Femizide passt besser die Definition: Frauen werden getötet, weil sie in den Augen des Täters als Frauen versagt haben.

Ich plädiere dafür, die Differenzierung zwischen verschiedenen Arten von Femiziden inhaltlich vorzunehmen – angefangen bei den angeführten Kurzdefinitionen. In dieser Diskussion bevorzuge ich den kürzeren und prägnanteren Begriff *Femizid.*

Eine kleine zusätzliche Silbe oder ein Paar Klammern im Wort sind in der deutschsprachigen Debatte nicht besonders nützlich, um mehr über die Rolle des Staates bei Frauenmorden zu erfahren. Ich denke, diese lässt sich besser diskutieren, indem wir deutsche juristische Realitäten mit mexikanischen vergleichen und unsere Erfahrungen mit staatlichem Schutz und staatlicher Gewalt austauschen.

Dass ich die Bezeichnung Femizid bevorzuge, bedeutet aber nicht, dass ich nicht auch mit *Feminizid* und *Femi(ni)zid* gut hantieren könnte. Gerade im Rahmen einer transnationalen Theoriebildung müssen Feminist*innen in der Lage sein, verschiedene Begriffe kompatibel zu machen und sie für die politische Auseinandersetzung im jeweiligen *territorio* auf taugliche Art zu übersetzen und zu kontextualisieren.

Unverzichtbar für eine solche Theoriebildung sind nicht nur Übersetzungen einzelner Wörter. *#KeineMehr* hat schon vor Jahren begonnen, Texte lateinamerikanischer Autorinnen und Kollektive zu rezipieren und zu übersetzen. 2023 erschien *Feminizide. Grundlagentexte und Analysen aus Lateinamerika*, das auch Texte aus dem grundlegenden Sammelband *Femicide. The Politics of Woman Killing* (1992) von Diana Russell und Jill Radford enthält. Weiterhin sind in den letzten Jahren Verónica Gagos Streitschrift und zwei Bücher Rita Segatos in deutscher Übersetzung erschienen, ebenso neue und alte Schriften von Silvia Federici. Federici, die in New York lebt und in engem Austausch mit lateinamerikanischen Theoretiker*innen steht, ihre Themen aufgreift und weiterdenkt, nimmt selbst die Rolle einer Vermittlerin zwischen italienischer, nord- und lateinamerikanischer Theoriebildung ein. (Ein ähnliches Verdienst gebührt Friederike Beier, die für ihren Sammelband *Materialistischer Queerfeminismus* englische und französische Beiträge übersetzen ließ und damit die deutschsprachige Debatte um aktuelle antikoloniale und transmarxistische Perspektiven bereichert hat.)

An eigenständiger deutschsprachiger Theoriebildung sind die Broschüre *#KeineMehr. Femizide in Deutschland* von Merle Dyroff, Marlene Pardeller und Alex Wischnewski sowie der

Band *Femi(ni)zide. Kollektiv patriarchale Gewalt bekämpfen* des Wiener Herausgeber*innenkollektivs Biwi Kefempom zu nennen. Besonders an diesen Publikationen sind ihre aktivistischen Wurzeln und ihre kollektive Entstehungsweise. Auch die Übersetzungen der lateinamerikanischen Texte stammen teils von feministischen Gruppen. Das macht sie zu Zeugnissen einer kollektiven Anstrengung, die die Theoretisierung von Frauenmorden auf eindrucksvolle Weise mit der Frage nach einer politischen Praxis und bereits bestehenden Erfahrungen und Aktionsformen gegen Femizide verzahnt.

Femizidkritik bedeutet Staatskritik

Die Protestperformance von *LASTESIS* ist ein weiteres interessantes Vorbild für transnationale Übertragungen. 2019 während der sozialen Revolten in Chile auf den Weg gebracht, fand sie in den folgenden Jahren ihren Weg auf feministische Kundgebungen in New York, Rom, Istanbul und in vielen deutschen Städten. Dabei wurde – wie von *LASTESIS* explizit gewünscht – der Text nicht nur übersetzt, sondern auch auf die jeweilige Situation vor Ort übertragen, wobei die Kernbotschaft überall dieselbe mitreißende Wirkung entfaltete: „Der Vergewaltiger bist du“, begleitet von einer zeigenden Geste nach vorn, die die Schuld an patriarchaler Gewalt von der Frau weg auf ihr Gegenüber lenkt. „Es sind die Bullen / Die Richter / Der Staat / Der Präsident / Der unterdrückende Staat ist ein Vergewaltiger“ (mauramagni 2019). Im Text werden Femizide als Strafe fürs Frausein benannt, während die Mörder straflos bleiben. Die kollektive Kraft, die diese Aktionsform entfaltet, geht mir unter die Haut. In Chile führte sie sogar zur Gründung einer queerfeministischen Partei (die seither in heftigen Kontroversen mit Kollektiven steckt, die staatskritisch und autonom bleiben wollen). Die Performance ist eine erstaunlich schlagkräftige Umsetzung von Rita Segatos theoretischer Arbeit.

Im sozial noch einigermaßen befriedeten Deutschland ist die These vom Staat als vergewaltigendem Macho nicht unmittelbar einsichtig. Mehrere Argumente sprechen dagegen: Die Mörder von Myriam Z., Malina und Maria D. blieben nicht straflos, sondern wurden wegen Mordes verurteilt. Bundeskanzler Olaf Scholz machte sogar Wahlkampf damit, Femizide bekämpfen zu wollen (20 Fragen an: Olaf Scholz 2021), und auch Innenministerin Nancy Faeser stellte klar: „Wenn Männer Frauen töten, weil sie Frauen sind, dann ist es angemessen und auch notwendig, von ‚Femizid‘ zu sprechen“ (BMI 2022). Mittlerweile schreibt die konservative *Frankfurter Allgemeine Zeitung* ab und zu über Femizide, und ein kürzlich erschienenes Heft der Bundeszentrale für politische Bildung widmet sich dem Thema; weitere, eher journalistische Bücher über Femizide sind erschienen.

Auf den Fersen des Kampfes gegen Gewalt an Frauen, den Feminist*innen in jahrzehntelanger Arbeit mühsam etabliert haben, ist die Politisierung von Frauenmorden nach nur wenigen Jahren bereits in bürgerliche und – sofern es um Ehrenmorde geht – auch in rechte Kampfarenen gewandert. In der Folge bekommen Gewaltschutzeinrichtungen vielleicht zusätzliche staatliche Gelder, oder Polizist*innen werden für häusliche Gewalt sensibilisiert. Wichtig ist, im Blick zu behalten, dass die patriarchale Gewaltstruktur des bürgerlichen Staats und seiner Exekutive dabei kaum angetastet wird (vgl. *Mit dem Staat oder gegen ihn?*). Auch der Zusammenhang von häuslicher Gewalt mit der ökonomischen Abhängigkeit vieler Frauen von ihren Männern – etwa durch die schlechte Bezahlung in Care-Berufen oder das verbreitete Familienmodell mit männlichem Hauptverdiener und weiblicher Zuverdienerin – bleibt unberührt.

Lateinamerikanische Feminist*innen haben, ähnlich wie die Theoretikerinnen der Zweiten Frauenbewegung, genau diese materiellen und ideellen Bedingungen von patriarchaler Gewalt herausgearbeitet. Sie betonen, dass Femizide keine unheimlichen, unerklärlichen Einzelfälle sind, sondern eingebettet in das ganz normale Geschlechterverhältnis, in dem wir alle leben. Es ist das globale, in Nationalstaaten organisierte kapitalistische Patriarchat, das Männer glauben lässt, sie hätten einen Anspruch auf die Arbeit, den Körper, die Emotionen und letztlich das Leben von Frauen. Unter diesem gemeinsamen Nenner können wir Femizide in ihrem jeweiligen staatlichen Umfeld vergleichend analysieren und Differenzen festhalten, ohne neuen Externalisierungen à la „Bei uns kümmert sich die Polizei um Männergewalt“ auf den Leim zu gehen.

Auch die Zeile der Performance „Es sind die Bullen“ ist nicht reibungslos übertragbar. Zwar berichten auch in Deutschland gewaltbetroffene Frauen häufig von retraumatisierenden polizeilichen Ermittlungsmethoden. Auf linken Demonstrationen und bei erkennungsdienstlichen Maßnahmen fallen Polizist*innen immer wieder durch verbale sexistische Entgleisungen und sexuelle Übergriffe auf (Clemm 2020, S. 54-65). Huschke Mau berichtet über Fälle von Vergewaltigung und Zuhälterei durch Polizisten, die mit der Forcierung einer aggressiven Männlichkeit im Beruf zusammenhängen (Mau 2022, S. 290).

Auch für Femizidfälle in Deutschland ist polizeiliches Versagen dokumentiert: Als Sophia Lösche am 14. Juni 2018 nicht mehr erreichbar war, liefen die polizeilichen Ermittlungen nur schleppend an – obwohl Verwandte und Freund*innen zahlreiche Hinweise bezüglich ihrer Route hatten und sich schließlich selbst auf die Suche machten. Sophias Leiche wurde eine Woche später in Nordspanien gefunden. Der Fernfahrer, der sie bei Leipzig mitgenommen und nach der Zurückweisung sexueller Avancen getötet hatte, wurde im September 2019 wegen Mordes verurteilt. In Medienberichten beklagten Angehörige, dass die Polizei zunächst nicht von einem Gewaltverbrechen ausging, Videoaufnahmen nicht auswertete und den Fall tagelang zwischen sächsischer und bayerischer Landespolizei hin- und herschob, während der Täter mit dem Opfer, dessen Todeszeitpunkt nicht völlig geklärt werden konnte, durch Europa fuhr (Lang 2018). Auch polizeiliche Kommentare gegenüber den Angehörigen, wie „Die macht sich einfach eine schöne Zeit im Süden“ oder „Bestimmt ist sie betrunken irgendwo in einer Ecke“ lassen darauf schließen, dass die Polizei die Gefahrenlage nicht ernst nahm, in der sich die junge Frau befand (Puppe 2019). Dieser schwere Vorwurf erinnert an Marcela Lagardes

Kritik, wonach im Fall verschwundener Frauen häufig „die Behörden ihren Pflichten nicht nachkommen“ (Lagarde 2023, S. 90).

Zugleich ist diese Ignoranz ein anderes Kaliber an Sexismus als die nahezu komplette Untätigkeit der Polizei von Ciudad Juárez, die mit den mörderischen Drogenkartellen Geschäfte macht (Zeiske 2022, S. 79). Es ist auch ein anderes Kaliber als die systematischen Vergewaltigungen und die sexuelle Folter durch Polizisten, gegen die Chilen*innen 2019 auf die Straße gingen. Eine Femizidtheorie, die deutsche oder österreichische Verhältnisse treffsicher erfassen will, darf sich hier nicht umstandslos mit den gesellschaftlichen Erfahrungen lateinamerikanischer Genoss*innen identifizieren.

Dieser Differenzen ungeachtet findet *Ein Vergewaltiger auf deinem Weg* auch auf deutschen feministischen Kundgebungen starken Widerhall – meinem Eindruck nach weil die Performance ein Gewaltpotenzial benennt, das dem kapitalistisch-patriarchalen Staat an sich innewohnt. Vermutlich wird dieses Potenzial, wenn der gesellschaftliche Wind sich weiterhin nach rechts dreht, offener zu Tage treten. Die neue Polizeigesetzgebung in Sachsen und vielen weiteren Bundesländern, die mehr Waffen und einen größeren Ermessensspielraum für Polizist*innen bietet, spielt diesem Gewaltpotenzial in die Hände. Insofern ist es kein gefälliges Spektakel und keine bloße Symbolpolitik, die Performance von *LASTESIS* auf dem Leipziger Marktplatz aufzuführen. Die Probleme, die darin auf den Punkt gebracht werden, sind vielleicht nicht im Detail, aber grundsätzlich unsere eigenen: Femizidkritik bedeutet Patriarchatskritik, Kapitalismuskritik und Staatskritik. Unter dieser Prämisse lassen sich die Analysen und Aktionsformen lateinamerikanischer Feminist*innen nicht nur bestaunen, sondern auch auf hiesige Verhältnisse übertragen.

Theorie als Teil einer Bewegung

Auf Sophia Lösches Gedenkschild im Kolonnadenviertel steht *Es heißt Femizid!* Der *Phia e.V.*, der im Andenken an die Linke und Antirassistin Sophia Aufklärungsarbeit über Femizide und patriarchale Gewalt sowie ihre rassistische Externalisierung leistet, hat es angebracht.

Sophias Tod ist für mich erst nachträglich zum Femizid geworden: durch die strukturellen Verbindungen zu Myriam Z., Malina und Maria D., die ich dank der kritischen Theorie von Femiziden heute ziehe. Ich gehe häufig an ihrem Schild vorbei, genauso wie an Myriam Z.s Gedenkstein im Auwald. Diese Orte erinnern mich daran, dass Feminismus einen Raum hat. Feminismus hat auch eine Zeit – z.B. die verfluchte Pandemie, als man ständig durchs eigene Viertel spazieren musste, um überhaupt unter Menschen zu kommen. Ich bin am selben Ort und in derselben Zeit verwurzelt wie Sophia Lösche, Myriam Z., Maria D. und Malina. Nicht zuletzt bin ich, wie sie, in den Augen der Welt eine Frau.

Feministische Theorie in Raum und Zeit zu situieren, habe ich von lateinamerikanischen Femizidkritikerinnen gelernt. Um Menschen etwas an die Hand zu geben und ihren Wunsch nach Veränderung anzusprechen, braucht Theorie die Verwurzelung in ganz konkreten und regionalen Lebensumständen von Frauen und Queers. Man kann nicht transnational denken und große Bögen, große Bezüge, große Strategien ersinnen, ohne sich damit zu befassen, wie das kapitalistische Patriarchat uns selbst angreift und schädigt – bis hin zum Femizid, der nur wenige Frauen trifft, aber alle meint. Wie könnte ich ernsthaft glauben, in Sicherheit zu leben, wenn in meinem unmittelbaren Lebensumfeld Frauen ermordet wurden, weil sie Frauen waren? Eine feministische Theoretiker*in, davon bin ich mittlerweile überzeugt, muss sich in einer politischen und sozialen Bewegung gegen das Patriarchat verwurzeln. Es ist die Grundbestimmung eines materialistischen Feminismus, das gesellschaftliche Sein von Mädchen und Frauen kritisch auf den Punkt zu bringen, um es, gemeinsam mit Anderen, zu verändern.

Wer sich nicht mit den eigenen Lebensbedingungen und deren globalen Verstrickungen beschäftigen möchte, um sie zu verändern, wird über Frauenrechte an sich oder Emanzipation als solche nur paternalistische Formeln finden: Wie schrecklich, die armen, aber *anderen* Frauen im Iran! Wie großartig, die mutigen, aber so *anderen* Lateinamerikanerinnen! Wer sich nicht mit dem Partikularen auseinandersetzen möchte, das vor der eigenen Nasenspitze anfängt, käut einen großspurigen Universalismus wieder, der nicht nur erkenntnistheoretisch keinen Sinn macht, sondern von Rita Segato zu Recht als kolonialistisch und patriarchal bemängelt wird.

Feministisches Streiten ermöglicht es, andere Linke und Feminist*innen in ihren lebensweltlichen wie politischen *territorios* ernstzunehmen. Das erleichtert, Theorie als wichtigen Teil der feministischen Bewegung zu begreifen – aber nicht als einzigen und auch nicht als wichtigsten. Innerhalb der globalisierten, extrem arbeitsteiligen kapitalistischen Welt müssen sich auch politische Bewegungen, die genau das kritisieren, bis zu einem gewissen Grad arbeitsteilig organisieren. Sonst sind sie nicht handlungsfähig.

Ich würde als Feministin um Himmels willen nicht im sächsischen Landtag sitzen wollen, und auch die soziale Arbeit im Frauenhaus hat mich schnell an meine Grenzen gebracht. Aber ich bin sehr froh über die Genoss*innen, die genau diese Arbeit verrichten und ihre politischen Perspektiven mit mir teilen. Genau wie meine eigenen sind diese Perspektiven bereichert und beschränkt durch verschiedene gesellschaftliche Erfahrungen und das Nachdenken darüber. Daher können sie einander befruchten und erweitern.

Verónica Gago betont das kämpferische Potenzial feministischer Versammlungen, bei denen die eine Abgeordnete ist, die Nächste Theoretikerin, die Dritte Gewerkschafterin, die Vierte Delegierte einer indigenen Initiative gegen Ölförderung, die Fünfte gar katholische Theologin; wobei keine die Form der Versammlung vorgibt. Grundlegend ist nur der Wunsch nach einem basisdemokratischen feministischen Miteinander, einem „politischen Prozess, der weiterhin *offen* ist“, weil er im Hier und Jetzt und aus dem Kollektiv heraus geschieht (Gago 2021, S. 9). Solange solche breiten Formate hierzulande noch in der Zukunft liegen, kann das Augenmerk auf eine verstärkte Kommunikation etwa zwischen feministischen Politiker*innen und autonom agierenden Gruppen gerichtet werden, die sich auf einen Übersetzungsprozess hinsichtlich ihrer Ziele, Aktionsformen und politischen Jargons einlassen. In Leipzig bildete einen Ansatz dazu der offizielle Gedenkort gegen Femizide, den der Stadtrat im Juni 2022 auf Initiative zweier Stadträtinnen bewilligte. *#KeineMehr Leipzig* hatte am 8. März desselben Jahres bereits eine temporäre Stele in der Innenstadt errichtet und damit einen gewissen Handlungsdruck erzeugt – und zugleich eine anschauliche und fühlbare Vision davon geschaffen, was es bedeuten könnte, einen feierlichen Ort zu haben, um sich zu versammeln und Trauer, Zorn und feministische Tatkraft zusammenzutragen. Der Beitrag der Theoretikerin bestand darin, eine Antragsbegründung für den Stadtrat zu verfassen, warum die Stadt Leipzig einen Gedenkort gegen Femizide braucht. Kein sonderlich lustvoller Beitrag, aber ein nötiger.

Die feministische Bewegung in Deutschland strömt noch nicht zu Hunderttausenden auf die Straße – aber uns bleibt nichts anderes übrig, als mit den Bedingungen zu arbeiten, die wir vorfinden. Sich mit der missmutigen Feststellung zu begnügen, dass es keine Bewegung gäbe, mag einen verhagelten Nachmittag lang in Ordnung sein. Danach kann man sich wieder aufrichten und erkunden, warum es so schwierig geworden ist, sich zu streitbaren feministischen Kollektiven zusammenzufinden und in so eindeutige Gegnerschaft zu Staat, Kapital und Nation zu setzen, wie Gago, Segato und Federici das tun.

Eine ecuadorianische Bekannte sagte: „Ich bewundere die Kämpfe der *indígenas* im Regenwald. Sie sind kompromisslos, weil sie nichts zu verlieren haben.“

Als Hochleistungsfreiberuflerin in Deutschland, geboren in den 1980ern, sind für mich einige Ziele der Zweiten Frauenbewegung selbstverständliche Wirklichkeit: berufliche Qualifizierung, finanzielle Unabhängigkeit und umfassende Selbstbestimmung. Dazu kommt der Trost durch die Kulturindustrie, die mich unablässig mit schönen Dingen versorgt, und generell ein stark individualisiertes Konsumprofil, bei dem Zwänge, die sich längst nach innen gerichtet haben, eine beachtliche Rolle spielen. Wenn ich meine Nahrungsmittel-Marotten und die meiner Freund*innen und Bekannten anschaue, scheint es mir fast ein Wunder zu sein, dass irgendwo auf der Welt Leute kollektiv kochen und auf diese Weise der Verarmung und Vereinzelung etwas entgegensetzen.

Der Sozialwissenschaftler Stephan Lessenich beschreibt unsere postkoloniale Lebensweise im globalen Norden als „Externalisierungsgesellschaft“, die von der Auslagerung der Kosten der kapitalistischen Weltgesellschaft lebt, etwa hinsichtlich der Ausbeutung der Arbeitskraft und der ungehemmten Zerstörung natürlicher Ressourcen (Lessenich 2020). Unsere Städte haben hübsche Parks und kostenlose Schulen, die Flüsse sind wieder leidlich sauber; das Jobcenter schikaniert, aber zahlt in den meisten Fällen. Die Gewalt, die viele Frauen und Rassifizierte erleben – etwa als Prostituierte oder Sorgearbeiter*innen –, ist nicht so offensichtlich, dass man nicht auch wegsehen könnte. Es fällt schwer, Gegnerschaft zu Institutionen zu entwickeln, die man gelernt hat, als zuständig und hilfreich zu begreifen, weniger als gewaltsam aufgedrückt. Weiße cis Frauen mit deutscher Muttersprache, deutschem Pass und bürgerlichem Habitus können die Universität, die Polizei, die Krankenhäuser als Orte verstehen, die zumeist für sie da sind. In einer Gesellschaft, die den historischen Kolonialismus sowie den Neokolonialismus (etwa in Form extraktivistischer Ausbeutung) als verbindende Erfahrung teilt, wird das anders sein. Innerhalb der internationalen Arbeitsteilung erleben sich viele Lateinamerikaner*innen sicherlich eindeutiger als von den Herrschenden ausgebeutet. Sie profitieren viel weniger von den ambivalenten Glücks- und Emanzipationsversprechen des Kapitalismus als Feminist*innen und Hochleistungsfreiberuflerinnen in Deutschland. „Von oben kommt nur der Schmerz“, heißt es in einer zapatistischen Schrift (EZLN 2016, S. 163).

Um an universalistischen feministischen Forderungen festzuhalten, hilft es nur, sich diesen transnationalen Verstrickungen und Verdrängungen zu stellen. Der Kapitalismus ist ein vielgestaltiges, aber globales ökonomisches und ökologisches Verhängnis, das von Anfang an mit einem patriarchalen Geschlechterverhältnis verwoben war. Auch dieses ist vielgestaltig und oszilliert zwischen Gleichheit und Differenzen unter Frauen. Eine kritische Theorie von Frauenmorden kann nützlich sein, um die unterschiedlichen Erfahrungen zu einer gemeinsamen feministischen Agenda zu verbinden. Zur Theorie den Körper dazutun, z.B. auf Demos und Versammlungen, hilft, mit der Verletzlichkeit umzugehen, die aus der Erkenntnis erwächst, dass mit jedem Femizid wir alle gemeint sind. „Andere Frauen mag es treffen, mich nicht“: Auch das ist eine Externalisierung. Sich ihr zu stellen, verlangt Mut und Genoss*innen. Eigene geschlechtsbedingte Verletzlichkeit zuzulassen, ist vielleicht die schwierigste Voraussetzung für Solidarität gegen patriarchale Gewalt.

Feminismus bedeutet den Kampf für ein besseres, genussvolleres und gewaltfreieres Leben für uns selbst sowie für diejenigen, denen wir uns verbunden fühlen. Diese Verbundenheit und ihre Reichweite sind nichts Selbstverständliches, sondern ein bewusstes feministisches Sich-in-Beziehung-Setzen, getragen vom Wunsch, in kollektiver Anstrengung die Verhältnisse zu ändern. *Nos mueve el deseo*, „Uns bewegt der Wunsch“, lautet ein Slogan der argentinischen Streikbewegung. Der Wunsch hallt im Namen des Herausgeber*innenkollektivs Biwi Kefempom wider, kurz für: „Bis wir keine Femi(ni)zide mehr politisieren müssen.“ Diesem Wunsch zu folgen und sich mit anderen Frauen, Mädchen, Queers, Rassifizierten und Enteigneten in einer feministischen Bewegung im Hier und Jetzt zu verbinden, ist eine politische Entscheidung jeder einzelnen Feminist*in.

Exkurs 7

Die verfluchte Pandemie

Die Corona-Pandemie hat Femizide begünstigt. Das *Transnationale feministische Manifest*, 2020 von Kollektiven aus Lateinamerika, Europa und Kurdistan verfasst, kritisiert, dass die aufgrund der Pandemie verhängten Ausgangssperren Frauen auf den häuslichen Raum verwiesen. Damit war ein erhöhtes Maß an reproduktiven Tätigkeiten verbunden wie die Versorgung der Kleinfamilie und Home-Schooling. Parallel dazu nahm die Gewalt durch Ehemänner und Väter, die im Femizid kulminieren kann, zu. „Man hat uns angewiesen, zu Hause zu bleiben, ohne in Betracht zu ziehen, dass das für viele von uns kein sicherer Ort ist“ (Arriba Que Las Luchan 2020).

Gleichzeitig trugen Pflegekräfte in Krankenhäusern und Altenheimen die Last eines neoliberal zusammengesparten Gesundheitssystems. Im Herbst 2021 gab die WHO bekannt, dass weltweit 115.000 Pflegekräfte im Zusammenhang mit einer Corona-Infektion gestorben waren, v.a. in afrikanischen Ländern, wo nur ungenügend Schutzausrüstung und Impfungen zur Verfügung standen. Auch diese Tode haben eine femizidale Dimension. Dazu lässt sich Marcela Lagardes Konzept von femizidaler Gewalt heranziehen, das nicht-beabsichtigte Tötungen von Frauen durch strukturelle patriarchale Gewalt einschließt (Lagarde 2023). Wie in Berufen im Care-Sektor üblich, sind die meisten Pflegekräfte Frauen. Die staatliche Pandemiebekämpfung schützte diese Beschäftigten, unter denen viele Migrantinnen sind, weder vor Ansteckung noch vor Überausbeutung aufgrund vergleichsweise niedriger Bezahlung und löchriger Personaldecken. Dass Kranken- und Altenpflegerinnen an Corona sterben könnten, war nicht beabsichtigt, wurde mit diesen Arbeitsbedingungen aber in Kauf genommen. Wie im Fall von Müttern, Ehefrauen und Partnerinnen setzte der Staat darauf, dass Frauen Sorgebedürftige nicht im Stich lassen und, privat wie beruflich, in ihrer weiblichen Rolle funktionieren würden, bis die Pandemie leidlich eingehegt war.

Was hat die Pandemie mit uns übrigen Frauen, Queers, Feminist*innen gemacht? Ich möchte dazu noch einmal die Idee des *cuerpo-territorio*, des Körper-Territoriums, aufgreifen. Meine Situation während der Pandemie unterschied sich stark von der indigener Aktivistinnen in extraktivistisch ausgebeuteten Gebieten; aber einige zentrale Erfahrungen der Corona-Zeit lassen sich gut unter diesem Stichwort zusammenführen.

Anders als viele andere Frauen weltweit hat mich die Pandemie wirtschaftlich nicht ruiniert. Der Geldmangel durch ausgefallene Arbeitsaufträge war zu verschmerzen. Der Deutschunterricht für Migrant*innen, meine Lohnarbeit, ging nach einer kurzen Pause online; außerdem gab es ein paar staatliche Entlastungen sowie Fördergelder für Selbstständige und Künstler*innen. Dazu fielen einige Konsummöglichkeiten weg, das Bier mit Anderen zum Beispiel.

Aber: Die Pandemie und die Schutzverordnungen raubten mir einen Großteil meines sozialen und politischen Lebens. Das *territorio* verkleinerte sich zur Dreiraumwohnung, die ich nur mit meinem Mitbewohner, den beiden Katzen und meiner Liebsten, dem einzigen Gast, geteilt habe. Die Wohnung wurde zum alleinigen Ort von Arbeit, Freizeit und Reproduktion, den ich fast nur digital überschreiten konnte.

Auch meine feministischen Vorträge fanden online statt, das Plenum der *outside the box* und das Hausplenum meines Wohnprojekts. Die effektiven, aber freudlosen Online-Treffen bewiesen, dass kollektive politische Erfahrungen ohne räumliches Zusammensein kaum funktionieren. Es fehlten die Genossinnen und Mitbewohner*innen neben mir auf dem Sofa, ihre Blicke, Schulterberührungen; mir fehlten spontane Scherze, Kabbeleien, Gefühle, die von der Einen zur Anderen schwappen; Assoziationen, die sich zu Argumenten verdichten, die Idee und Aktion werden. Mir fehlte Kollektivität. Die Einzigen, die sich kraftvoll zusammenschlossen, waren Querfrontler*innen; Linke – moserte ich – hielten Online-Plena ab, betrieben Virologen-Exegese und ermahnten einander, die Schutzmaske korrekt zu tragen.

Dazu schmerzten Augen und Rücken vom Glotzen in den Computer. Mein Körper war nicht nur allein, er war kaum noch Teil der Welt, sondern ein fahrbarer Untersatz für Leistung, sorgsam in Betrieb zu halten mit frischem Gemüse, Hafermilch und Online-Yoga. Ich fing an zu joggen – gegen die Bewegungsarmut und um wenigstens im Auwald in einer lebendigen, nicht völlig durchrationalisierten Umgebung zu sein. Aber sogar durch den Wald fuhren Polizeiautos, um zu überprüfen, wer sich gruppenweise traf oder widerrechtlich auf einer Parkbank Platz genommen hatte.

Viele Leute sah ich monatelang nicht. Über Telefon und Videocall fragte ich meine Freundinnen, wie es ihnen mit der Pandemie gehe, als wäre sie ein persönlicher Schmerz. Ich fragte sie, womit sie sich wohlfühlten, was sie sich an Kontakt vorstellen könnten. Die Freundinnen, die mit Mann und Kind zusammenlebten, schlossen aus Infektionsgründen die Schotten; ich konnte es ihnen nicht übelnehmen und stand trotzdem vor verschlossener Tür. („There is no such thing as society", raunt es aus Margaret Thatchers Grab, „there are individual men and women and there are families.") In verschiedenen Nervenenden spürte ich, dass es, solange jede für sich zu Hause hockte, keinen Ausweg aus den ewigen Befindlichkeiten, der ängstlichen Selbstbeobachtung gäbe.

Das Gefühl, dass meine Beziehungen und jeder politische Tatendrang in parzellierte Bildschirme zerfielen, löste unerträgliche Wut und Spannung in mir aus. Mich auch noch zur Kneipenrunde online zu treffen, brachte ich nicht fertig. In einem der ganz wenigen Online-Vorträge, die ich in dieser Zeit ansah, sagte Rita Segato vor ihrer Schrankwand in Buenos Aires: „Manchmal höre ich am Bildschirm einem Menschen zu, der mir etwas erzählt und dabei zu leben scheint, und dann erfahre ich, dass er schon tot ist. Sein Bild lebt in einem digitalen Archiv fort. Das ist der koloniale Glaube an die Unsterblichkeit. Einer ist tot, und die Anderen bemerken es nicht gleich“ (Medico International 2021).

Das seltsam Leblose, Unsinnliche, Unkörperliche dieser Zeit, als sich alles um körperliche Gesundheit drehte. Die Krankheit als solche erschien mir nicht als ernstzunehmende Gefahr. Als der Corona-Test schließlich positiv war, schrumpfte die Dreiraumwohnung mit außerhäuslicher Spazier- und Einkaufsoption auf ein einziges Zimmer, in dem ich saß und fortfuhr zu arbeiten: Ich gab weiter Online-Unterricht, lektorierte und schrieb an einem neuen Buch, in dem das Wort Corona kein einziges Mal auftauchen würde. Wie viele Menschen in meinem Leben erreichte ich im Rückzug neue Gipfelpunkte der neoliberalen Selbstzurichtung: arbeitsfähig bleiben, schnell gesund werden, für Kinder, Eltern oder Freund*innen sorgen, sich testen, sich wieder und wieder testen; Ansteckung als persönliche Verantwortung und persönliches Versagen. Ich riss mich mit Gewalt zusammen und verlangte das auch von Anderen; das Reden und Stöhnen über neue Varianten und neue Symptome wollte ich nicht mehr hören. Aber noch Monate später war meine Nase chronisch verstopft, und ich war so ausgebrannt, dass ich mich manchmal gar nicht mehr auf Gespräche konzentrieren konnte.

Von den Toten und Sterbenskranken bekam ich kaum etwas mit. Ich mied auch den Austausch über Long- und Post-Covid; autonomes Geistsubjekt, strafte ich das Virus durch Nichtanerkennung.

Der abhanden gekommene Bezug zur Welt erinnerte mich an Situationen meiner Jugend, in denen ich mich in Bücher und Tagträume zurückgezogen habe, um nichts mehr von der Welt mitzubekommen, in der ich lebte. Dasselbe tat ich während der Pandemie mit meinem leistungsoptimierten, gut informierten, gut genährten, sportlich geforderten, aber sozial ausgehungerten Körper, der seinen Raum und seine Welt verloren hatte und sich mit häuslichem Biedermeier trösten musste. Wie früher in meinem Jugendzimmer träumte ich von aufregenden Zusammenkünften, unerwarteten Begegnungen, von Trunk und Tanz, lustigem Schlagabtausch und streitbaren Gesprächen in WG-Küchen, auf dem Bordstein, in vollgerauchten Kneipen. Alles, bloß kein krankheitsfokussiertes Zwiegespräch! Bloß kein individuell ausdifferenziertester Konsum von Nahrungsmitteln, neuer Kleidung, neuen Einrichtungsgegenständen. Mein Verhältnis zu hübschen Blumentöpfchen, farblich passenden Vorhängen und den Wänden, von denen ich die Raufasertapete geschabt habe, weil nackter Putz schicker ist, wird wohl noch für eine Weile gestört sein. Stay the fuck home, my home is my castle. Ich will aber keine Burg und keinen Körperpanzer mehr zwischen mir und der Welt.

Seit der Pandemie weiß ich: Genauso wie das Territorium immer ein konkretes ist, sind die lebendigen, atmenden, begehrenden und schmerzempfindlichen Körper von Feminist*innen im Hier und Jetzt verankert. Ich bin todeshungrig auf Gesellschaft, Öffentlichkeit, leibhaftige Gespräche, das mit anderen Feminist*innen geteilte *cuerpo-territorio* und auf eine Theorie, die sich auf die Welt bezieht und auf die Menschen in ihr.

Exkurs 8

Theorie und (Kampf-)Begriffe

Die Überlegungen um eine geeignete Übersetzung der Begriffe *femicide*, *femicidio* und *feminicidio* führen mich noch einmal zurück zum Thema Kampfbegriffe.

Als die Diskussion um Femizide losging, befürchtete ich, dass die Parolen „Es heißt Femizid!“ oder „Frauen werden getötet, weil sie Frauen sind!“ zu autoritär vorgetragenen, gebetsmühlenartigen Formeln werden könnten. Ich war besorgt, dass es wieder um die richtigen Wörter gehen würde statt um inhaltliche Auseinandersetzung; dass die femizidkritischen Begriffe und Losungen innerhalb linker Diskussionen auf diese Weise zur Denkhemmung werden könnten. Dass es weniger ums Begreifen gehen würde als um das richtige Wording.

Die Sorge rührte daher, dass wir es nach wie vor mit einer Linken zu tun haben, die einen übergroßen Fokus auf Sprachkritik legt. Nach der Sprechakttheorie, die Judith Butler in den frühen 1990er Jahren feministisch in Stellung brachte und die besonders den queerfeministischen Aktivismus entscheidend prägt, wird unsere Realität v.a. durch sprachliche Konzepte geformt. Demzufolge könnten wir sie durch richtigen Sprachgebrauch verändern, z.B. werde Geschlecht durch das Benennen verschiedenster geschlechtlicher und sexueller Identitäten vielfältiger gemacht. Der Akt des (Um-)Benennens schaffe eine neue Realität. Folglich fallen im identitären Sprachgebrauch Bezeichnung und Bezeichnetes tendenziell in eins: Geschlechter und Sexualitäten existieren in erster Linie als Selbstbezeichnungen. Sprache ist also keine Vermittlung von Realität mehr, sondern Realität selbst.

Falsch daran finde ich nicht den Gedanken, dass Sprache einen bedeutenden Teil gesellschaftlicher Realität darstellt, zumal in einer derart schriftsprachlich verfassten Informations- und Wissensgesellschaft wie der unseren. Eine materialistische Kritik darf über den ökonomischen nicht die symbolischen, kulturellen und psychosozialen Ebenen des Patriarchats vernachlässigen, die wesentlich mit Sprache verknüpft sind. Während der letzten Jahre habe ich von Leuten, die materialistisch argumentieren wollten, häufig die schräge Gegenüberstellung gehört: Uns geht es nicht um Sprache, sondern um die Verhältnisse! Dabei ist Sprache integraler Teil der Verhältnisse.

Schwierig am queertheoretischen Sprachfetisch ist, dass andere Ebenen von geschlechtsspezifischer Unterdrückung unterbelichtet bleiben. Es ist unverzichtbar für eine geschlechtergerechte Pädagogik, dass feministische Pädagog*innen Kinderbücher einfordern, in denen sich Baggerfahrerinnen und queere Familienmitglieder tummeln und Papi das Kind aus der Kita abholt. Aber solange Sorgearbeit in der Familie vorrangig von Frauen verrichtet wird und die schwarzen Frauen, die ein Kind in seinem Alltag erlebt, sich als Reinigungskräfte durchschlagen müssen, hat die sprachliche Repräsentation von Geschlechtervielfalt wenig gesellschaftliche Wirkmacht. Die Verhältnisse kommen nur ins Wanken, wenn mit dem Sprechen auch das Handeln verändert wird – in der gesellschaftlichen Rolle als Frau oder Mann, Elternteil, Berufstätige*r. Ohne emanzipatorische Bewegung, die die eigene Emanzipation trägt und unterstützt, bleibt das freilich ein zermürbender Kampf gegen Windmühlenflügel. Die Marxistin-Feministin Frigga Haug betont, dass Selbstveränderung und Veränderung der Verhältnisse stets in Beziehung zueinander gedacht und praktiziert werden müssen.

Wenn das vereinzelte Subjekt aufgefordert wird, seinen Sprachgebrauch zu verändern, handelt es sich hingegen häufig um eine Anpassungsleistung an ein bestimmtes Arbeitsumfeld oder ein politisches oder soziales Milieu. Obwohl in linkem Rahmen dann immerzu von Sensibilisierung die Rede ist, geht es wenig um empathische oder kognitive Erkenntnisprozesse. Die kritische Theoretikerin Bettina Fellmann sagte während eines Vortrags, dass der identitäre Sprachgebrauch nicht nach der Wahrnehmung der Einzelnen fragt und insofern autoritäre Züge trägt. Statt eines offenen oder auch kritischen Verhältnisses zum Gegenüber und zur Außenwelt fördert er starre Setzungen: „Femizid ist …" oder „Aromantisch bedeutet …" Sprache verliert dann ihre Funktion als Vermittlerin zwischen Aktivist*innen, als Hilfsmittel, um sich zu Anderen und zur sozialen Umwelt in Beziehung zu setzen. Die der identitären Sprache angemessene Form ist das Glossar – die bloße Aufzählung –, nicht Theorie.

Theorien sind Geflechte von Begriffen, die in einem bestimmten Verhältnis zueinander stehen und eine möglichst genaue Rekonstruktion von Realität darstellen. Sie sind immer abstrakt, vorläufig und fallen niemals mit den realen Dingen, die sie bezeichnen, in eins. Wie jede andere Theorie auch erschöpft sich eine Theorie des Frauenmordes nicht in einem Begriff und zwei Parolen, die immer richtig wären. Dass Femizide nicht nur cis Frauen treffen oder dass es enge Verschränkungen mit rassistischer und staatlicher Gewalt gibt – solche Sachverhalte zu repräsentieren, kann ein Begriff allein nicht leisten. Es bedarf der theoretischen Ausführung, was man genau damit meint, warum und wofür diese Kategorie sinnvoll ist, es bedarf des Abgleichs verschiedener gesellschaftlicher Bedingungen; all das im Hinblick auf eine gesellschaftsverändernde feministische Praxis. Das kann niemals im Wort selbst liegen, dafür brauchen wir Theorie und eine lebendige Debatte. Theoretische Begriffe sind Handwerkszeug, das nach dem Kriterium gewählt werden muss, dass möglichst viele Leute gut damit arbeiten können.

Schlagwörter als bewegliche Arbeitsmittel im Rahmen einer bewegungsnahen Theoriebildung zu nutzen, kann helfen, die weitverbreitete Sehnsucht nach dem einen, genau richtigen Begriff einzudämmen, der die Sache allumfassend und endgültig trifft und überdies niemanden verletzt. Diesen Zusammenfall von Wort und Realität können Begriffe in einem materialistischen Theorieverständnis niemals leisten. Das ängstliche Einsetzen und Austauschen richtiger und richtigerer Begriffe halte ich zudem für keine attraktive Form der Theoriebildung, die doch immer auch eine anregende Art sein sollte, das Unbehagen an der Welt in Worte zu fassen, um dagegen vorgehen zu können. In dieser Weise können und sollen Begriffe umkämpft sein, in Zweifel gezogen und immer neu mit Bedeutung gefüllt und auf Aktualität und Angemessenheit überprüft werden. Tauglicher, als den Leuten Zügel anlegen zu wollen, was sie alles nicht (mehr) sagen sollten, finde ich die Suche nach neuen Begriffen und Theoremen sowie guten Übersetzungen, die der kollektiven Veränderung Wörter und Flügel verleihen.

Im Kampf gegen Femizide ist das m.E. genauso eingetreten. Schlagkräftige Wörter und Parolen haben die Politisierung von Femiziden vorangetrieben. Gerade der junge Kampfbegriff *Femizid* beweist m.E. großes Potenzial, Gedanken und Debatten über patriarchale Gewalt anzustoßen. Er ist eine wichtige begriffliche Waffe, weil er eine neue Kategorie feministischer Politik einführt, die an die Gewaltdiskussion seit den 1970er Jahren anknüpft und transnationale Zusammenhänge herstellt. Insofern dient er als Kristallisationspunkt politischer Auseinandersetzungen, die aus kleinen feministischen Diskussionszusammenhängen in eine breitere Öffentlichkeit dringen. Der Aktivismus um den Begriff *Femizid* geht über die Frage nach dem richtigen Wording weit hinaus; er stellt ein Werkzeug bereit, das die patriarchale Realität tatsächlich verändern kann.

Exkurs 9

Der Wunsch, über den Dingen zu segeln

Ich möchte Teil einer Jugendbewegung sein
Ich möchte mich auf euch verlassen können
Lärmend mit euch durch die Straßen rennen
Jede unserer Handbewegungen
Hat einen besonderen Sinn
Weil wir eine Bewegung sind

Tocotronic

Dem Wunsch, mich über feministische Theorie mit der Welt zu verbinden, in der ich lebe, steht ein ebenso großes Bedürfnis nach Distanzierung gegenüber. Auch das wird mir in der Auseinandersetzung mit Verónica Gago, Rita Segato und weiteren lateinamerikanischen Feministinnen bewusst.

Als Befürworterin feministischen Streitens möchte ich Teil einer Bewegung und zugleich Kritikerin der Bewegung sein, die auch innerfeministische Differenzen zur Sprache und auf den Punkt bringt. Gerade in diesen identitär verhärteten Zeiten scheint mir ein offener und streitbarer Umgang mit Differenzen eine wichtige bewegungstheoretische Aufgabe zu sein. Warum streiten wir und wie? Welche weltanschaulichen Brüche rufen unter Feminist*innen immer wieder Befremden, Abwehr und Ausschlüsse hervor? Warum prallen z.B. Prostitutionskritik und Initiativen für die Entkriminalisierung von Sexarbeit so unversöhnlich aufeinander? Was hat das mit dem gesellschaftlichen Frausein zu tun?

Segato, Gago und Silvia Federici leugnen Differenzen in der Bewegung nicht, konzentrieren sich aber stark auf die Gemeinsamkeiten und vertrauen darauf, dass wir alle auf der richtigen Seite der Barrikade zusammenfinden. Manchmal erinnert mich das an die so wichtige wie hilflose Parole „Kämpfe verbinden!“, die zumindest hierzulande noch keine tatsächlich verbindenden Praxisformen hervorgebracht hat. Meiner Erfahrung nach lassen sich Kämpfe nicht immer leicht verbinden, sondern kommen einander auch ins Gehege: Man denke nur an die klassischen Streite über das Zusammengehen von Antisexismus und Antirassismus oder darüber, wie Sozialismus und Frauenbefreiung ineinandergreifen. Wenn man die Geschichte und Struktur dieser Konflikte nicht auf den Begriff bringt, um sie zu diskutieren, wiederholen sie sich immerzu. Immer aufs Neue stehen Feminist*innen voreinander und können nicht glauben, dass sich die Andere, eben noch Genossin, plötzlich in eine menschenfeindliche Barbarin verwandelt hat.

Theorie – mit ihren Begriffen, Konzepten und ihrer Metaposition – bietet das Handwerkszeug, innerhalb einer Bewegung solche Fragen zu diskutieren. Anders als viele Formen von Aktivismus kann feministische Theorie aus der Tagespolitik und der Hitze des Gefechts einen Schritt zurücktreten und Abstand zu ihrem Gegenstand gewinnen, der hilft, ihn klarer zu sehen und einzuordnen.

Segle ich mit diesem Urteil doch wieder über den Dingen? Vielleicht: In meinen Augen bedingt Theorie stets eine gewisse Distanz zur Realität, eine gewisse Einsamkeit des Denkens mit sich selbst. Natürlich gibt es, in Lateinamerika wie in Deutschland, theoretisch arbeitende Kollektive. Viele schätze ich sehr, vielen fühle ich mich verbunden. Aber für mich hat es gerade seinen Reiz, als Einzelne zu sprechen und zu schreiben und mich erst über meine Texte und Vorträge in Beziehung zu anderen Theoretiker*innen und Kollektiven zu setzen. Zuallererst begehre ich das Selbstverhältnis als feministische Theoretikerin, als Schriftstellerin. Ich brauche diese Halbdistanz zu genau der Welt, nach der ich mich sehne. Daran wird es liegen, dass die einzigen Plätze, die ich bisher besetzt habe, Nutzer*innenplätze in Bibliotheken waren. Ich kann nur meinen Handlungsspielraum immer wieder austesten und ein wenig verschieben – und hoffen, auf meine großenteils theoretische Weise etwas zur feministischen Veränderung der Gesellschaft beizutragen.

Eine kritisch-theoretische Haltung zur Bewegung muss die grundlegende Solidarität mit allen Anderen, die sich darin tummeln, nicht in Frage stellen. Sie kann derjenige Teil der Bewegung sein, der in der Demo läuft und gleichzeitig beobachtet, Vergleiche und Zusammenhänge zieht, Widersprüche in Worte fasst und sich als Chronistin der Ereignisse betätigt. Auf diese Weise kann sie zur Weiterentwicklung und Entfaltung der Bewegung beitragen. Zwei Beispiele: Vor sechs, sieben Jahren hat noch kaum jemand das Subjekt des Feminismus FLINTA* genannt, heute tun es sehr viele Feminist*innen. Theorie kann diskutieren: Was drückt sich darin aus, welche Vor- und Nachteile hat diese Bezeichnung? Zweitens muss, denke ich, in den nächsten Jahren diskutiert werden: Was hat die Pandemie mit dem Aktivismus gemacht, was haben wir verloren, was vielleicht gewonnen?

Eine Gefahr des Theoretisierens liegt darin, durch intellektuelles Sich-Verschanzen, prinzipielles Herummäkeln an jeder aktivistischen Tat oder durch die Selbstbezüglichkeit einiger Theoriedebatten eine Position der Überlegenheit einzunehmen. Diese kann biografisch motiviert sein oder eine schiefe Art, sich von den Kränkungen der Weiblichkeit zu emanzipieren. Aber eine Emanzipation auf Kosten anderer Frauen und Queers ist schal und auf die Dauer unbefriedigend. Wenn sich keine mehr etwas zu sagen traut, nachdem die Theoretiker*in gesprochen hat – wenn vielleicht sogar ihr Selbstbild darauf gründet, andere Feminist*innen zu demütigen und zu beschämen –, lohnt es, die eigene Motivation zur Theoriebildung zu überprüfen.

Zwei weitere Thesen zur Verortung: 1. Theoretiker*innen sind nicht automatisch geeignete Sprachrohre einer Bewegung. Ich möchte eher eine streitbare Stimme innerhalb der Bewegung sein, eine mit Tendenz zur Meta-Stimme. Feministische Theoretiker*innen sind nicht unbedingt Politiker*innen, weder im parlamentarischen noch im außerparlamentarischen Sinn. 2. Die Bewegung ist nicht in erster Linie Objekt meines Forschens, sondern ich verstehe mich als Teil eines großen intersubjektiven Prozesses aus ganz verschiedenen Akteur*innen, die feministische Felder, z.B. den Kampf um das Recht auf Abtreibung, bespielen und erforschen. Erst in diesem Zusammenhang werden die Beiträge der Anderen zu Forschungsobjekten, die interpretiert, kommentiert und kritisiert werden können, möglichst in einer streitbaren feministischen Diskussion.

Falls die feministische Theoretiker*in doch auf die politische Bühne tritt oder ihr Brot an der Uni verdient, sind Übersetzungen und Übertragungen und neue Selbstverortungen vonnöten: Für wen und was arbeite ich? Wie autonom kann Feminismus sein, der in einem Lohnarbeitsverhältnis stattfindet? In welcher Beziehung steht er zum Engagement von Leuten, die ihre freie Zeit nutzen, um feministisch zu arbeiten? Und in welcher Beziehung zu kollektiv und nicht kommerziell betriebenen linken Orten?

Manchmal bin ich neidisch auf feministische Politiker*innen und Wissenschaftler*innen, aber auch auf Frauenhausmitarbeiterinnen oder bekannte Aktivist*innen, deren Gesicht sofort mit ihrer Sache identifiziert wird. Ich bin neidisch auf die institutionelle Kohle, die die Einen bekommen, und auf die Konkretheit, mit der die Anderen ihre Anliegen vertreten. Und ich beneide sie um den einigermaßen festen Rahmen und Ort, an dem sie jeweils wirken. Bei meinen Vorträgen werde ich manchmal gefragt, ob ich Gender Studies studiert hätte oder worin eigentlich meine Expertise läge, wenn ich weder Historikerin noch Soziologin sei. Und warum könnte ich mich nicht zu eindeutigen Stellungnahmen durchringen, die mir ein klares politisches Profil verleihen würden – etwa die bedingungslose Unterstützung des nordischen Modells oder die scharfe Verurteilung sogenannter TERFs?

Mit ihren Analysen und ihrer Kritik von Kapitalismus und Patriarchat kann Theorie einiges Handwerkszeug dazu bieten, zu eindeutigen Stellungnahmen, etwa hinsichtlich bestimmter Gesetzesentwürfe, zu gelangen. Eine materialistische Theoriebildung ist m.E. sogar dazu verpflichtet, sich kritisch mit Gesetzen und ihren Auswirkungen auf die Lebensrealitäten von Frauen zu beschäftigen sowie ihre materiellen und ideellen Rahmenbedingungen zu untersuchen. Weil das ein weites Feld ist, sind feministische Theoretiker*innen prädestiniert, zu *Ja, aber*-Positionen zu gelangen. Diese sind, entgegen gängiger Annahmen, kein neutrales oder gar opportunistisches Gewichten von Argumenten, sondern können durchaus Ergebnis interessierter und situierter Forschung sein. Die wenigsten Angelegenheiten sind nun mal eindeutig – die meisten lassen sich nur mit Gewalt vereindeutigen und verschlagworten. Es ist eine wichtige Aufgabe von Aktivismus, *Femizide stoppen!* oder *Kohleausstieg jetzt!* zu fordern und diese Forderungen auf die Straße und in die Parlamente zu tragen. Die Theoretiker*in hat dann wiederum die Möglichkeit, sich zum Aktivismus ins Verhältnis zu setzen, etwa über einen Vortrag, der die Schlagworte ausführt und dabei solidarische Kritik nicht ausspart. Und wenn die Blockade errichtet wird, kann sie situativ die feministische Arbeitsteilung aufkündigen und ihren Körper dazutun.

Aber um sorgfältig analysieren und kritisieren zu können, müssen Theoretiker*innen sich immer wieder erlauben, aus der aktivistischen Empörung auszuscheren und wieder mehr Distanz zu den Dingen zu gewinnen. Das ist kein Widerspruch dazu, dass feministische Theorie tief ins eigene Leben hineinreicht, weil sie ohne die eigenen geschlechtlichen Erfahrungen, ohne den eigenen Hunger nach gesellschaftlicher Veränderung und Befreiung nicht zu denken wäre.

Mein Neid auf die Anderen – die mit der Kohle und den konkreten Anliegen – kommt eher in den Momenten auf, in denen die Distanz zu anderen Teilen der Bewegung zu groß wird. Dass ich als „freischaffende Feministin“ (wie eine Genossin es gern nennt) zu bindungslos durch den Himmel segle, während der Mangel an Resonanz und handfester gesellschaftlicher Relevanz mir zu schaffen macht. Die feministische Bewegung in Deutschland ist im Alltag oft kaum zu spüren; selten wird lärmend durch die Straßen gerannt. Das Wir, das ich formuliere, ist oft nicht durch Erfahrung gedeckt. Es ist, wie bei Federici, Segato und Gago, ein behauptendes, ein rufendes und beschwörendes Wir, das sich noch beweisen muss.

Ich spüre dem Wir im Alltag nach: Eine Freundin erzählt, dass sie seit dem Femizid an Malina, der in ihrer Nachbarschaft passiert ist, aufmerksamer durch die Straßen geht. Sie hält Ausschau nach Frauen, die Hilfe brauchen könnten, starrt potenzielle Freier verächtlich an und rückt Gedenkkerzen zurecht. Der Ort hat sich verändert, sagt sie. Ich denke an die lateinamerikanische Praxis, die grünen und lila Tüchlein, die das Erkennungszeichen auf feministischen Demonstrationen sind, auch im Alltag zu tragen. Jede, die sie erkennt, weiß, dass eine Verfechter*in des Rechts auf Abtreibung, von weiblicher Selbstbestimmung und eine Feind*in patriarchaler Gewalt vor ihr steht. Jedes Tüchlein setzt ein Wir, das sich im Alltag bewähren kann.

Als Jugendliche habe ich einmal eine Kurzgeschichte geschrieben: von einem Asteroiden, der um die Sonne kreist. Er muss sich hüten, ihr zu nahe zu kommen, sonst zöge ihn ihre Schwerkraft an sich, und er müsste verglühen. Er darf sich auch nicht zu weit von ihr entfernen, um nicht im All verloren zu gehen. Auf diese Weise, balancierend zwischen Sehnsucht und Negation, hält er seine Bahn.

Meine Asteroidengeschichte bezog sich auf die angestrebte Existenz als Schriftstellerin. Sie kam mir wieder in den Sinn, als ich anfing, darüber nachzudenken, wie sich feministische Theorie zu einer transnationalen feministischen Bewegung verhalten kann. Ich will Teil einer feministischen Bewegung sein, in der ich mich verwurzeln kann, die mich wärmt und mir antwortet – und ich will die große Freiheit, die theoretisches und kritisches Denken ermöglicht. Das ist die aufregende Spannung, in der ich dieses Buch schreibe.

Über die Gewalt im Geschlechterverhältnis

Subjekttheoretische Überlegungen zur weiblichen (Nicht-)Subjektivität

Feministische Subjekttheorie geht der Frage nach, wie Menschen zu Männern und Frauen, zu Arbeitskräften und Staatsbürger*innen werden und in welchem Verhältnis sie als solche zueinander stehen. Sie fragt nach dem emanzipatorischen Handlungsspielraum von Einzelnen wie von Kollektiven – und nach anderen, freieren Möglichkeiten von Subjektivierung, in denen Geschlecht keine herrschaftliche und völlig überdeterminierte Kategorie mehr wäre.

Seit ich als junge Feministin die *Dialektik der Aufklärung* gelesen habe, ist mir Subjekttheorie stets als ein fruchtbarer Ansatz materialistischer Theoriebildung erschienen: weil sie die Individuen in eine spannungsvolle Beziehung zueinander und zu den gesellschaftlichen Strukturen setzt, in denen sie leben. Eine solche intersubjektive Sichtweise berücksichtigt den Zwang und die erdrückende Gewalt patriarchaler Strukturen und ermöglicht dennoch geschichtsoffenes und utopisches Denken.

In diesem Text möchte ich die Frage nach dem Zusammenhang von Geschlechterverhältnis und patriarchaler Gewalt entfalten. Dabei knüpfe ich an die subjekttheoretischen Überlegungen an, die in *Das feministische Wir* skizziert wurden. Meine These ist: Die Abwertung und Abspaltung von Weiblichkeit werden nicht nur über die geschlechtsspezifische Arbeitsteilung hergestellt, sondern auch über patriarchale Gewalt. Diese erreicht im Femizid ihren Höhepunkt, hat aber auch viele andere Formen, die ich hier ansprechen möchte. Allen ist gemeinsam: Patriarchale Gewalt verneint den Subjektstatus von Frauen und hat daher zumeist gesellschaftsstabilisierende Wirkung.

Zum Begriff der patriarchalen Gewalt

Der Begriff *Femizid* wurde ausführlich eingeführt – aber was ist patriarchale Gewalt? Es gibt einige Bezeichnungen für dieses Kampffeld, das Feminist*innen vor über 50 Jahren abgesteckt haben und seither nicht nur in der Rechtswissenschaft, sondern z.B. auch in der Pädagogik und der sozialen Arbeit beackern. *Häusliche Gewalt* verweist auf die intime Sphäre des eigenen Hauses, in dem gewalttätige Übergriffe auf Frauen und Kinder stattfinden, *Männergewalt* auf das Geschlecht der allermeisten Täter*innen. *Geschlechtsbasierte Gewalt* soll diesen Begriff dahingehend erweitern, dass die Gewalt zum einen nicht nur Frauen und Mädchen trifft und zum anderen in gesellschaftlichen Machtstrukturen angelegt ist (vgl. UN Women 2020). Für alle Begriffe gibt es stichhaltige Argumente; ich denke, es ist am sinnvollsten, alle im feministischen Repertoire zu behalten und ihrem jeweiligen Fokus gemäß zu verwenden.

Für meine Ausführungen finde ich den Begriff der patriarchalen Gewalt am passendsten. Erstens benennt er die gewaltvolle gesellschaftliche Struktur, auf die er sich bezieht, als Patriarchat. Patriarchat lässt sich in aller Kürze definieren als ein hierarchisches Geschlechterverhältnis, das Männern eine höhere Stellung zuspricht, Frauen abwertet und geschlechtlichen wie sexuellen Minderheiten höchstens einen randständigen Platz in der Gesellschaft zugesteht. Dabei greift der Begriff *patriarchale Gewalt* – anders als der der Männergewalt – nicht direkt auf das biologische und auch nicht in allen Fällen auf das soziale Geschlecht eines Täters zurück. Im kapitalistischen Patriarchat bezieht er sich auf die komplementären Subjektpositionen Frau und Mann, zwischen denen wir uns alle bewegen, und auf die Machtstellungen und Abhängigkeiten, die damit verbunden sind. Überdies ist patriarchale Gewalt seit den Anfängen des Kapitalismus mit weiteren Ausbeutungs- und Herrschaftsverhältnissen verwoben, was ich im Folgenden kurz umreißen möchte.

Die Ideologie des bürgerlichen Subjekts

In *Das feministische Wir* habe ich dargelegt, dass die kapitalistische Subjektivität sich anhand der Struktur von Lohnarbeit und ihr entgegengesetzter Reproduktionsarbeit konstituiert. Die Kippfigur von weiblicher (Nicht-)Subjektivität gründet darin, dass Frauen in beiden Sphären, der kapitalistischen Produktionsweise und ihrer Reproduktion, auf je eigene Weise funktionieren sollen.

Dem Lohnarbeits- und Rechtssubjekt entspricht auf ideologischer Ebene das bürgerliche Subjekt der europäischen Aufklärung, das von Philosophen wie Rousseau, Kant und Hegel formuliert wurde. Während Kapitalisten, von England und den Niederlanden ausgehend, langsam die kapitalistischen Produktionsverhältnisse durchsetzten, verkündete die Aufklärung die Gleichheit aller Menschen und legte damit eine revolutionäre Sprengkraft frei, die alle althergebrachten Herrschaftsverhältnisse in Frage stellte. Jedoch wurde der Subjektstatus (in Form bürgerlicher Rechte, Selbstbestimmung, Bildungs- und Besitzmöglichkeiten) grundsätzlich nur weißen Männern mit Privateigentum zugestanden; bei allen Anderen blieb er verhandelbar. In den aufgeklärten Gesellschaften und ihren außereuropäischen Kolonien kippte der Status von Frauen, aber auch von Proletarier*innen, Lumpenproletarier*innen, Bäuer*innen, Rassifizierten und Revolutionär*innen je nach historischer Entwicklung und gesellschaftlichem Kräfteverhältnis wechselweise in Richtung von Subjektivität oder Nichtsubjektivität. Die Aufklärer fanden zahlreiche echtfertigungen, warum all diese Leute doch keine vollständigen Menschen seien: etwa Sexismus, Biologismus, Rassismus, Sozialdarwinismus und protestantische Arbeitsethik.

Damit breiteten sie einen ideologischen Schleier über das bürgerliche Subjekt, der ihnen half, sich als völlig autonom zu verstehen und ihre Abhängigkeit von der Ausbeutung anderer Menschen und der Natur zu leugnen. Gründlich verdrängt wird dabei bis heute, dass der Kapitalismus als Ganzes auf die Reproduktion der Arbeitskraft und des Lebens angewiesen ist, die sich historisch als weibliche und rassifizierte Sorgearbeit durchgesetzt hat.

Wie funktioniert diese gewaltige Verdrängungsleistung – und welche Rolle spielt dabei patriarchale Gewalt?

Der instabile Subjektstatus von Frauen: psychoanalytisch

Die Auslagerung und Verdrängung der Reproduktion aus dem bürgerlichen Subjekt lässt sich am besten mit den Mitteln der feministischen Psychoanalyse untersuchen. Um dauerhaft zu Lohnarbeit, zu persönlicher Autonomie und Abgrenzung, aber auch zum Gehorsam gegen Gesetze und Vorgesetzte fähig zu sein, muss das Subjekt seine Abhängigkeit von Fürsorge und Zuwendung sowie die Bedürfnisse nach Genuss und Passivität auf Andere abspalten: „Ich bin nicht abhängig; du bist es. Ich brauche nichts von dir, aber du brauchst mich."

Psychologisch betrachtet, ist Abspaltung also ein projektiver Prozess, der ein innerpsychisches Geschehen auf andere Menschen richtet und ihnen dabei – weil es aus einer Herrschaftsposition heraus geschieht – Gewalt antut. Weil dem männlichen Subjekt seine Bedürftigkeit nicht bewusst werden darf, wird sie in projektive Kontrolle über Frauen und Kinder umgewandelt sowie in Hass auf Homosexuelle, trans Personen und Männer, die als nicht männlich genug oder aus rassistischen Gründen als unterlegen wahrgenommen werden. Jungen verinnerlichen dabei eine Art patriarchalen Generationenvertrag: Erst sind sie der Gewalt des Vaters ausgesetzt; später dürfen sie selbst Gewalt ausüben, z.B. gegen die eigenen Kinder. Die feministische Gewaltforschung hat herausgestellt, dass Jungen, die häusliche Gewalt erleben, eher die Täterposition verinnerlichen, Mädchen eher die Opferposition, die mit der Mutter und mit Weiblichkeit verbunden ist. So lässt sich die Attraktivität von Täter-Männern auf gewaltbetroffene Frauen erklären. Nicht ganz so tragisch, aber genauso patriarchal ist die Erfahrung eines Vaters, der seine Tochter, vielleicht in Ermangelung ebenbürtiger Gesprächspartner*innen, mit seiner Sicht der

Welt zuquatscht und sie zur passiven Zuhörerin macht – eine Rolle, die sie später gegenüber anderen männlichen Monologisierern wiederholt.

Weniger subtil inszenieren rechte Burschenschaften den Generationenvertrag patriarchaler Gewalt. Mit ihren Ritualen quälen und demütigen sie Neumitglieder, bis diese endlich in die Liga derer aufsteigen, die selbst quälen und demütigen dürfen: sei es die nächste Generation oder die Prostituierte, die zur Burschi-Party bestellt wird. Unterwerfung ist nur lustvoll, wenn man selbst einst unterworfen wurde und die Angst, Panik, Hilflosigkeit (und in manchen Fällen die Lust) der unterworfenen Position genau kennt.

Im Hier und Jetzt wird Männern hauptsächlich diese gewaltförmige Subjektivierung angeboten. Frauen hingegen sind mit der doppelten Anforderung konfrontiert, an dieser Subjektivität teilzuhaben – und deren Abspaltung aufzufangen, die sie immer wieder zu Objekten von patriarchaler Gewalt macht, sie also entsubjektiviert.

Die bürgerliche Subjektform ist die Grundlage des globalen kapitalistisch-patriarchalen Geschlechterverhältnisses: von Weiblichkeit und Männlichkeit, wie wir sie kennen, und der Zurichtung zu Cis- und Heterosexualität. Gewalt gegen Frauen ist also ein strukturelles Merkmal bürgerlicher Subjektivität.

Der patriarchale Frauenhass gilt auch dem Potenzial von Frauen, Kinder zu gebären und – angeblich – besonders geeignet zu sein, sie zu versorgen. Dabei ist Kümmern keine Tätigkeit, die Frauen angeboren wäre, und selbst die Gebärfähigkeit ist keine rein biologische Tatsache. Der menschliche Geschlechtskörper existiert nie „an sich", sondern ist zuinnerst geprägt von der Gesellschaft, in die er hineingeboren wird. Den weiblichen Körper im Hinblick auf seine potenzielle Fähigkeit, einem Mann und einem Staat Kinder zu gebären, zu vergesellschaften, ist ein kapitalistisch-patriarchales Charakteristikum. Dazu gehören die Überwachung von Mädchen und erwachsenen Frauen, die Konzepte von Jungfräulichkeit und sexueller Treue und die männliche Angst, um das weibliche Hab und Gut betrogen zu werden. In dieser Sichtweise sind Frauen und ihr reproduktives Potenzial quasi männliches Eigentum, Objekte männlicher Herrschaft. Gleichzeitig erscheint jede Frau als Wiedergängerin der eigenen Mutter, also als potentes, übermächtiges Subjekt, das die fragile männliche Subjektivität bedroht, die es hervorgebracht hat. Sigmund Freud spricht von der „phallischen Mutter".

Die Psychoanalytikerin Jessica Benjamin beschreibt in *Die Fesseln der Liebe*, dass die psychische Loslösung des Jungen von der Mutter, die ihn immer versorgt hat, unter patriarchalen Umständen besonders brutal erfolgt. Um zum Mann zu werden, muss er die Nähe und Liebe zur Mutter leugnen, sie als das ganz andere von sich abspalten und abwerten. In einer Gesellschaft mit einer weniger ausgeprägten Geschlechterhierarchie müsste dieser Bruch nicht so schmerzhaft und endgültig sein. Im Patriarchat wird der Bruch mit der Weiblichkeit zur psychischen Entsprechung der gesellschaftlichen Auslagerung und Verdrängung von Reproduktionsarbeit, körperlicher Bedürftigkeit und sozialer Abhängigkeit.

Die Ambivalenz zwischen Sehnsucht und Hass auf das entwertete mütterliche Liebesobjekt kehrt in den heterosexuellen Beziehungen wieder, die der zum Mann Gewordene später eingeht: Die geliebte Frau soll gleichberechtigte, eigentlich übergeordnete Partnerin sein, die ihm alle Liebe und Sorge schenkt. Gleichzeitig lässt seine Männlichkeit keine Augenhöhe mit einer Frau zu, empfindet er das Bedürfnis nach ihrer sexuellen und emotionalen Nähe als bedrohlich. Klaus Theweleit hat in seiner Studie *Männerphantasien* (1977/78) das erhellende Bild des Männlichkeits- oder Körperpanzers geprägt, der das männliche Subjekt von seiner Umwelt abtrennt und seine Identität mit sich selbst gewährleistet. In der *Dialektik der Aufklärung* wird der Sagenheld Odysseus zum prototypischen Subjekt, das sich am Mast seines Schiffs festketten lässt, um auf dem wilden Meer gegen die Verführung und Einflüsterung von Frauen und der übrigen belebten Natur standfest zu sein.

Wenn man in dieser Subjektposition gefesselt ist, fehlt nur ein kleiner Schritt dahin, die eigene Männlichkeit über manifeste Gewalt gegen Frauen zu stabilisieren.

Patriarchale Gewalt und ihre Subjekte

In sehr vielen Fällen ist patriarchale Gewalt tatsächlich Männergewalt. Feministische Subjektkritik kann helfen herauszustellen, dass nicht jeder einzelne Mann individuell gewalttätig werden muss, damit der Begriff der patriarchalen Gewalt gerechtfertigt ist. Wichtig ist die Erkenntnis, dass männliche Subjektivität *strukturell* gewaltförmig ist. Das wiederum geht jeden Mann etwas an: Jeder Einzelne, der im Patriarchat zum Mann wird, muss sich dafür oder dagegen entscheiden, Täter patriarchaler Gewalt zu sein.

Strukturell bedeutet: Männer werden häufig zu Tätern, weil sie sich qua Sozialisation und ihren gesellschaftlichen Handlungsspielräumen als Mann dazu berechtigt sehen, Gewalt auszuüben. Weil ihnen zugestanden wird, Rechte zu haben und diese gegen andere Menschen durchzusetzen, sind Männer häufig entsprechend gekränkt, wenn ihnen bestimmte Dinge verwehrt bleiben: sei es Sex (generell oder mit einer bestimmten Frau), ein gebügeltes Hemd, ein offenes Ohr oder gesellschaftlicher Aufstieg. Das trifft nicht in erster Linie auf trans Männer zu, sondern auf cis Männer, also Männer, die von klein auf als Jungs und Männer gelebt haben und von der patriarchalen Gesellschaft immer schon als Subjekte, also als Inhaber von Rechten, als Handlungsmächtige und Gewaltausübende anerkannt wurden (zur geschlechtsspezifischen Subjektivierung siehe *Warum Materialismus nicht Transfeindlichkeit bedeutet*).

In *Das feministische Wir* habe ich beschrieben, dass dieses Subjektpotenzial auch für rassifizierte und schwule Männer nur eingeschränkt verfügbar ist. Strukturell sind sie immer wieder rassistischer und homofeindlicher Gewalt ausgesetzt, häufig vonseiten anderer Männer, die darüber ihre männliche Subjektivität festigen. Das immunisiert schwule und rassifizierte Männer jedoch nicht dagegen, ihrerseits Gewalt gegen Frauen, Rassifizierte und andere Männer auszuüben und darüber ihren Subjektstatus gewaltvoll (wieder-)herzustellen. Ähnlich verhält es sich, wenn man patriarchale Gewalt und Klassengegensatz zusammenbringt: Proletarisierte Männer haben weniger ökonomische Möglichkeiten, ihre Rechte und Vorstellungen durchzusetzen, als vermögende Männer oder auch vermögende Frauen, die nicht auf ihre (körperliche) Arbeitskraft angewiesen sind. Das hindert sie aber nicht notwendigerweise daran, Gewalt gegen ihre Frauen und Kinder auszuüben und auf diese Weise männliche Überlegenheit zu demonstrieren.

Die bürgerliche Subjektivität ist ein Gewaltverhältnis, das Männlichkeit und Herrschaft miteinander verflicht, aber nicht in allen Fällen an konkrete Männer gebunden ist. Der Begriff *patriarchale Gewalt* hat die Stärke, dass er auch Gewalt von Frauen, ob cis oder trans, oder von nichtbinären Menschen erfassen kann, ohne den patriarchalen Charakter dieser Gewalt zu relativieren. Auch Frauen können sich durch patriarchale Gewalt innerhalb eines Systems, das sie grundsätzlich benachteiligt, entlasten oder Vorteile verschaffen: abhängig von sozioökonomischen, sozialen und psychischen Rahmenbedingungen.

Weibliche Gewalt findet oftmals versteckter und weniger sichtbar statt, weil das Ausüben von Gewalt schon kleinen Mädchen kaum zugestanden und auch nicht von ihnen erwartet wird. Ein Beispiel für weibliche patriarchale Gewalt sind Frauen, die vom Partner geschlagen werden und ihrerseits die Kinder schlagen und demütigen oder auch das gewalttätige Verhalten ihrer Kinder, besonders der Jungen, tolerieren. Im Frauenhaus habe ich einige Male gesehen, wie Bewohnerinnen ihren kleinen Söhnen zornige Schläge und Tritte nachsahen – und ihnen damit den Weg zum Gewalttäter ebneten.

Ein zunächst harmloser scheinendes Beispiel ist es, wenn kleine Jungen ermutigt werden, im Stehen zu pinkeln und ihren winzigen Pimmel über die Kloschüssel zu heben, während die Mutter mit dem Lappen danebensteht und die Schwester sich brav hinsetzen muss. In meiner Zeit als studentische Reinigungskraft war ich beim Putzen der Jungentoiletten im Kindergarten fassungslos über dieses unnötige Extra an Reproduktionsarbeit. Am Ende ist sie bei mir gelandet: sieben Uhr morgens für sieben Euro Stundenlohn. Über die Jahre habe ich mich immer mal wieder gefragt: Wie entwickeln sich die reproduktiven Erwartungen dieser Jungen an Frauen, und wie werden sie sie durchsetzen?

Manche patriarchalen Systeme bieten strukturelle Voraussetzungen für physischen, psychischen und sexuellen Missbrauch von Frauen durch andere Frauen. In Leipzig, Halle und vielen weiteren ostdeutschen Städten gab es zu DDR-Zeiten geschlossene venerologische Stationen, in die v.a. junge Frauen, die dem sozialistischen Frauenbild nicht entsprachen, zwangseingewiesen wurden: Sie hatten verschiedene Sexualpartner gehabt, waren eine Liebesbeziehung mit einem ausländischen „Vertragsarbeiter" eingegangen oder hatten die Schule geschwänzt. In den sogenannten Tripperburgen waren die Insassinnen systematischer Demütigung und Disziplinarmaßnahmen durch Ärzt*innen und Pflegerinnen ausgesetzt, darunter eine tägliche, oft absichtlich schmerzhafte gynäkologische Untersuchung auf Geschlechtskrankheiten (Wilpert 2022, MDR DOK 2024). Die Pflegerinnen wurden also zu Täterinnen sexueller Gewalt und konnten dabei eigene Verletzungen, die sie vermutlich während ihrer Sozialisation zur Frau erfahren hatten, sadistisch ausagieren. Dennoch blieb es strukturell patriarchale Gewalt, weil sie ein Herrschaftssystem stabilisierte, in dem Frauen aufgrund ihrer Sexualität sanktioniert und unterdrückt wurden. (Darin ähneln die Täterinnen der „Tripperburgen" den weiblichen Hilfskräften der Sittenpolizei im heutigen Iran.)

Etwas subtiler verhält es sich bei der Mutter, die ganz selbstverständlich davon ausgeht, dass Mädchen und rosa Kleider nun mal zusammengehören. Sie reagiert enttäuscht und vielleicht mit psychischem Druck, wenn die kleine Tochter diese Erwartung nicht erfüllt und ein extra gekauftes Kleid mit rosa Schmetterlingen nicht anziehen will.

Patriarchale Gewalt legt es Frauen nahe, sich nicht mit anderen Frauen zu identifizieren, sondern mit dem Täter-Mann (sei es ihr Ehemann, Vater oder Sohn) oder mit patriarchalen Werten wie dem männlich-objektifizierenden Blick: „Wie hübsch du im Schmetterlingskleid aussehen würdest, und wenn du dann noch etwas dünner wärst …!" Auch die weiblichen *Rammstein*-Fans, die Till Lindemanns mutmaßliche Opfer verhöhnen, sind dafür ein gutes Beispiel: Sie identifizieren sich lustvoll mit dem rücksichtslosen *bad boy*, der der moralischen und staatlichen Autorität den Mittelfinger zeigt.

Inwieweit die Verantwortung von Frauen als Täterinnen genauso groß ist wie die der Männer, ist unter Feminist*innen häufig umstritten gewesen. Unumstritten ist, dass sich patriarchale Gewalt auch durch das Verhalten von Frauen immer wieder und über Generationen reproduziert.

Patriarchale Gewalt ist also ein gesamtgesellschaftliches Problem. Jede und jeder Einzelne befindet sich potenziell in verschiedenen Täter-Opfer-Konstellationen, die aber immer mit unserer individuellen Geschlechter- und Gewaltgeschichte und dem Geschlecht unseres Gegenübers zu tun haben.

Patriarchale Gewalt hält Frauen an ihrem Platz

Patriarchale Gewalt versichert also einerseits Männer ihrer Position: Denn gewaltförmige Subjektivität bedarf der Objektivierung, also Entsubjektivierung Anderer. Gewalt stellt diese Ordnung (wieder) her, denn sie verneint die Subjektivität von Frauen, Kindern, Queers und Rassifizierten. Ihre wichtigste Funktion ist daher: Sie verweist Frauen auf ihren untergeordneten Platz von Nichtsubjektivität und hält sie dort zurück. Letztlich festigt patriarchale Gewalt also das hierarchische Geschlechterverhältnis auf beiden Seiten – zur größeren Last von Frauen.

Ich möchte das anhand meiner o.g. Beispiele veranschaulichen. Die Jungen im Frauenhaus haben vermutlich gelernt, dass sie physische Gewalt gegen ihre Mütter anwenden dürfen, wie sie es beim Vater beobachtet hatten. Ein Mann zu werden, wird mit Gewalttätigkeit gegen Frauen verknüpft und damit, den eigenen Willen gegen den von Frauen durchzusetzen.

Die Jungen im Kindergarten haben mit großer Wahrscheinlichkeit verinnerlicht, dass Reproduktionsarbeit entweder unsichtbar, quasi automatisch vonstattengeht. Ausscheidungen und Dreck wurden selbstverständlich weggeputzt, und wenn sie jemandem dabei zusahen, war es mit großer Wahrscheinlichkeit eine Frau. Die Jungen wurden nicht angehalten, im Sitzen zu pinkeln, um die Reproarbeit zu verringern. Das ist ein deutlicher Marker für die Hierarchie zwischen den Geschlechtern und damit ein früher Nährboden für patriarchale Gewalt. Die brasilianische Autorin Patrícia Melo führt in ihrem Roman *Gespaltene Frauen* zahlreiche Frauenmörder vor, die den Femizid an ihrer Partnerin mit spontanem Ärger darüber begründeten, dass das Essen nicht gekocht oder der Fernseher zu laut gestellt war.

Die Frauen, die in der „Tripperburg" gequält wurden, verinnerlichten in vielen Fällen, dass sie keine Chance gegen die systematische frauenverachtende Gewalt hatten, verdrängten sie teilweise jahrzehntelang und führten ein unauffälliges Leben (MDR DOK 2024). Einzelne Gefangene hingegen identifizierten sich mit der Gewalt der geschlossenen venerologischen Stationen: Sie arbeiteten mit den Angestellten zusammen und wurden zur privilegierten „Stubenältesten" befördert. In dieser Funktion konnten sie an der Gewaltausübung teilhaben, indem sie die anderen Frauen überwachten und denunzierten. Um den Preis, selbst Täterin zu werden, konnten sie sich ein Stückweit aus der Opferrolle befreien.

Dem Mädchen, das das Schmetterlingskleid nicht anziehen will, wird nahegelegt, Wunscherfüllerin der Mutter zu sein, also seine eigenen Wünsche aufzugeben. Daher tendiert das Mädchen vielleicht auch in späteren Lebenslagen dazu, Übergriffe gegen seine Meinung oder Entscheidungsfreiheit hinzunehmen. Die mit Liebe durchwirkte Abhängigkeit von der Mutter kann sich in heterosexuellen oder lesbischen Partnerschaften wiederholen: Hauptsache, der geliebte Mensch ist zufriedengestellt. Möglicherweise hält diese psychische Ausrichtung die Betreffende von vielen selbstbestimmten Lebensentscheidungen ab und macht ihr Angst vor den Subjektpotenzialen, die ihr als Erwachsener *eigentlich* offen stünden: Will ich einen Aufbruch wagen, Stadt, Beruf oder Partner*in wechseln? Leider wird diese Freiheit häufig zusätzlich durch die soziale Sanktionierung des Umfelds gehemmt, wenn eine Frau sich gegen die Interessen von Ehe oder Mutterschaft entscheidet.

Damit wären wir beim letzten Beispiel: einem weiteren Fall patriarchaler Gewalt von Frauen seitens anderer Frauen. Weibliche *Rammstein*-Fans lachten öffentlich junge Frauen aus, weil sie selbst nicht so dumm gewesen wären, sich betrunken zu Lindemann ins Hotel fahren zu lassen. Sie leugneten nicht einmal die mutmaßliche sexuelle Gewalt Lindemanns, sondern prangerten die angebliche Naivität anderer Frauen an, die die Spielregeln nicht kennen würden. Die Identifizierung mit diesen patriarchalen Spielregeln entspricht der Identifizierung mit dem mutmaßlichen Täter und einer enorm frauenfeindlichen Sicht des Geschehens, die auf Beschämung und Entsolidarisierung gründet. Dazu gehört auch die Verleugnung eigener Gewalterfahrungen als Mädchen und Frau, die strukturell zum Heranwachsen im kapitalistischen Patriarchat gehören. Die Verletzungen und den Mut von Shelby Lynn und Kayla Shyx, den (mit-)erlebten Missbrauch öffentlich zu machen, anzuerkennen, hätte bedeutet, eigene weibliche Verletzlichkeit wahrzunehmen und sie als verbindende Erfahrung gegen patriarchale Zumutungen zu erkennen. Das hätte in der Öffentlichkeit eine große emanzipatorische Kraft entfalten können – um Lindemann vom Platz zu fegen und selbst mehr Handlungsmacht zu gewinnen. Leider schien es vielen *Rammstein*-Fangirls sinnvoller, sich als coole, abgeklärte Frauen zu präsentieren: Frauen, die scheinbar widerspruchsfrei die Selbstmächtigkeit des männlichen Subjekts mit der stets gefährdeten weiblichen Subjektivität vereinen und dabei an dem Platz bleiben, den Kapitalismus und Patriarchat ihnen zugewiesen haben.

Zum Verhältnis von Subjekt und Struktur

Viele meiner Beispiele basieren auf Vermutungen. Ich weiß nicht, wie sich die Jungs im Frauenhaus und im Kindergarten weiterentwickelt haben; das Beispiel mit dem Schmetterlingskleid ist fiktiv. Wichtig für eine feministische Subjekttheorie finde ich, genügend Platz dafür einzuräumen, dass die Dinge auch anders ausgehen können. Subjekte sind nicht völlig frei, aber auch nicht völlig determiniert. Wir sind mehr als die Resultate gesellschaftlicher Strukturen. Unsere Art und Weise, Geschlecht zu leben, ist – ebenso wie unser übriges gesellschaftliches Sein – von den Strukturen des kapitalistischen Patriarchats geprägt. Dennoch befindet sich das Subjekt immer auch in einer innerpsychischen Auseinandersetzung mit dessen Anforderungen, die den persönlichen Charakter und eigene, individuelle Entscheidungen hervorbringt. Subjektivierung ist ein lebenslanger, offener Prozess.

Welchen Raum diese Auseinandersetzung einnehmen kann, welche Offenheit möglich wird, ist freilich davon abhängig, wie viel Zeit und Geld jemand hat und welche Bildungsmöglichkeiten, wie sozial eingebettet er*sie ist und welche Geschlechtsausdrücke das Umfeld toleriert bzw. sanktioniert.

Dennoch kann man grundsätzlich sagen: Obwohl ihre Subjektivierung patriarchale Gewalt begünstigt, können sich Männer gegen Gewalt entscheiden. „Niemand muss Täter werden", pointiert es ein feministischer Slogan. Die patriarchale Hierarchie im Täter-Opfer-Verhältnis zeigt sich darin, dass man nicht gleichermaßen sagen kann: „Niemand muss Opfer werden." Frauen, Queers, Rassifizierte und Kinder, die Opfer patriarchaler Gewalt werden, können nicht einfach aus dem Gewaltverhältnis aussteigen – sonst wäre es keines.

Weil der Subjektstatus nicht nur vom Geschlecht abhängt, variiert die Gewaltgefährdung auch unter Frauen: Eine Frau, die genügend finanzielle Mittel hat, um aus der ehelichen Wohnung auszuziehen, oder die als Weiße und als deutsche Muttersprachlerin und Passinhaberin bessere Chancen hat, von der Polizei ernstgenommen zu werden, kann sich effektiver vor patriarchaler Gewalt schützen als etwa eine illegalisierte Frau ohne Mietvertrag. Dass der Staat eine beträchtliche Rolle bei der Ausübung und Duldung patriarchaler Gewalt einnimmt, zeigt eindrücklich die Rechtsanwältin Christina Clemm. Sie berichtet über zahlreiche Fälle von Frauen, die versucht haben, gewalttätigen Männern oder Familienverhältnissen zu entfliehen, und am Rechtssystem gescheitert sind (Clemm 2020 und 2023, siehe auch *Mit dem Staat oder gegen ihn?* in diesem Band).

Von der Warte feministischer Subjekttheorie lässt sich sagen: Es erfordert sehr viel persönliche Stärke und Unterstützung durch Andere, sich von patriarchalen Gewaltstrukturen zu emanzipieren. Sehr viel Kraft erfordert es auch, die Gewalt nicht zu wiederholen, indem man sie gegen andere Frauen richtet. Die feministische Bewegung gegen Männergewalt in den 1970er Jahren wie die *Ni una menos*-Bewegung gegen Femizide zeigen, wie stark feministische Kollektivierung den individuellen Emanzipationsprozess beflügeln kann. Sie helfen Frauen und Queers, nach einer Subjektivität zu suchen, die nicht mehr mit Gewaltstrukturen und konkreten Täter*innen identifiziert ist.

Femizide als Kulmination patriarchaler Gewalt

Die Frauenverachtung des kapitalistischen Patriarchats erreicht ihren Höhepunkt im Femizid – der irreversiblen Negation des weiblichen Subjekts. Femizid kann als drastischste Form patriarchaler Gewalt verstanden werden, als letzte Maßnahme, die Geschlechterordnung wiederherzustellen. Er führt *allen* Frauen vor Augen, dass es gefährlich werden kann, die Subjektpotenziale der Freiheit und Eigenständigkeit zu verwirklichen. Intime Femizide werden häufig in Situationen verübt, in denen Frauen ihre Subjektivität in Anspruch nehmen: wenn sie sich getrennt haben, ins Arbeitsleben (wieder-)einsteigen oder ein Kind bekommen. Oder auch, wenn sie sich herausnehmen, das Bad nicht zu putzen.

Von dieser Warte aus zeigt sich aufs Neue, dass die bürgerliche Subjektivität strukturell auf der Entsubjektivierung von Frauen beruht: Die Äußerung weiblicher Autonomie gefährdet den männlichen Subjektstatus. (Intime) Femizide treffen Frauen, die sich nach der Meinung eines Mannes oder eines patriarchalen Kollektivs zu viel Subjektivität angemaßt und damit den ihnen zustehenden Platz verlassen haben. Die Tat verneint, dass eine Frau eine Person mit einem Recht auf ein eigenes Leben und eigene Entscheidungen ist. Die mexikanische Femizidkritikerin Marcela Lagarde führt aus, dass mangelnde staatliche

Strafverfolgung von Frauenmördern diese patriarchale Botschaft verstärkt und den Status von Frauen als gleichwertigen Rechtssubjekten unterhöhlt (Lagarde 2023).

Die Vernichtungsdrohung begleitet die weibliche Subjektivierung. Zwar treffen Femizide im Hier und Jetzt nur wenige Frauen. Anders als in lateinamerikanischen Gesellschaften, wo viele eine Freundin oder Verwandte betrauern müssen, die von ihrem (Ex-)Partner ermordet wurde, ist die Drohung des Frauenmords meist subtiler. Dennoch ist sie tief im gesellschaftlichen Unbewussten verankert. Man denke an Sprüche wie „Mädchen, die pfeifen, und Hähnen, die krähn, soll man beizeiten die Hälse umdrehn!" Mädchen wachsen mit Krimischmökern und *Tatort*-Geschichten davon auf, dass abtrünnige, „untreue" oder sich prostituierende Frauen Gefahr laufen, ermordet zu werden. In der berühmten Sendung *Aktenzeichen XY … ungelöst* ging es jahrzehntelang bevorzugt um leichtsinnige Frauen und ungehorsame Töchter, die von Unbekannten getötet werden (Schilling 2023). Frauen sind jedoch nicht nur Objekte solcher geschlechtsspezifischen Mordfantasien: Auch die Konsument*innen von True-Crime-Zeitschriften und -Podcasts sind mehrheitlich Frauen. Untersuchungen weisen darauf hin, dass sie sich für das häufig weibliche Opfer, die Psyche des Täters sowie die gesellschaftlichen Begleitumstände der Tat interessieren (Flachsenberg 2019). Ich vermute, dass die latente femizidale Drohung dabei in einer Mischung aus Identifizierung und voyeuristischer Entfremdung verarbeitet wird.

In manchen Fällen ist die Vernichtungsdrohung explizit, z.B. in der Familie von Azadiya H., über die ich in *„Ich bin eine stolze jesidische Lesbe und möchte euch Mut machen"* geschrieben habe. Auch im Fall der 13-jährigen Iranerin Romina Ashrafi war der Femizid angekündigt. Sie wurde 2020 von ihrem Vater im Schlaf mit einer Sichel enthauptet, nachdem sie mit einem Mann, der ihr die Ehe versprochen hatte, von zu Hause geflohen war. Die islamistische Sittenpolizei brachte sie zurück – trotz Rominas Warnung, dass ihr Vater mehrmals angekündigt hatte, sie zu töten (Linkerhand 2020). An beiden Fällen ist besonders, dass in den Familien Ehrenmorde an „ungehorsamen“ Frauen als legitimes Mittel galten.

In den meisten Milieus in Deutschland wird Mädchen und Frauen nicht direkt mit Femizid gedroht. Dennoch erinnere ich mich, dass ich als größeres Kind schon ein ziemlich klares Bild davon hatte, dass mir „etwas passieren kann“ – einfach, weil ich ein Mädchen war, oder aber, wenn ich als Mädchen etwas falsch machen würde, etwa so dumm wäre, mit fremden Männern mitzugehen. Das Wissen rührte u.a. aus den Fernsehberichten um entführte und ermordete Mädchen in meinem Alter und aus der Belehrung meiner Grundschullehrerin in dieser Zeit, wonach besonders uns Mädchen etwas passieren könne. Die unklare Formulierung löste eine dunkle und erregende Neugier in mir aus, die sich heute noch einstellt, wenn ich mich mit Femiziden befasse. Die Mädchen Ulrike Everts und Christina Nytsch, deren Fotos mir heute noch präsent sind, wurden für etwas ermordet, was ich mit ihnen gemeinsam habe – die weibliche Subjektposition im kapitalistischen Patriarchat.

Der instabile Subjektstatus von Rassifizierten

Im lateinamerikanischen Aktivismus gegen Femizide wird immer wieder die enge Verschränkung von patriarchaler mit rassistischer Gewalt betont. Die Gewalt gegen rassifizierte Frauen richtet sich gegen sie als Frauen *und* als Schwarze, Indigene oder Mestizinnen. Patrícia Melo schreibt über eine ermordete 14-Jährige: „Txupira war keine Weiße, sie gehörte nicht zu der Kategorie von Opfern, die von der Presse gerne ausgeschlachtet werden. Obendrein war sie eine Indigene. Und im brasilianischen Kastensystem, an dessen Spitze die Reichen und Weißen stehen, rangieren die Indigenen noch unter den Schwarzen, die noch unter den Armen kommen und unter den Frauen“ (Melo 2022, S. 81). Die Straflosigkeit, mit der die Täter häufig davonkommen – besonders, wenn sie weiß sind und aus der Mittel- oder Oberschicht stammen –, festigt das postkoloniale Herrschaftsverhältnis, in dem Rassismus, Sexismus und Klassengegensatz ineinandergreifen.

Rassistische Gewalt negiert den Subjektstatus der davon Betroffenen ebenso wie patriarchale Gewalt. Ihre materielle Basis ist die Überausbeutung nichtweißer Menschen, die seit jeher so integral zum Kapitalismus gehört wie die Abspaltung und Abwertung von Reproduktionsarbeit als Frauenarbeit.

Ebenso wie Frauen sind Rassifizierte immer wieder in Gefahr, als Nichtsubjekte behandelt zu werden, für die bürgerliche Rechte und Freiheiten nicht gelten. Das ist nicht nur in den postkolonialen Gesellschaften Amerikas der Fall. Die kritische Theoretikerin Henrike Kohpeiß analysiert, dass die „europäische Subjektivität" trotz ihres Beharrens auf universaler Menschlichkeit auf der Nichtanerkennung der Subjektivität außereuropäischer Menschen beruht und damit eine koloniale ist (Kohpeiß 2023, S. 113). Sie belegt das anhand der Flüchtlingspolitik der EU, die Geflüchtete auf dem Mittelmeer sterben lässt und zugleich von deren afrikanischen und asiatischen Herkunftsländern fordert, die Menschenrechte einzuhalten. Diese Gleichzeitigkeit im Umgang mit Migration verdeutlicht die Kippfigur von Subjektivität und Nichtsubjektivität, mit der auch Rassifizierte leben müssen, ohne dass es nichtrassifizierten Subjekten notwendigerweise auffällt. Das Sich-Abdichten der Subjekte gegen das Leiden der Anderen, das die eigene ökonomische und moralische Überlegenheit sichert, bezeichnet Kohpeiß treffend als „bürgerliche Kälte".

Frauen und Rassifizierte werden im globalen Durchschnitt stärker ausgebeutet als Männer und Weiße. Darüber hinaus haben sie weniger gesellschaftliche Handlungsmacht: weniger Möglichkeiten, sich zu bilden, Eigentum zu erwerben oder selbstbestimmte Entscheidungen über ihre Arbeits- und Lebenssituation zu treffen. Beide Gruppen sind von Gewalt betroffen, die schlimmstenfalls zum Tod führt und staatlicherseits weniger sanktioniert wird als Gewalt gegen männliche und weiße Subjekte: Bei Frauen ist es patriarchale Gewalt bis zum Femizid, bei Rassifizierten Polizeigewalt, gefährliche Arbeitsbedingungen, verweigerte medizinische Versorgung. Bei rassifizierten Frauen kommen beide Gewaltformen zusammen und verstärken einander in vielen Fällen.

Der instabile Subjektstatus von Queers

Zur Subjektivierung gehört auch die gewaltsame Zurichtung zu Cis- und Heteronormativität: Frauen sollen Frauen sein und Männer begehren, Männer sollen Männer sein und Frauen begehren. Auch in Cisgeschlechtlichkeit und Heterosexualität werden die männliche und die weibliche Subjektposition verhandelt.

Ich verwende diese nützlichen Begriffe, die aus der queerfeministischen Theoriebildung stammen, mit einer Einschränkung: Es kann irreführend sein, das Zusammenwirken von Geschlechtsidentität und sexueller Orientierung als normative „heterosexuelle Matrix" (Judith Butler) zu begreifen, in der Männlichkeit und Weiblichkeit einander spiegelbildlich gegenüberstehen. Ein solches Verständnis von gesellschaftlichen Strukturen fokussiert sich sehr stark auf die kulturell-symbolische Gegenüberstellung der Konstrukte Mann und Frau. Dabei treten patriarchale Herrschaftsverhältnisse in den Hintergrund – etwa die Hierarchie zwischen Männlichkeit und Weiblichkeit und die Funktionsweise patriarchaler Gewalt. In meinen Augen kann eine Theorie des bürgerlichen Subjekts und seiner abgespaltenen Nichtsubjekte das Geschlechterverhältnis besser fassen. Dennoch helfen die Begriffe *Cisnormativität* und *Heteronormativität*, verschiedene queere Identitäten zu beschreiben – und die Logik der Gewalt, die sich gegen diejenigen richtet, die die herrschende Geschlechterordnung stören.

Cis Männer haben nicht viele Möglichkeiten, Eigenschaften, die als weiblich vergesellschaftet werden – wie Passivität, Ängstlichkeit, Zärtlichkeit –, zu leben; ihr Subjektstatus erfordert es, sie zu verleugnen und abzuspalten. Daher werden Männer, die kein maskulines Gebaren an den Tag legen, schwule oder bisexuelle Männer, trans Frauen oder *travestis* (Menschen, die als Jungen aufgezogen wurden, aber eine feminine Geschlechtsidentität leben) von „richtigen" Männern mit Hass verfolgt. Sie werden zur Projektionsfläche für die Grenzen und Versagungen, die es kostet, männliche Subjektivität herzustellen und zusammenzuhalten.

Der homo-, bi- und transfeindliche Hass unterscheidet sich vom Hass auf Frauen tendenziell darin, dass der verwerfende, vernichtende Anteil darin stärker ist. Cis Frauen werden erniedrigt, gequält und ermordet, weil sie in den Augen eines cis Mannes in ihrer Frauenrolle versagt haben. Dem liegt ein zutiefst patriarchales Konzept davon zugrunde, dass cis Frauen für bestimmte Aufgaben gebraucht werden sowie sexuell begehrenswert sind. Die Gewalt soll sie an ihrem Platz in der Gesellschaft halten. Queers hingegen werden gehasst, gequält und ermordet, weil sie *in ihrer bloßen Existenz* die cis- und heteronormative Ordnung verletzen. Sie sollen verschwinden und mit ihnen das eigene homosexuelle Begehren und die eigene Sehnsucht nach Überschreitung der Geschlechtergrenzen. Queers werden weniger zum Anderen des Subjekts gemacht, sind weniger seine legitimen Objekte als seine Abjekte – also Verworfene, mit Scham und Ekel Ausgestoßene, die gar keinen gesellschaftlich akzeptierten Ort haben. Gleichzeitig demonstriert der von „richtigen Jungs" verprügelte schwule Mitschüler, was demjenigen blüht, der sich nicht an einer gewalttätigen Männlichkeit orientiert.

Auch bei queerfeindlicher Gewalt als einer spezifischen Ausprägung patriarchaler Gewalt spielt das Geschlecht von Täter*innen und Opfern eine große Rolle. Cis Männer hassen homosexuelle Männer stärker und brutaler als homosexuelle Frauen, weil sie die engen Grenzen der männlichen Subjektivität übertreten. Dazu gehört das aktive Begehren nach einem passiven, meist weiblichen Objekt, während es für eigenes passives Begehren kaum Platz gibt. Cis Frauen haben weniger Subjektivität zu verlieren. Daher besteht die Gewalt gegen Lesben häufig darin, die Existenz ihres Begehrens zu leugnen und sie in heterosexuelle Beziehungsmuster zu drängen. Weil cis Frauen weniger zu verlieren haben, liegt auch nahe, dass sie weniger psychische Energie in den gewaltsamen Ausschluss von LGBTI pumpen müssen, um ihre Geschlechtszugehörigkeit zu demonstrieren. Die eher subtile Aggressivität mancher cis Frauen gegenüber Lesben, aber auch gegenüber lauten und selbstbewussten Frauen rührt m.E. aus dem Neid, dass diese vielleicht Subjektpotenziale zum Ausdruck bringen, die man bei sich selbst zum Verstummen bringen musste, etwa ein aktives Streben nach einem lustvollen, selbstbestimmten Leben, das sich nicht in erster Linie um die Bedürfnisse Anderer dreht.

In ihrer starken Vernichtungslogik ähnelt die patriarchale Feindlichkeit gegenüber LGBTI strukturell dem Antisemitismus und bestimmten Formen von Rassismus, etwa Antiziganismus und Rassismus gegenüber Indigenen: Auch Sinti und Roma sowie Indigene wurden historisch eher vertrieben und vernichtet als funktional rassifizierenden Ausbeutungsverhältnissen unterworfen.

Jedoch haben alle subjektkonstituierenden Ideologien die Tendenz, dass Unterwerfung in Vernichtung übergehen kann und umgekehrt. Die Frauen, die in Ciudad Juárez von Drogenkartellen ermordet werden, die damit ihren Territorialanspruch demonstrieren, müssen sterben, einfach weil sie Frauen sind – anders als die Opfer intimer Femizide. Patriarchale Gewalt hat somit, genau wie rassistische Gewalt, eine ideologische Eigendynamik, die sich nicht unmittelbar aus den Produktions- und Reproduktionsverhältnissen ableiten lässt (vgl. Sarbo/Roldán Mendívil 2023). Gewalt unterstützt diese aber auf sozialpsychologischer Ebene, indem sie *allen* Frauen, Queers und Rassifizierten demonstriert, dass sie sich ihres Subjektstatus niemals sicher sein können, d.h. dass sie über ihre Körper und ihre Arbeitskraft nicht frei verfügen.

Die Utopie eines Subjekts ohne Abspaltungen

Weil feministische Subjekttheorie die Ausschlüsse, Ungerechtigkeiten und blinden Flecken von Subjektivität im kapitalistischen Patriarchat nachzeichnet, verstehe ich sie stets als Subjekt*kritik*. Patriarchale Gewalt mit den Abspaltungen der bürgerlichen Subjektivität zu beschreiben, eröffnet die Möglichkeit, das herrschende Geschlechterverhältnis in seinem Zusammenhang mit weiteren Ausbeutungs- und Unterdrückungsverhältnissen zu kritisieren. Das Subjekt des kapitalistischen Patriarchats ist sowohl strukturell männlich (und damit frauen- und queerfeindlich) als auch weiß (und damit rassistisch und kolonial) und ausbeutend im Sinn des Klassengegensatzes. Durch die Abspaltung seiner körperlichen Bedürftigkeit und Verletzlichkeit verleugnet es nicht nur seine enge Bindung an andere Menschen und eine mit ihnen geteilte Lebenspraxis, sondern ebenso seine Abhängigkeit von der Natur. Auch sein Naturverhältnis ist eines der Objektivierung und rücksichtslosen Ausbeutung. In Zeiten des kapitalistisch produzierten Klimawandels und seiner beharrlichen Leugnung entfaltet die Zerstörungskraft des bürgerlichen Subjekts apokalyptische Dimensionen.

Alle diese Formen patriarchaler Gewalt werden glücklicherweise von Feminist*innen verschiedener Strömungen angeprangert. Die feministische Psychoanalyse der Zweiten Frauenbewegung hat die Gewalt in der heterosexuellen Ehe und in der Kleinfamilie herausgearbeitet; im Queerfeminismus geht es viel um sprachliche Diskriminierung; und im antikolonialen Feminismus wird der Zusammenhang von westlichem Patriarchat mit rassistischen und ökologischen Verheerungen kritisiert. Was hat feministische Subjekttheorie dem hinzuzufügen? Ich meine, sie erlaubt es, die verschiedenen Gewaltformen in Beziehung zueinander zu setzen. Sie können als Äußerungsformen desselben globalen Geschlechterverhältnisses analysiert werden, das mit weiteren gesellschaftlichen Strukturen zusammentrifft. Insofern geht es mir um eine subjekttheoretische Weise, intersektional zu denken, ohne das Ausmaß, die jeweilige Qualität und das besondere Zustandekommen der einzelnen Gewaltformen zu relativieren und gleichzumachen. Der mütterliche Druck, ein Schmetterlingskleid anzuziehen, hängt strukturell mit Gesetzen zusammen, nach dem Frauen sich in der Öffentlichkeit zu verhüllen haben, sowie mit dem Femizid an einer indigenen Mexikanerin auf dem Weg zur Fabrikarbeit. Dennoch unterscheiden sie sich hinsichtlich der Tragweite der Gewalt und der gesellschaftlichen Umstände. Mein kursorischer Ritt durch einige Szenarien patriarchaler Gewalt soll Handwerkszeug bieten, sich die verschiedenen Konstellationen genau anzusehen und ihren inneren Zusammenhang herauszuarbeiten, um sie in einer gemeinsamen antipatriarchalen Bewegung zu bekämpfen.

Subjekttheoretisch betrachtet, bewegt sich feministische Emanzipation zwischen den Polen, die bürgerlich-männliche Subjektivität zu kritisieren – und die Potenziale dieser Subjektivität für Frauen, Queers und Rassifizierte zu erkämpfen. Wir brauchen das verbriefte und praktizierte Recht von Frauen, Queers und Rassifizierten, gleichberechtigt und frei von Gewalt zu leben. Zugleich brauchen wir revolutionierte Produktionsverhältnisse, die uns nicht länger als Andere, Unter- oder Verworfene konstruieren. Das Paradox, um bürgerliche Subjektivität und gegen sie zu kämpfen, versuche ich in *Mit dem Staat oder gegen ihn?* zu umreißen.

Feministische Theorie, die patriarchale Gewalt abschaffen will, muss nach einer Subjektform suchen, die nicht auf Abspaltung beruhen würde. Ein feministisch revolutioniertes Subjekt könnte Fürsorge integrieren und sie als selbstverständlichen und auch freudevollen Teil des Lebens anerkennen. Es müsste weniger darum gehen, dass Frauen Ruhe vor ihren Kindern brauchen, um arbeiten zu können – sondern um Lebens- und Arbeitsverhältnisse, in denen Kinder sowie alte, kranke und behinderte Menschen zum Alltag gehören und als von allen Erwachsenen umsorgte, aber auch selbsttätige Subjekte an den meisten Bereichen der Gesellschaft teilhaben könnten.

Wie könnte die Geschlechterdifferenz aussehen in einer Welt, in der – mit Jessica Benjamin – Jungs nicht über das Alter von zwei bis drei Jahren hinaus, wenn sie eine erste Ablösung von der Mutter bewältigen, Frauen verachten müssten? Wie würden Weiblichkeit und Männlichkeit und vielleicht weitere Geschlechter nebeneinanderstehen? Welche Rolle würde Geschlecht überhaupt noch spielen? Und wie könnte ein Begehren aussehen, das nicht in erster Linie von geschlechtsspezifischen Gewalterfahrungen und Hierarchien geprägt wäre?

Am nächsten gekommen bin ich der Utopie vom gewaltlosen Subjekt in der lesbischen Erfahrung, eine andere Frau zu lieben, ohne ihre Weiblichkeit über meine eigene zu stellen oder sie ihr gewaltsam unterordnen zu müssen. Auch in Freundschaften mit anderen Feministinnen habe ich das erlebt. Weitere Utopieschnipsel sind das Adorno-Wort vom „besseren Zustand, in dem man ohne Angst verschieden sein kann“ oder das Märchen von Schneeweißchen und Rosenrot, in dem zwei gegensätzliche Schwestern liebevoll zusammenleben, ohne dass ihre Unterschiede zu Hierarchien werden. (Die Konstellation kehrt im Disney-Film *Frozen* wieder, und bei allem Ärger über die ewigen Prinzessinnenfilme freut mich, dass es wenigstens dieser ist, der kleine Mädchen nachhaltig begeistert.)

Feministische *Praxis* muss versuchen, eine Subjektform vorwegzunehmen, die unterschiedliche Erfahrungen aushalten und fruchtbar zueinander in Beziehung setzen kann. Das ist eine große Aufgabe, denn das gesellschaftliche Frausein legt es nahe, Hierarchien untereinander zu verleugnen und herunterzuspielen (Linkerhand 2018b). Das setzt der Abspaltungslogik des bürgerlichen Subjekts wenig entgegen. Daher braucht es eine kollektive und selbstreflexive Auseinandersetzung: Wie wird der Subjektstatus unter Feminist*innen verhandelt? Wie hängt er mit unseren Sozialisations- und auch Gewalterfahrungen als Frauen, Lesben, Queers, Rassifizierte zusammen? Geht die Emanzipation zur „phallischen Frau“, die gelernt hat, manche Attribute männlicher Subjektivität zu verinnerlichen, auf Kosten der Genoss*innen? Wie kann feministisches Streiten zwischen Selbstbehauptung und dem Willen zum Kollektiv funktionieren?

Es ist mir hoffentlich gelungen darzulegen, dass das bürgerliche Subjekt als psychisch-physisch-kognitive Vergesellschaftungsform nicht mit einzelnen Individuen gleichzusetzen ist und auch nicht mir der Gesamtheit der Männer in eins fällt. Folglich erledigt sich patriarchale Gewalt nicht damit, feministische Räume frei von cis Männern zu halten. Vielmehr kann der männerfreie Raum eine erste Voraussetzung dafür sein zu fragen, welche Formen von patriarchaler Gewalt Feminist*innen gegeneinander richten. Was erwarten wir von anderen Frauen? Was genau wird abgewertet, was idealisiert? Welche frauen- und queerfeindlichen oder rassistischen Projektionen und Aggressionen gegeneinander sind untergründig am Werk? Es ist ein großer Fortschritt, wenn es feministischen Kollektiven gelingt, solchen Fragen nicht anklagend oder moralisierend zu begegnen, sondern im Bewusstsein unserer patriarchalen Prägung und Beschädigung.

Feministische Subjekttheorie mag auf den ersten Blick als ein etwas sperriges Werkzeug erscheinen, um patriarchale Gewalt zu bekämpfen. Weil sie theoretische Distanz zum Phänomen erlaubt und es zu vielen anderen Formen von Gewalt im kapitalistischen Patriarchat in Beziehung setzen kann, taugt die Kritik der bürgerlichen Subjektivität in meinen Augen jedoch gut dazu, kritisch und selbstkritisch an der Organisation feministischer Bewegungen mitzuwirken.

Exkurs 10

Sexuelle oder sexualisierte Gewalt?

Der Definition von patriarchaler Gewalt, die ich im vorangegangenen Text entwickelt habe, möchte ich eine Begründung zur Seite stellen, warum ich von sexueller Gewalt spreche statt, wie mittlerweile üblich, von sexualisierter Gewalt.

Mit letzterem Begriff soll ausgedrückt werden, „dass es sich in erster Linie um eine Gewalttat handelt, die mittels sexueller Übergriffe ihren Ausdruck findet" (Zartbitter o.J.). *Sexualisierte Gewalt* besagt also, dass bei dem Schrecklichen, was passiert ist, Sexualität als Instrument zur Gewaltausübung gewählt werde; dass es beim Übergriff eigentlich nicht um Sexualität gehe. Das bedeutet auch anzuerkennen, dass sexualisierte Gewalt keinen freien Ausdruck der Sexualität des Opfers bedeutet. In Gewaltschutz- und sozialpädagogischen Kontexten ist das wahrscheinlich hilfreich, um zwischen guter und erwünschter Sexualität auf der einen Seite und gewaltvoller und aufgezwungener Sexualität auf der anderen zu unterscheiden. Gerade für Gewaltbetroffene, die sich eigene sexuelle Grenzen und eine sexuelle Praxis, die ihnen Lust bereitet, mühsam erobern müssen, ist es eine wichtige Frage.

Dennoch kritisiere ich den Begriff *sexualisierte Gewalt* im Rahmen einer materialistischen Theoriebildung: weil er durch die Gleichsetzung von Sexualität mit Lust und beiderseitiger Augenhöhe eine idealistische Vorstellung von Sexualität voraussetzt. Sie ähnelt der häufig vertretenen feministischen These, Prostitution sei Gewalt gegen Frauen, kein Sex (etwa bei MacKinnon 2023). Diese Vorstellung nimmt Sexualität aus den gesellschaftlichen Verhältnissen heraus. Sie ignoriert, dass Sexualität im kapitalistischen

Patriarchat hierarchisch und gewaltförmig vergesellschaftet wird und viele Männer Lust an sexueller Kontrolle und Dominanz empfinden. Wie alle anderen Subjektpotenziale ist diese Lust in begrenztem Maß auch für Frauen verfügbar. Umgekehrt ist die Lust an der sexuellen Unterwerfung, die strukturell mit der weiblichen Sozialisation einhergeht, auch bei Männern vorhanden. Wie die sexuelle Autonomie von Frauen ist sie jedoch weitgehend tabuiert und gefürchtet, weil sie die Grenzen der Geschlechterrollen überschreitet: Weibliche Dominanz wird als Vermännlichung empfunden, männliche Unterwerfung als Entmännlichung.

Die heutige Liberalisierung der Sexualnormen bejubelt zwar sexuell selbstbestimmte Frauen und zärtliche Männer. Dass diese Bilder nur an der Oberfläche der Geschlechterverhältnisse kratzen, können wohl die meisten Frauen bezeugen, die gleichberechtigte sexuelle Beziehungen mit Männern führen wollen – oder Jungen, die versuchen, anders denn als harte Macker durch die Pubertät zu kommen. Auch heute normieren die Vorstellungen von männlicher Dominanz und weiblicher Unterwerfung die Sexualität der Einzelnen, die wir allesamt genötigt sind, eine irgendwie akzeptable Weiblichkeit oder Männlichkeit auszubilden.

Unsere Gesellschaft setzt Frauen als Nichtsubjekte und verbindet Weiblichkeit daher mit Eigenschaften, die der Subjektivität entgegenstehen: Passivität, Nachgiebigkeit und Unterordnung. Das männliche Subjekt spaltet diese Eigenschaften von sich selbst ab, entwertet sie und lädt sie zugleich als das begehrte Andere erotisch auf. Die Abwertung von Frauen wird erotisiert – bis hin zum offenen Frauenhass. Anhand der klassischen Rollenverteilung beim Standardtanz lässt sich diese Rollenverteilung gut beobachten: Er führt, sie lässt sich führen; mag sie auch eine begnadete und fantasievolle Tänzerin sein. Die Kunstfertigkeit, das geschmeidige Muskelspiel und das hochgeschlitzte Kleid, mit denen eine Tangotänzerin sich von ihrem Partner führen lässt, spielen mit dem erotischen Potenzial des so konstruierten Geschlechtergegensatzes. In den meisten Lebenslagen tragen Frauen jedoch die größere Last des binären Systems geschlechtlicher Zuweisungen. In heterosexuellen und cisgeschlechtlichen Konstellationen ist ihm besonders schwer zu entkommen: It takes two to tango.

Männliche und weibliche Sexualität sind nicht nur ein gesellschaftliches Außen, irgendein Regelwerk, dem man sich entweder anpassen oder entziehen könnte. Sie bilden sich im Subjekt aus und werden in ihm wirkmächtig. Das Wesentliche am Sozialisationsargument ist, Sexualität auch als inneres, triebhaftes Wollen zu verstehen, das sich seine gesellschaftliche Bahn sucht: entlang der geltenden Vorstellungen von Männlichkeit oder Weiblichkeit, Hetero-, Homo- oder Bisexualität, im Verlangen nach Dominanz und/oder Unterwerfung, in der Sehnsucht nach einem attraktiven Liebesobjekt und/oder eigener erotischer Attraktivität, in Asexualität oder Sublimierung; im schlechten Fall in explizitem Gewaltbedürfnis und Pädophilie. Welche sexuellen Möglichkeiten dem Subjekt offenstehen, ist u.a. vom Geschlecht abhängig. So wird die strukturell männliche Subjektposition des sexuellen Gewalttäters zumeist von Männern besetzt (auch hier würde ich vermuten, in erster Linie von cis Männern). Dass auch manche Frauen diese Position einnehmen und sexuelle Gewalt gegenüber Kindern, Jugendlichen, anderen Frauen oder Schutzbefohlenen ausüben, fällt bis heute unter das Tabu, das über weiblicher (Sexual-)Aggression liegt (Linkerhand 2018a).

Das patriarchale Geschlechterverhältnis macht Frauen in den meisten gesellschaftlichen Positionen, die ihnen offenstehen, zu Opfern und Männer zu Tätern. Eine Zuspitzung dieses Verhältnisses lässt sich in der Prostitution beobachten. Die Anti-Prostitutions-Aktivistin Huschke Mau spricht von der starken Anziehungskraft, die es für sexuell traumatisierte Frauen haben kann, sich zu prostituieren (Mau 2022). Im sexuellen Kontakt mit dem Freier werden bestimmte vertraute Verhaltensmuster wiederholt: sich wertvoll und gebraucht fühlen in der entgrenzten Sexualität, in der gewaltsamen Selbstauslieferung, die – schlimmstenfalls von Kindheit an – mit dem eigenen Begehren und dem weiblichen Selbstverständnis verknüpft sind. Dieser psychische Verarbeitungsmechanismus hat auch physiologische Komponenten: Mau berichtet, dass das Gehirn von Menschen, die mit schwerer sexueller Gewalt aufwachsen mussten, weiterhin intensive Schmerzreize sucht. Daher erfordert es oft einen langen Prozess der Auseinandersetzung mit sich selbst, ehe Betroffene empfänglich für ein behutsameres und zärtliches Begehren werden, das das Gegenüber als gleichberechtigten Anderen wahrnimmt. Die Lust an der Unterwerfung bis hin zur Selbstzerstörung mag furchtbar sein, sie ist ungerecht und geprägt von Trauma – aber sie ist Teil der Sexualität vieler Frauen, längst nicht nur in der Prostitution. Sie ist ein Eckpfeiler der patriarchalen Ordnung. Als solcher ist sie tief in der psycho-sexuellen Subjektivierung von Frauen verwurzelt. Die geschlechtsspezifische Sozialisation prägt unser sexuelles Begehren und das, was wir an Anderen attraktiv finden: weibliche oder männliche Schönheit, Stärke oder Schwäche, die Potenz, Gewalt auszuüben oder hinzunehmen; sowie aufregende Mischungen beider Pole. Auch in homosexuellen Beziehungen werden diese Geschlechtscharaktere miteinander verhandelt, sei es in der gemeinsamen Sexualität oder der Verteilung von Reproduktionsarbeit.

Dass lesbische und schwule Paarbeziehungen eine gewisse Flexibilität hinsichtlich weiblich und männlich konstruierter Eigenschaften aufweisen, zeigt, dass Begehren und Sexualität nicht völlig determiniert sind. Bis zu einem bestimmten Grad sind sie auch abhängig vom Zeitgeist und gesellschaftlichen Entwicklungen. In diesem Sinn wirkt sich die sexuelle Gewalt, die unsere Gesellschaft toleriert (etwa indem sie prominente Vergewaltiger ungestraft davonkommen lässt), auf die aktuellen Bilder von vertretbarer Männlichkeit und von gutem Sex aus. Es beeinflusst die sexuellen Fantasien und das sexuelle Verhalten der Einzelnen, wenn die öffentliche Debatte Signale der Art aussendet: Männer in Machtpositionen dürfen so was. Frauen hingegen müssen Gewalt hinnehmen oder sogar gut finden; wenn sie darüber sprechen, drohen Beschämung und erneute Demütigung, auch durch andere Frauen. Ein weiteres Beispiel für gesellschaftlichen Wandel im Geschlechterverhältnis ist das Grabschen in der Öffentlichkeit, das – der Frauenbewegung sei Dank – in Deutschland viel weniger virulent ist als vor ein paar Jahrzehnten. Ähnlich lässt sich Huschke Maus Argument interpretieren, dass die Bereitschaft von Männern, Sex mit einer Frau zu begehren, die keine Lust darauf hat, sinkt – dass diese Bereitschaft sinkt, sobald eine Gesellschaft Prostitution verbietet und ächtet. Verschiebungen und Verbesserungen innerhalb des kapitalistischen Patriarchats sind also zumindest regional und temporär möglich. Umgekehrt muss dasselbe im Falle von Verschlechterungen angenommen werden. Welches männliche Gewaltpotenzial wird freigesetzt, wenn der Staat – wie in Putins Russland 2017 geschehen – das Schlagen von Frau und Kindern kaum mehr unter Strafe stellt und Gewaltschutzeinrichtungen die Finanzierung entzieht?

Aber die geschlechtliche und sexuelle Ordnung ist nur bis zu einem gewissen Grad reformierbar. Die Geschlechtlichkeit der Subjekte sitzt ähnlich tief wie die Fähigkeit zur Lohnarbeit oder dazu, Bürger*in eines Staates und einer Nation zu sein. Sie kann weder mit Reformpolitik überwunden werden noch mit der idealistischen Setzung, Sex sei gut und selbstbestimmt und Gewalt etwas ganz anderes.

Damit wären wir wieder beim Begriff der sexuellen Gewalt. Er betont die Verschmelzung von Sexualität und Gewalt – sowohl in der Gewalttat als auch im Kopf und im Körper von Täter*innen. Jede Art Sexualität, ob konsensual oder im Übergriff, setzt eine Erregung voraus, die nicht völlig instrumentalisiert werden kann. Täter*innen empfinden sexuelle Lust an der Gewaltausübung, während ihnen die Lust ihres Opfers – gleichgültig, welchem Geschlecht dieses angehört – egal ist. Das gehört zu den beschissenen gesellschaftlichen Realitäten, die Feminist*innen unnachgiebig kritisieren müssen. In diesem Sinn schreibt die *Initiative für Gerechtigkeit bei sexueller Gewalt*: „Der Begriff ‚sexuelle Gewalt' weist auf die kulturellen und gesellschaftlichen Bedingungen des Geschlechterverhältnisses hin und ist daher politischer" (IfGbsG o.J.). Sexuelle Gewalt zu politisieren, setzt also voraus, sie als gesellschaftlich zu verstehen; und das reicht tief in die eigene sexuelle Geschichte, in die eigene Psyche und die eigene Körpererfahrung hinein. Im kapitalistischen Patriarchat, das sexuelle und ökonomische Zwänge amalgamiert, ist Subjektwerdung, jede Sozialisation hin zur Frau oder zum Mann, grundsätzlich als Gewaltgeschichte zu verstehen. Das Schöne und Lustvolle, das Sex bieten kann, ist nicht davon zu trennen, dass er in einer Welt voll patriarchaler, auch explizit sexueller Gewalt stattfindet – und dass Spuren dieser Gewalt auch in uns selbst sind.

Mit dem Staat oder gegen ihn?

Patriarchale Gewalt und revolutionäre Realpolitik

An einem schönen Sommertag am Badesee war ich erbost über die Polizist*innen, die auf Polizeifahrrädern die Strände auf- und abfuhren. Unter dem Eindruck jüngster Repressionserfahrungen gegen Linke und Migrant*innen war mein erster Eindruck: Nicht einmal am See lassen sie einen in Ruhe. Als eine Freundin sagte: „Die kommen sicherlich wegen der Spanner", änderte sich meine Haltung. Ich hatte schon viele Geschichten gehört, in denen exhibitionistische Männer allein badenden Frauen und Queers den Feierabend vergällt hatten, auch Fälle von unverschämten bis hin zu offen bedrohlichen Anmachen. In dieser Perspektive erschien die Anwesenheit der Polizei plötzlich als Sicherheitsfaktor. Meine Anspannung löste sich erstaunlich schnell.

Wenn man nach erlebter patriarchaler Gewalt Gerechtigkeit erfahren und sich vor weiterer Gewalt schützen möchte, kommt man kaum umhin, sich an die Polizei zu wenden. Es gibt fast keine alternativen Hilfeinstanzen. Selbstjustiz ist meistens keine Lösung: Sich gegen übergriffige, in ihrem Begehren gekränkte Männer zu wehren, ist riskant und kann nicht zuletzt dazu führen, dass diejenige, die zuerst Opfer geworden ist, selbst staatlich sanktioniert wird. Dabei ist bekannt, dass Gewalt gegen Frauen, Queers und Rassifizierte häufig nicht ausreichend geahndet wird. Ermittlungen werden verschleppt, Verfahren bieten Demütigung und Retraumatisierung statt Opferschutz, schlimmstenfalls Täter-Opfer-Umkehr. Feministische Gewaltschutzinstitutionen balancieren seit Jahrzehnten dazwischen, Polizei, Ämter, Gerichte und Gesetze zu kritisieren und dennoch mit ihnen zu arbeiten. Auch für autonome feministische Gruppen und Initiativen, die patriarchale Gewalt bekämpfen, stellen sich ganz praktisch die Fragen: Arbeiten wir mit der

Polizei zusammen? Wenn ja, wie wird diese Zusammenarbeit begründet, und wie lässt sie sich kritisch reflektieren? Übernehmen wir in der Beurteilung patriarchaler Gewalt die Kategorien des bürgerlichen Rechtsstaats? Wenn nein, warum nicht?

Schaut man sich den westlichen Feminismus seit der Zweiten Frauenbewegung an, scheint es beim Thema patriarchale Gewalt nicht mit dem Staat und nicht ohne ihn zu gehen. Ich möchte versuchen, diesen Balanceakt mit der Denkfigur der revolutionären Realpolitik zu theoretisieren, die Rosa Luxemburg Ende des 19. Jahrhunderts formulierte. Damit soll ein sozialistischer Strategievorschlag mit den Analysen der feministischen Bewegung zusammengebracht werden. Meine Hoffnung ist, ein Werkzeug für die Diskussion um eine feministische Zusammenarbeit mit dem Staat zur Verfügung zu stellen und damit politische Handlungsfelder klarer abzustecken.

Rechtssystem und (Re-)Produktionsverhältnisse

Das bürgerliche Rechtssystem ist wesentlich kapitalistisch geprägt: Seit der Etablierung des bürgerlichen Nationalstaats im 19. Jahrhundert ist es untrennbarer Teil der kapitalistischen Gesellschaftsordnung. Es schützt das Privateigentum und erklärt Kapitalist*innen und Lohnabhängige sowie die Verkäufer*innen und Käufer*innen von Waren zu grundsätzlich gleichen Vertragspartner*innen.

Das Rechtssystem sitzt also den Produktionsverhältnissen und ihrer Reproduktion auf und bleibt damit den Regeln von Nationalstaat und Nationalökonomie verpflichtet. Analog zum instabilen Subjektstatus der Frauen, der aus ihrer gleichzeitigen und widersprüchlichen Verpflichtung zu Lohn- und Sorgearbeit resultiert, ist auch ihr Status als Rechtssubjekt umkämpft. Das bürgerliche Recht schwankt zwischen den gegensätzlichen Bestrebungen, Frauen als Subjekte anzuerkennen – und ihre Subjektivität zu verneinen. Der Rechtssubjektivität liegt die kapitalistische Subjektform mitsamt ihren sexistischen und rassistischen Abspaltungen zugrunde.

Damit lässt sich begründen, dass Feminist*innen, wenn es um rechtliche Verbesserungen für Frauen oder auch LGBTI ging, jedes Mal gegen Windmühlenflügel gekämpft haben. Viele Kämpfe waren letztlich dennoch von Erfolg gekrönt, siehe das Frauenwahlrecht (1918), die rechtliche Gleichstellung der Geschlechter (1949), das Gewaltschutzgesetz (2002), die Aufnahme des Grundsatzes „Nein heißt nein" ins Strafgesetzbuch (2016) und das Selbstbestimmungsgesetz (2024). Alle stärken die Rechtssubjektivität von Frauen und Queers: Nur Subjekte können eine Stimme abgeben, Nein sagen, Auskunft über ihre geschlechtliche Zugehörigkeit geben.

Aber diese Gesetze sind nicht vom Himmel gefallen und auch nicht von selbst aus der Demokratie emporgeblüht – sondern es handelt sich um Ergebnisse feministischer Kämpfe. Wichtige Akteur*innen waren Feministinnen der Ersten und der Zweiten Frauenbewegung, die viele Frauen mobilisieren konnten, Homosexuellen- und queerfeministische Initiativen sowie eher vereinzelte Kämpfer*innen wie die Sozialdemokratinnen Elisabeth Selbert und Frieda Nadig, die als „Mütter des Grundgesetzes" durchsetzten, dass der Gleichheitsgrundsatz im Grundgesetz sich explizit auch auf das Geschlecht erstreckt.

Andere Kämpfe haben bis heute nicht ihr Ziel erreicht: So besteht der Abtreibungsparagraf 218 weiterhin. Auch die Umsetzung der internationalen Gewaltschutzstandards für Frauen, die 2011 in der Istanbul-Konvention festgelegt wurden, ist noch lange nicht in Sicht. Obwohl sich die Frauenhäuser seit Jahren stark dafür einsetzen, gibt es in den allermeisten deutschen Kommunen viel zu wenig Frauenhausplätze. Außerdem sinkt seit Jahren die Verurteilungsquote angezeigter Sexualstraftäter (Kampagne *Vergewaltigung verurteilen* o.J.).

Weil das Rechtssystem der kapitalistisch-patriarchalen Ordnung aufsitzt, können Gesetzesänderungen nur Reformen des Patriarchats bewirken. Sie können es nicht überwinden. Zwar kann das Rechtssystem punktuell gegen bestimmte Auswüchse intervenieren, etwa gegen bestimmte Formen von Gewalt an Frauen, Queers und Rassifizierten. Weil der Staat uns materiell ein bestimmtes Interesse als Lohnarbeitssubjekten entgegenbringt und ideell seinen Grundsatz der Rechtsgleichheit aufrechterhalten will, sind Kämpfe für Gewaltschutz manchmal von Erfolg gekrönt. Dass es jedoch langwierige, oft genug vergebliche Aushandlungen sind, weist darauf hin, dass die Nichtsubjektivität dieser Bevölkerungsgruppen konstitutiv für das Bestehen des kapitalistischen Nationalstaats ist. Dann gilt die umgekehrte Begründung: Materiell betrachtet, bedeutet Nichtsubjektivität meistens effektivere Ausbeutbarkeit; ideologisch bedeutet sie Entlastung des strukturell weißen, männlichen Lohnarbeitssubjekts. Der Staat stellt den rechtlichen Rahmen für die Ausbeutung der Lohnabhängigen durch die Kapitalist*innen – und verschafft beiden zugleich die Möglichkeit, ihre Reproduktion auf Frauen und Rassifizierte abzuwälzen und das auch mit Gewalt durchzusetzen. Das ist das „patriarchale Bündnis" zwischen Staat, Arbeitgeber*innen und männlichen Lohnabhängigen, von dem die Ökofeministin Eva Vázquez spricht (Vázquez 2023, S. 35).

Dabei bleibt zu beachten, dass Ideologie durchaus ein stärkerer Beweggrund dafür sein kann, einer Bevölkerungsgruppe Rechte zu versagen, als der materielle Nutzen oder Nichtnutzen der so Entsubjektivierten für die deutsche Volkswirtschaft. In Zeiten des transnationalen Aufschwungs autoritärer, meist rechter Politiken hat sich die rassistische Ideologie den rassistischen (Re-)Produktionsverhältnissen gegenüber verselbstständigt. Sie dient der Befriedigung der unzufriedenen Mehrheit, für die es auch bergab geht. Davon zeugen m.E. das unmenschliche Rückführungsverbesserungsgesetz oder die deutsche Unterstützung der EU-Asylreform, die das Recht auf Asyl nahezu abschafft (beide von 2024).

Rechtliche Veränderungen, ob zum Guten oder zum Schlechten, folgen stets auch den Konjunkturen der gewaltsamen globalen (Re-)Produktionsverhältnisse und ihrer ideologischen Rechtfertigungen. Daher kann der Staat kein feministischer Heilsbringer sein; und es wäre nicht im Sinn einer transnationalen feministischen Solidarität, ihn als einzigen Player oder Ansprechpartner zu sehen, wenn die Frage lautet: Was tun gegen patriarchale Gewalt?

Revolutionäre Realpolitik

Im Dilemma, dass es nicht mit dem Staat und nicht ohne ihn zu gehen scheint, kann das Konzept der revolutionären Realpolitik weiterhelfen. Nach der Marxistin Rosa Luxemburg (1871–1919) bedeutet es, im Bestehenden und mit seinen Mitteln für die Überwindung des Bestehenden zu kämpfen. Luxemburgs Strategievorschlag stammt aus einem Streit in der SPD um die Jahrhundertwende, in dem es darum ging, inwieweit sich der Sozialismus über Parteipolitik verwirklichen ließe. In ihrer Streitschrift *Sozialreform oder Revolution?* plädierte sie dafür, sozialistische Politik in steter Spannung zwischen (parlamentarischer und gewerkschaftlicher) Realpolitik und revolutionärer Perspektive zu verstehen.

So gleiche „der gewerkschaftliche Kampf […] in der kapitalistischen Gesellschaft Sisyphusarbeit. Diese Sisyphusarbeit ist aber unentbehrlich, soll der Arbeiter überhaupt zu der ihm nach der jeweiligen Marktlage zufallenden Lohnrate kommen" (Luxemburg 2022, S. 78). Der Arbeiter – ich bleibe bei Luxemburgs generischem Maskulinum, da Geschlecht in ihren Ausführungen keine Rolle spielt – muss sich gewerkschaftlich organisieren, um erträgliche Tarife auszuhandeln. Gleichzeitig bleibt er als Arbeiter Angehöriger der ausgebeuteten Klasse, die Herrschaft der Kapitalisten, auf deren Produktionsmittel er angewiesen ist, ist ungebrochen: „Die Genossenschaften und die Gewerkschaften erweisen sich somit als gänzlich unfähig, die kapitalistische *Produktionsweise* umzugestalten" (ebd.). Weil diese Produktionsweise auf der Ausbeutung des Arbeiters durch den Kapitalisten beruht, ist eine gerechte Entlohnung innerhalb kapitalistischer Verhältnisse nicht möglich. Um die Klassengesellschaft aufzuheben, muss sich die organisierte Arbeiterschaft in einem revolutionären Akt die Produktionsmittel aneignen. Glaubt sie – wie der reformerische Teil der damaligen SPD –, auf diesen Schritt verzichten zu können, lässt sie ihr „Endziel fallen […], um dafür in der einen und unwandelbaren bürgerlichen Gesellschaft das Ende der menschlichen Entwicklung zu sehen" (ebd., S. 73). Das große Ziel, die sozialistische Gesellschaft, bedeutet nach Luxemburg immer die Sprengung des kapitalistischen Systems und kann nicht innerhalb seiner Grenzen verwirklicht werden.

Dennoch müssten die Sozialdemokraten die vorhandene bürgerliche Demokratie und den Parlamentarismus nutzen, um für die Abschaffung des Kapitalismus zu kämpfen. Zwar könnten die Kapitalisten nicht über „Selbstverwaltung, Wahlrecht u. dergl." enteignet werden; aber diese Einrichtungen schaffen „Ansätze und Stützpunkte für das Proletariat bei seiner Umgestaltung der bürgerlichen Gesellschaft" (ebd., S. 94). Eine Gesetzgebung, die den Arbeitern mehr Handlungsspielraum verschafft, und starke Gewerkschaften, die höhere Löhne fordern und damit den Gewinn der Kapitalisten zu schmälern trachten, greifen als gesellschaftliche Gegenmacht die kapitalistischen Machtverhältnisse an. Insofern trägt ihr realpolitischer Kampf zur Machtübernahme der Proletarier bei. Wichtig ist, dass sich die Spannung von Reformismus und revolutionärem Feuer nach keiner Seite hin auflösen lässt.

Luxemburgs Ausführungen kommen aus einer längst vergangenen Zeit, und ihr liegen bestimmte marxistische Annahmen zugrunde, die sich heute großenteils überlebt haben: etwa ihr stahlharter Geschichtsoptimismus oder die Notwendigkeit einer Diktatur des Proletariats. Dennoch halte ich die Vorgehensweise der revolutionären Realpolitik für sehr nützlich hinsichtlich feministischer Kämpfe. Das Verhältnis von feministischer Emanzipation und Staat lässt sich gut mit dem Verhältnis parallelisieren, in das Luxemburg ihr „Endziel" Sozialismus und den bürgerlichen Staat zueinander setzt.

Wie wir gesehen haben, setzen sich viele Feminist*innen dafür ein, die Potenziale des bürgerlichen Rechtssubjekts – etwa das Recht auf körperliche Unversehrtheit und Selbstbestimmung – auch für Frauen, Queers und Rassifizierte zu erringen. Die Gesetzgebung gegen patriarchale Gewalt zu verbessern und die Durchsetzung dieser Gesetze zu fordern, ist ein wichtiges feministisches Aktionsfeld. Gleichzeitig ist der Kampf eine „Sisyphusarbeit", weil er in ein Rechtssystem zu intervenieren trachtet, das die Selbstbestimmung von Frauen, Queers und

Rassifizierten nur zu einem gewissen Grad zulässt. Würde unser Rechtssystem zulassen, dass alle, die zu diesen Gruppen gehören, im selben Maße über sich selbst bestimmen könnten wie weiße, männliche Lohnarbeiter oder gar Unternehmer*innen, würde die Grundstruktur des kapitalistischen Patriarchats außer Kraft gesetzt.

Revolutionäre Realpolitik in Aktion

Die Homo-Ehe (in Deutschland seit 2017) ist ein gutes Beispiel, um von Feminist*innen und Queerpolitiker*innen angestoßene Gesetzesnovellen unter der Perspektive revolutionärer Realpolitik einzuordnen. Sie ist eine wichtige Errungenschaft, um lesbischen und schwulen Paaren den Alltag und die Elternschaft zu erleichtern, und dient somit ihrer selbstbestimmten Lebensgestaltung. Aber die „Ehe für alle" ändert wenig daran, dass die gesellschaftliche Reproduktion vom Produktionsprozess abgespalten und in die klaustrophobische Privatheit der Kleinfamilie verdrängt wird. Die kapitalistisch-patriarchale Arbeitsteilung sowie die bürgerliche Ideologie der romantischen Liebe, die nach lebenslänglicher exklusiver Zweisamkeit und Fortpflanzungsgemeinschaft lechzt, bleiben in ihren Grundzügen unangetastet. Reproduktionsarbeit und romantische Liebe sind nach wie vor zutiefst frauenfeindliche Einrichtungen. Dennoch erweitern sich die Erfahrungshorizonte der gesamten Gesellschaft, wenn die Ehe für lesbische und schwule Paare geöffnet wird: Zumindest im familiären Rahmen werden neben der Mann-Frau- bzw. Mutter-Vater-Kind-Kombination andere Rollen- und Arbeitsaufteilungen nicht nur sichtbar, sondern auch staatlich geschützt. Die bisherige, unausgesprochen homofeindliche Geschlechternorm kann nicht einfach weiterbefolgt werden, sondern bedarf der Erweiterung – oder der offen reaktionären Legitimierung, die die gesellschaftlichen Uneinigkeiten zum Thema Homosexualität auf den Tisch bringt. Insofern bedeutet die Homoehe m.E. einerseits eine Stabilisierung des Status quo, andererseits weist sie über ihn hinaus.

Für feministische und queere Aktivist*innen, die den revolutionären Horizont der Homo-Ehe aufrechterhalten wollen, kann das bedeuten, sich weiter für die Öffnung von Familien- und Fürsorgemodellen einzusetzen und z.B. über Care-Netzwerke Utopien des solidarischen Zusammenlebens zu entwerfen. Leider neigen revolutionär Gesinnte, die in staatlich geförderten Strukturen (Netzwerken, Vereinen, Parteien, sozialen Trägern) aktiv sind, dazu, sich realpolitisch zu verzetteln, in erster Linie Anerkennungs- und nicht zuletzt Stellenpolitik zu betreiben – während sie eigentlich „Ansätze und Stützpunkte" (Luxemburg) für eine große soziale Umwälzung schaffen wollen. Ich plädiere dafür, dieses Unbehagen an der Realpolitik dafür zu nutzen, immer wieder Distanz zu den Mitteln und Möglichkeiten sowie zum Jargon des Bestehenden einzunehmen. Meiner Erfahrung nach hilft die Besinnung auf das, was wir eigentlich wollen, dabei, ein strategisches Verhältnis zu den verfügbaren Mitteln zu entwickeln, das dennoch die bestehenden Strukturen und die anderen Akteur*innen im Feld ernst nimmt. Auf diese rechtlichen und finanziellen Mittel zu verzichten, um als völlig autonome Revolutionärin zu agieren, ist meistens keine Lösung, die den eigenen Handlungsspielraum und gesellschaftlichen Einfluss vergrößert.

Der Blick über den deutschsprachigen Tellerrand bietet weitere Beispiele, wie Feminist*innen realpolitische Forderungen und revolutionäre Perspektive verknüpfen und die dabei aufkommenden Widersprüche politisieren. Bereits die „Lohn für Hausarbeit"-Kampagne in den 1970ern, an der die italienischen Feministinnen Silvia Federici und Mariarosa Dalla Costa beteiligt waren, wies darauf hin: Wenn Frauen für ihre reproduktive Arbeit in Haushalt und Kindererziehung so bezahlt würden wie Männer für ihre Lohnarbeit, würden die Nationalökonomien, die auf unbezahlte, unbeachtete Reproduktionsarbeit angewiesen sind, zusammenbrechen. Die junge Federici benannte das Vorgehen, realpolitisch Unmögliches zu fordern, als „eine revolutionäre Strategie, da [es] die Rolle unterläuft, die uns innerhalb der kapitalistischen Arbeitsteilung zugewiesen wird, wodurch sich die Machtverhältnisse zu unseren Gunsten und zugunsten der Einheit der Klasse verändern" (Federici 2012). Sie betonte die Verwobenheit von patriarchaler und kapitalistischer Ausbeutung, wodurch die Befreiung von der Männerherrschaft nur als sozialistische und letztlich weltweite denkbar wird. Die Emanzipation der Frauen *im* Kapitalismus trägt letztlich die Emanzipation *vom* Kapitalismus in sich.

Im selben Sinn verweist die Kritik am Extraktivismus auf die internationalen Spaltungen innerhalb der Lohnarbeiter*innenschaft (siehe *Extraktivismus und die „tiefen Spaltungen" im politischen Subjekt Frau*). Wenn alle Lohnabhängigen im globalen Norden und im globalen Süden eine gute Ausbildung sowie gut bezahlte Arbeitsverhältnisse mit sozialer Absicherung hätten, wäre die globale kapitalistische Warenproduktion, die auf rassifizierte, also ungelernte und überausgebeutete Arbeitskraft angewiesen ist, nicht aufrechtzuerhalten. Die Kritik, dass die materiellen Bedingungen für die bürgerliche Emanzipation *aller Menschen* nicht vorhanden sind, muss dafür in Stellung gebracht werden, die bürgerliche Gesellschaft zu überwinden.

Auch in den explizit feministischen Kämpfen gegen den Rohstoffabbau zeigt sich die Spannung der revolutionären Realpolitik: Es geht um ganz konkretes Land und ganz konkrete Arbeitsbedingungen – und gleichzeitig um eine Überwindung des extraktivistischen Wirtschaftsmodells. Im Bemühen, ihre Familien zu versorgen, also ihren reproduktiven Verpflichtungen als Frauen nachzukommen, werfen Aktivistinnen grundsätzliche Fragen nach nicht-mehr-kolonialen und nicht-mehr-kapitalistischen Wirtschafts- und Lebensweisen auf, in denen Frauen nicht auf die patriarchale Rolle als Fürsorgerin und Elendsverwalterin abonniert wären. Beide Stoßrichtungen werden nicht unabhängig von oder in einer bestimmten zeitlichen Reihenfolge gedacht, sondern in Beziehung zueinander. Verónica Gago fasst diese Vorgehensweise zusammen: „So gelingt es, inmitten bestehender Widersprüche zu arbeiten, ohne im Warten auf das Erscheinen des Idealzustands absolut befreiter Individuen und idealer Kampfbedingungen oder auch in dem Irrglauben zu verharren, dass es für die gesellschaftliche Transformation nur einen einzigen Raum geben kann" (Gago 2021, S. 201).

Was tun mit und ohne Polizei?

Revolutionäre Realpolitik kann mithin als ein Sich-in-Beziehung-Setzen verschiedener feministischer Stoßrichtungen verstanden werden, die auf ganz unterschiedlichen Ebenen agieren. Diese Unterschiede erstrecken sich auch auf die (Nicht-)Zusammenarbeit mit der Polizei im Kampf gegen patriarchale Gewalt.

Polizist*innen für häusliche Gewalt zu sensibilisieren und zu fordern, dass der Staat sie gegen prügelnde Ehemänner und Zuhälter losschickt, sind z.B. in der Frauenhausarbeit wichtige Maßnahmen mit erkennbaren Resultaten. Die autonomen Frauenhäuser und -beratungsstellen kämpfen seit fast 50 Jahren dafür, dass patriarchale Gewalt nicht länger als privates Problem angesehen wird, sondern als politisches – und damit auch ein polizeilich zu verfolgendes. Das bleibt ein zweischneidiger Kampf, da die Polizei eine männerdominierte und strukturell autoritäre Institution ist und „Berufswaffenträger […] besonders häufig Partnerschaftsgewalt ausüben“, wie die Rechtsanwältin Christina Clemm feststellt (Instagram-Post von @chraclemm vom 6.5.2024). Ob es einer gewaltbetroffenen Frau zugutekommt, den Täter anzuzeigen, ist üblicherweise Gegenstand einer ergebnisoffenen Beratung in der Gewaltschutzeinrichtung: Denn auf die patriarchale Justiz ist kein Verlass. Manchmal scheitert die Betroffene nicht im Gerichtssaal, sondern schon vorher, wenn der Polizist auf dem Revier keine Anzeige aufnimmt oder die Staatsanwaltschaft keine Klage erhebt.

Wenn gewaltbetroffene Frauen Migrant*innen sind, kommt hinzu, dass die Polizei für rassifizierte, geflüchtete und illegalisierte Menschen häufig mehr Gefahr als Schutz bietet. Im Fall rassifizierter Frauen äußert sich diese Gefahr tendenziell im Nichteingreifen. Allzu oft setzen Polizist*innen das Leben von Frauen aufs Spiel, indem sie sich auf der verbreiteten, sexistisch-rassistischen Externalisierung ausruhen, dass Gewalt gegen Frauen unter Migrant*innen einfach üblich wäre. „Die Polizei hilft erst, wenn es zu spät ist“, bilanziert Azadiya H. ihre Versuche, den gewalttätigen Vater von der Polizei abholen zu lassen (Linkerhand 2022, S. 100). Zugleich werden Polizist*innen überaus aktiv, wenn es gilt, deutsche Frauen vor männlichen Migranten zu schützen. Auch die Fahrradpolizist*innen am See hatten sicherlich ein besonders waches Auge auf nichtweiße Männer, die dort ihre Freizeit verbrachten. Dass sie ihnen, anders als mir, kein Sicherheitsgefühl vermittelten, liegt auf der Hand.

Revolutionäre Realpolitik kann hier auf die Erkenntnis zurückgreifen, dass es der (wenngleich ungeschriebenen) Aufgabe der Polizei entspricht, die rassistische Ordnung des kapitalistischen Nationalstaats aufrechtzuerhalten. Die polizeikritische Gruppe *Copwatch Leipzig* führt die Einrichtung der Polizei auf die Verwaltung von Sklav*innen in den USA zurück: „Zur Durchsetzung [der Sklaverei] war immer ein Strafsystem notwendig, dessen wohl wichtigster Teil die sog. *slave patrols* waren. Diese patrouillierenden Weißen waren dafür zuständig, auf der Flucht befindliche Sklaven wieder einzufangen, sie zu bestrafen oder zu töten, wenn sie Verfehlungen begangen hatten. Die *slave patrols* sind der direkte Vorgänger der heutigen modernen Polizei. Daraus wird abgeleitet, dass die Polizei, die vor allem dem Schutz von Eigentum und Nationalstaat verschrieben ist, aus ihrer Aufgabe und Struktur heraus rassistisch ist und auch nach jeder möglichen Reform bleiben wird“ (Copwatch Leipzig o.J.).

Die Polizei ist integraler Teil der rassistischen und kapitalistisch-patriarchalen Gewaltverhältnisse. Während das in Lateinamerika weiten Teilen der Bevölkerung schon lange sehr klar ist, legt die deutsche Polizei erst seit den 2000er Jahren durch Aufrüstung und neue Gesetzgebungen ihr „Freund und Helfer“-Image ab (siehe *Exkurs 12: Polizeigewalt*). Zwar hatte es eine vergleichbare Militarisierung und Kompetenzerweiterung bereits in der alten BRD in den 1970er Jahren gegeben – gegen eine angeblich umfassende linksterroristische Bedrohung, die mit dem realen Terrorismus der RAF gerechtfertigt wurde. Dennoch scheint mir, dass gewaltvolle Erfahrungen mit der Polizei bis heute v.a. von Linken und Migrant*innen thematisiert werden. Die Polizei bleibt die Institution, der die Deutschen am meisten vertrauen (statista 2024).

Da der zunehmende Autoritarismus sich nicht nur in der Hochrüstung der Polizei, sondern auch in verschärften Gesetzeslagen gegen Migrant*innen äußert, muss es Teil feministischer Realpolitik sein, rassifizierte Frauen und Queers mithilfe autonomer Strukturen zu unterstützen und sich gegen polizeiliche Drangsalierung zu solidarisieren. In anderen Fällen wiederum kann es geraten sein, sich an die Polizei zu wenden, wenn Frauen und Queers von patriarchaler und auch rassistischer Gewalt betroffen sind. Frauenhausmitarbeiterinnen können dabei, als Vertreterinnen einer mittlerweile anerkannten gesellschaftlichen Institution, ein anderes Standing haben als eine autonome feministische Gruppe. Freilich werden sie meist auch andere Vorstellungen von Radikalität und Revolution haben. Wir brauchen ein Verhältnis von gegenseitiger Herausforderung und produktivem Streit, ob und wann es Sinn macht, mit der Polizei zusammenzuarbeiten oder nicht.

Angesichts des Autoritärer-Werdens der Verhältnisse stellt sich die Frage nach feministischen Allianzen und unabhängigen Strukturen ohnehin neu – nicht nur durch die veränderte Rolle der Polizei, sondern auch durch den drohenden Wegfall der Finanzierung feministischer Gewaltschutzeinrichtungen.

Und die Spanner am Badesee? Natürlich ist es eine gute Sache, wenn sie von der Polizei aufgestört werden und sich verdrücken. Aber hier ist durchaus Luft für autonome Aktion. Neben den schon üblichen Chatgruppen, die vor Spannern warnen, träume ich von solchen, die dem selbsttätigen Vorgehen gegen sie dienen. Nicht zuletzt ist es im Sinn feministischer Selbstermächtigung, Macker und Exhibitionisten, statt den Staat um Hilfe anzurufen, kollektiv der Lächerlichkeit preiszugeben oder ihnen in die entblößten Eier zu treten.

Der Staat kann nicht über sich selbst hinaus. Daher können Linke, Migrant*innen und Feminist*innen nur punktuell und mit Bedacht auf ihn bauen. Eine feministische Gesellschaftskritik, die praktisch werden möchte, steht vor einem schwierigen Spagat: für die Rechte von Frauen, Queers und Rassifizierten zu kämpfen, ohne sie als letzten und wichtigsten Bezugsrahmen zu setzen. Eine geschlechtergerechte, nicht-mehr-rassistische Gesellschaft wird nicht Hand in Hand mit der Polizei zu verwirklichen sein.

Revolution als das ganz Andere?

Revolutionäre Realpolitik erlaubt es also, die Handlungsfelder eines materialistischen Feminismus zwischen parlamentarischer, institutioneller und autonomer Bewegung aufzuspannen und die Widersprüche zwischen den Feldern nicht unter den Tisch zu kehren, sondern im eigenen politischen Denken und Handeln zu berücksichtigen.

Darüber hinaus ist sie ein Mittel gegen eine gewisse Halt- und Hilflosigkeit der Utopie, die man häufig in feministischen Entwürfen findet, die der kritischen Theorie nahestehen. Ich habe selbst oft Texte und Referate mit den Worten beendet: „Aber dabei muss man natürlich bedenken, dass wir das ganz Andere wollen: eine Welt ohne Kapitalismus und Patriarchat." Obwohl ernst gemeint und tief gefühlt, standen diese Schlussbemerkungen etwas zusammenhanglos im Raum, recht unverbunden mit dem Gegenstand von Referat oder Text. Sie nahmen die realpolitischen Erwägungen, z.B. zu Schönheitsidealen oder zu Essstörungen, halb zurück, erklärten sie für zweitwichtig und festigten die Annahme, dass man im Hier und Jetzt *eigentlich* nichts machen könne. Im Licht der reinen Utopie erscheinen die vorhandenen Analysen und Aktionsformen stets ungenügend, hoffnungslos kontaminiert vom Bestehenden.

Sicherlich prägen Kapitalismus und Patriarchat unser Denken so stark, dass die Frage gar nicht so leicht zu beantworten ist, wie Geschlechtlichkeit gelebt werden könnte, wenn es beide nicht mehr gäbe. Statt das ersehnte Andere aber unverbunden im Raum stehen zu lassen, können Feminist*innen es im Spannungsfeld zwischen Revolution und Realpolitik verhandeln.

Ein Gesetz gegen patriarchale Gewalt verwirklicht noch nicht die Utopie vom Ende des Patriarchats. Es schafft keine neue Gesellschaft, die nicht auf Gewalt und Geschlechterhierarchien beruht. Vielleicht reicht es nicht weit genug, wird ungenügend umgesetzt, vielleicht hat es rassistische oder queerfeindliche Pferdefüße. Solche Gesetze kritisch zu begleiten, ist Aufgabe einer staatskritischen feministischen Bewegung. Sie bezieht den Staat als wichtigen realpolitischen Player ein, ohne sich auf ihn zu verlassen: Denn der kapitalistische Nationalstaat erlaubt feministische Emanzipation nur für die Dauer bestimmter Konjunkturen, er erlaubt sie nur bestimmten Gruppen von Frauen und Queers und nur auf Kosten Anderer.

Der staatliche Rahmen, in dem wir uns subjektiviert haben, ist tief in unsere Erfahrungen von Leid und Zwang, aber auch von Glück, Freiheit und sinnvollem Miteinander eingewoben. Diese Erfahrungen verbinden uns mit der Utopie, prägen die Vorstellung davon, was sein soll und was nicht. Daher sehe ich keinen Sinn darin, die Utopie als das ganz Andere zu fassen und sich nach dem Messias oder Märchenprinzen zu sehnen, der ohne eigenes Zutun eines Tages herangeritten kommt. Emanzipatorischer scheint es mir, die Sehnsucht auf das Andere zu richten, das im gegenwärtigen Alltag durchschimmert; etwa soziale Beziehungen, die zu einem großen Teil von Zuneigung und Freiwilligkeit getragen sind; oder süße Mirabellen, die man im Sommer am Wegesrand pflücken und in den Mund stecken kann, weil sie scheinbar niemandem gehören. Welche kleinen und großen realpolitischen Schritte helfen, diese Erfahrungen gesamtgesellschaftlich zu verwirklichen? Welche Forschung und welchen theoretischen Austausch brauchen wir dazu? Wie kann eine gemeinsame feministische Praxis aussehen, die den utopischen Zustand als Leuchtfeuer und Einwand mit sich trägt? Dieser Zustand könnte ein nicht-mehr-nationalstaatliches Hier und Jetzt aus solidarischen und streitbaren Subjekten sein, das die Revolutionstheoretikerin Bini Adamczak als „knarzig-flirrend“ beschreibt (Adamczak 2017, S. 274).

Konkret bezogen auf patriarchale Gewalt, könnte die Frage lauten: Welche Wege gibt es außer dem Ruf nach der Polizei, der Gewalt in unserem Alltag, unseren Beziehungen, in uns selbst zu begegnen? Welche individuellen und kollektiven Strategien haben Feminist*innen, Antirassist*innen, Anarchist*innen, Antifaschist*innen und Sozialist*innen dafür entwickelt? Nicht zuletzt aus einer transnationalen feministischen Perspektive macht es Sinn, den deutschen Engtanz mit dem Staat zu hinterfragen, den die Linke schon zu Rosa Luxemburgs Zeiten vollführt hat.

Exkurs 11

Prostitutionskritik und die Sehnsucht nach dem Staat, der's richtet

Gagos Aufforderung, „inmitten bestehender Widersprüche zu arbeiten", ist auch ein gutes Argument gegen den Staatsfetisch mancher feministischer Initiativen. In den letzten Jahren fällt er mir besonders in der radikalfeministischen Prostitutionskritik auf, der ich im Ganzen sympathisierend gegenüberstehe. Die abolitionistische, auf ein staatliches Verbot abzielende Prostitutionskritik wird in Deutschland etwa von den Bündnissen *Stop Sexkauf!*, der Frauenrechtsorganisation *Terre des Femmes*, dem Verein *Sisters e. V.*, der Zeitschrift *EMMA*, aber auch linksradikalen Gruppen wie dem *Feministischen Bündnis Heidelberg* vertreten.

Die Abolitionistin Huschke Mau erläutert in ihrem Buch *Entmenschlicht. Warum wir Prostitution abschaffen müssen*, dass Deutschland aufgrund der liberalen Prostitutionsgesetzgebung zum „Bordell Europas" geworden ist, in dem täglich zahllose Frauen, davon 65-90 Prozent Migrantinnen, Sex verkaufen, und zwar unter entrechteten und entmündigten Bedingungen. Sie spricht von Frauenhandel, mafiösen Strukturen, Drohungen und Erpressung mit fingierten Schulden, aber auch familiärer Gewalt, Alkohol- und Drogensucht, Armutsmigration und rassifiziertem Sexismus, der etwa Romnija aus Rumänien, Bulgarien und Ungarn in die Prostitution treibe. Der deutsche Staat biete sich prostituierenden Frauen weder Schutz noch Entlastung, vielmehr schaffe er günstige Rahmenbedingungen für ihre sexuelle Ausbeutung: Das Prostitutionsgesetz (2002) erklärt Sexkauf zum Dienstvertrag, der den Kunden nach Leistungserbringung zur Zahlung verpflichtet. Laut dem Prostituiertenschutzgesetz (2017) müssen Prostituierte sowie Prostitutionsstättenbetreiber*innen ihr Gewerbe behördlich anmelden; außerdem verpflichtet es zu Gesundheitsberatungen und zur Benutzung von Kondomen. Mau kritisiert, dass die staatlichen Schutzabsichten am gewalttätigen Alltag der Prostitution weit vorbeigehen. „Prostitution ist […] sexuelle Gewalt" (Mau 2022, S. 249), die zuvörderst auf „gewaltvorgeschädigte Frauen" (ebd., S. 139) zugreife. Außerdem spreche sie Männer an, „denen ihre eigene sexuelle Befriedigung wichtiger ist als Konsens" (ebd., S. 172). Der Staat verschließe die Augen vor diesem Gewaltverhältnis, wenn er Prostituierte als unabhängige Rechtssubjekte und Vertragspartner*innen von Freiern und Zuhälter*innen anspreche.

Als Lösung schlägt Mau – wie in der abolitionistischen Prostitutionskritik üblich – das Nordische Modell vor: ein Sexkaufverbot, das nicht die Prostituierte, sondern den Freier kriminalisiert. Das Nordische Modell wurde 1999 zuerst in Schweden eingeführt, es folgten Norwegen, Island, Kanada, Nordirland, Frankreich, Irland und Israel. Die Staaten erkennen an, dass Prostitution grundsätzlich Gewalt gegen Frauen bedeutet, und bieten betroffenen Frauen Ausstiegshilfen an (z. B. Ausbildung, Wohnung, Sprachkurse) sowie flächendeckend Prävention und Aufklärung. Freier und andere Profiteur*innen wie Bordellbetreibende werden nicht nur mit Bußgeldern oder sogar Haftstrafen belegt, ihnen wird auch Therapie nahegelegt (ebd., S. 364-366).

Huschke Maus Kritikpunkte sind stimmig, gerade weil sie eindringlich auf die patriarchalen Entstehungsbedingungen von Prostitution hinweist: die Gewalt in der weiblichen Sozialisation, das instrumentelle und abspaltende Körperverhältnis, das Frauen strukturell vermittelt wird, die als fremdbestimmt erlebte Sexualität. Zu Recht argumentiert sie, dass eine liberale Prostitutionsgesetzgebung u.a. am frauenverachtenden Geschlechterverhältnis scheitert, das weit über den Wirkungsbereich der Prostitution hinausreicht. Auf der gesetzlichen, realpolitischen Ebene schließe ich mich ihr an – mit den Worten einer anderen abolitionistischen Genossin: Das Nordische Modell ist der beste Gesetzesentwurf, der zum Thema Prostitution gerade diskutiert wird.

Das Unbehagen, das ich mit der radikalfeministischen Position habe, liegt in der Engführung auf gesetzliche Änderungen. Mein Eindruck ist, dass die Forderung „Eine Welt ohne Prostitution“ (z.B. Netzwerk LINKE für eine Welt ohne Prostitution 2020) oft etwas einseitig vertreten wird. Sexuelle Gewalt und Ausbeutung werden hauptsächlich in der Prostitution verortet – und dann soll der Staat kommen und das Übel beseitigen.

Prostitution ist aber nur ein Teil des herrschenden Geschlechterverhältnisses. Sie ist die Rückseite von romantischer Liebe und Ehe, die auf Monogamie gründet, und einem gespaltenen Frauenbild, das zwischen den Projektionen „Hure“ und „Heilige“ trennt, also zwischen der Prostituierten als Objekt des Begehrens einerseits und der gleichberechtigten Partnerin und Mutter der Kinder andererseits. Schon Sigmund Freud schrieb über dieses Begehrensmuster: „Wo solche Männer lieben, haben sie kein Begehren, und wo sie begehren, können sie nicht lieben“ (Freud 1912).

Die bürgerliche Spaltung in „Heilige“ und „Hure“ wurde und wird im Feminismus als patriarchales Frauenbild kritisiert, aber auch wiederholt. So beklagt ein Dossier in *EMMA* (2/2014) die Einrichtung eines Bordells in einem Kölner Wohnhaus, die zu einem unerträglichen Nebeneinander von Kinderfahrrädern und durchs Treppenhaus stapfenden Freiern führe – als wäre die bürgerliche Familienidylle nicht ebenso eine patriarchale, potenziell gewalterzeugende Einrichtung wie ihre Gegenseite, die Verlagerung männlicher Fantasien und Triebabfuhr in die Prostitution. Zwar beschreiben Prostitutionsgegnerinnen seit der Zweiten Frauenbewegung diesen Zusammenhang, auch Huschke Mau tut das: „Die Frauenverachtung und Objektifizierung trifft beide, Partnerinnen wie Prostituierte. Sie betrifft alle Frauen“ (ebd., S. 312).

Dennoch, scheint mir, geht in manchen Versionen der radikalfeministischen Kritik zuweilen der Zusammenhang zwischen beiden Formen der Entsubjektivierung von Frauen verloren, und die Forderung nach einem Sexkaufverbot wird zu einem identitären und auch autoritären Angebot. Während der letzten Jahre ist es mir auf Vortragsreisen mehrmals begegnet, dass feministische Gruppen oder auch Parteijugenden stolz betonten, „geschlossen hinter dem Nordischen Modell zu stehen" oder „endlich eine einheitliche Position zum Sexkaufverbot zu vertreten". Mich befremdet der Drang zum Bekenntnis, das in einer Verbotsforderung an den Staat besteht. „Freier sind keine Genossen", verkünden Aufkleber und Social-Media-Posts, und in manchen Workshops gibt es Runden, in denen alle Auskunft geben sollen, ob sie schon mal Sex gekauft oder verkauft haben. Mit dem Bekenntnis zum Nordischen Modell geht meist eine starke Abgrenzung von queerfeministischen Positionen einher, die Empowerment und Entkriminalisierung fokussieren. Die Abgrenzung erfolgt mit identitärer Heftigkeit, die die Frage nach der Selbstbestimmung von Prostituierten auf gar keinen Fall gelten lässt. Ihr werden abscheuliche Zitate aus Freierforen im Internet entgegengehalten, und die Diskussion mündet, wie auch Huschke Maus Buch, in die Frage: „Wie entscheidest du dich?"

Das inbrünstige Bekenntnis zum Nordischen Modell irritiert mich v.a. in linken Kontexten, die den Eindruck vermitteln, eine umfassende Auseinandersetzung mit dem Geschlechterverhältnis und mit Sexualität stehen noch aus. Das korrespondiert mit der Schieflage mancher radikalfeministischer Interventionen, die wichtige strukturelle Momente im Geschlechterverhältnis immer wieder auf die Prostitution verengen. Zu beobachten ist das z.B. in der Argumentation von „Traumabonding" als einer „durch Trauma erzwungenen Bindung an den Zuhälter bzw. Menschenhändler" (Instagram-Post von @sisters_leipzig vom 15.5.2023). Diese Sichtweise erschwert es, Prostituierte als Subjekte wahrzunehmen, die innerhalb eingeschränkter

Möglichkeiten *auch* handlungsfähig sind; als Frauen, die nicht einfach nur unterdrückt und traumatisiert sind, sondern Entscheidungen getroffen haben, mögen die Bedingungen dafür auch mies gewesen sein. Das Verhältnis von Struktur und Subjekt bleibt im Radikalfeminismus häufig unterbelichtet (siehe *Warum Materialismus nicht Transfeindlichkeit bedeutet*). Überdies kann patriarchales Traumabonding genauso gut verbindendes Element einer Ehe sein. Aber auch Ehen werden mit einer gewissen Selbstmächtigkeit eingegangen; und kaum eine Feministin fordert, Ehen zu verbieten.

Die Engführung patriarchalen Elends auf die Prostitution ist sicherlich auch der Anknüpfungspunkt radikalfeministischer Schulterschlüsse mit der CDU-Frauenunion sowie weiteren christlichen Akteur*innen, deren Prostitutionskritik paternalistische Züge trägt und die weibliche Opferrolle festschreibt.

Worin gründet – exkurshaft gefragt – die Bedingungslosigkeit im Engagement gegen oder auch für Prostitution? Ich vermute, die Heilige-Hure-Spaltung existiert untergründig auch im Selbstbild von Feminist*innen. Wenn ich davon überzeugt bin, dass Liebe und Sexualität auf Augenhöhe funktionieren müssen – was passiert dann mit den eigenen Anteilen, die von Genommenwerden, Überwältigung und Selbstaufgabe oder auch sexueller Dominanz fantasieren? Ich gehe davon aus, dass in der lebhaften Anteilnahme an Prostituierten auch das Verhältnis zur eigenen Sexualität bearbeitet wird, die bei uns allen patriarchal zugerichtet ist und einige ungelebte und daher frei flottierende Begehrensfäden enthält. Diese heften sich gern ans feministische Engagement, bereit zur wilden Projektion auf Andere. Das ist nichts Schlimmes; aber jede Form von Aktivismus erfordert früher oder später eine Reflexion darauf, warum wir uns leidenschaftlich für ein bestimmtes Thema interessieren. Was wird über andere Frauen und Queers ausagiert – über „unsere Frauen“, wie *Sisters Leipzig* sie nennen, die unbedingt Opfer sein sollen? Welche patriarchalen Spaltungen werden hier wiederholt? Was in uns selbst ist so bedrohlich, dass es autoritär reguliert werden soll?

Aber zurück zur Realpolitik. Mich befremdet es, wenn eine feministische Linke als einzige Maßnahme fordert, der Staat möge es richten. Zwar bestehen Abolitionistinnen wie Huschke Mau und Manuela Schon darauf, dass das Sexkaufverbot von einer starken radikalfeministischen Bewegung getragen sein muss, und lassen auch Kritikpunkte der Umsetzung nicht unter den Tisch fallen (z.B. wurden in Norwegen nach der Einführung des Nordischen Modells migrantische Prostituierte abgeschoben, Kvinnegruppe Ottar 2019). Mau betont, die Umsetzung sollte „kritisch von den BefürworterInnen des Gesetzes begleitet werden" (Mau, S. 372).

Auch das Selbstverständnis der Bewegung als abolitionistisch fordert dazu auf, den Blick zu weiten. Der Abolitionismus entwickelte sich historisch aus der Bekämpfung der Sklaverei in den USA (Schon 2017); weitere aktuelle abolitionistische Bewegungen beschäftigen sich mit der Abschaffung der Polizei (vgl. Copwatch Leipzig o.J.) und des rassistischen Gefängnissystems, wofür sich etwa Angela Davis einsetzt. Diese Ziele bekräftigen das Potenzial des Abolitionismus als einer staatskritischen Bewegung, die über eine reine Verbotsforderung hinausgeht und auf tiefergreifende gesellschaftliche Emanzipation abzielt.

Die Forderung nach einem rechtlichen Sexkaufverbot ist also eine wichtige *realpolitische* Position. Wie sie über sich hinausweisen kann, darüber lässt sich lagerübergreifend streiten: Kommt das Sexkaufverbot der Verbesserung der Lebenssituation prostituierter Frauen, Queers und auch Minderjähriger und junger Männer zugute? Inwieweit ist die Polizei feministisch reformierbar? Verschiebt ein nationales Verbot die sexuelle Ausbeutung in andere Länder? Wie hängt Prostitution mit anderen Formen der (Über-) Ausbeutung der Arbeitskraft und der reproduktiven Potenziale v.a. von Frauen zusammen? In dieser Diskussion kann auf umfangreiche, transnationale Forschungen von Radikalfeministinnen zurückgegriffen werden.

Das *revolutionäre* Ziel lautet nicht „eine Welt ohne Prostitution“, sondern „eine Welt ohne Patriarchat“. Die Rolle, die die gesetzliche Abschaffung der Prostitution in dieser Utopie einnimmt, muss ins Verhältnis zu einer umfassenden Kritik des kapitalistisch-patriarchalen Geschlechterverhältnisses gesetzt werden. Lässt der Radikalfeminismus das außer Acht, wird er nach Luxemburg einfach bürgerlicher Feminismus. Dann bleibt er in realpolitischen Forderungen an ein Rechtssystem stecken, das Frauen, Queers und Rassifizierte strukturell entrechtet und ihre Arbeit abwertet. Der isolierte Ruf nach dem Staat trägt keine feministische Bewegung, die solidarisch gegen verschiedene Formen patriarchaler Unterdrückung und Ausbeutung vorgeht.

Exkurs 12

Polizeigewalt

1

Dass der Gewaltcharakter des Rechtsstaats konjunkturellen Schwankungen unterliegt, hat mir die in den letzten Jahren zugenommene Polizeigewalt deutlich gemacht. Als ich als junge Erwachsene anfing, auf linke Demos zu gehen, hier und da eine Blockade gegen Nazis mitzumachen, hatte ich eigentlich keine Angst vor der Polizei. Ich mied den Kontakt zu Polizist*innen, so gut es ging, und war weit davon entfernt, mich mit ihnen anzulegen. Ich ging aufs Revier, um Anzeige wegen Fahrraddiebstahls zu erstatten. Später, als Frauenhausmitarbeiterin, holte ich gelegentlich eine gewaltbetroffene Frau bei der Polizei ab. Als ich begann, Deutschkurse zu geben, erkundigte ich mich einmal im Namen eines Teilnehmers telefonisch nach einer nächtlichen Razzia in seiner Geflüchtetenunterkunft, die ohne Erklärung und als maximales Einschüchterungsszenario vonstattengegangen war.

In allen diesen Fällen ging es mehr um Kooperation als um Konfrontation. Meine Polizeikritik blieb weitgehend abstrakt, ich nahm an: Ich mache ja nichts, bin niemandem gefährlich. Dass die Anderen, derentwegen ich die Polizei kontaktierte, auch niemandem gefährlich geworden waren, wurde mir nicht zum bewussten Widerspruch.

2

Spätestens die verschärften Polizeigesetzgebungen, die viele Bundesländer in den letzten Jahren erließen, kündigten an, dass der Wind sich dreht. Das neue sächsische Polizeigesetz erweitert massiv die Befugnisse und die Ausrüstung von

Polizist*innen: „Mit der Gesetzesnovelle, die am 1. Januar 2020 in Sachsen in Kraft getreten ist, dürfen Emails und Handydaten ausgelesen, Gespräche inklusive Umgebungsgeräusche abgehört, Kontaktsperren verhängt, Personen durch elektronische Fußfesseln überwacht und Bewegungsprofile aufgezeichnet werden. Des Weiteren darf die Polizei fast das halbe Bundesland mit Kameras überwachen, die Gesichts- und Kfz-Erkennungssoftware verwenden. Polizeitruppen werden teilweise mit Bodycams ausgestattet und das SEK mit neuen Maschinengewehren und Handgranaten ausgerüstet" (Zwerenz 2020).

Besonders kritikwürdig sind außerdem Regelungen zur Gefahrenabwehr, die begünstigen, dass Polizist*innen auf Gutdünken linksextremistische Gewalttaten nicht nur ahnden, sondern auch wahllos vermuten dürfen. Und für sogenannten Linksextremismus hat eine Behörde, deren Beamt*innen immer wieder durch Mitgliedschaft in rechten Chatgruppen bis hin zu Terrornetzwerken, durch Sympathien für *Pegida* und Corona-Leugner*innen sowie durch die verschleppte Aufklärung von Nazistraftaten auffallen (ebd.), zweifellos ein besonderes Gespür. Auch die Errichtung einer „Waffenverbotszone" in der migrantisch geprägten Leipziger Eisenbahnstraße, die Videoüberwachung im Stadtteil Connewitz, das zur militanten linken Hochburg stilisiert wird, sowie CDU-Wahlversprechen von immer mehr Polizist*innen im Land wiesen darauf hin, dass die sächsische Polizei ein wesentlicher Träger der autoritären Umgestaltung der Gesellschaft ist.

3

Am eigenen Leib erfuhr ich das angesichts einer Hausdurchsuchung im Connewitzer Umfeld. Der gegen meine Bekannte erhobene Vorwurf war, lächerlich genug, ein Instagram-Post. Wir hatten darüber geredet und nervös gelacht, wie die Ermittlungsbehörden sich deswegen aufspreizten und sich eine gefährliche extremistische Bedrohung zurechtkonstruierten. Als meine Bekannte dann umringt von baumlangen, vermummten Polizisten in ihrer Wohnung stand, während tüchtige Beamtinnen mit Einweghandschuhen jeden Bilderrahmen und jedes Wäschestück umdrehten, dachte ich zum ersten Mal: Die meinen auch mich – die meinen uns als Linke. Es geht nicht um Beweise für irgendwas oder die Aufklärung einer Gefahr für die Allgemeinheit. Sie kriminalisieren uns, um der Allgemeinheit zu zeigen, dass der Feind links steht, klar getrennt von der bürgerlichen Mitte, den normalen Leuten. Diese polizeiliche Maßnahme nimmt uns den Status von Subjekten, die Rechte haben. Indem sie mit Waffengewalt, richterlichem Beschluss und Staatsanwalt in jemandes Wohnung eindringen und dort keinen Stein auf dem anderen lassen, machen Polizist*innen den Heimgesuchten deutlich, dass sie keine normalen Bürger*innen, sondern Kriminelle sind. Anders als der Deutschkursteilnehmer kannte ich das Gefühl noch nicht.

Der *BILD*-Reporter, morgens um sechs gleich mitgebracht, schoss die passenden Aufnahmen von schwerbewaffneten Beamten vor graffitibunten Wänden, gekommen, um Recht und Ordnung wiederherzustellen. Was blieb, nachdem die Polizist*innen alles auf den Kopf gestellt hatten, waren Verfahrensandrohungen, beschlagnahmte Kommunikationstechnik und die Angst, dass sie wiederkommen würden.

4

An diesem Tag hat sich eine neue Angst in meinen Körper eingenistet; oft genug lässt sie mich morgens kurz vor sechs hochschrecken und lauschen, ob sie diesmal zu mir kommen werden. Wer weiß, was ich im Laufe der Jahre Verdächtiges gepostet habe. Die Angst hängt sich an Männerstimmen im Befehlston, die von der Straße hinaufdringen, und das Geräusch von Autoschiebetüren.

Die neue Angst schließt an ein sehr altes, hilfloses Grauen vor Autoritäten und ihrer Macht an: das Gefühl, ausgeliefert zu sein, nur starr dasitzen, flach atmen und hoffen zu können, dass es nicht so schlimm wird. Die Erfahrung, ohne eigenes Zutun zum Objekt patriarchaler und institutioneller Machtdemonstrationen zu werden, kenne ich aus meiner Kindheit; ich kenne sie aus meiner weiblichen Pubertät. Ich soll bloß keine Probleme machen, mich lieber totstellen, als Ansprüche geltend zu machen: Dieses Gefühl ist tief verwurzelt, und es ist abrufbar.

Die Hausdurchsuchung hat mir zum einen ins Gedächtnis gerufen, dass es dieses alte Grauen noch gibt. Zum anderen hat sie es mit der Polizei verknüpft. Wenn ich seither Polizist*innen in der hochgerüsteten schwarzen Montur sehe, die bei den meisten Einsätzen mittlerweile Usus ist, rast mein Puls. Gleichzeitig steigen Trotz und Stolz in mir auf, mein Rücken drückt sich durch und bildet einen Schutzmast, der sagt: Ihr kriegt meine Angst nicht. Macht, was ihr wollt; ich tue einfach so, als gehörte ich zu denen, die keine Angst haben müssen.

5

Ihr kriegt meine Angst nicht, memorierte ich wenig später, als die Polizei mich und viele weitere Leute, insgesamt über 1.300, eine ganze Nacht lang einkesselte, weil wir an einer angemeldeten Demo teilnehmen wollten. Das Ereignis machte als Leipziger Kessel am *Tag X*, dem Samstag nach der Urteilsverkündung gegen die Antifaschistin Lina E., die Runde. Die Demo richtete sich gegen die Allgemeinverfügung, die am gesamten Wochenende jegliche Versammlung mit Bezug auf diesen Prozess verbot (Allgemeinverfügung 2023).

Die Demo durfte nicht losgehen, Unruhe breitete sich aus, in irgendeiner Ecke wurde Pyrotechnik gezündet – und plötzlich rannten mehrere Polizeieinheiten los, alles rannte los und trat sich auf die Füße, und wenige Minuten später waren wir von mehreren Reihen Polizist*innen eingekesselt.

Wir standen auf einer Wiese, die ich vom Spazierengehen und Eisessen kannte, und konnten es nicht glauben, dass sie den Kessel um eine recht zufällige Menge zugezogen hatten und über Stunden hinweg nicht auflösten. Aus dem Sommernachmittag wurde Abend, Nacht und schließlich früher Morgen. Der Raum, auf dem mehrere tausend Polizist*innen uns zusammenpferchten, war winzig. Während der langen Nacht wurde der Kessel enger gezogen, bis wir kaum noch sitzen konnten. Über Stunden immer wieder Protest- und Schmerzensschreie, wenn jemand rausgezogen wurde. Ich kannte kaum jemanden; aber die Anwesenheit der Anderen, zusammen mit dem Bewusstsein des offensichtlichen Unrechts, das hier passierte, war tröstlich. Schulter an Schulter stand ich mit Leuten, die jetzt alle Genoss*innen waren, im grellen, gegen uns gerichteten Flutlicht.

Solidarische Demosanitäter*innen brachten Wasser, Cola und Snacks, die Leute von draußen in den Kessel reichten. Einmal brachten sie ein Plastikgefäß mit Nudeln und Ratatouille, noch warm: ein Gruß von der Außenwelt, den ich zärtlich zwischen den Händen hielt. Er bewies, dass dort draußen weitere Freund*innen und Genoss*innen standen und die Nacht über mit uns ausharrten. Während ich die Nudeln aß, schaute ich um mich und versprach mir, dass der Polizeieinsatz mir diesen hübschen kleinen Park nicht madig machen würde.

Einige schliefen, gehüllt in goldene Rettungsdecken, die die Demosanitäter*innen gegen die Kälte verteilt hatten. Andere spielten Karten oder sangen Quatschlieder. Immer wieder – wenn vier, fünf Polizisten in die Menge rannten und „zugriffen“ – sprang alles auf und skandierte: „Du bist nicht allein!“ und „Siamo tutti antifascisti!“ Zwischendurch gingen wir in die Büsche. Eine sagte zu mir: „Ich denke nicht daran, mich zu verstecken. Ich seh ihnen genau in die Augen, während ich in diesen Busch pinkle.“

Vier Uhr morgens war der Kessel halb aufgelöst. Ein bayerischer Polizist führte mich ab, leitete eine erkennungsdienstliche Behandlung ein und belehrte mich, dass ein Verfahren wegen besonders schweren Landfriedensbruchs gegen mich eingeleitet würde. Erst als ich nach Hause lief, fiel mir auf, wie kalt es war. Genauso wie die Angst kam das Kältegefühl erst, als Wut und Empörung sich ein wenig gelegt hatten.

6

Irgendwann in dieser Nacht fiel mir ein, dass der Platz, auf dem sie uns gefangen hielten, Heinrich-Schütz-Platz hieß – nach dem Barockkomponisten, dessen Chorstücke ich früher gern gesungen habe. „Gib unsern Fürsten und aller Obrigkeit Fried' und gut Regiment", dachte ich nun, und die Motette und die Ironie richteten mich ein Stückchen auf.

Als Jugendliche hat mich die bürgerliche Kunst gerettet. Der Jugendchor war eines der frühen Erlebnisse, mich in eine Gemeinschaft einzuschmiegen, die mir ganz gut passte und gegen die alte Angst half, eigentlich nicht da sein zu dürfen, nirgendwo am richtigen Platz zu sein. Jetzt hatte ich immerhin Anweisungen zu meiner Rolle im gemeinsamen Gesang; darüber konnte ich mich in Beziehung zu anderen Menschen setzen. Später fand ich einen Platz in der Linken und im Feminismus, im Schreiben und in gewissem Maß auch in der Lohnarbeit, die bewies, dass ich mich ökonomisch aus eigener Kraft über Wasser halten kann. Der Widerspruch, mit Anderen und doch ich selbst zu sein, blieb bis zu einem gewissen Maß bestehen. Aber ich hatte mich in den herrschenden Verhältnissen ganz gut eingerichtet, und das kindliche Bedrohungsgefühl ließ nach.

Die Hausdurchsuchung und der Kessel im Jahr 2023 erschütterten diesen halbwegs befriedeten Zustand. Es war nicht allein die Polizei. Es waren auch kommunale und Landespolitiker*innen, die der Polizei im Anschluss auf die Schulter klopften, dass sie die Stadt vor Chaos und Anarchie bewahrt hätten. Es waren auch die Lichter in den umliegenden Wohnhäusern, die irgendwann in der Kesselnacht erloschen waren, als ginge das Unrecht, das uns widerfuhr, normale Leute nichts an. Wir waren isoliert in diesem kleinen Park inmitten eines hübschen, längst durchgentrifizierten Altbauviertels, wo man so nett Eis essen kann. Nicht zuletzt war es auch die Lokalpresse, die Erfahrungsberichten aus dem Kessel zwar Raum gab, letztlich aber mehr Verständnis für die arg herausfordernde Lage von Polizei und Stadtpolitik aufbrachte.

So geht es Leuten, deren Grundrechte nicht mehr gelten: Geflüchteten an der EU-Außengrenze oder kurdischen Aktivist*innen in Deutschland. Sie werden mit den Abspaltungen der bürgerlichen Subjektivität identifiziert, die sagt: Ich habe Rechte, ihr nicht. Zum ersten Mal gehörte ich zu denjenigen, die im Flutlicht bewaffneter Ordnungskräfte stehen, um uns herum nur schwarze Nacht, und von den Vertreter*innen des Staats war nichts zu erwarten als Gewalt. Später erfuhr ich, dass Andere, die nach einem Toilettengang oder Essen gefragt hatten, Taschen und Handys abgeben mussten, dass Jugendliche eingeschüchtert und junge Mädchen bis auf die nackte Haut untersucht wurden (Aktionsnetzwerk Leipzig nimmt Platz 2023). Dass Einzelne nach dem „Zugriff" stundenlang in Polizeiautos saßen, ohne zu wissen, was passieren würde. Dass die Polizei Eltern nicht zu ihren minderjährigen Kindern im Kessel oder auf der Gefangenensammelstelle gelassen hatte (Mania-Schlegel/Nößner 2023). Die linksliberale wie linksradikale Empörung, die später darüber laut wurde, zeigte: Die Rechtsverletzungen dieser Nacht waren für viele eine neue Erfahrung.

Dass Polizist*innen mitunter so vorgehen, wusste ich z.B. von den Berichten des G20-Gipfels in Hamburg. Auch dass Ermittlungsverfahren wegen Körperverletzung im Amt in der Regel fallengelassen werden, war mir bekannt. Aber bis zum *Tag X* handelte es sich um weitgehend abstraktes Wissen, nicht unterfüttert durch eigene Beobachtung und eigene Ohnmacht. Seither weiß ich ganz leibhaftig: Ich lebe in einer Gesellschaft, in der diese Arten von Polizeigewalt ausgeübt und legitimiert werden. Als Linke mit weißer Haut und deutscher Staatsbürgerschaft habe ich, anders als Geflüchtete und Kurd*innen, eine Wahl. Aber sobald ich als Linke aktiv werde, bewahren mich weder Haut noch Pass noch die bürgerliche Kunst vor der Gewalt des bürgerlichen Staats.

7

Eine weitere Erfahrung dieser Nacht lautet: Es bringt nichts, „Ich habe nichts gemacht“ zu sagen. Es geht nicht darum zu beweisen, dass ich unrechtmäßig in den Kessel geraten wäre, weil ich keine Steine und keine Pyrotechnik geschmissen habe. Die polizeiliche Maßnahme galt allen, die auf linke Demos gehen, sie diente der Abschreckung und Einschüchterung. Im April 2024 belegte eine Pressemeldung der Linkspartei im sächsischen Landtag, dass das Innenministerium schon Monate vor Tag X „offenbar darauf hingewirkt [hat], im Vorfeld ein Schreckensszenario zu zeichnen, und damit alles andere als deeskalierend“ handelte (Die Linke Fraktion 2024). Im Februar 2024 zitierten Medienrecherchen Einsatzdokumente, die belegen, dass der zuständige Polizeiführer eine halbe Stunde vor der Einkesselung, als es noch zu keinerlei Gewalttaten gekommen war, anordnete, niemand dürfe unkontrolliert weggelassen werden (Kempen 2024). Dieselben Recherchen offenbarten groteske Fehleinschätzungen der Polizei, die Zahl der Eingekesselten betreffend (obwohl Beamt*innen als „Tatbeobachter“ im Kessel waren). Dazu gibt es Hinweise, dass der sächsische Verfassungsschutz die Daten der Eingekesselten mit dem Vermerk „linksextrem“ abspeichert (ebd.) – bevor auch nur eine Person verurteilt wurde. Was dieser Vermerk für Konsequenzen in einem Staat hat, in dem die AfD die stärkste Partei ist, wird die Zukunft zeigen.

„Der Wunsch, verschont zu bleiben / taugt nicht“, heißt es in einem Gedicht von Hilde Domin. Zu glauben, man wäre ausgenommen von staatlicher Gewalt, die man doch längst als konstitutiv für den kapitalistischen Nationalstaat analysiert hat, ist eine Illusion. In der antideutsch-bürgerlichen Linken, in der ich politisiert wurde, konnte sie während der letzten 20 Jahre recht gut aufrechterhalten werden. Wir haben wenig Repressionserfahrung und dafür Studienberufe und schön ausgebaute Hausprojekte, und viele gehen zum Ü35-Check-up, den die Krankenkasse empfiehlt.

Künftig wird es mehr kosten, Linke zu sein, als es bisher in meinem Leben der Fall war.

8

Eine dritte Erkenntnis, vielmehr Erinnerung: Ich wurde in dieser Nacht nicht blind und verrückt vor Angst, weil ich nicht alleine war. Wir waren viele. Die Körper der Anderen trösteten mich, obwohl jeder einzelne so verletzlich und ausgeliefert war wie mein eigener. Sie halfen dagegen, dass die meisten von uns viel zu dünn angezogen waren für eine Nacht im Freien. Eine Weile lang saß ich Rücken an Rücken mit jemandem, den ich nicht kannte; auf diese Weise war es einigermaßen bequem. Zu meinen Füßen schlief eine Jugendliche. Wasser und Zigaretten wurden herumgereicht, ebenso Schals und Tampons.

Ich dachte an lateinamerikanische Feminist*innen und ihre Strategie des *poner el cuerpo*: „den Körper dazutun", auf der Straße und in der Öffentlichkeit, weil es die gangbarste Art physischen Widerstands gegen staatliche Ungerechtigkeit ist (Tegeler/Resnik 2019). Als kollektive Aktion hilft es gegen die Isolierung von der Welt, die die Ordnungsmacht anstrebt – und gegen die Scham, isoliert und ausgeschlossen zu werden. Es dreht den Zeigefinger um und richtet ihn auf diejenigen, die isolieren und ausschließen. Auf diejenigen, die Grundrechte verletzen und damit die Grenzen und inneren Widersprüche des bürgerlichen Staats zum Vorschein bringen. In der lateinamerikanischen Linken ist das Wissen präsenter, dass der kapitalistische Nationalstaat die Subjektivität von Frauen, Rassifizierten und Linken immer nur bedingt zulassen wird.

Im Nachdenken über die Kesselnacht wurde mir klarer, wie nötig es ist, sich mit den Erfahrungen und Widerstandsstrategien von Leuten auseinanderzusetzen, die seit

Langem nichts Gutes von der Polizei zu erwarten haben. Wir müssen uns mit anderen Strukturen der Solidarität, des Schutzes und der Aufklärung vertraut machen und sie neu beleben. Und wir müssen die „tiefe Spaltung“ (Federici) reflektieren, die das bisherige Verschontbleiben im Verhältnis zu denjenigen hervorgebracht hat, mit denen wir uns solidarisieren.

9

Die vorerst letzte Erkenntnis: Ich tue gut daran, die alte, nicht ganz fassbare Angst von aktuellen Ereignissen zu trennen. So ist der Kessel längst zum Anlass für neue Hausdurchsuchungen geworden. Staatsanwaltschaft und *Sonderkommission Linksextremismus* durchsuchten u.a. die Wohnung eines Journalisten, der vor Ort fotografiert hatte (die Razzia wurde später als rechtswidrig verurteilt, Rietzschel 2024).

An diesen Zuständen Kritik zu üben, muss für mich auch beinhalten, meine alte Angst im Blick zu haben. Tue ich das nicht, fließt sie in meine Empörung über das Verhalten der Polizei, vergrößert und verzerrt sie ins Existenzielle. Sie zieht mir den Boden unter den Füßen weg und stört meinen Schlaf. Die alte Angst, die schon so lange bei mir ist, sucht sich gern neue Formen und Bilder. Aber ich kann nicht zulassen, dass sie sich eine Polizeiuniform überzieht. Stattdessen biete ich ihr an, bei mir zu sitzen und Tee zu trinken, während ich mich über die sächsische Polizei empöre. Ich will es neu und anders formulieren, kollektiver und transnationaler: Ihr kriegt meine Angst nicht.

„Ich bin eine stolze jesidische Lesbe und will euch Mut machen"

Intersektionalität als Sich-in-Beziehung-Setzen

Die andere Frau

Das gängige identitätspolitische Verständnis von Intersektionalität mündet oft im Verdikt, sich über eine Diskriminierung zu äußern, von der man nicht selbst betroffen ist. Das geht einher mit einer Zersplitterung feministischer Bewegungen in immer kleinteiliger werdende Identitätsparzellen, die für sich und über sich selbst sprechen wollen. Die Frage, welche gemeinsamen Analysen und Forderungen Feminist*innen überhaupt noch verbinden, wird in den Streikbündnissen zum 8. März lebhaft und oft etwas ratlos diskutiert. Dabei erweist sich das Beharren auf Differenz mitunter als hinderlich: Strukturelle Benachteiligungen werden gegeneinander aufgerechnet und die dadurch verursachten Wunden eher der anderen Feminist*in zur Last gelegt als der frauen- und LGBTI-feindlichen Gesellschaft.

Ich möchte in diesem Text meinen Vorschlag vertiefen, intersektionalen Feminismus in der gemeinsamen Suche nach Gemeinsamkeiten und Differenzen innerhalb des globalen, patriarchal-kapitalistischen Geschlechterverhältnisses zu verankern. Eine in diesem Sinn verstandene Intersektionalität zeichnet nach, dass jede Identität von gesellschaftlichen Strukturen abhängt: v.a. von der jeweiligen Stellung im Produktionsprozess, in der Reproduktion des Lebens und der Arbeitskraft sowie von den diskriminierenden Ideologien, die damit verbunden sind. Soll feministische Theorie nicht den unbeschwerten Universalismus einer paternalistischen und kolonialistischen Theoriebildung wiederholen, ist es unverzichtbar, die unterschiedlichen Erfahrungen und Erkenntnisbedingungen, die daraus resultieren, zu erfassen. Gleichzeitig macht erst ein gemeinsamer Kritikrahmen die Differenzen diskutierbar, statt sie parzelliert – also beziehungslos – nebeneinander stehen zu lassen. Daher bietet es sich an, diejenige, mit der ich zusammenarbeiten möchte, zugleich als *andere Frau* (meistens) und als *andere Feminist*in* zu verstehen. Uns verbinden entscheidende Gemeinsamkeiten des gesellschaftlichen Frauseins, aber mit hoher Wahrscheinlichkeit ebenso große Unterschiede. Dazu können sexuelle Orientierung gehören, Klassenzugehörigkeit und die Erfahrung von Rassifizierung, Behinderung und verschiedenen Ausformungen patriarchaler Gewalt. Aber auch das biologische und das soziale Geschlecht können dazugehören: Die andere Feminist*in ist nicht in allen Fällen eine Frau. Wie ich in *Das feministische Wir* dargestellt habe, halte ich Feminismus nicht nur für eine Frage von Vulva und weiblicher Sozialisation, sondern vielmehr für eine des geteilten Anliegens, die Unterdrückung von Frauen und Queers abschaffen zu wollen. Insofern sind die interessanten Fragen einer materialistisch betriebenen Intersektionalität: Welche Gemeinsamkeiten treiben den feministischen Kampf voran, der uns verbindet? Wie gehen wir mit den Wunden um, die Kapitalismus und Patriarchat uns jeweils geschlagen haben? Wovon wollen wir uns befreien und auf welche Weise?

So weit die Theorie. Die größte Praxisanforderung, die sich mir in dieser Hinsicht bisher gestellt hat, ist der biografische Bericht *Um mein Leben*, den ich nach Gesprächen mit Azadiya H. in den Jahren 2021 und 2022 verfasst habe.

Eine stolze jesidische Lesbe

Azadiya beschreibt sich als Angehörige einer kurdisch-jesidischen Familie in Deutschland, die von einem hohen Ausmaß an Gewalt, sexistischer und religiöser Unterdrückung sowie Isolation gegenüber der Mehrheitsgesellschaft geprägt war. Zum entscheidenden Wendepunkt wurde die Ermordung ihrer geliebten Cousine durch deren Vater, der der 18-Jährigen kein selbstbestimmtes Leben zugestand. Einige Jahre nach dem Mord floh Azadiya und lebt seither unter anderem Namen in einer anderen Stadt. Trotz vieler, besonders behördlicher Widrigkeiten und der großen Angst, von den Angehörigen gefunden und ihrerseits getötet zu werden, baut sie sich ein freies Leben samt lesbischer Partnerschaft und beruflicher Unabhängigkeit auf.

Zum freien Leben gehört für Azadiya eine offensive Kritik von Ehrenmorden. Ihre Agenda stand bei unserer ersten Begegnung im Herbst 2020 schon fest:

> Ich habe lange nach jemandem gesucht, der meine Geschichte aufschreibt. […] Ich möchte meine Geschichte erzählen, weil so viele Frauen Hilfe brauchen. Sie sollen wissen, wie es ist und worauf es ankommt, wenn man alles hinter sich lässt. […] Ich möchte zeigen, dass die Gesetze und die ganze Gesellschaft sich ändern müssen, damit keine Ehrenmorde und Zwangsheiraten mehr passieren. Damit Homosexuelle und Andersgläubige nicht mehr verfolgt werden. (Linkerhand/H. 2022, S. 186)

Intersektional aufgegliedert, ist mir mit Azadiya eine andere Frau begegnet, die wie ich lesbisch und in Deutschland geboren und aufgewachsen ist. Wie ich im Verlauf unserer Gespräche erfuhr, hat sie, etwa in Schule und Psychotherapie, rassistische Diskriminierung erfahren. Darüber hinaus ist sie – um mit dem Begriff zu arbeiten, den die feministische Gewaltforschung geprägt hat – Überlebende von multipler familiärer, sexueller und partnerschaftlicher Gewalt, die gegen sie als Mädchen und Frau gerichtet war.

Intersektionaler Feminismus geht davon aus, dass die Kategorie Geschlecht mit vielen weiteren Kategorien struktureller Benachteiligung interferiert. Er hilft, diese Überschneidungen und Überlagerungen erst einmal quantitativ zu beschreiben – und zwar in Kategorien, die im Zuge feministischer und antirassistischer Kämpfe geprägt wurden. Sie bieten wichtige Analyseinstrumente z.B. zum Klassifizieren sexueller Gewalt als Straftat, Entschädigungs- oder Asylgrund. In diesem Sinn geht es in erster Linie um die Anerkennung bisher wenig berücksichtigter geschlechtlicher und sexueller Identitäten und insofern um den Kampf gegen Diskriminierung und für ein besseres Leben. Ich rücke geschlechtliche und sexuelle Identitäten ins Zentrum – denn damit eine intersektionale Herangehensweise feministisch genannt werden kann, müssen die verschiedenen Diskriminierungsarten in Bezug zum Geschlechterverhältnis gesetzt werden. Das ist nicht im Sinn einer Rangordnung oder eines Hauptwiderspruchs gemeint, sondern als inhaltlicher Fokus der politischen Arbeit als Feminist*in. Diskriminierungsdimensionen wie Migrationsgeschichte oder Armutsbetroffenheit treten dann als interferierende dazu. (Bei einem intersektionalen Antirassismus oder dem Kampf gegen Behindertenfeindlichkeit könnte das genau umgekehrt sein.)

Azadiya beschreibt ihr Anliegen, als Lesbe *und* Jesidin gleichermaßen wahrgenommen zu werden:

> Ich kenne keinen einzigen anderen Jesiden, ob weiblich oder männlich, der von sich sagt: Ich bin Jeside und homosexuell. Keinen einzigen. Also muss ich das machen und auf Instagram schreiben: Ich bin eine stolze jesidische Lesbe – mit allem, was mir widerfahren ist. Mit meiner Seite will ich euch Mut machen. (S. 7-13)

Vertreter*innen einer identitätspolitisch verstandenen Intersektionalität würden wohl in erster Linie Handlungsbedarf darin sehen, die Sichtbarkeit der Intersektion von Jesid*innen und Lesben zu fördern. In der vergleichbaren Debatte um homosexuelle Muslim*innen wird das oft geäußert. „Muslimisch, feministisch, queer oder lesbisch – frau kann alles sein", schreibt etwa das Lesbenmagazin *Libertine* (Pfannkuch 2015/2016). Im Mittelpunkt der Kritik steht dann die Mehrheitsgesellschaft, die queere Sexualität nicht bei denen verorten könne, die sie als kulturell Andere festschreibt. Obwohl das sicherlich nicht falsch ist, lässt dieses Verfahren andere Hinderungsgründe außer Acht.

Im Gespräch mit mir erklärte Azadiya, dass in vielen jesidischen Communitys in Deutschland Frauen nicht zugestanden wird, sexuelles Begehren zu äußern und auszuleben – geschweige denn homosexuelles Begehren.

Dass kulturell Marginalisierte nicht nur queer sein, sondern auch gewalttätig werden können, ist meiner Erfahrung nach im intersektionalen Feminismus oft schwierig zu thematisieren. Dabei rückt die intersektionale Methode, wie sie 1977 zuerst die schwarze, sozialistische Lesbengruppe *The Combahee River Collective* vorstellte, gerade die widerspruchsvolle Intersektion von Rassifizierung (die zum Opfer macht) und patriarchalem Gewalttäter in den Mittelpunkt der Betrachtung: „Wir kämpfen gemeinsam mit Schwarzen Männern gegen Rassismus, während wir auch gegen den Sexismus Schwarzer Männer kämpfen“ (The Combahee River Collective 2019, S. 54). Im aktuellen deutschsprachigen Feminismus wird Intersektionalität aber vorrangig genutzt, um die rassistischen Projektionen der weißen Mehrheitsgesellschaft auf rassifizierte Männer in den Vordergrund zu stellen und damit Antirassismus gegen Antisexismus auszuspielen. Dabei müssen beide Diskriminierungen in ihrer Widersprüchlichkeit und ggf. ihrer gegenseitigen Potenzierung analysiert werden – aus einer Perspektive, die mit gewaltbetroffenen Frauen, Kindern und LGBTI solidarisch ist. Nur so kann das komplizierte Täter-Opfer-Geflecht solcher Fälle *feministisch* kritisiert werden.

Insofern war es mir wichtig herauszustellen, dass es Azadiya sowohl um eine Aufklärung der gesamten deutschen Gesellschaft als auch um eine Selbstaufklärung jesidischer Communitys zu tun ist; und dass sie die deutsche Mehrheitsgesellschaft, in der sie heute lebt, als bessere Wahl wertet, aber beileibe nicht als sicheren Hafen.

Sich in Beziehung setzen

Wahrscheinlich hängt es mit der bisher skizzierten intersektionalen Praxis zusammen, dass die Reaktionen, wenn ich anderen

Feminist*innen von Azadiyas und meinem Vorhaben erzählte, oft verhalten waren. Sehr häufig hörte ich: „Das wird bestimmt schwierig. Was für ein sensibles Thema. Traust du dir zu, mit dieser Person umzugehen? Wird das nicht gefährlich? Hast du keine Angst, dem Ganzen nicht gerecht zu werden?“ Ich musste mich recht harsch von diesen Zweifeln – die auch in mir selbst laut wurden – abgrenzen, um überhaupt ins Planen und Schreiben zu kommen.

Warum geht die große Aufmerksamkeit für intersektionale Verhältnisse mit einer so großen Scheu einher, mit Betroffenen von Mehrfachdiskriminierung in Beziehung zu treten und sich auszutauschen? Es ist, als wollte man ihnen das Mikrofon übergeben und dann selbst schnell die Bühne räumen. Mir scheinen das schiefgewachsene Ausdrucksweisen diskriminierungskritischer Übereinkünfte zu sein, die an sich richtig und wichtig sind: antirassistische Bildung und Reflexion nicht denjenigen zu überlassen, die von Rassismus betroffen sind; Lesben nicht schon beim Kennenlernen mit Fragen nach den Geschlechterrollen in ihrer Liebesbeziehung zu behelligen.

Außerdem schwingen hier die Bedingungen neoliberaler Subjektkonstitution mit, die erfordern, stets mit sich selbst, der eigenen Konstitution und den eigenen Lebensentscheidungen identisch zu sein, so prekär sie auch sein mögen. Diese stete Anstrengung baut Mauern auf. Sie macht es zum Risiko, sich etwas oder jemand Anderem vorbehaltlos zu öffnen. Ein hohes Maß an ökonomischer und sozialer Selbstverantwortung und Selbstverwaltung begünstigt Selbstabschottung auch im politischen Engagement. Es legt nahe, Erfahrungsaustausch und emotionale Bezugnahme lieber auf die eigene(n) Identitätsparzelle(n) zu beschränken – und im nie ganz zu kontrollierenden Kontakt mit Anderen Überforderung, Kontrollverlust und Grenzüberschreitung zu fürchten.

Eine Möglichkeit, als Autorin ihrer Lebensgeschichte mit Azadiyas Agenda umzugehen, wäre eine Art identitäre Unterwerfung unter eine andere Frau mit Migrations- und Gewaltgeschichte gewesen. Ihr Anliegen wäre das allein Wichtige gewesen, ich hätte mich sozusagen als akademisch ausgebildetes und schreiberfahrenes Werkzeug zur Verfügung gestellt. Eine vergleichbare Vorstellung vertritt Elsa Fernandez in ihren Anmerkungen zur Geschichtsschreibung von Rom*nja: „Wenn ein*e Regisseur*in in einem Kontext kolonialer Befreiungs- oder Dekolonierungskämpfe den Überlebenden wirklich das Wort geben will, sollte er*sie technische Geräte und Ausstattung zur Verfügung stellen und sich zurückziehen, damit das Wort von PoCs sich entfalten kann“ (Fernandez 2020, S. 24).

Die Scheu vor dem Anderssein der anderen Frau ist mir so vertraut wie der empörte Widerstand gegen diese Unterwerfung. Der Widerstand richtet sich gegen die Position der völligen Selbstzurücknahme, des eilfertigen Gehorsams bis hin zur Unfähigkeit, so zu handeln, dass es jemand Anderem missfällt. Diese Position ist für mich unvereinbar mit einer feministischen Haltung zur Welt. Sie wiederholt Zumutungen der weiblichen Sozialisation, die ich nicht fortsetzen möchte, erst recht nicht im Umgang mit anderen Feminist*innen.

Zwei weitere Gründe sprachen gegen die identitäre Unterwerfung. Zum einen kamen Azadiya und ich schnell über eine Aufgabenverteilung überein, die beinhaltete, dass ich den Stoff anordnen und formal stark bearbeiten würde. Ich wandelte die digital aufgenommene Rede meiner Gesprächspartnerin in eine Schriftsprache um, die ihrer Persönlichkeit und einem gut leserlichen Sachbuch angemessen sein sollte. Identitär gesprochen: Als Schriftstellerin habe ich das Buch ähnlich stark geprägt, wie Azadiyas Geschichte es getan hat. Mein so verwundbares wie selbstherrliches Autorinnen-Ich empfand gemeinsame Absprachen, Relektüren und Azadiyas akribische Suche nach unbeabsichtigten Hinweisen auf ihren Aufenthaltsort mitunter als Angriff auf *mein* Werk. Die Haltung des männlichen Erzählersubjekts, das sich die Andere zum Objekt, zum bloßen Material setzt, über das es frei verfügen kann, lag mir nicht ganz fern. Dass es uns beiden dennoch gut gelungen ist, der jeweils Anderen ihre Rolle innerhalb dieser Arbeitsteilung zwischen zwei Subjekten zuzubilligen, erleichterte die gemeinsame Arbeit sehr.

Zum anderen wurde mir immer bewusster, dass ich meine eigene Agenda im Buch und gegenüber meiner Gesprächspartnerin ebenso deutlich machen musste wie sie die ihre. Was wollten wir voneinander, und was wollten wir von diesem Buch? Das Eigene offen zu vertreten und diskutierbar zu machen, ist eine wichtige Voraussetzung dafür, sich in eine Beziehung zu jemand Anderem zu setzen, die von keiner Seite Unterwerfung erfordert. Ich schrieb in die Einleitung:

> Ich bin eine Feministin, die politische Theorie schreibt, aber auch Romane […]. Ein Thema, das mich seit einiger Zeit beschäftigt, sind Femizide: Morde an Frauen, weil sie in den Augen des Täters als Frauen versagt haben. In der Debatte um Femizide ist es eine umstrittene Frage, ob *Ehrenmord* eine sinnvolle feministische Analysekategorie sein kann oder vielmehr rassistischen Denkmustern folgt. Mithilfe deiner Geschichte könnte ich dieser Frage weiter nachgehen. (S. 8)

Mein theoretisches Erkenntnisinteresse stand also in einer gewissen Differenz zu Azadiyas sehr persönlichem Zugang. Unsere Schnittmenge war die Abschaffung dieser patriarchalen, meist gegen Frauen gerichteten Verbrechen; das erwies sich als tragendes Konstrukt und als Grundlage einer intersubjektiven Auseinandersetzung. Wir konnten uns auf Bücher zum Thema Ehrenmord und aktuelle Fälle beziehen, die wir beide in den Medien verfolgt hatten. Dennoch gab es zwischen uns politische Differenzen – etwa zum Verhältnis von persönlicher Verantwortung von Ehrenmördern und der Gewichtung gesellschaftlicher Begleitumstände wie rassistische und religiöse Verfolgung, Migration, Bildungsbenachteiligung. Manchmal rangen wir um den Gegensatz zwischen Strukturkritik und moralischer Kritik am individuellen Täter. Ich versuchte, meine politische Position in der Reaktion und Reflexion auf Azadiyas Bericht zu schärfen – ohne ihre Erfahrungen als solche anzuzweifeln oder für meine Belange passend zu machen.

Feministisches Streiten braucht Nichtidentität

Zu Recht thematisiert die intersektionale Diskussion um Ehrenmorde die rassistischen Projektionen gegen nichtweiße Männer, die ihre Frauen und Töchter ermorden würden. Als Mittel gegen diese Externalisierung patriarchaler Gewalt auf Migranten schlagen Feminist*innen häufig vor, Ehrenmord als Analysekategorie abzulehnen und die so bezeichneten Morde als Femi(ni)zide einzuordnen. Prominent wurde diese antirassistische Position von Elke Breitenbach vertreten, der Berliner Senatorin für Soziales, Arbeit und Integration, nachdem am 13. Juli 2021 Maryam H. von ihren beiden Brüdern ermordet worden war. Im *Tagesspiegel* polemisierte Breitenbach, sie habe „keine Idee, wie man Männer besser integrieren kann. Es geht nicht um die Herkunft und die Nationalität der Täter, es geht um die Frage des Geschlechts“ (Bachner 2021).

In *Um mein Leben* habe ich argumentiert, dass Ehrenmorde als spezifische Art von (zuallermeist) Femiziden durchaus Merkmale aufweisen, die eine eigene Kategorie erfordern. Diese ist durch das Tatmotiv (Wiederherstellung der Familienehre) und den Täterkreis (männliche Angehörige der Ermordeten) gekennzeichnet, außerdem durch das Strafmaß (anders als Partner und Ehemänner, die ihre Frau ermorden, werden Ehrenmörder in Deutschland i. d. R. wegen Mordes verurteilt, nicht nur wegen Totschlags). Gleichzeitig bilden Ehrenmorde, weil sie auch Männer treffen können, nicht exakt eine Unterkategorie von Femiziden. Dennoch sollten sie m.E. in einem femizidkritischen Kontext untersucht werden: Wie Azadiya im Gespräch sagt, liegt auch partnerschaftlichen Tötungen „eine Verteidigung der Männerehre zugrunde, die durch die Trennung verletzt wurde“ (Linkerhand/H. 2022, S. 196). Verschiedene Arten von patriarchaler Gewalt müssen im Hinblick auf Gemeinsamkeit und Differenz trennscharf kritisiert werden, wozu auch die Analyse der – materiellen wie ideellen – gesellschaftlichen Rahmenbedingungen gehört.

Vor allem im Kapitel *Was ist ein Ehrenmord?* habe ich mit einer dialogischen Form gearbeitet, durch die ich Azadiya ausführlich zu Wort kommen lassen konnte, ohne mich selbst außen vor zu lassen. Die Aufteilung in zwei Erzählstimmen, *Azadiya* und *Koschka*, sollte unserer spezifischen Beziehungsweise gerecht werden: zwei Positionen, die sich aufeinander beziehen, große Schnittmengen haben, aber ebenso in Widerspruch zueinander geraten, ohne einander zu delegitimieren. Dazu gehörte auch, Leerstellen zuzulassen, etwa Dinge unerklärt zu lassen, die für meine Gesprächspartnerin nicht erklärungsbedürftig waren, oder beim Verschriftlichen assoziative Themenübergänge zu übernehmen. An anderer Stelle bedeutete es, zu markieren, wann ich in ihren Erzählfluss fragend oder postulierend eingegriffen und unser Gespräch in eine bestimmte Richtung gelenkt habe.

> [Azadiya:] Es ist nicht das Jesidentum, das tötet, und auch nicht der Islam. Es sind konkrete Jesiden und konkrete Muslime, die sich entschieden haben zu töten. Die Einzelnen haben eine Verantwortung. […]
> [Koschka:] Ich halte es auch für sehr wichtig, Mörder nicht aus ihrer individuellen Verantwortung zu entlassen. Trotzdem will ich noch mal auf die politische und soziale Situation zurückkommen, in der die Individuen handeln. Aus meiner Perspektive – ich bin nicht persönlich bedroht, kann mir daher mehr Distanz zum Thema leisten – ist das vielleicht wichtiger als aus deiner. Ich habe ein politisches Unbehagen, wenn die Diskussion um Ehrenmorde damit zu Ende sein soll, härtere Strafen und eine größere Sensibilisierung von Behörden und Ämtern zu fordern. […]
> [Azadiya:] […] Mit Kriegstrauma, Migrationstrauma kannst du alles entschuldigen. Väter und Brüder wurden gedemütigt – eine Runde Mitleid! Ist das ein Grund, die Tochter zu ermorden? Das ist doch dieselbe Argumentation wie mit der Ehre, die ihnen genommen wird. Dann müssen sie halt morden, um ihre Männlichkeit wiederherzustellen. (S. 208f.)

Um auf Augenhöhe feministisch zu streiten, tut es Not, die Verschanzung hinter Identitäten ein Stückweit aufzugeben: etwa, indem man Widerspruch und Uneindeutigkeit zulässt, aber auch verschiedene feministische Zugänge zu einem Streitfeld. Die Diskussion um Femizide und Ehrenmorde ist einerseits auf Überlebende und Angehörige angewiesen, die wie Azadiya den ungeheuren Mut aufbringen, öffentlich über ihre Erfahrungen zu sprechen. Andererseits braucht es feministische Theoretiker*innen, Jurist*innen, Politiker*innen, die den Kampf auf ihrer jeweiligen Ebene weiter in die Gesellschaft tragen. Dabei kann der Standpunkt einer Frau, die sich auf schmerzhafte Weise von ihrem ganzen bisherigen Leben lossagen musste, um zu überleben, nicht völlig identisch sein mit dem einer Aktivistin oder journalistisch arbeitenden Schriftstellerin – so sehr Letztere auch für das Thema brennen mag. Ein umfassendes Verständnis von Ehrenmorden besteht vielleicht gerade in der dialogischen Spannung, in der Art der Beziehung zwischen verschiedenen Erfahrungen und den politischen Positionen, die Feminist*innen daraus entwickelt haben.

Ein solches dialogisches Verständnis kann verhindern, Frauen, die über erfahrene Gewalt berichten, als Kronzeuginnen der eigenen Agenda zu benutzen – und/oder sich kritiklos mit den Aussagen und Forderungen von jemandem zu identifizieren, der doch so viel Leid erfahren hat. In beiden Fällen wird hoher moralischer Druck aufgebaut, der den intersubjektiven Austausch zwischen Feminist*innen mit unterschiedlichen Erfahrungen und Herangehensweisen weiter erschwert. Beide Haltungen, die paternalistische wie die unterwürfige, nehmen die andere Frau nicht als eigenständige politische Akteurin ernst, die sich in der Auseinandersetzung verändern kann und auch nicht vollständig mit ihrem feministischen Kampf identisch ist.

Beziehung als Voraussetzung für Solidarität

Feministische Politik wird erst im Austausch, im Widerhall und im Widerspruch lebendig. Anders als geplant, blieb ich im

Gespräch mit Azadiya nicht in meiner Theoretikerinnenrolle. Ihr Bericht löste bei mir Empathie, Entsetzen, Bewunderung aus – und immer wieder auch die Reflexion meiner eigenen feministischen Beweggründe, etwa die Auseinandersetzung mit meinem Elternhaus, meinem Kampf mit den Anforderungen, wie ein Mädchen zu sein hätte, oder meinem Hass auf religiösen Fundamentalismus als unhinterfragbares, antiindividualistisches Regelwerk. Was hatte Azadiyas Aufwachsen in Westdeutschland und mit jesidischer Migrationsgeschichte mit meinem zu tun, die ich in Ostdeutschland, ohne Religion und mit der scheinbar selbstverständlichen Gleichberechtigung der Geschlechter großgeworden bin?

An vielen Punkten zeigten sich Gemeinsamkeiten, etwa in der Erfahrung der Einsamkeit einer homosexuellen Pubertät:

> [Azadiya:] Schon als ich ganz klein war, fiel mir auf, dass ich mich nie in einen Jungen verliebt habe. Meine Schulfreundinnen waren immer in irgendjemanden verliebt, aber bei mir war es anders. Dann habe ich mich gezwungen zu sagen, ich fände diesen und jenen Jungen süß. Weil Verliebtheit ohnehin nicht ausgelebt werden durfte, hatte das keine Konsequenzen. […]
> Als Jugendliche habe ich mich in mein Zimmer zurückgezogen und Kontakte vermieden. Ich lag auf meinem Bett, hörte Musik und hing meinen Phantasien von einem schöneren Leben nach. In der Phantasie war es leicht, in Freiheit zu leben. Ich dachte nur immer: Irgendwann wird mein Leben so sein, wie ich es mir vorstelle.
> […] Ich hatte keine Lust auf die immer gleichen Gespräche. Sie redeten und redeten immer nur darüber, wer wen heiraten würde, wer als Braut von XYZ in Frage käme, und dazu musterten sie die Töchter der Familie. […]
> [Koschka:] Ich habe als Jugendliche auch viel Zeit allein in meinem Zimmer verbracht – obwohl mich niemand davon abhielt rauszugehen. Bis ich von zu Hause aus-

> gezogen bin, fuhr ich viel Fahrrad, einfach durch die Gegend […]
> [Azadiya:] Ich wäre gerne rausgegangen, zum Sport etwa. (S. 67f.)

Auch hier half mir der Dialog darzustellen, dass die ähnlichen Erfahrungen, die wir als Jugendliche in einer heteronormativen Welt gemacht haben, dennoch von Differenzen durchzogen sind: Ich *wollte* nicht unter Leute gehen, Azadiya *durfte* es nicht. Sie lebte, zumal nach dem Ehrenmord an ihrer Cousine, mit einer Todesdrohung, die sich gegen jede Form selbstbestimmten Lebens richtete; bei mir war die Angst, für mein Anderssein nicht akzeptiert zu werden, viel subtiler, internalisierter, kaum von expliziter Homosexuellenfeindlichkeit genährt.

Ein ähnliches Gespräch hatten wir darüber, welche Rolle die Vorstellung von Jungfräulichkeit für uns gespielt hat. Auch hier übertrifft die Frauenfeindlichkeit von Azadiyas offen sexualrepressiver Erziehung bei Weitem diejenige der normativen Setzungen, die ich v.a. im Kontakt mit Gleichaltrigen übernahm:

> [Koschka:] Das Ideal, das meine Freundinnen und ich uns ausmalten, und das von der frühen *BRAVO*-Lektüre bestätigt wurde, bestand darin, das erste Mal mit dem Jungen zu erleben, den man liebt, und auch danach nicht mit zu vielen Jungs ins Bett zu gehen. Mädchen wurden als naiv und „sexgeil“ eingestuft, wenn sie „sich ohne Liebe vergaben“, „sich von Jungs ausnutzen ließen“, denn es galt als normal, dass Jungs Lust hätten, mit vielen Mädchen zu schlafen. Es galt als natürlich, dass Mädchen eine romantische Liebesbeziehung aufbauen wollten, in der sie sich um die sexuellen, emotionalen und die Freizeitbedürfnisse des Partners kümmerten. Von Jungs wurde das viel weniger erwartet.
> Meine damaligen Vorstellungen von Sexualität unterscheiden sich vom Jungfräulichkeitskult dadurch, dass sie viel weniger mit Ehrvorstellungen und familiärer Gewalt verbunden waren. Aber sie ähneln ihm in der

> Koppelung von Sex, Schönheit und Fürsorge, die hauptsächlich für Mädchen wichtig war. (S. 81)

Ich versuchte, unsere jeweiligen Erfahrungen auf eine Weise zu dokumentieren, die meine weniger von Gewalt geprägten Erfahrungen nicht abtat, sondern mir half, die – mitunter sehr großen – Differenzen herauszuarbeiten vor dem Hintergrund des gemeinsamen Mädchen- und Frauseins in Deutschland innerhalb eines gut vergleichbaren Zeitraums (Azadiya ist zehn Jahre jünger als ich). Ich hatte zunächst nicht damit gerechnet, in diesem Prozess so intensiv auf eigene Erinnerungen zu stoßen, etwa die pubertäre Ohnmachtserfahrung angesichts weiblicher Rollenanforderungen, die in recht großem Kontrast zum Habitus der klugen Worte und der feministischen Streitbarkeit steht. Dennoch war es nötig, mich darauf einzulassen. Sich selbst als verstrickt in die herrschenden Geschlechterverhältnisse zu begreifen, hilft, das Entsetzen über diese Verhältnisse und ihre Ungerechtigkeit nicht projektiv auf die andere Frau zu richten und sie damit zu viktimisieren – statt sie zuallererst als Subjekt ihrer Geschichte anzuerkennen. Indem ich unsere Biografien in den Zusammenhang derselben patriarchalen Unterdrückungsverhältnisse stellte, wollte ich verhindern, dass die extreme Geschichte meiner Gesprächspartnerin als etwas *nur anderes* abgewehrt werden kann. Der Leser*in soll der Weg versperrt werden, Azadiya und ihre Familie zu pathologisieren und ihre Gewalterfahrungen auf migrantische Communitys zu externalisieren, statt sie als – besonders drastischen – Teil patriarchaler Realitäten in Deutschland zu begreifen.

Feminismus ist eine Bewegung, auch unter Feminist*innen

Meine wichtigste Prämisse wurde: dass Azadiyas Leben mit meinem zu tun hat. Es ging mir darum, anhand unserer beider Erfahrungen nachzuzeichnen, was es konkret bedeuten kann, Mädchen, Frau und Lesbe im kapitalistischen Patriarchat zu sein.

Eine empathische Offenheit für die Erfahrungen anderer Frauen und LGBTI ist unverzichtbar für die ganz grundlegende feministische Haltung: Ich glaube dir. Ich glaube dir das Unrecht, das dir widerfahren ist. Auch wenn es von vielen Seiten verleugnet und bagatellisiert wird, auch wenn die Worte mühsam gesucht werden müssen. Die Arbeits- und Familienverhältnisse, die Öffentlichkeit und die globale Arbeitsteilung sind so eingerichtet, dass die Arbeit von Frauen, ihr emotionales Engagement, ihr Schmerz und die geschlechtsspezifische Ungerechtigkeit, die ihnen widerfährt, zu wenig sichtbar sind und oft nicht einmal fühlbar werden. Gerade weil ich das weiß, glaube ich dir. Ohne diese Haltung, die das eigene Erleben nicht ausnimmt, ist Solidarität gegen patriarchale Gewalt kaum möglich.

Angesichts der teils ausdifferenzierten, teils zersplitterten, teils eingehegten feministischen Bewegung, mit der wir es in Deutschland zu tun haben, kann längst nicht mehr davon ausgegangen werden, dass alle Frauen dasselbe erlebt hätten und feministische Kämpfe überall dieselben wären. Es ist nötig, die intersektionale Kritik an universal geteilten Kämpfen ernstzunehmen – ohne angesichts der Partikularität der Identitäten die Analyse aufzugeben. Das summarische Aufzählen und Für-sich-sprechen-Lassen von Menschen bisher wenig sichtbarer geschlechtlicher Identitäten ist ein notwendiger Teil der Suche nach den gelebten Realitäten im kapitalistischen Patriarchat. Für sich genommen begründet es aber keine Theorie und auch keine Bewegung. Vielmehr müssen wir uns fragen, welche qualitative Vermittlungsarbeit zwischen den Perspektiven und Erfahrungen geleistet werden muss, um zusammen zu einem möglichst weitreichenden Verständnis der globalen Geschlechterverhältnisse zu kommen – und damit zu einem feministisch reflektierten Universalismus.

Sicherlich muss die Auseinandersetzung mit der anderen Frau nicht immer den Weg über Gesellschaftstheorie nehmen. Mein Eindruck ist, dass, 30 Jahre nach dem Abklingen der Zweiten Frauenbewegung und anderer großer linker Bewegungen, viele Aktivist*innen auf der Suche nach welthaltigen feministischen Kämpfen sind, die die Individuen aus der neoliberalen Selbsteinkerkerung heraus wieder in einen sinnvollen politischen Bezug zu Anderen setzen können. Gegen das identitäre Schneckenhaus hilft nur die offene Frage nach den Ansichten anderer Feminist*innen. Es braucht diese Beziehungsaufnahme, damit wir zueinander sagen können: Ich glaube dir. Mir ist nicht ganz dasselbe passiert wie dir, aber ich kann diese Differenz aushalten und meine Erfahrungen mit deinen verknüpfen, und deshalb möchte ich mit dir auf die Straße gehen.

Das Risiko, sich mit einer anderen Frau, einer anderen Feminist*in auf solche Weise in Beziehung zu setzen, ermöglicht politisches Wachstum. Die Entschlossenheit, mit der Azadiya sagt: „Wenn es sein muss, bin ich bereit zu sterben. Aber lieber will ich leben“ (Linkerhand/H. 2022, S. 222), berührt mich ähnlich wie die feministische Revolution, die im September 2022 im Iran losbrach. Die Menschen, die nach dem staatlichen Femizid an Jina Mahsa Amini – der ihr nicht nur als Frau, sondern wahrscheinlich auch als Kurdin galt – gegen das Mullah-Regime auf die Straße gingen, äußerten immer wieder, „dass sie bereit sind zu sterben, damit wenigstens die nächste Generation frei sein kann“ (Sahebi 2023, S. 66). Ihr Todeshorizont konfrontiert mich mit patriarchalen Realitäten, von denen ich, anders als viele andere Frauen auf der Welt, bisher weitgehend verschont geblieben bin. Und doch gehen diese Kämpfe mich zutiefst an; sie geben mir einen Ausdruck für das lähmende Unbehagen am kapitalistischen Patriarchat, das mich zur Feministin gemacht hat. Ich will mich nicht länger lähmen lassen – oder mich auf die Angebote zur individuellen Emanzipation beschränken, die mir als deutscher, weißer, kinderloser Akademikerin in prekären Arbeitsverhältnissen zur Verfügung stehen. Die Unerschrockenheit Azadiyas und der iranischen Aufständischen bewirkt, dass ich weniger Angst vor innerlinker und innerfeministischer Kritik habe und auch weniger Angst vor Polizeigewalt (die mich in Deutschland weniger als Frau denn als Linke trifft). Meine feministische Arbeit bekommt einen größeren, transnationalen Sinnzusammenhang.

Nicht zuletzt bei der Arbeit an *Um mein Leben* habe ich erfahren, dass Offenheit für die Erfahrungen einer anderen Frau mitunter bedrohlich ist, weil sie ans Eigene rührt. Wie in Céline Sciammas großartigem Film *Porträt einer jungen Frau in Flammen* führt sie vor Augen, dass die Porträtierte zurückblickt und die Künstlerin ihrerseits zum Objekt von Anschauung und von Fragen macht. Am Ende gibt es nicht nur ein Werk – sondern zwei weibliche Subjekte, die sich beide ein wenig verändert, ein wenig erweitert haben und sich vielleicht darüber verständigen konnten, was ihr gemeinsamer Kampf ist.

Pro Kopftuch und kontra Abtreibung

Über die Frauenverachtung von christlichem und islamischem Fundamentalismus in zunehmend autoritären Zeiten

Rechte und Religiöse gegen Frauenrechte

In der feministischen Theorie ist die grundsätzliche und konfessionsübergreifende Religionskritik ziemlich eingeschlafen. Zugleich wird an verschiedenen Fronten gekämpft: Einer frauen- und bürgerrechtlich orientierten Islamkritik steht ein zunehmendes linksradikales Engagement gegen die Umtriebe christlicher Fundamentalist*innen gegenüber.

Es tut not, diese Kämpfe zusammenzuführen – denn die Ähnlichkeiten zwischen christlichem und islamischem Fundamentalismus sind augenfällig. Beide werden wesentlich von ihrer reaktionären Geschlechterpolitik zusammengehalten. Zentrale Merkmale sind die männerbündische Organisierung sowie der Kampf gegen die Gleichstellung und die Vielfalt der Geschlechter. Religiöse Fundamentalist*innen sind aktiv daran beteiligt, die sexuelle und reproduktive Selbstbestimmung von Frauen und Mädchen zu verhindern. Parallel dazu ächten sie Lesben, Schwule, trans Menschen und alle Anderen, die sich nicht zur heterosexuellen, patriarchalen Kleinfamilie mit Muttern am Herd bekehren lassen. Ihr Ziel ist eine Gesellschaft, in der z.B. das Bildungs- und Gesundheitssystem, das Personenstandswesen sowie – weiter gefasst – Recht und Moral religiöser Kontrolle unterliegen. Das untergräbt den Säkularismus, nach dem Kirche und Staat voneinander getrennt sein sollen.

Hinzu kommen die Verstrickungen mit der politischen Rechten, die nicht nur hinsichtlich des Frauen- und Familienbilds ähnliche Ziele verfolgt. Fundamentalist*innen und Rechte teilen die Strategie, demokratische Grundrechte wie Religions- und Meinungsfreiheit für sich selbst einzuklagen – Rechte, die ihrer Agenda letztlich im Weg stehen. Der Historiker Volker Weiß diagnostiziert eine transnationale „autoritäre Revolte" von Faschist*innen und Islamist*innen, die mit zunehmendem Erfolg um politischen Einfluss ringen (Weiß 2017). Obwohl sie einander als Feindbilder und Projektionsflächen brauchen, finden sie aufgrund ihrer strukturellen Ähnlichkeit mitunter zu enger Kooperation oder sogar zu einer einzigen Bewegung zusammen. Letzteres ist bei den türkisch-nationalistischen *Grauen Wölfen* der Fall, die auch hierzulande weitgehend unbehelligt agieren. Der AfD-Politiker Dubravko Mandic stieß 2018 seine Mitfaschist*innen vor den Kopf, als er auf Twitter die Einsicht formulierte: „Das konservative und gerechte Potential des Islam sollten wir als AfD nicht außer Acht lassen. Der Islam ist eine sehr männliche Ideologie und gerade angesichts des wuchernden Feminismus, Gender- und Pädowahns sollten Schnittstellen gesucht werden" (zit. n. Ruhrbarone 2018).

Der gemeinsame autoritäre Vorstoß von Rechten und Religiösen lässt sich auch an den gut vernetzten Machtkämpfen christlicher Fundamentalist*innen beobachten. Man findet sie im Erzgebirge ebenso wie in der US-amerikanischen Alt-Right, die ohne den Evangelikalismus nicht zu denken wäre. Der Evangelikalismus einte ebenso die Wähler*innenschaft des brasilianischen Ex-Präsidenten Jair Bolsonaro, der seine Amtstätigkeit außerdem auf Chauvinismus, Rassismus und Homofeindlichkeit baute. Die nationalkonservative polnische Regierung wiederum arbeitete in ihrer reaktionären Geschlechterpolitik so vertrauensvoll mit der katholischen Kirche zusammen wie einst das faschistische Franco-Regime in Spanien.

Um dieser frauenfeindlichen Großwetterlage zu begegnen, ist eine feministische und antifaschistische Religionskritik auf der Höhe der Zeit vonnöten. Sie sollte nicht bei einem abstrakten Atheismus stehenbleiben, der sich nicht an den Verhältnissen abarbeitet und damit politisch ohnmächtig bleibt. Daher möchte ich meine Überlegungen am konkreten Gegenstand entfalten: Ich konzentriere mich auf das Abtreibungsverbot der katholischen Kirche und das Verhüllungsgebot im politischen Islam. Dabei verstehe ich sowohl die katholische Kirche wie auch die religiös-politische Bewegung des Islamismus nach oben genannten Kriterien als fundamentalistisch. Das unterscheidet sie von anderen Institutionen und Strömungen des Christentums sowie von anderen Schulen und Auslegungen des Islam. (Jedoch werden in beiden Religionen liberale Strömungen aktuell stark von fundamentalistischen bedrängt und haben ihnen gegenüber einen schweren Stand.)

Verhüllungsgebot und Abtreibungsverbot sind zwei zentrale Waffen im Kampf darum, Frauen und Mädchen auf eine untergeordnete Rolle im Haus und am Herd zu verweisen. Mit einem historisch-materialistischen Ansatz will ich diese Gebote auf Gleichheit und Differenz hin untersuchen. Wenig überraschend werde ich zu dem Schluss kommen, dass das Paktieren mit beiden religiösen Fundamentalismen gleichermaßen unvereinbar mit einer feministischen Haltung ist.

Religion und Patriarchat

Die Verhüllung von Teilen des Körpers und die Kontrolle über Empfängnis und Geburt sind laut der Historikerin Gerda Lerner essenziell für die patriarchale Unterordnung von Frauen. In ihrem großen Werk *Die Entstehung des Patriarchats* (1986) führt sie aus, wie beides in den Anfängen antiker Staatengebilde gängige Praxis wurde. Lerner widmet sich Zeugnissen aus dem alten Mesopotamien, der ältesten bekannten Schriftkultur, die sich um 3000 v. Chr. entwickelte. Anhand dieser Quellen weist sie nach, dass die sich allmählich herausbildende Vormachtstellung der Männer mit einem fortschreitenden Ausschluss der Frauen von politischen und religiösen Posten, von Bildung und eigenem Besitz einherging. Mit zunehmender Arbeitsteilung in der immer stärker verwalteten und urbanisierten Gesellschaft Mesopotamiens gewann die Rolle des Mannes, die der Öffentlichkeit zugeordnet wurde, an Bedeutung. Auch im häuslichen Bereich galt er nun als Familienoberhaupt, Ernährer und bedeutenderer Erzeuger der Nachkommen; die Frau wurde seine Gehilfin. Ihre Sexualität sollte in jungfräulichem Zustand erhalten bleiben und anschließend exklusiv dem eigenen Mann zur Verfügung stehen.

Lerner beschreibt diese Ausdifferenzierung der patriarchalen Gesellschaft als ideologische Entstehungsbedingung des monotheistischen Weltbilds. Fortan herrscht eine Vatergottheit, über die sich Frauen in ihrer gesellschaftlichen Rolle nicht mehr transzendieren können. Die einzige Möglichkeit, sich Anerkennung und Schutz zu verschaffen, besteht darin, zur Ehre des Vaters oder Ehemanns beizutragen. Unehrbar sind im strikter gewordenen patriarchalen Paradigma alle Frauen, die mit mehreren Männern schlafen oder uneheliche Kinder haben. Demnach ergingen in Mesopotamien staatliche Anordnungen, wonach sich unehrbare Frauen – meist Prostituierte oder Sklavinnen – von ehrbaren durch Verhüllung ihres Körpers unterscheiden mussten. Ob sich die ehrbaren Frauen verhüllen oder die unehrbaren, ist nach Lerner von sekundärer Bedeutung und unterliegt historischem Wandel. Von Belang ist nur die Unterscheidung als solche.

Interessanterweise spricht Lerner ausdrücklich von der Unterordnung der Frauen, nicht von ihrer Unterdrückung. Sie betont, dass Frauen mit stärker werdender Macht der Männer zwar weniger Möglichkeiten haben, sich gegen ihre benachteiligte Rolle aufzulehnen, aber dass die meisten von ihnen stets die bestehende Ordnung mitgetragen haben. Auch psychoanalytisch betrachtet liegt es nahe, dass Frauen nicht nur persönlichen Machtzuwachs, sondern auch Lust darin suchen, sich patriarchaler Macht zu unterwerfen und sich auf diese Weise anderen Frauen und Mädchen gegenüber auszuzeichnen. Die Attraktivität patriarchaler Ehrbarkeit ist ein nicht zu unterschätzender Faktor, zieht man in Betracht, dass ein guter Teil der Kämpfer*innen fürs Kopftuch wie auch gegen das Recht auf Abtreibung Frauen sind. Das Wohlgefallen des göttlichen Vaters und seiner Vertreter wiegt schwerer als die Verbundenheit und Solidarität mit anderen Frauen.

Natürlich sind Gerda Lerners Forschungsergebnisse über soziale Transformationen, die vor 5000 Jahren im Nahen Osten begannen, nicht ohne Weiteres auf heute zu übertragen. Sie sind auch nicht im Sinne einer linearen historischen Niedergangs- oder Emanzipationsgeschichte zu verstehen. Das zeigen die internationalen Aufs und Abs der Abtreibungsgesetzgebung und auch die Fotos lebenslustiger, unverschleierter Afghaninnen und Iranerinnen in den Siebzigern, die der Schweizer Rechtsanwalt Emrah Erken bis 2021 auf seiner Facebook-Seite *Before Sharia Spoiled Everything* hochlud. Lerner hat vielmehr die Entstehung patriarchaler Herrschaftsmechanismen rekonstruiert, die bis heute wirksam sind. Seit dem Beginn des Patriarchats werden Verhüllung und Empfängnis- bzw. Geburtenkontrolle gegen Frauen gerichtet, um ihre Sexualität zu überwachen und einzuhegen.

Lerners historisch-materialistische Methode hilft, die beiden Herrschaftsinstrumente in ihrem Formen- und Bedeutungswandel zu analysieren. Heute sind sie geprägt von autoritärer Ideologie und kapitalistischer Produktionsweise – z.B. sogenannter *modest fashion* für Musliminnen, die auch verhüllende Designermode und Sportkleidung umfasst. Politischer Islam und katholische Kirche bringen das Verschleierungsgebot bzw. das Abtreibungsverbot in Stellung, um die punktuelle und temporäre Emanzipation der Frauen innerhalb des kapitalistischen Patriarchats rückgängig zu machen, die Feminist*innen seit dem Ende des 18. Jahrhunderts erkämpft haben.

Um das nachzuzeichnen, sollte es einer feministischen Religionskritik weniger um Bibel- oder Koranexegese gehen. Viel wichtiger sind die aktuelle religiöse Praxis, ihre Rolle in der öffentlichen Debatte und ihre Auswirkungen auf die „gelebten Realitäten von Frauen und Mädchen“ (Mona Eltahawy). Dementsprechend möchte ich die Vorstöße pro Kopftuch und kontra Abtreibung im Zusammenhang mit dem Vordringen des Autoritarismus untersuchen, der sich ausdrücklich gegen die Selbstbestimmungsrechte der Frauen nach westlich-demokratischem Vorbild richtet.

Islamismus und Kopftuch

Die autoritäre Frauenfeindlichkeit ist im Islamismus anders akzentuiert als in der katholischen Kirche. Zwar gibt es auch in einigen katholischen Ländern und in Nonnenorden die Sitte der Frauenverschleierung; wie auch im Islam Abtreibung generell als Sünde gilt (verstärkt ab dem 120. Tag der Schwangerschaft, nach dem laut koranischer Überlieferung die Seele ins Kind eingezogen ist). Die jeweiligen religiösen Richtlinien werden aber – soweit ich es überblicke – nicht zur Missionierung oder in der politischen Debatte um die Stellung der Frauen genutzt. Ihr sexistisches Potenzial hält sich derzeit im Hintergrund.

Das muslimische Kopftuch hingegen ist zum Fetisch und Flaggschiff des Islam geworden – bei vielen praktizierenden Muslim*innen wie bei Islamist*innen und ebenso bei antimuslimischen Rassist*innen. In den letzten Jahrzehnten ist es dem politischen Islam gelungen, das Kopftuch als sichtbarstes und stark affektiv aufgeladenes Zeichen gegen die politische und ökonomische Übermacht des Westens zu platzieren. Im Iran, im Jemen und im Oman ist der Hidschab gesetzliche Vorschrift, in vielen weiteren islamisch geprägten Ländern – etwa in Saudi-Arabien, im Irak, in Indonesien oder im Gazastreifen – gilt er als allgemein verbindliche Vorgabe. Unverhüllte Frauen und Mädchen sind körperlicher, sexueller und familiärer Gewalt ausgesetzt. Insofern ist es kein Zufall, dass die feministischen Erhebungen gegen das islamistische Regime im Iran 2022 sich am staatlichen Femizid an Jina Mahsa Amini entzündeten, die zu Tode geprügelt wurde, weil sie angeblich ihr Kopftuch nicht korrekt getragen hatte.

Die islamkritischen Feministinnen Sineb El Masrar und Necla Kelek beschreiben, dass das Kopftuchgebot auch in vielen muslimischen Communitys in Deutschland gilt. Als Symbol der sexuellen Zurückhaltung von Frauen und Mädchen hängt die Verschleierung mit der Ehre von Vätern und Brüdern zusammen und ist verbunden mit einem Leben unter familiärer Kontrolle, mit Bildungsbenachteiligung und arrangierter Heirat bis hin zur Zwangsehe. Das trifft natürlich nicht jede verschleierte

Frau im selben Maß – aber in der islamistischen Ideologie und in den Erfahrungsberichten muslimischer und exmuslimischer Autorinnen werden diese Zusammenhänge klar gezogen. So empfiehlt der Verband DİTİB, der zahlreiche Moscheen besonders in Nordrhein-Westfalen betreibt und direkt der türkischen Religionsbehörde untersteht, ausdrücklich die Verschleierung von Mädchen ab Pubertätsbeginn „in Gegenwart von Männern, mit denen sie nicht verwandt seien, und die zu ehelichen ihnen religionsgeschichtlich erlaubt sei" (zit. n. Taskale 2015). In den letzten Jahren hat sich DİTİB hierin radikalisiert und engagiert sich mittlerweile gegen das Verbot der Burka. Diese Extremform der Verschleierung wird zu Recht als Stoffkäfig für Frauen bezeichnet, der sie aus dem öffentlichen Leben und von jeglicher Individualität ausschließt. Seit die Taliban in Afghanistan im Sommer 2021 erneut die Macht übernommen haben, geht das Aufzwingen der Burka einher mit der Verbannung von Frauen aus dem Bildungssystem und zahlreichen Berufen und damit ihrer massiven Verarmung und Abhängigkeit von Ehemann und Familie.

Widersprüchliches Empowerment

Dennoch verbuchen viele Linke die Frauenverschleierung nach wie vor als Zeichen von Individualität, antiwestlicher Subversion oder – wie die queerfeministische Theoretikerin Judith Butler – als Widerstand gegen den Sexismus der westlichen Kulturindustrie (Ebert 2018, S. 182). Verschleierte muslimische Feministinnen wie Linda Sarsour oder Kübra Gümüşay agieren virtuos zwischen der antirassistischen Linken und der Kumpanei mit islamistischen Akteur*innen und zeigen damit, dass ihr feministisches Engagement in erster Linie Empowerment zum Kopftuchtragen bedeutet. Gümüşay, die häufig als Stimme in Deutschland lebender Musliminnen wahrgenommen wird, fordert, dass Frauen in der Öffentlichkeit und auf dem Arbeitsmarkt nicht wegen ihres Kopftuchs diskriminiert werden dürfen. Im Sinne des Rechts auf Selbstbestimmung und angesichts des alltäglichen antimuslimischen Rassismus gegen verschleierte Frauen ist das eine notwendige und durchaus feministische Forderung. Der Zwang zur Verschleierung, dem weltweit viele Millionen Frauen und Mädchen ausgesetzt sind, ist Gümüşay jedoch keine Erwähnung wert. In ihrem Bestseller *Sprache und Sein* bedient Gümüşay den Zeitgeist mit blumigen Reden für eine sensible und diversitätsbewusste Kommunikationskultur, in der alle sein dürfen, wer sie sind. Sineb El Masrar beschreibt jedoch, dass auf den Konferenzen des Netzwerks *Zahnräder*, von Kübra und Ali Aslan Gümüşay als Plattform für Muslim*innen gegründet, Frauen gedrängt wurden, sich zu verhüllen (El Masrar 2016, S. 177, des Weiteren Othmann 2021).

In ihrem klugen Buch *Emanzipation im Islam* (2016) führt El Masrar an, dass die feministische Debatte auch verschleierte Feministinnen aushalten müsse. Dem stimme ich zu, aber tatsächlich ist mir – im westlichen Kontext – noch keine untergekommen, die die Frauenemanzipation nicht letztlich einem fundamentalistischen Islamverständnis untergeordnet hätte. (Wohlgemerkt, es geht mir um Kopftuchträgerinnen, die explizit als Feministinnen die öffentliche Bühne betreten, nicht generell um kopftuchtragende Frauen in der politischen Debatte!) Es ist fatal, dass der grundlegende Widerspruch zwischen Islamismus und Frauenrechten in der Linken auf wenig Interesse stößt; vielmehr werden Feministinnen mit Hidschab nur allzu gern zu Vorkämpferinnen für Vielfalt, gegen Diskriminierung und gegen Nazis erklärt. Indem sich der Kampf gegen den Autoritarismus den Islamismus ins Boot holt, steht er auf äußerst wackeligen Füßen.

El Masrar führt aus, dass der Grat zwischen freiwilliger und aufgezwungener Verhüllung für viele Mädchen und Frauen in westlichen muslimischen Communitys ein schmaler ist. Auch die Niederländerin Lale Gül beschreibt in ihrem Roman *Ich werde leben* zwiespältige Gefühle: Die junge Büsra wächst in einem konservativ muslimischen Milieu auf und soll nach ihrer ersten Menstruation mit Kopftuch zur Schule gehen. „‚Schade, Büsra! Schade um dein schönes Haar!', tönten nahezu unisono die Lehrer. ‚Oha, ein komplett neuer Anblick', sagte Herr Krosse.

'Einen Moment lang habe ich dich gar nicht erkannt', lautete ein Spruch. 'Warum so plötzlich?', fragte Herr Demaret. 'So halt, ich wollte gerne', sagte ich. Ich fühlte mich wegen ihnen und ihrer unfreundlichen oder mitleidsvollen Blicke beschissener als zuvor. Ich lächelte es weg, um später auf der Toilette beim Blick in den Spiegel in Tränen auszubrechen" (Gül 2022, S. 77).

Die Notwendigkeit, sich mit dem Kopftuchtragen zu identifizieren, wächst mit dem virulenter gewordenen antimuslimischen Rassismus. Dieser Rassismus argumentiert kulturalistisch und diskriminiert Frauen mit (vermuteter) Migrationsgeschichte aufgrund ihrer (angeblichen) Zugehörigkeit zum Islam. Büsras Kopftuch dient ihren Lehrern als enttäuschendes Zeugnis dafür, dass die Integration in die westliche Welt auch bei diesem Mädchen gescheitert ist. Dass Büsra unter familiärem Druck steht und sich gleichzeitig genötigt sieht, ihre Familie und damit sich selbst gegen eine rassistische Erwartungshaltung zu verteidigen, geht unter. Die äußerlich selbstbewusste Kennzeichnung als Muslimin scheint die nächstliegende ideologische Antwort zu sein. Sie fördert die islamistische Unterordnung der Frauen in ihren Familien und Communitys.

Auf der anderen Seite stehen muslimische und exmuslimische Frauen, die sich vehement von ihren Familien und Communitys desidentifizieren und dabei die ideologischen Scheuklappen des Westens übernehmen, der Frauenrechte hierzulande für längst verwirklicht hält. So schreibt Necla Kelek, eine engagierte Gegnerin des Kopftuchzwangs: „Ich bin in diesem Land angekommen, schätze seine Verfassung, habe einen deutschen Pass und glaube an die frohe Botschaft der Freiheit" (Kelek 2006, S. 282). Antimuslimisch-rassifizierte Frauen, die selbstbestimmt leben wollen, müssen – strukturell betrachtet – an zwei Fronten kämpfen und sich oft genug für eine von beiden entscheiden. Der Rassismus erzeugt Druck von außen und wird vom politischen Islam überdies zur Viktimisierung genutzt. Diese starke Bindungskraft von rassistischer Diskriminierung und Community-Verpflichtung, die der Frauenemanzipation tendenziell zuwiderläuft, gibt es in katholischen Gemeinschaften in Deutschland nicht.

Kein bloßes Accessoire

Die Schreckensprojektionen antimuslimischer Rassist*innen bestätigen die machohafte Selbstinszenierung von Islamisten, die sich zum großen Gegner des gottlosen kapitalistischen Westens aufspielen, etwa der Islamische Staat, Hamas und Hisbollah. Islamismus und antimuslimischer Rassismus prallen in der Echokammer des Autoritarismus aufeinander. Den Preis zahlen in erster Linie Muslim*innen und solche, die dafür gehalten werden: Sie sind einerseits den Diskriminierungen, Angriffen und Morden antimuslimischer Rassist*innen ausgesetzt. Andererseits werden sie vom politischen Islam reglementiert und obendrein, wenn sie angegriffen werden, als Märtyrer*innen instrumentalisiert.

Der Linken gelten auch hier oft kopftuchtragende Aktivistinnen als Heldinnen, die Rechtsstreite gegen säkulare Bestimmungen führen, häufig unterstützt von den Grünen und linken Initiativen. Beispielsweise wird das Berliner Neutralitätsgesetz, das das Tragen religiöser Symbole im Unterricht oder im Gerichtsdienst verbietet, seit Jahren heftig angegriffen: Es solle der Religionsfreiheit, besonders aber der individuellen Entscheidung überlassen werden, ob eine Lehrerin bei der Berufsausübung ein Kopftuch trägt oder nicht. Übersehen wird, dass das muslimische Kopftuch Deutungshoheit über den moralischen Status *aller* Frauen beansprucht. In der Logik von Islamismus und antimuslimischem Rassismus trifft das zuerst Mädchen aus Communitys mit arabischen, kurdischen oder türkischen Wurzeln. Wenn sich – zusätzlich zu Mutter und Nachbarin – auch die Grundschullehrerin mit dem Kopftuch als ehrbare Frau kennzeichnet, haben Schülerinnen, die keines tragen wollen, kaum noch eine freie Wahl. Sie gelten schnell als „Schlampen", die ihrer Familie Schande machen.

Auch in deutschen Moscheen und deutschsprachigen Internetkanälen propagieren islamistische Staaten, Organisationen und Initiativen das Kopftuch als ersten und sichtbarsten Weg zu weiblicher Tugend. Das zeigen der *World Hijab Day* oder ein YouTube-Video des *Islamischen Zentralrats Schweiz*. Darin erklären zwei junge Frauen, eine mit Hidschab und eine mit Nikab (Gesichtsschleier) und schwarzen Handschuhen bekleidet, dass eine gute muslimische Frau bloß nicht „aufmüpfig, rebellisch und feministisch" sein dürfe. „Man soll die Ehre des Mannes bewahren. Er hat viele Rechte über uns Frauen", wird die jugendliche Zuhörerin belehrt. „Wenn er im Haushalt hilft, ist es eine reine Nettigkeit" (Islamrat 2020).

Feministische Religionskritik muss vom historischen Materialismus lernen, dass keine religiöse Vorschrift ohne ihren gesellschaftspolitischen und sozioökonomischen Kontext zu verstehen ist. Das muslimische Kopftuch ist kein bloßes Accessoire, keine bloße Folklore und als Zeichen weiblicher Selbstermächtigung höchst widersprüchlich. Seit dem transnationalen Aufstieg des politischen Islam ist es zutiefst verstrickt in islamistische Machtkämpfe. Auch wenn einzelne Trägerinnen ihr Kopftuch als rein persönliche Vorliebe oder gar als antirassistisches Statement verstehen mögen, ist es – materialistisch-feministisch gesehen – untrennbar verwoben mit Bestrebungen, Frauen menschen- und staatsbürgerliche Rechte zu verweigern, sie von aktiver politischer und religiöser Partizipation abzuhalten und in den häuslichen Bereich abzudrängen.

Katholische Kirche und Abtreibung

Anders als linke Islamkritik hat die linke Kritik am Christentum eine lange Tradition, die mit Feuerbach und Marx beginnt. Sie ist auch in kulturalistischen Zeiten möglich, weil das Christentum als Herrschaftserzählung gilt und hierzulande nicht mit einer diskriminierten Minderheit in einen Topf geworfen werden kann. Christliche Fundamentalist*innen selbst sind davon überzeugt, dass das Christentum die rechtmäßige moralische Grundlage von Staat und Gesellschaft sei.

Darin haben sie nicht ganz unrecht. Der Säkularismus wird im deutschen Recht nicht konsequent verwirklicht: Die Kirchensteuer, die hauptsächliche Finanzierungsquelle der Kirchen, wird über den Staat eingezogen; an staatlichen Schulen werden die evangelische und die katholische Religion gelehrt; staatlich finanzierte Krankenhäuser, Pflege- und Betreuungseinrichtungen werden in der BRD seit 1945 bevorzugt in kirchliche Trägerschaft gegeben. Der Rundfunkstaatsvertrag gewährt den Kirchen einen Einfluss auf Personal- und Programmentscheidungen der Öffentlich-Rechtlichen. Trotz fortwährender Austritte sichert ihnen diese Stellung in ethischen Debatten eine wichtige Rolle.

Die Haltung der katholischen Kirche zu Abtreibungen ist nicht in Stein gemeißelt. Abtreibungen wurden erst im 19. Jahrhundert der Schulmedizin und der vorrangig staatlichen Sanktionierung unterstellt: 1871 erschien das Strafgesetzbuch mit dem bis heute bestehenden § 218. In der aktuellen Fassung erklärt er den Abbruch für rechtswidrig und nur unter genau umrissenen Umständen für straffrei (siehe *Das feministische Wir*). Während einerseits sichere und schonende medizinische Abtreibungsmethoden existieren, steht andererseits ihre Anwendung am Rand der Kriminalisierung. Der deutsche Staat gibt die Kontrolle über die reproduktiven Fähigkeiten von Frauen nicht aus der Hand – obwohl die Kämpfe gegen § 218 und seine ergänzenden Paragrafen über hundert Jahre zurückreichen.

Seit die katholische Kirche ihre moralische Deutungshoheit über Abtreibungen aufgeben musste, hat sie ihre Position verschärft: War bis dato der Schwangerschaftsabbruch bis zum 40. oder 80. Tag – dem angenommenen Zeitpunkt der Beseelung – genehmigt, gilt seither der Embryo von der Befruchtung an als potenzielle Katholikenseele. Auch das Wohl der eigenen Mutter darf nicht im Weg stehen: Anders als im Judentum und im Islam rangiert in der katholischen Lehre das Leben der Schwangeren im Zweifelsfall hinter dem des Ungeborenen (von Behren 2019).

Viele evangelische Landeskirchen und Einrichtungen haben im Zuge der 1968er feministische und LGBTI-rechtliche Reformbestrebungen hervorgebracht und integriert. Katholische Krankenhäuser und Schulen aber halten an einem Frauen- und Familienbild fest, in dem Sexualität ausschließlich auf die heterosexuelle Ehe beschränkt wird und Empfängnisverhütung und Abtreibung verboten sind. In dieser untergeordneten Position soll die weibliche Sexualität eine passive, im Wortsinn empfangende sein. Frauen, die anders leben, wird teils die Hilfe verweigert: etwa der Beratungsschein, den man in Deutschland bei einer Abtreibung vorlegen muss, und bis vor einigen Jahren auch die „Pille danach", die eine ungewollte Schwangerschaft verhindert. Unter dem Druck der *Demo für alle* beschloss das bayerische Kultusministerium 2016, dass im Rahmen von *Aktionstagen für das Leben* Abtreibungsgegner*innen an staatlichen Schulen sprechen sollen.

Die *Demo für alle* wird maßgeblich von katholischen Akteurinnen organisiert, die gleichzeitig der Neuen Rechten zuzuordnen sind: der AfD-Abgeordneten Beatrix von Storch, Hedwig von Beverfoerde und Birgit Kelle, die versucht, einen rechten und christlichen Feminismus zu etablieren. Inspiriert von der *Manif pour tous*, die auch in Frankreich Massen auf die Straße brachte, richtet sich die *Demo für alle* gegen „das zerstörerische Erbe der sexuellen Befreiung", die Öffnung der Ehe für Homosexuelle, gegen Sexualerziehung und die juristische Selbstbestimmung des eigenen Geschlechts. Birgit Kelle ist darüber hinaus Mitorganisatorin des *Marsches für das Leben*, der jährlich in Berlin stattfindet und sich durch weiße Holzkreuze auszeichnet, Kitschbilder von glücklichen Familien und grausige Fotos blutiger Babys, die angeblich abgetrieben wurden. Papst und Bischöfe senden regelmäßig Grußworte.

Die katholische Kirche hat eine führende Rolle im geschlechterpolitischen Rückschritt der letzten Jahre eingenommen und sich an die Spitze des autoritären Kampfs gegen das Recht auf Abtreibung gesetzt. Kirsten Achtelik, Kritiker*in der *Lebensschutz*-Bewegung, spricht von einem „Kulturkampf", der gemeinsam mit Nazis und evangelikalen Bewegungen geführt wird. Ein Schwerpunkt dieses Kampfes liegt darauf, die gesellschaftliche Stellung der Frauen gemäß katholischer und faschistischer Lehre auf Gebären und Kindererziehung engzuführen. Innerkirchliche Kritik wie die feministische Initiative *Maria 2.0*, die sich für eine „geschwisterliche und geschlechtergerechte Kirche" einsetzt, hat einen schweren Stand (Maria 2.0 o.J.).

Katholische Umtriebe, transnational

Anders als der fundamentalistische Islam ist die katholische Kirche eine weltumspannende Organisation mit dem Machtzentrum Vatikan und einem einzigen geistlichen Oberhaupt. Daher darf die Position des Papstes zur Abtreibungsfrage nicht außer Acht gelassen werden. Am 30. Dezember 2020 wurde in Argentinien das Recht auf legale, sichere und kostenfreie Abtreibung beschlossen; dass die feministische Bewegung dreißig Jahre lang dafür kämpfen musste, lag nicht zuletzt am einflussreichen katholischen Widerstand. Noch am Tag vor der Legalisierung sprach sich der argentinischstämmige Papst Franziskus in einem Tweet, der von der Zartheit und Zerbrechlichkeit des Jesuskindes handelte, dagegen aus. Sein Vorvorgänger Johannes Paul II. setzte Abtreibungen gar mit dem Holocaust gleich. Kristina Hänel verbat sich 2020 gerichtlich die Schmährede vom „Babycaust“, die der katholische Abtreibungsgegner Klaus Günter Annen wiederholt gegen sie und andere Abtreibungsärzt*innen erhoben hatte.

Die Welle an Strafverfolgungen gegen Ärzt*innen wie Hänel, die öffentlich darüber informieren, dass sie Abtreibungen vornehmen, ist sogenannten Lebensschützer*innen wie Annen und Yannic Hendricks zu verdanken. Auf dasselbe Konto gehen Einschüchterungsversuche gegen *Pro Familia*, die – anders als katholische Beratungsstellen – eine entscheidungsoffene Schwangerschaftskonfliktberatung anbieten.

Die Busse der Anti-Abtreibungs-Kampagnen, die Abtreibungsgegner*innen durch die Städte schicken, rollen auch in Polen. Unter der PiS-Partei – die 2023 endlich abgewählt wurde – arbeiteten Staat und Kirche Hand in Hand an der Zurückweisung der westlichen Moderne und restaurierten katholisch und nationalistisch modellierte Geschlechterbilder. Während von der Kanzel und in den staatlich kontrollierten Medien Schmähreden gegen kinderlose Frauen, Homo- und Transsexuelle verkündet wurden, erließ das polnische Verfassungsgericht im Oktober 2020 ein nahezu vollständiges Abtreibungsverbot. Der breite feministische Protest, der den Gesetzesvorschlag seit Jahren begleitet hatte, wurde von der Polizei niedergeknüppelt, queere Aktivist*innen wie Margot von der Gruppe *Stop Bzdurom* wurden verhaftet – teils mit einer Brutalität, die einem Rechtstaat Hohn sprach. Der autoritär umstrukturierte polnische Staat zeigt, wohin der von katholischer Seite mitgeführte Kulturkampf führt.

Wie der Islamismus appelliert die katholische Kirche an Frauen, sich gegen ihre eigenen staatsbürgerlichen Interessen in Gestalt von sexueller und reproduktiver Selbstbestimmung zu wenden, und verspricht ihnen dafür eine Art weiblicher Erfüllung in einer über das private Glück hinausgehenden Gemeinschaft. Weil sie männerbündisch organisiert ist, können Frauen in dieser Gemeinschaft keine gleichberechtigte oder führende Rolle einnehmen. Dennoch scheint es eine autoritäre Versuchung zu sein, sich diesem entmündigenden Frauenbild zu unterwerfen – gerade in Zeiten, in denen das neoliberale Glücksversprechen, dass jede ihres eigenen Glückes Schmiedin sei, an Glanz verloren hat. Gleichwohl klingt im Autoritarismus beider religiöser Fundamentalismen die neoliberale Selbstverwirklichung an. Während sich „islamische Feministinnen" in einer widerständigen Identitätspolitik inszenieren, die wesentlich übers Kopftuch funktioniert, demonstrieren christliche Fundamentalistinnen, dass sie es ganz ohne Feminismus und als hingebungsvolle Mütter schaffen, sich für die gottgefällige Sache einzusetzen. Der Widerspruch zwischen Mutterschaftsideologie und der eigenen weiblichen Karriere im politischen Rampenlicht wird ausgeblendet. Überzeugend dargestellt wird das in der Miniserie *Mrs. America* (2020) über die republikanische Politikerin Phyllis Schlafly (gespielt von einer fabelhaften Cate Blanchett), die in den 1970er Jahren vehement die rechtliche Gleichstellung der Frauen bekämpfte.

Antirassismus als verbindendes Kampffeld

In der religiösen Rechten wird häufig das Schreckensszenario vom Aussterben der Weißen aufgerufen. Parolen wie „Lebensschutz ist Heimatschutz!“ (zit. n. Goetz 2020, S. 42) weisen darauf hin, dass in der Abtreibungsgegnerschaft rassistisches Kalkül mitspielt. Hier zeigt sich ein weiterer Unterschied im Umgang mit Fundamentalist*innen christlicher und muslimischer Couleur: Im Fall christlich-fundamentalistischer Aktivist*innen sehe ich weit und breit keine verbindenden Kampffelder. Allerdings lohnt sich die partielle Zusammenarbeit mit manchen Kopftuchverfechter*innen – aufgrund des geteilten Engagements gegen rassistische Frauendiskriminierung.

Als Beispiel dafür möchte ich einen Konflikt nach einer Frauenkampftagsdemo vor ein paar Jahren heranziehen. Auf der Demo wurde der Slogan „Kein Gott, kein Staat, kein Patriarchat“ skandiert: von meinen Genossinnen und mir ebenso wie von exiliranischen Aktivist*innen. Im Nachgang beschwerte sich eine migrantische Frauengruppe, die Kopftuchträgerinnen unter ihnen hätten diesen Slogan als gegen sich gerichtet empfunden. Daher ersuchten sie, im Sinne des gemeinsamen frauensolidarischen Anliegens, ihn künftig zu unterlassen. In solchen Situationen halte ich es für wichtig, darauf zu beharren, dass ich aus guten feministischen Gründen Religionsfeindin bin. Daher muss es einen strategischen und höflichen Umgang mit dem Dissens geben. Das ist meiner Erfahrung nach am aussichtsreichsten, wenn die gemeinsamen politischen Kämpfe, z.B. um Aufenthalts- und Arbeitsrechte von Frauen und gegen patriarchale Gewalt, in den Vordergrund gestellt werden. Vielleicht führt der Austausch darüber zur Erkenntnis, wie bei der Feministin, die mir gegenübersitzt, Islam, Kopftuch und Frauenkampf zusammengekommen sind, und wie das für sie politisch funktioniert. Vielleicht muss das aber auch nicht sein; vielleicht reicht eine nüchterne Kooperation in einem Bündnis oder auf einer Demo, bei der die trennenden Differenzen allen Beteiligten bewusst sind. In jedem Fall tut die feministische Auseinandersetzung gut daran, ihren Schwerpunkt zu verlegen – von der Inklusion religiöser Identitäten zur streitbaren Diskussion um gemeinsame politische Ziele.

Säkularismus und Selbstbestimmung

Einer feministischen Religionskritik muss es also um die historischen, materiellen und ideellen Bedingungen von Religion und ihre Auswirkungen auf Frauen zu tun sein. Das setzt die Kenntnis der religiösen Institutionen voraus, ihrer Vorschriften, aber auch der jeweiligen Gesetze und der politischen, ökonomischen und sozialen Verhältnisse, in denen Religion wirkmächtig wird. Das aktuelle Zusammenspiel mit dem Autoritarismus ist ein Teil davon. Unabdingbar ist weiterhin eine Untersuchung der geschlechtsspezifischen Begehrensmuster, auf die religiös begründete Herrschaft zugreift. Die Psychoanalytikerin Jessica Benjamin hat in ihrem Klassiker *Die Fesseln der Liebe* die Lust an der Unterwerfung als psychischen Ausweg des weiblichen Subjekts analysiert, das in einer patriarchalen Welt Anerkennung nur über den Umweg des Mannes erlangen kann.

Auf der bürgerrechtlichen oder realpolitischen Ebene muss das Ziel feministischer Religionskritik Säkularismus und Selbstbestimmung lauten. Dazu gehört, in die Welt hinauszuschauen und sich klarzumachen, wie viele Frauen unter religiösen Vorzeichen gezwungen werden, ein beschränktes und benachteiligtes Leben zu führen. Feministinnen müssen nach Wegen suchen, der patriarchalen Unterordnung die bewusste Solidarisierung mit anderen Frauen entgegenzusetzen und mit ihnen für weibliche Selbstbestimmung und eine säkulare Gesellschaft einzustehen. Überdies sollte sich die Linke an ihre historische Solidarität mit den Zweiflern und Atheistinnen aller Länder erinnern – statt fundamentalistische Identitätspolitiken zu unterstützen.

Was bedeutet das konkret? Im Interesse der reproduktiven Selbstbestimmung ungewollt Schwangerer sehe ich für eine feministische Position zur Abtreibungsfrage keine andere Möglichkeit, als das Recht auf legale, sichere und kostenfreie Abtreibung einzufordern. Zu dieser Forderung gehören weitere patriarchatskritische Erwägungen. So ist Frauen ein Nein zu Sex oder ungeschütztem Sex nicht immer möglich, weshalb die ungewollte Schwangerschaft an sich bereits eine Folge sexueller Ausbeutung und Fremdbestimmung sein kann. Ein Kind bindet eine Frau rechtlich und in vielen Fällen ökonomisch für viele Jahre an den Kindsvater, das Armutsrisiko für alleinerziehende Mütter ist immens. Hinzu kommt, dass ein Großteil der Haus- und Erziehungsarbeit in der Kleinfamilie nach wie vor von Müttern übernommen wird. Diese gesellschaftlichen Begleitumstände führen noch einmal deutlich vor Augen, warum das Abtreibungsverbot Faschist*innen und Fundamentalist*innen so sehr am Herzen liegt: Mutterschaft drängt Frauen in patriarchale Abhängigkeiten, denen sie sich in westlichen Ländern halbwegs entziehen können, indem sie kinderlos bleiben.

Bezüglich des Kopftuchgebots ist die Antwort weniger eindeutig. Die immer wieder diskutierten gesetzlichen Kopftuch- oder Burkaverbote sind darauf zu untersuchen, ob sie tatsächlich einem autonomeren Leben für Frauen und Mädchen zugutekommen. Gute Argumente für ein Verbot, minderjährige Mädchen zu verschleiern – wie es die Frauenrechtsorganisation *Terre des Femmes* fordert (Terre des Femmes o.J.) –, sind ihre ungehinderte körperliche und psychische Selbstentfaltung sowie die Religionsmündigkeit, die in Deutschland ab 14 Jahren gilt. Bei erwachsenen Frauen hingegen halte ich das Recht, über ihren Körper und ihre Kleidung selbst zu bestimmen, für das stärkste Argument. Der Widerspruch, dass manche Frauen dieses Recht dazu nutzen, sich einer patriarchalen Kleiderordnung zu unterwerfen, muss ausgehalten und feministisch untersucht werden. Angesichts der projektiven Leidenschaft, mit der die Debatte ums Kopftuch geführt wird, dürfen Feminist*innen nicht der Versuchung erliegen, Kopftuchträgerinnen einseitig zu Opfern oder zu Widerstandskämpferinnen zu erklären.

Wenn es allerdings darum geht, säkulare Institutionen zu vertreten, sollte das muslimische Kopftuch genauso aus Gerichtssälen und Klassenzimmern verbannt werden wie das christliche Kreuz. Auf diesem Feld sollten wir eine stärkere Repräsentanz migrantischer und geflüchteter Frauen unterstützen, ohne sie mit bedingungslosen Kopftuchverfechterinnen gleichzusetzen.

Immer muss einbezogen werden, dass die Debatten um Kopftuchverbote durchtränkt von antimuslimischem Rassismus sowie von Sexismus sind. Der Kopftuchgegner an der Tankstelle oder in der Talkshow klagt sein männliches Recht ein, den Körper jedweder Frau zu begaffen und ihre Hand zu schütteln – und beruft sich dabei auf weibliche Selbstbestimmung als demokratisches Gut. Genial auf den Punkt bringt Stefanie Sargnagel diese Haltung mit der Karikatur eines betrunkenen Lederhosenträgers, der eine widerstrebende Frau um die Taille fasst und reimt: „Die Fremden aus dem Morgenland geben dir nicht einmal die Hand! Da musst du Bier und Wein entsagen und stattm Ausschnitt Kopftuch tragen. Drum zier dich nicht, sei nicht so stur und pfleg mit mir die Leitkultur!" (Instagram-Post von @sargnagelstefe vom 3.4.2024).

... und darüber hinaus: Religionskritik ist Kritik des kapitalistischen Patriarchats

Nicht zuletzt solche Lederhosenträger weisen darauf hin, dass eine feministische Religionskritik nicht bei der Forderung nach Säkularismus und Selbstbestimmung stehen bleiben darf, sondern darüber hinausgehen muss. Säkularismus und Selbstbestimmung fußen auf der bürgerlichen Gesellschaft und verbleiben in ihren Kategorien. Diese Position – aus der etwa Necla Kelek, Emrah Erken oder die antideutsche Linke die islamistische Frauenverachtung kritisieren – vernachlässigt, dass der Islamismus und sein reaktionäres Geschlechterbild Teil der globalen kapitalistischen Moderne sind und nur unzureichend mit deren eigenen Idealen bekämpft werden können.

Selbstbestimmung im Kapitalismus beruht, wie jede kapitalistische Freiheit, auf Ausbeutung: Wo und wie will ich leben und arbeiten, wie kleide ich mich, was esse ich, wie gestalte ich mein soziales Leben und meine Sexualität? All das kann fast nur im Paradigma von Lohnarbeit und der Produktion sowie dem Konsum von Waren entschieden werden. Selbstbestimmung steht demnach nur Leuten offen, die Geld haben und deren grundlegende Menschen- und Bürgerrechte durchgesetzt werden. Aber auch sie können ihre Selbstbestimmung nicht ausüben, ohne dabei Andere auszubeuten. Ausbeutung geht im kapitalistischen Patriarchat besonders auf die Kosten von Frauen und Rassifizierten. Die relative Selbstbestimmung einiger Frauen v.a. in den westlichen Ländern wird durch die ökonomische und ideologische Benachteiligung anderer Frauen erkauft – etwa von Deutschtürkinnen, die auch in der dritten und vierten Generation großenteils im Niedriglohnsektor arbeiten und teils deshalb auf gemeinsames Wirtschaften in familialen Strukturen angewiesen sind. Das begünstigt die Geringschätzung weiblicher Selbstbestimmung und die Verpflichtung aufs Kollektiv der Gläubigen, das gegen ein feindliches Außen zusammenhält.

Islamistische Bewegungen wie die türkische *Millî Görüş*, in die Lale Güls Protagonistin Büsra quasi hineingeboren wird, sind keineswegs weltanschaulich im Mittelalter stehen geblieben, wie ihnen oft vorgeworfen wird. Die katholische Kirche ist es genauso wenig, wie ihre gewandelte Haltung zur Abtreibungsfrage beweist. Die religiöse Unterordnung von Frauen ist kein Relikt längst vergangener Zeiten, das einfach von allen Menschen durchschaut und überwunden werden müsste. Vielmehr bringen religiöse Fundamentalist*innen sie durchaus zeitgemäß gegen die Frauenemanzipation, die die westliche Moderne ermöglicht hat, in Stellung. Dabei verknüpfen sie die Kritik tatsächlich mieser Lebensbedingungen mit fantasierten Versagungen wie verlorener männlicher oder nationaler Ehre. Fundamentalist*innen blasen sie religiös auf und errichten darauf ihre politische Macht. Das macht sie so wirkmächtig und die blumigen Reden für mehr Demokratie und Selbstbestimmung so betulich.

Seit ihren Anfängen vor 5000 Jahren hat die patriarchale Gesellschaft zahlreiche historische Transformationen durchlaufen, zuletzt die zum globalen kapitalistischen Patriarchat. Gerda Lerner hat gezeigt, dass sie sich dennoch immer wieder ähnlicher sexistischer Herrschaftsmechanismen bedient. Es wundert also nicht, dass die Kontrolle des weiblichen Körpers und der weiblichen Sexualität auch zum Grundbaukasten des gegenwärtigen autoritären Vorstoßes von Rechten und Religiösen gehört.

Der Autoritarismus in allen seinen Formen ist das brandaktuelle Gewand der Reaktion im kapitalismusimmanenten Wechselspiel von Emanzipation und Reaktion. Emanzipation kann darin nur zeitweilig und auf Kosten Anderer errungen werden. Autoritäre rechte und/oder religiöse Ideologien bauen auf dieser Ungerechtigkeit auf, bejahen und befeuern sie, indem sie die Machtposition der eigenen Gruppe auszubauen trachten, statt die globale Befreiung aller Menschen anzustreben.

Wenn Emanzipation für alle Frauen im Kapitalismus nicht umsetzbar ist, dann fällt die Forderung nach Emanzipation für alle Frauen letztlich mit der Forderung zusammen, die kapitalistische und patriarchale Gesellschaftsordnung umzuwälzen. Das bedeutet, Ausbeutung abschaffen zu wollen. Hierin liegt der Unterschied zwischen einer bürgerlichen Religionskritik und einer materialistischen – und das heißt: einer kommunistischen und antifaschistischen Religionskritik. Sie redet die bürgerliche Emanzipation im Sinne von Säkularismus und weiblicher Selbstbestimmung nicht klein, sprengt aber ihren begrenzten Rahmen: Welche Geschlechter- und Produktionsverhältnisse wollen wir?

Lerners *Entstehung des Patriarchats* und seinen Folgeband *Die Entstehung des feministischen Bewußtseins* zu lesen, hat heutzutage etwas Melancholisches. Die Historikerin glaubte fest daran, dass der Aufbruch der Frauen in der Zweiten Frauenbewegung genügend Wissen und Aufklärung hervorbringen könnte, um 5000 Jahre Patriarchat endgültig zu entmachten. Jetzt ziehe ich sie zu Rate, um zu zeigen, dass Fundamentalist*innen in ihrem Kampf gegen die Errungenschaften der Frauenbewegungen genau dieselben Herrschaftsmittel – Verschleierung von Frauen und Kontrolle ihrer Sexualität – wieder hervorkramen, als wären sie nie weggewesen. Mit solchen feministischen Enttäuschungen müssen wir umgehen und daraus lernen.

Mit dem von mehreren Seiten angreifenden Autoritarismus ist der Schein längst erreichter Geschlechtergerechtigkeit auch im Westen endgültig verblasst. Es ist an der Zeit, dem nüchtern ins Auge zu blicken und sich für kommende feministische Kämpfe zu rüsten. Eine Religionskritik, die zum Ziel hat, dass alle Menschen – vor allem Frauen, Mädchen und LGBTI – frei von den Zumutungen fundamentalistischer Religionen leben können, ist dabei unverzichtbar.

Exkurs 13

Fundamentalismus und Femizid

Eine wichtige Differenz zwischen dem fundamentalistischen Frauenhass christlicher und muslimischer Couleur scheint mir die Bereitschaft zum Ehrenmord zu sein. Zuallermeist fallen ihm Frauen oder Mädchen der eigenen Familie zum Opfer. Aus der Vorstellung, dass die Betroffene mit ihrem Verhalten die Ehre der männlichen Verwandten beschmutzt hätte – sei es durch freizügige Kleidung oder vorehelichen Sex –, wird die Pflicht abgeleitet, die Frau zu töten, um die Familienehre wiederherzustellen. Obwohl kein genuin muslimisches Konzept, wird die religiöse Verpflichtung zum Ehrenmord in der Scharia gefordert und in islamisch geprägten wie in westlichen Ländern praktiziert. Für die deutsche Ehrenmord-Debatte bestimmend war der Fall der muslimischen Kurdin Hatun Aynur Sürücü aus Berlin, die 2005 von einem ihrer Brüder erschossen wurde.

Das Konzept, Frauen als Unterpfand der Ehre männlicher Familienmitglieder zu betrachten, ist auch im christlichen Fundamentalismus verbreitet: siehe etwa die evangelikalen *Purity Balls* in den USA, auf denen junge Mädchen ihren Vätern versprechen, jungfräulich in die Ehe zu gehen (Weiß 2017, S. 255). Dennoch ist mir kein christlich-fundamentalistisch motivierter Femizid bekannt.

Die mexikanische Theoretikerin Marcela Lagarde bezieht in ihre Definition von femizidaler Gewalt auch Tötungen ein, die von keinem konkreten Täter beabsichtigt waren, sondern aus dem Einwirken struktureller patriarchaler Gewalt resultierten (Lagarde 2023). Demnach lassen sich Todesfälle aufgrund des Abtreibungsverbots und Suizide wegen unerwünschter Schwangerschaft als katholische Frauenmorde einordnen. Ein Beispiel: Im Januar 2021 starb

Agnieszka T. in einem polnischen Krankenhaus, nachdem ihre ungeborenen Zwillinge gestorben waren. Wie schon eine andere polnische Frau vor ihr erlag sie wahrscheinlich einer Blutvergiftung, weil die Ärzt*innen zu lange zögerten, die toten Föten operativ zu entfernen. Nach der verschärften Gesetzeslage hätten sie selbst fürchten müssen, kriminalisiert zu werden, wenn sie auf diese Weise Agnieszka T.s Leben gerettet hätten (Oertel 2022).

Ähnliche Todesfälle aufgrund einer femizidalen Gesetzeslage sind in den USA zu erwarten. Dort hatte bis Juni 2022 das Grundsatzurteil *Roe vs. Wade* Abtreibung weitreichend legalisiert. Nach seiner Aufhebung durch den Obersten Gerichtshof wurden z.B. in Texas sofort alle Abtreibungskliniken geschlossen. Künftig ist also noch weniger auszuschließen, dass Frauen nach heimlich durchgeführten Abtreibungen sterben oder keinen anderen Ausweg sehen als Suizid. Dieser kann auch dadurch begünstigt werden, dass katholische wie evangelikale Kirchen jugendliche und ledige Mütter an den Pranger stellen und die Verstoßung aus der Familie oder der Glaubensgemeinschaft häufig schwere psychische und ökonomische Not nach sich zieht. Auch Verbot und Verdammung von Verhütungsmitteln tragen zur verzweifelten Lage von Frauen, die im Machtbereich fundamentalistischer Kirchen leben, bei.

Der Tod dieser Frauen ist sozusagen ein patriarchaler Kollateralschaden. Der christliche Fundamentalismus unserer Zeit kennt, soweit ich das überblicke, keine *beabsichtigten* Femizide. Dass dennoch Frauen sterben, ist eine wichtige feministische Kritik an ihm. Dennoch ist die explizite Vernichtungsdrohung durch Ehrenmord im islamischen Fundamentalismus eine qualitativ andere, tiefergreifende Reglementierung von Frauen und ihrer Sexualität als andere Todesarten in fundamentalistischen Patriarchaten. Nicht zuletzt ist das ein wesentlicher Einwand gegen allzu schlichte linke Relativierungen à la „Das Christentum ist auch frauenfeindlich“.

Der übliche blinde Fleck

Antikolonialer Feminismus und Antisemitismus

„Palästina sind wir alle"

Am 7. Oktober 2023 beging die palästinensische Terrororganisation Hamas ein grauenhaftes Massaker an der israelischen Zivilbevölkerung. Begleitet von mehreren tausend Raketenabschüssen aus dem Gazastreifen, überwanden Hamas-Kämpfer den Grenzzaun, töteten 1400 Menschen, folterten und vergewaltigten unzählige weitere und verschleppten 239 Zivilist*innen nach Gaza, darunter Kleinkinder und Rentner*innen. Schnell war klar, dass es sich um den größten Judenmord seit der Schoa handelte. Das Massaker und die darauffolgenden Ankündigungen Israels, den Angriff zu vergelten und die Geiseln zurückzuholen, lösten in der Linken weltweit Solidarisierungen aus – die zuallermeist der palästinensischen Sache galten.

Judith Butler bekräftigte angesichts des Massakers ihren berüchtigten Ritterschlag der Hamas als „Teil einer globalen Linken" (zit. n. Salzborn 2022, S. 112); sie bezeichnete den Angriff als „bewaffneten Widerstand" gegen die israelische Besatzung (Feddersen 2024). Feministische und Klimaaktivist*innen wie Mona Eltahawy und Greta Thunberg, die ich bislang sehr geschätzt hatte, verkündeten auf ihren Social-Media-Accounts mit großer Selbstverständlichkeit „Stand with Gaza" und „Stop the Genocide", ohne die Hamas-Opfer auch nur zu erwähnen.

Silvia Federici, Verónica Gago und zahlreiche lateinamerikanische feministische Kollektive schlossen sich dem Protest gegen die israelischen Militärschläge an. Das *Feministische Manifest gegen den Genozid am palästinensischen Volk*, das sie unterschrieben, spricht von antipalästinensischem Rassismus bis zum Genozid und schweigt vom Terror der Hamas (Manifiesto Feminista contra el genocidio al Pueblo Palestino 2023). Auch dass die Hamas laut ihrer Gründungsdeklaration die Auslöschung Israels und das Töten von Jüd*innen als religiöse Pflicht anstrebt (Hamas 2008), lassen die Unterzeichnenden unter den Tisch fallen. Die im Manifest artikulierte Solidarität mit palästinensischen Feminist*innen verschweigt, dass es ebenso israelische Feminist*innen, Linke und engagierte Demokrat*innen gibt, mit denen es sich zu solidarisieren lohnen würde: darunter viele Antimilitarist*innen und propalästinensische Antirassist*innen, die die rechte Regierung Benjamin Netanjahus scharf kritisieren. Das *Feministische Manifest* ignoriert weiterhin, dass Feminist*innen im Gazastreifen nicht nur von israelischen Luftangriffen, sondern auch von der Hamas bedroht werden, deren Ideologie völlig konträr zu Frauenrechten und einem pluralistischen Zusammenleben steht – in offenem Widerspruch zu den sonstigen politischen Grundsätzen der Unterzeichnenden. Ich sah mich also zu einer Auseinandersetzung mit der antisemitischen Schieflage antikolonialer Theoriebildung herausgefordert, die ich in den letzten Jahren enthusiastisch rezipiert habe.

Während ich in der Bibliothek saß und über meiner Enttäuschung brütete, eskalierte die Lage im Nahen Osten. Israel ging von Luftangriffen zu einer Bodenoffensive über, die einen Großteil der Bewohner*innen aus ihren Häusern vertrieb, und blockierte den Gazastreifen. Das schnitt zwei Millionen Palästinenser*innen von israelischen und internationalen Hilfslieferungen ab, wozu auch sauberes Wasser zählte. Das intensive Bombardement von Hamas-Stützpunkten und die sich zuspitzende humanitäre Katastrophe führten zu vielen tausend Todesopfern in Gaza, darunter etliche Hamas-Kämpfer, aber auch zahlreiche Frauen und Kinder. Im Frühjahr 2024 ist kein Friedensprozess in Sicht, im Gegenteil: Der Gazakrieg droht sich auf den Iran auszuweiten, der durch die Finanzierung von Hamas und Hisbollah längst inoffizieller Kriegsteilnehmer ist.

Eine differenzierte Kritik an einseitig propalästinensischen Positionierungen unternahm die feministische Philosophin

Seyla Benhabib: „Die Kinder von Gaza sind in der kalten Sprache des Kriegs ‚Kollateralschäden' geworden, und Israel muss dafür verurteilt werden, nicht alles dafür getan zu haben, die Bombardierung der Zivilbevölkerung von Gaza zu vermeiden, die offenbar schon mehr als 9000 Tote gefordert hat. Aber wir dürfen den äußersten Nihilismus und Zynismus der Hamas nicht vergessen, die ihre Waffen und Hauptquartiere unter Krankenhäusern und Moscheen positioniert, im Kalkül, dass, wenn diese von Israel getroffen werden, weltweite Empörung die Folge ist" (Benhabib 2023).

Rita Segato hingegen fokussierte sich bereits 2014 in einem Zeitschriftenartikel, dessen unverhüllter Antisemitismus mich erschüttert, ganz auf Israel als „grausamen Staat und ein koloniales, enteignendes und völkermörderisches Projekt" (Segato 2014). Als weißer Kolonialherr, der Palästina mit – angeblich geheimer – militärischer Unterstützung der USA unterjoche, sei der jüdische Staat daran schuld, wenn der „Zorn der Welt wieder einmal das jüdische Volk verfolgt" (ebd.). Während Segato hier zwischen Zivilbevölkerung und Staatsmacht differenziert (wenn auch nur, um Israel die Schuld am globalen Antisemitismus zuzuschieben), scheint sie eine Unterscheidung zwischen Palästinenser*innen und der Hamas, die seit 2006 keine Wahlen mehr zugelassen hat, nicht nötig zu finden. Die völkische Einheit von beidem krönt sie mit der Parole „Palästina sind wir alle" (ebd.). Dadurch ruft sie die antisemitische Denkfigur auf, dass das Geschick der ganzen Welt sich darin entscheiden würde, den Zionismus in die Schranken zu weisen: „Wir haben es mit einer […] Willkür und Grausamkeit zu tun, die sich als Drohung gegen alle Völker der Welt richtet" (ebd.). Diese dämonische Kraft wird von allen Staaten nur Israel zugeschrieben.

Durch die umstandslose Identifizierung „aller Völker" mit den Palästinenser*innen setzt Segato den Hamas-geführten Kampf gegen Israel in eins mit den antikolonialen Befreiungskämpfen lateinamerikanischer sozialer Bewegungen sowie mit indigenen Kämpfen gegen Staat und Kapital. Diese Parallelisierung nimmt eine eindeutige Täter-Opfer-Zuschreibung entlang von Ethnisierung vor: Es gebe rassifizierte Völker auf der einen und weiße Völkermörder auf der anderen Seite, wobei die Israelis zu Weißen avancieren, also zu Unterdrücker*innen. Auch das ist verbreitet im antikolonialen Umgang mit dem Nahostkonflikt. Wie Merle Stöver im ersten Band von *Feministisch streiten* ausgeführt hat, gelingt dabei das gruselige Kunststück, Feminismus, queere Kämpfe und Judenhass unter dem Banner von Antirassismus und Antikolonialismus zusammenzubringen (Stöver 2018).

Ist Israel ein Kolonialstaat?

Diese schiefen Schlüsse verweisen auf eine analytische Grenze des antikolonialen Denkens: Es bietet keinen Raum und kein Handwerkszeug für Antisemitismuskritik. Theoretiker*innen, die diesem Paradigma verpflichtet sind, pressen die Analyse des Nahostkonflikts in das Theorieschema des Antikolonialismus, ohne Israels spezifische Geschichte und Gegenwart im Rahmen der globalen kapitalistisch-patriarchalen Vergesellschaftung zu untersuchen.

Wie viele andere Nationalstaaten auch hat Israel einen Konstitutionsprozess durchlaufen, der auf Ausschluss und Homogenisierung der Bevölkerung im Sinn einer nationalen Identität gründet. Israel hat 1947/1948 Araber*innen aus ihren Siedlungsgebieten vertrieben bzw. vertreiben lassen. Teils geschah das durch Landkauf von arabischen Großgrundbesitzern, teils durch Waffengewalt, teils reaktiv auf antisemitische Gewalttaten, die etwa nach Bekanntgabe des UN-Teilungsplans verübt wurden. Dieser sollte das heutige Staatsgebiet zwischen Jüd*innen und Araber*innen aufteilen, stieß jedoch auf heftigen Widerstand von arabischer Seite. Wer auf dem Rückkehrrecht der heute drei Millionen vertriebenen Palästinenser*innen besteht (die aufgrund des vererbten Flüchtlingsstatus immer zahlreicher werden), vergisst in der Regel die 900.000 Jüd*innen, die zwischen 1948 und 1979 aus vielen arabischen Ländern sowie dem Iran vertrieben wurden – motiviert von panarabischem und muslimischem Antisemitismus. Anders als die Palästinenser*innen, die bis heute als propagandistische Verschiebemasse der arabischen Staaten herhalten müssen, ohne von ihnen ökonomisch unterstützt oder integriert zu werden, sind diese vertriebenen Jüd*innen längst in der Bevölkerung Israels aufgegangen (Grigat 2019).

Nach der Staatsgründung wehrte Israel mehrere Angriffskriege der arabischen Nachbarstaaten ab und führte 1967 einen Präventivkrieg mit territorialen Eroberungen. Von 1967 bis 2005 war der Gazastreifen besetzt. Heute hält Israel die Golanhöhen und Ostjerusalem besetzt, während das Westjordanland unter israelischer Militärverwaltung steht. Diesen militärischen Eroberungen Israels stehen einerseits die massive Aggression der Nachbarstaaten, v.a. des Iran, und die Gewalt von Selbstmordattentäter*innen und ständigem Raketenbeschuss aus dem Gazastreifen gegenüber. Andererseits steht ihnen das Interesse bestimmter israelischer Regierungen entgegen, z.B. unter Jitzchak Rabin, den palästinensisch besiedelten Gebieten Autonomie zu gewähren oder eine Zweistaatenlösung mit einem souveränen Palästina voranzutreiben. Auch diese Bestrebungen lassen sich als motiviert von den Sicherheitsinteressen eines Staates einordnen, der von der ersten Minute seines Bestehens an existenziell bedroht war. Sie charakterisieren keinen Kolonialstaat nach dem Vorbild und den Dimensionen der europäischen Großmächte, die zwischen dem 16. und 20. Jahrhundert die Welt unter sich aufteilten und dabei ganze Bevölkerungen auslöschten oder versklavten.

Als kolonial kann man allerdings die Siedlungspolitik im Westjordanland, die von der Regierung Netanjahu vorangetrieben wird, bezeichnen: weil sie mit militärischer Gewalt gegen die ansässige arabische, teils beduinische Bevölkerung durchgesetzt wird, das ihnen zugesicherte Land okkupiert und die Enteignungen mit einem angeblichen religiösen und historischen Vorrecht begründet. Auch der antiarabische Rassismus im Land, etwa im Bildungs- und Gesundheitswesen und hinsichtlich der Bewegungsfreiheit von Palästinenser*innen, muss aus einer linken Perspektive kritisiert werden – wie in jedem anderen Nationalstaat dieser Welt auch.

In die Kritik des antiarabischen Rassismus muss aber einbezogen werden, dass im Staat Israel eine konstitutive Spannung zwischen dem demokratischen Gleichheitsversprechen und dem Beharren auf dem Charakter eines jüdischen Staats besteht. Letzteres führt – bei grundsätzlicher Gleichberechtigung aller Staatsbürger*innen – zur Bevorzugung von Jüd*innen, z.B. im Bildungs- und Gesundheitswesen.

Zu Recht hat die antideutsche Linke immer wieder hervorgehoben, dass Israel das historische Resultat des modernen Vernichtungsantisemitismus ist, der in der von Nazideutschland verübten Schoa gipfelte. Israel ist das einzige staatlich garantierte Refugium für jüdisches Leben weltweit. Dass dieses tragischerweise die Form eines hochmilitarisierten Nationalstaats mit hermetisch abgeriegelten Grenzen hat, ist weniger Israel selbst zur Last zu legen. Vielmehr ist es der Brutalität der weltweiten kapitalistischen Vergesellschaftung und der ihr aufsitzenden antisemitischen Ideologie anzulasten.

Im Unterschied: Sexismus und Rassismus

In *Elemente des Antisemitismus*, dem grundlegenden Text der kritischen Theorie zum Antisemitismus, beschrieben Theodor W. Adorno und Max Horkheimer, dass für den Antisemiten Jüd*innen als Verkörperung der abstrakten Prinzipien Ausbeutung, Ungerechtigkeit und Profitorientierung herhalten müssen. Im sich durchsetzenden Kapitalismus entwickelte sich der tief verwurzelte christliche Antijudaismus zu einer Ideologie der Vernichtung, die sich genau darin von den Ideologien der kapitalistischen Frauenunterdrückung sowie des kapitalistischen Rassismus unterschied.

Marxistisch und etwas schematisch zusammengefasst: Die kapitalistische Produktionsweise beruht auf der Ausbeutung der Arbeitskraft von Lohnabhängigen. Das bringt zum einen den Klassengegensatz zwischen Arbeiter*innen und sie ausbeutenden Kapitalist*innen hervor. Mit Federici lassen sich zusätzlich Spaltungen der Arbeiter*innenklasse ausmachen (siehe *Extrak-*

tivismus und die „tiefen Spaltungen" im politischen Subjekt Frau). Zum einen wurden Frauen während der gewaltvollen Durchsetzung der kapitalistischen Produktionsweise darauf verwiesen, reproduktive – also lebensnotwendige, aber unbezahlte – Tätigkeiten zu verrichten. Zum anderen wurden Menschen in lohnarbeitsähnliche Verhältnisse gezwungen, die schlecht oder gar nicht bezahlt waren, was mit der Rassifizierung dieser Menschen begründet wurde.

Bafta Sarbo und Eleonora Roldán Mendívil führen im Sammelband *Die Diversität der Ausbeutung* überzeugend aus, dass Rassismus die ideologische Rechtfertigung von Überausbeutung ist, also Arbeitsverhältnissen, die kaum das bloße Überleben der Lohnarbeitenden sichern, während Kapitalist*innen und Nationalstaaten in hohem Maß von der rassistischen Struktur profitieren. Dass Überausbeutung historisch eng an den Kolonialismus geknüpft ist, wird besonders deutlich an der millionenfachen Verschleppung und Versklavung von Afrikaner*innen für die Plantagenarbeit in den amerikanischen Kolonien europäischer Mächte. Für Deutschland kann man Überausbeutung auch anhand der Geschichte der Gastarbeiter*innen in der BRD und der Vertragsarbeiter*innen in der DDR nachzeichnen. Heute findet sie z.B. im Niedriglohnsektor statt sowie in der Prostitution, die in Deutschland überwiegend von Osteuropäerinnen mit wenigen ökonomische Alternativen verrichtet wird.

Diese Beobachtungen lassen sich gut mit Segatos Analysen verbinden, dass rassifizierte Frauen, bei denen beide Unterdrückungsarten ineinandergreifen, viel stärker ökonomischer Ausbeutung, aber auch unsanktioniert bleibender sexueller Gewalt ausgesetzt sind als weiße Frauen. Die ähnliche Funktionsweise von Rassismus und Sexismus wird im antikolonialen Feminismus immer wieder hervorgehoben. Die Enteignung der Arbeitskraft und des Körpers von Frauen und Rassifizierten, ihr ungesicherter Subjektstatus sind häufig als zwei Seiten eines globalen Kolonisierungsprozesses beschrieben worden – etwa von den Vertreterinnen des Bielefelder Subsistenzansatzes, die Frauen als „letzte Kolonie" bezeichneten (Bennholdt-Thomsen/von Werlhof/Mies 1992). Im lateinamerikanischen Konzept des *cuerpo-territorio* taucht diese theoretische Parallelisierung ebenso auf wie bei Segato.

Wichtig ist an dieser Stelle, dass Rassismus und Sexismus – trotz ihrer Gewaltförmigkeit – weniger als Vernichtungsideologien wirken als der Antisemitismus. Die strukturelle Gewalt gegen Frauen und Rassifizierte wirkt hauptsächlich als Disziplinierung und Rechtfertigung, sie in ihren benachteiligten Positionen der gesellschaftlichen Arbeitsteilung festzuhalten (vgl. *Über die Gewalt im Geschlechterverhältnis*).

… und Antisemitismus

Der Antisemitismus entzieht sich dieser Logik und ihren vielfältigen Intersektionen. Aufbauend auf ihrer mittelalterlichen Außenseiter- und Sündenbock-Funktion und ihrer historisch bedingten Berufstätigkeit als Händler und Geldverleiher wurden Jüd*innen für das Unbehagen an der kapitalistischen Gesellschaft verantwortlich gemacht: dafür, dass nicht für den eigenen Bedarf produziert wird und Geld und Produktionsmittel nicht denjenigen zukommen, die sie dringend brauchen. Auch für die Wut über Enteignung und Ausbeutung im Namen eines abstrakten Vergesellschaftungsprinzips wurden sie als Schuldige ausgemacht. Der Hass auf das Abstrakte und die eigene gesellschaftliche Ohnmacht äußert sich im Verschwörungsdenken. Der Jude wird z.B. zum Kriegstreiber oder zum großbourgeoisen Strippenzieher erklärt, Letzteres von weiten Teilen der deutschen Arbeiter*innenschaft, die sich in den 1930er Jahren für den Nationalsozialismus entschieden.

Den Nazis galten Jüd*innen nicht nur als „Rasse" wie Slaw*innen oder schwarze Menschen, denen in der „arisch" beherrschten Welt ein untergeordneter, dienender Platz zustehen sollte. Jüd*innen bildeten für sie vielmehr eine „Gegenrasse, das negative Prinzip als solches" (Horkheimer/Adorno 2003, S. 177): ein Volk ohne eigenen Charakter, das u.a. das raffende Kapital, die unehrliche Arbeit und die Tücke des Kriegsgegners verkörperte und damit angeblich das deutsche Volk von innen und von außen zugleich angriff. Folglich gab es in der nationalsozialistischen Weltsicht keinen Platz für Jüd*innen, mussten sie vernichtet werden, um die Widersprüche, die Demütigung und den Schmerz des eigenen Lebens aus der Welt zu schaffen. Adorno und Horkheimer nannten diesen psychischen Mechanismus, der Jüd*innen ihrer realen Subjektivität beraubt und ihnen gleichzeitig eine Art Über-Subjektivität zuspricht, eine unheimliche Übermacht, „pathische Projektion“ (ebd., S. 201). Deren Inhalt wechselt je nach seelischem Bedarf der Antisemit*in, etwa Strafbedürfnis, Verfolgungswahn, Neid. Diese erwachsen aus der eigenen gesellschaftlichen Zurichtung, werden aber nicht bewusst (gemacht), sondern über Projektion ferngehalten. Die Inhalte sind variabel, konstant jedoch bleibt: Anders als der Rassismus zielt die antisemitische Projektion nicht auf Unterwerfung und Überausbeutung, sondern auf Vernichtung als kollektive psychische Entlastung.

Der politische Islam knüpfte in dieser Vernichtungsideologie direkt an die Nazis an, etwa in der Zusammenarbeit des Hitlerregimes mit dem Mufti von Jerusalem (Küntzel 2002, S. 151-160). Die Hamas, die iranischen Mullahs und die Hisbollah im Libanon sehen ihre zentrale ideologische Aufgabe darin, den jüdischen Staat auszuradieren. Denn seit der Gründung des Staates Israel 1948, spätestens seit dem Sechstagekrieg 1967, gilt der antisemitische Vernichtungswille dem jüdischen Staat: Wie dem Juden kein (ehrenhafter) Platz in der gesellschaftlichen Arbeitsteilung zukäme, wie er kein normales Volk bilden könnte, so stünde ihm auch kein eigenes Land zu. Israel gilt als schmachvoller Pfahl, den der koloniale Westen hinterrücks ins Fleisch der muslimischen Welt geschlagen hätte. Tragischerweise ist der Islamismus mit seiner antisemitischen, antimodernen, frauen- und homofeindlichen Prägung die erfolgreichste Gegenbewegung zur westlichen Vorherrschaft seit dem 19. Jahrhundert. Er speist sich aus der historischen Erfahrung kolonialer Herrschaft in den heutigen arabischen Ländern – obwohl es sich dabei nie um jüdische Herrschaft gehandelt hat.

Auch Rita Segato bedient die Erzählung von Israel als „Marionettenstaat“ (Segato 2014). Sie ist bei Weitem nicht die einzige

Linke, die Muslim*innen und Palästinenser*innen im Speziellen einen „Volkscharakter" im Sinn einer verewigten postkolonialen Opferidentität zuspricht, die sie zu revolutionären Subjekten gegen den Westen bzw. den globalen Norden erklärt. Gegenüber den als indigen imaginierten Palästinenser*innen wird der Staat Israel als konstruiert oder künstlich wahrgenommen – als Produkt eines Verschwörungsplans, keinesfalls als gewöhnlicher Nationalstaat, der seine Bürger*innen und sein Territorium verteidigt.

Ob er von antikolonialen Linken oder Islamist*innen kommt: Der israelbezogene Antisemitismus trägt das Gewand des Antikolonialismus und argumentiert dabei mit der teils realen, teils fantasierten rassistischen Unterdrückung der Palästinenser*innen durch Israel. Im Schwarz-Weiß-Paradigma antikolonialer Theorie und Praxis werden Jüd*innen ihnen gegenüber zu Ausführenden israelischer „white supremacy" (Segato 2014). Dabei werden in Israel nicht Weiße bevorzugt, sondern Jüd*innen – *weil* sie an vielen anderen Orten der Welt antisemitischem Hass ausgesetzt sind. Auch arabische und schwarze Jüd*innen gehören zu diesen bevorzugten Staatsbürger*innen (was nicht bedeutet, dass im Land keine rassistischen Ressentiments ihnen gegenüber existieren würden). Weiße Überlegenheit zu veranschlagen, hinkt auch an der Stelle, dass Israel gar nicht die Größe und Stärke hat, eine so machtvolle internationale Interessenpolitik zu vertreten, wie es die USA, für deren Politik man *white supremacy* an vielen Punkten in Anschlag bringen kann, immer wieder in Lateinamerika getan haben. Genauso kritikwürdig müsste für antikoloniale Feminist*innen des globalen Südens die Wirtschaftspolitik der EU und Deutschlands sein, die koloniale Ausbeutungstraditionen fortsetzen. Beispielsweise warb Bundeskanzler Olaf Scholz auf seinen Besuchen in Chile und Argentinien im Januar 2023 für den Abbau von Lithium durch deutsche Konzerne, das u.a. für die Batterien von Elektroautos gebraucht wird. Indigene Aktivist*innen kritisierten den dabei drohenden Abfall des Grundwasserspiegels in den Abbaugegenden (Böttcher 2023). Die Verkehrswende in Deutschland schädigt also die Umwelt in

Lateinamerika und gräbt indigenen Bevölkerungen das Wasser ab. Dennoch löst die deutsche Politik, anders als die israelische, keine Massendemonstrationen und feministischen Manifeste mit hunderten Unterschriften aus.

Israel ist nicht mehr oder weniger in internationale Ausbeutungszusammenhänge verstrickt als andere Länder des globalen Nordens. Dass sich lateinamerikanische Feminist*innen derart negativ auf das jüdische Land von der Größe Hessens fokussieren, kann nur antisemitisch motiviert sein – gerade, weil sie von Antisemitismus analytisch nichts wissen wollen.

Blinder Fleck in der Männlichkeitskritik

Wie Sexismus und Rassismus ist Antisemitismus Teil jeder kapitalistischen Subjektwerdung und schlägt, wenn er nicht theoretisch reflektiert wird, in jeder politischen Theorie tendenziell durch.

Das kann man gut an Segatos Männlichkeitskritik verfolgen. In *Wider die Grausamkeit* schreibt sie über koloniale Männlichkeit, die die Lebendigkeit und kulturelle Vielfalt in der Welt abtöten muss, um sie mit sich und der kolonialmodernen „Welt des ‚Einen'" identisch zu machen (Segato 2021, S. 137). Dieses Gewaltpotenzial verortet Segato auch im israelischen Soldaten – der mit nicht geringer Wahrscheinlichkeit eine Frau ist –, aber offenbar nicht im Hamas-, Hisbollah- oder IS-Terroristen. Dabei lässt sich das von Segato beschriebene Konzept von Männlichkeit sehr gut auf die Kämpfer anwenden, die am 7. Oktober 2023 den israelischen Grenzzaun stürmten, um zu töten, zu vergewaltigen und zu morden – gepanzert mit Schusswaffen, religiösem Wahn und der Droge Captagon, die Angst- und Schmerzempfindungen herabsetzt. Wie alle Männerbünde verachtet und fürchtet die Hamas Frauen, die öffentlich ihre Stimme erheben und selbstbestimmt leben; sie hasst queere Menschen, jede Art von Individualismus und Lebensfreude sowie alle, die den Islamismus und seine brachiale, ehr- und todesverliebte Männlichkeit kritisieren. Palästinensische Frauen sind zwar oftmals Hamas-Anhängerinnen, können in der Organisation aber hauptsächlich Wohltätigkeitsfunktionen übernehmen (Wettig 2023).

Die Täter vom 7. Oktober trugen Bodycams, um ihre Morde, Folterungen und Vergewaltigungen zu Propagandazwecken zu filmen. Die Videos von entblößten und entstellten Frauenkörpern, von Festivalbesucherinnen, die neben den Leichen ihrer Freunde vergewaltigt wurden, fanden – Social-Media-gerecht aufbereitet – schnell ihren Weg zu YouTube und TikTok sowie in die *Tagesschau*. Eine deutlichere Zurschaustellung von Grausamkeit lässt sich kaum denken. In ihrem Text zu den Femiziden im mexikanischen Ciudad Juárez analysiert Segato Sprache und Botschaft dieser Grausamkeit minuziös: als Territorialanspruch, gerichtet an alle Menschen des *territorios*. Wie in Ciudad Juárez trat am 7. Oktober zur Logik des Femizids, der eine Frau trifft, aber alle meint, die Logik von Vergewaltigung im Krieg, die auf die Demoralisierung der gesamten feindlichen Bevölkerung zielt (Clemm 2023, S. 147).

Ich habe keine Äußerungen von Rita Segato zum jüngsten Hamas-Massaker gefunden. Aber die Logik islamistischer Anschläge, die sich gegen ein nach westlichen Maßstäben selbstbestimmtes Leben, gegen freies Konsumieren und Vergnügen, gegen unabhängige Frauen und eine frei ausgelebte Sexualität richten, ist lange bekannt. Ich denke an die Ruine der Diskothek Dolphinarium am herrlichen Strand von Tel Aviv, wo sich 2001 ein Hamas-Selbstmordattentäter in die Luft sprengte und dabei 21 Partygänger*innen tötete und 132 weitere verletzte, darunter viele sehr junge Frauen (Hausen 2021). Taten wie diese illustrieren die ideologische Überschneidung von Antisemitismus und Antifeminismus: Die Entfremdung der Frau von ihrem vermeintlich natürlichen Posten in Küche, Kinderzimmer und Kirche respektive Moschee könne nur ein Resultat jüdischen Kulturverfalls sein, für den der Staat Israel vernichtet und die vergnügungssüchtige Frau mit dem Tod bestraft werden müsse (Stögner 2022). Psychoanalytisch betrachtet, spielen in diesem Frauenhass sicherlich auch Erlösungsfantasien des religiösen Fanatikers eine Rolle, der einer strikten Sexualmoral unterworfen ist und den blutigen Anschlag als orgiastische Befreiung ersehnt. Seyla Benhabib sieht im Massaker vom 7. Oktober eine dschihadistische „Pornographie der Gewalt“ (Benhabib 2023).

Zu solchen widerwärtigen Exzessen männlicher Selbstermächtigung schweigen antikoloniale Feminist*innen zumeist. Das Zusammentreffen von Antifeminismus und Antisemitismus beim jungen, ärmlich lebenden Palästinenser, der vom Männerbund Hamas zu mörderischen Taten angeregt und ausgestattet wird, interessiert sie, wenn überhaupt, nur entlang der Interpretationslinie „Kolonisierter setzt sich gegen Kolonialmacht zur Wehr“.

Auch Gago, Federici und Genoss*innen thematisieren in ihrer Solidaritätsbekundung nicht ansatzweise, dass die palästinensische Bevölkerung, die sie befreit sehen wollen, von terroristischen Frauenhassern repräsentiert wird. Ich bin desillusioniert über diesen Totalausfall feministischer Kritik, der sich nur mit den Mängeln des antikolonialen Paradigmas erklären lässt – v.a. seiner fehlenden Islamismuskritik und seinem blinden Fleck Antisemitismus.

In schlechter Tradition

Die antisemitische Schieflage im antikolonialen Feminismus ist nicht neu. Soweit ich es überblicke, ist die Kolonialismuskritik in der Zweiten Frauenbewegung recht schnell in Dritte-Welt-Romantik, Esoterik und verschwörungstheoretischem Ressentiment gegen die Umtriebe mächtiger Konzerne und Staaten aufgegangen. Diese Entwicklung trat auch bei der Bewegung der Corona-Leugner*innen zutage. Ein trauriges Beispiel bot Claudia von Werlhof, eine wichtige Ökofeministin der 1980er Jahre und Vertreterin des antikolonialen Bielefelder Ansatzes. Nach dem Ausbruch der Pandemie behauptete sie, dass „der neue Corona-Virus gen- und nanotechnisch manipuliert“ sei, um den „Absturz der Klein-, Mittel- und nationalen Wirtschaft weltweit“ voranzutreiben“ (von Werlhof 2020). Nicht zuletzt ihr Verweis auf eine „Neue Weltordnung“, die sich gegen „Mutter

Natur" richte, dokumentiert den Wechsel der Autorin von der Strukturkritik zur Verschwörungstheorie. Die Kritik am Kapitalismus wird personifiziert, die Welt zerfällt in zwei gegensätzliche Lager: Staat und Konzernen stehen die Arbeitenden und Ausgebeuteten gegenüber, Seite an Seite mit der zerstörten Umwelt. Obwohl es hier nicht um Israel oder Jüd*innen geht, zeigt sich die Nähe zum Antisemitismus an der ideologischen Stoßrichtung, säuberlich wie personell das Gute vom Bösen zu trennen und sich selbst auf die Seite der Guten zu stellen (Stögner 2022).

Auch bei den antikolonialen Feminist*innen aus Lateinamerika, mit denen ich mich beschäftigt habe, sind die Rollen oft klar verteilt: Zu den Guten gesellen sich Frauen (manchmal Queers) und Rassifizierte, in ökofeministischen Texten kommen der (Frauen-)Körper und die Natur dazu. Häufig wird diese Reihung von Subjekten und Verhältnissen recht umstandslos als widerständig gepriesen – nicht als integraler Teil der kapitalistisch-patriarchalen Gesellschaft, in die wir alle verstrickt sind. Die Kritik daran muss zwar berücksichtigen, dass die Linie zwischen Ausbeuter*innen und Ausgebeuteten in vielen Ländern des globalen Südens tatsächlich schroffer gezogen ist als in Deutschland. Einige Täter, etwa internationale Megakonzerne, lassen sich klar benennen, während ein großer Teil der Bevölkerung kaum Möglichkeiten hat, sich aus massiv ausbeuterischen Zwängen zu befreien.

Dennoch ist Herrschaft stets auch verinnerlicht: ökonomische Ausbeutung, Sexismus, Rassismus und Antisemitismus sind nicht nur intersubjektive Verhältnisse, sondern wirken auch in den Subjekten selbst. Wir alle finden uns entlang dieser Unterdrückungsverhältnisse in schmerzlichen, konflikthaften Verstrickungen und ganz verschiedenen Täter*in-Opfer-Konstellationen wieder. Wenn es nicht um Israel geht, kann Segato in dieser Hinsicht durchaus differenzieren, etwa wenn sie rassifizierten Männern eine „Scharnierfunktion" in der kolonialen Herrschaft über rassifizierte Frauen attestiert, also eine Position zwischen Opfer und Täter (Segato 2021, S. 137).

Was folgt aus dieser Kritik? In mir wütet der alte antideutsche Impuls, Segato, Gago und Federici wegen ihres Antisemitismus in die Ecke zu pfeffern. Aber das Bedürfnis nach einer fleckenlosen Theorie kann nicht im Sinn feministischen Streitens sein. Produktiver ist es, den Erkenntnisgewinn, den diese Theoretikerinnen mir bereitet haben, um eine Kritik ihrer Flecken und fragwürdigen Konzepte zu ergänzen – und nach den Konsequenzen dieses theoretischen Defizits für das feministische Streiten zu fragen.

Feministisch streiten gegen Antisemitismus

Die Situation seit dem 7. Oktober 2023 ist prekär – für Jüd*innen, aber auch für alle, die eine offene Gesellschaft befürworten. Zur Verteidigung des palästinensischen Volkes werden in Deutschland Synagogen angegriffen, Wohnhäuser von Jüd*innen mit Davidsternen markiert, im Internet explodieren antisemitische Ausfälligkeiten. Die progressive Ibn-Rushd-Goethe-Moschee in Berlin, die sich für eine interreligiöse Verständigung auch mit Jüd*innen einsetzt, kündigte ihre Schließung an, nachdem Anschlagspläne des IS bekannt geworden waren (Instagram-Post von @ibnrushdgoethemoschee vom 25.10.2023). Über viele Länder hinweg bildet sich auf den Straßen, an den Universitäten, im Kulturbetrieb und teils auch in der Außenpolitik eine antisemitische Internationale. Antisemitismuskritiker*innen prägten dagegen die Parole „Nie wieder ist jetzt“. Unter diesen beunruhigenden Umständen schmerzt es besonders, die antisemitische Projektion bei klugen Denker*innen am Werk zu sehen, denen ich ein erweitertes Verständnis des kapitalistischen Patriarchats verdanke.

Der Nahostkonflikt is wird immer wieder zum feministischen Streitthema geworden: etwa auf dem Chicago Dyke March 2017, von dem Lesben, die eine Regenbogenfahne mit Davidstern trugen, ausgeschlossen wurden (Stöver 2018, S. 272); oder unter feministischen Streikbündnissen zum 8. März, in denen mit schöner Regelmäßigkeit die Position aufkommt: „Palestine is a feminist issue“ (Baeck 2019). Auf den ersten Blick mag es verwundern, dass der Nahostkonflikt eine geschlechterpolitische Frage zu sein scheint. Auf den zweiten Blick erklärt sich das mit dem antikolonialen Theorierahmen, in dem Weiblichkeit und Queerness als ebenso widerständig – also antikolonial – ausgerufen werden wie der palästinensische Befreiungskampf. Letzterer fungiert dabei als eine Art Hauptwiderspruch, unter dessen Fahne sich Aktivist*innen mit eigentlich sehr divergierenden Anliegen sammeln (Stögner 2023). Nach dem 7. Oktober 2023 sind dieser propalästinensischen Allianz der Guten überdies Teile des Klimaaktivismus beigetreten. Neben der Wortführerin Thunberg positionierte sich auch eine transnationale Gruppe von *Fridays for Future* gegen den „Genozid an den Palästinenser*innen" durch die „Siedlerkolonie Israel" und begründete: „Klimagerechtigkeit ist antikolonial! Klimagerechtigkeit ist Befreiung der Marginalisierten und Unterdrückten!" (Instagram-Post von @fridaysforfuturemapa vom 27.10.2023). *Fridays for Future Deutschland* distanzierte sich erfreulicherweise von solchen antisemitischen Vereinfachungen (Instagram-Post von @fridaysforfuture.de vom 20.10.2023).

Transnational betrachtet, scheint das antikoloniale Paradigma ein Rahmen zu sein, in dem feministische und weitere linke Kämpfe zusammenkommen. Grundsätzlich halte ich das für eine gute Idee. Der Kolonialismus in seinen neuen und alten Formen ist, wie Rosa Luxemburg in *Die Akkumulation des Kapitals* (1913) herausarbeitete, ein steter Begleiter des Kapitalismus, der sich immerzu neue Territorien und neue Menschen in Form von Absatzmärkten einverleiben muss. Insofern ist jede Nationalökonomie an kolonialen Herrschaftsbeziehungen zu anderen Nationalökonomien und vermeintlich unbeherrschten oder unerschlossenen Gebieten interessiert. Dort ist sie laut Luxemburg bestrebt, zu ihrer eigenen Profitmaximierung das Privateigentum an Boden und die kapitalistische Produktionsweise durchzusetzen, wozu die Transformierung der Bevölkerung in produzierende und konsumierende Lohnabhängige gehört.

Seit der Zweiten Frauenbewegung haben feministische Theoretiker*innen die daraus resultierenden strukturellen Verbindungen zwischen der Ausbeutung von Frauen, Rassifizierten und der Natur gesucht. Nach wie vor ist das ein guter Ausgangspunkt für eine feministische Theorie, der es um eine transnational orientierte Kritik des kapitalistischen Patriarchats, seiner Subjekt- und Staatsform zu tun ist.

Gleichzeitig muss streitbar in Stellung gebracht werden, dass die Kritik am Antisemitismus und am Staat Israel sich nicht über den antikolonialen Kamm scheren lässt. Das liegt daran, dass Antisemitismus, anders als Sexismus und Rassismus, keiner Logik folgt, die sich unmittelbar an einer Jüd*innen zugewiesenen Stellung im kapitalistischen Produktionsprozess orientieren würde. Antisemitismus lässt sich nicht, wie bei der marxistischen Antirassistin Eleonora Roldán Mendívil geschehen, auf „antijüdischen Rassismus" reduzieren (Roldán Mendívil 2017). Die von ihr und Bafta Sarbo 2022 vorgeschlagene Kategorie der Überausbeutung als ökonomische Basis von Rassifizierung (s.o.) macht, bezogen auf Jüd*innen in Israel, keinen Sinn: Jüd*innen als solche werden in Israel nicht rassistisch überausgebeutet. Das Konstrukt des antijüdischen Rassismus findet also keine rechte Anwendung. Es passt weder für islamistische Selbstmordattentate noch für das Massaker vom 7. Oktober 2023. Folglich erkennen Marxist*innen, die die Eigenständigkeit der antisemitischen Ideologie unterschätzen, diese horrenden Gewalttaten gegen Jüd*innen nicht als Antisemitismus an.

Auf ähnliche Weise ebnet ein von spanisch- und portugiesischsprachigen Autor*innen verfasstes und von Rita Segato mitunterzeichnetes Manifest den Unterschied zwischen Antisemitismus und „anderen Formen von Rassismus und ethnisch-kultureller Vorherrschaft" ein (Manifiesto: El antisemitismo es racismo y el antisionismo es anticolonialismo 2020). Das Ergebnis ist, dass Antisemitismus im Text nur als historisches, nazideutsches Phänomen auftaucht und der Fokus sofort auf antipalästinensischen Rassismus übergeht, der das eigentliche Problem wäre.

Der Nachdruck, mit dem hier Gewalt gegen Jüd*innen relativiert wird, muss als antisemitisch kritisiert werden. In der Zusammenarbeit mit Feminist*innen, die den Nahostkonflikt allein durch die Brille des Antikolonialismus betrachten, darf diese große theoretische Differenz nicht unter den Tisch fallen.

Widersprüchliche Subjekte

Feministisches Streiten gegen Antisemitismus muss nachdrücklich darauf hinweisen, dass antikoloniale feministische Theorie selbst anfällig für die strukturell antisemitische Denkform ist, die Welt in genuin Gute und Böse aufzuteilen. Feministisches Streiten, das durch die Schule der Antisemitismuskritik gegangen ist, bedeutet anzuerkennen, dass Vergesellschaftung im kapitalistischen Patriarchat voll widersprüchlicher und gegenläufiger Tendenzen ist. Bereits die Sozialisation zum kapitalistischen Subjekt *und* zur Frau, die „doppelte Vergesellschaftung der Frau" (Regina Becker-Schmidt), bringt Subjekte hervor, die aktiv und passiv, beherrschend und domestiziert, konkurrenzfähig und liebevoll-empathisch zugleich sein sollen. Je nach Weltgegend, sozialem Milieu, Rassifizierung prägt sich dieser grundlegende Widerspruch anders aus, ergänzt und neu gewichtet durch familiäre und berufliche Erfahrung, kulturelle Einflüsse, Religion, schließlich das Bewusstmachen durch Politisierung. Unser gesellschaftliches Sein ist also grundsätzlich konflikthaft und kann nur mit Gewalt vereindeutigt werden, z.B. in Richtung Opferidentität. Feministische Subjektkritik, die die eigenen Täter*innenanteile nicht verleugnet, muss nicht Frauen, Queers oder Palästinenser*innen als nur Gute setzen – und ist daher auch ein probates Mittel gegen Antisemitismus.

Gemeinsame Perspektiven der Befreiung sollten also in unterschiedlichen Überschneidungen von Ausbeutung und Unterdrückung untersucht werden; und in Überschneidungen im politischen Wollen. Beteiligte an einem gesellschaftlichen Konflikts sind nicht nur Fleisch gewordener Ausdruck von Unterdrückungsverhältnissen, sondern ebenso Subjekte, die (in unterschiedlichem Ausmaß) die Wahl und die Selbstverantwortung haben, sich gegen Frauen- und Judenhass zu stellen oder nicht; die die Wahl haben, Kommunist*innen, Faschist*innen oder etwas Anderes zu sein. Auch Menschen, die unterdrückt werden, handeln als politische Subjekte, deren Agenda man kritisieren kann. In diesem Sinn lässt sich urteilen, dass der palästinensische Freiheitskampf im Vergleich zur kurdischen Freiheitsbewegung, die sich an Sozialismus, Rätedemokratie und Patriarchatskritik orientiert, extrem reaktionär aufgestellt ist. Auch die iranische „Jin, jiyan, azadî"-Bewegung, die eng mit kurdischen Kämpfen verflochten ist, zeichnet sich ihm gegenüber dadurch aus, dass weite Teile der Bevölkerung unter der Fahne von Frauen- und Minderheitenrechten und sozialen Forderungen ihren Unmut auf die Straße tragen. In den palästinensischen Gebieten sind demokratische, säkulare und feministische Organisationen völlig an den Rand gedrängt – oder vom palästinensischen Nationalismus und Antisemitismus überformt. So beteiligte sich die marxistisch-leninistische *Volksfront zur Befreiung Palästinas* (PFLP) am Hamas-Massaker (Kayserilioğlu 2023). Es ist keine unwichtige Fußnote der Geschichte, dass die PFLP in den 1970er Jahren RAF-Mitgliedern das Know-how für terroristische Anschläge vermittelte. Wenn man als emanzipatorische feministische Linke an Nationalbewegungen anknüpfen möchte – mit allen Ambivalenzen, die das mit sich bringt –, bietet sich die palästinensische also vergleichsweise wenig an.

Seyla Benhabibs oben zitierter Text ist in meinen Augen ein gelungenes Beispiel dafür, angesichts des Gazakriegs und seiner Gräuel weder in die affektiv hochaufgeladene Schwarzweißmalerei von Unterdrücker*innen und Unterdrückten noch in alles rechtfertigende Kriegslogik zu verfallen. Die Subjekttheoretikerin Benhabib zeigt, dass es möglich ist, nach linken und humanistischen Maßstäben einen Waffenstillstand zu fordern, um die im Gazastreifen eingeschlossenen Menschen zu versorgen bzw. zu evakuieren – ohne dabei den jüdischen Staat zu dämonisieren und zu delegitimieren (Benhabib 2023).

Eine linke Solidarität mit Israel, die aus dem Entsetzen über die Schoa erwächst, muss sich zwischen den Polen des Widerspruchs aufspannen, antikapitalistisch-antikolonial und zugleich antisemitismuskritisch zu sein, also grundlegend solidarisch mit einem kapitalistischen und kriegführenden Nationalstaat. Hier reiben zwei Theorien oder eher Politiktraditionen aneinander: Wo der Antikolonialismus in der Regel blind für den Antisemitismus bleibt, erschöpft sich Antisemitismuskritik in antideutscher Form häufig in Ideologiekritik, während die materiellen Grundlagen von Ökonomie und Nationalstaat außen vor bleiben. Dadurch wird oft nicht mehr deutlich, dass es die kapitalistische Vergesellschaftung in Subjekte und Staaten selbst ist, die Sexismus, Rassismus, Kolonialismus und Antisemitismus hervorbringt. Auch Israel als „einzige Demokratie im Nahen Osten" (Küntzel 2020) ist davon nicht frei. Statt also einen auf Israel bezogenen deutschen Ersatznationalismus zu pflegen, sollten Feminist*innen mit den Mitteln politischer Theorie darum streiten, was Antikolonialismus und Antisemitismuskritik jeweils leisten können, wo die Grenzen beider Theorien sind und inwiefern das für eine möglichst umfassende Theorie des kapitalistischen Patriarchats von Interesse ist.

Verrückt werden an den Widersprüchen

Notwendige Konsequenzen einer Kritik am Antisemitismus antikolonialer Feminist*innen sind also zum einen die (subjekt-)theoretische Auseinandersetzung: Wie wirkt sich die antisemitische Schlagseite auf ihre übrige Theorie aus? Handelt es sich, wie hier skizziert, um einen blinden Fleck, der aber auch strukturelle Implikationen hat, etwa die Personifizierung von Unterdrückungsstrukturen oder die weltanschauliche Trennung in Gut und Böse? Wofür brauche ich in meiner feministischen Theorie und Praxis Antisemitismuskritik, wofür Antikolonialismus?

Zum anderen stellt sich die Frage, welche Bündnisse und gemeinsamen Projekte mit antikolonialen Feminist*innen auf anderen Kritikfeldern möglich sind. In allem, was den Nahostkonflikt angeht, werden wir auf verschiedenen Seiten der Barrikade stehen. In Leipzig hat das nicht zuletzt eine Demo zum 8. März 2024 gezeigt, auf der die lateinamerikanische Gruppe *Abya Yala Libre* einen aufregenden Twerk-Tanz für sexuelle Befreiung aufführte – umweht von Palästinafahnen. Anschließend beklagten sie in atemberaubender Täter-Opfer-Umkehr das Blut, „das Israels genozidale Offensive am 7. Oktober 2023 kostete", ohne die wirklichen Täter des 7. Oktober zu benennen

(Instagram-Post von @abyayalalibre_leipzig vom 18.4.2024). Das war der Moment, als der antikoloniale Feminismus mir das Herz gebrochen hat.

Wie weit soll der Streit in die Breite und in die Tiefe gehen? Wie lässt sich die Differenz kommunizieren, ausfechten – oder auch strategisch ausklammern?

Im Ringen um eine angemessene Kritik des Antisemitismus habe ich immer wieder das Gefühl, verrückt zu werden: Wie kommt es, dass ich daran festhalte, den Nahostkonflikt so anders zu sehen als viele andere, ansonsten großartige Feminist*innen? Liegt es tatsächlich am unreflektierten antisemitischen Bedürfnis im Subjekt, dass sie etwas ausblenden, was ich verstanden habe? Wie umgehen mit der irritierenden Situation, dass man, sobald es um Antisemitismus geht, plötzlich den Großteil der globalen Linken gegen sich hat? Dass Israelsolidarität in Deutschland wie in anderen Ländern eher vom Staat zu erwarten ist als von Linken? Wie damit umgehen, dass der deutsche Staat seine Unterstützung für Israel zunehmend in Stellung bringt, um gegen Linke vorzugehen?

Solches geschah bei den Hausdurchsuchungen gegen die rote Frauengruppe *Zora* in Berlin am 20. Dezember 2023. Der „Anfangsverdacht" gegen *Zora* bestand darin, sich in einem Instagram-Post mit der PFLP solidarisiert zu haben (Bartsch 2023). Aus einer antisemitismuskritischen Sicht ist diese Solidarität deutlich abzulehnen. Gleichzeitig ist offensichtlich, dass die staatliche Bekämpfung von Antisemitismus seit dem 7. Oktober 2023 mehr denn je als Vorwand für die Kriminalisierung und polizeiliche Einschüchterung von linken, teils migrantischen und immer wieder kurdischen Strukturen dient. In einer autoritärer werdenden Gesellschaft ist dieses Gegeneinander-Ausspielen von Antisemitismus und Rassismus zunehmend an der Tagesordnung. Eine emanzipatorische Linke, die beides bekämpft, sollte solche gewaltsamen Vereindeutigungen nicht mittragen und stattdessen sorgfältig abwägen, wo Abgrenzung und wo Solidarität gefragt ist. Nicht zuletzt kann sich die Polizeigewalt, die heute linken Antisemit*innen gilt, morgen gegen uns selber richten.

Eine im guten Sinn intersektionale Gesellschaftstheorie bedeutet m.E., zwischen den gesellschaftlichen Widersprüchen zu leben, zu theoretisieren und politisch zu agieren, dabei ein gewisses Maß an Verrücktwerden in Kauf zu nehmen – und die eigenen feministischen Interessen und Utopien nicht aus den Augen zu verlieren. Mir geht es ganz grundlegend darum, dass Frauen und Queers selbstbestimmt, lustvoll und frei von patriarchalen Zwängen leben können. Die Frage, was das mit einer Kritik des Antisemitismus zu tun hat, beantwortet der Satz auf dem Mahnmal am Strand von Tel Aviv, der der Opfer des Anschlags auf die Disko gedenkt: „Wir werden nicht aufhören zu tanzen."

Warum Materialismus nicht Transfeindlichkeit bedeutet

Gegen das Beharren auf Binarität, vor allem im Radikalfeminismus

Lange hatte ich nicht vor, einen Text zu schreiben, der den Streit um Transsexualität ins Zentrum stellt. Ich bin keine Expertin in Transgender-Fragen. Mein feministisches Erkenntnisinteresse rankt sich um verschiedene Lebensrealitäten von Frauen, Mädchen und Lesben und streift dabei auch das Thema Geschlechtstransgress. Dennoch werde ich, wie viele feministische Autor*innen, Referent*innen, Gruppen und Institutionen, immer wieder mit Vorwürfen konfrontiert, entweder trans Menschen abgrundtief zu hassen und auslöschen zu wollen – oder aber einem angeblich übermächtigen Transaktivismus verpflichtet zu sein, der den Kampf um Frauenrechte untergrabe.

Die Drastik der Kontroverse, die über einen innerfeministischen Streit hinausreicht, macht es unmöglich, keine Stellung zu beziehen, sich in Ruhe eigenen Themen zu widmen und nicht zu viel ins Internet zu gucken, wo die Shitstorms gegen Transaktivist*innen wie auch sogenannte TERFs toben. Schon das Kürzel TERF für „trans-exkludierende Radikalfeministin", das in erster Linie zur Verleumdung anderer Feminist*innen gebraucht wird, ist mehr ein denunziatorisches Instrument als eine analytische Kategorie. Zurückgeschossen wird mit „Transideologen!", oft in der grammatisch männlichen Form, weil die Gemeinten durchaus keine Frauen sein könnten. Die Fronten sind extrem verhärtet, auch innerhalb der Linken.

Der Streit bringt mich auch insofern auf die Barrikade, als dabei Materialismus in Stellung gebracht wird – in Form eines Beharrens auf einer biologisch und sozial verankerten Geschlechterbinarität. Ein anonymer Sticker fasst den radikalfeministischen Debattenbeitrag zusammen: „Frausein ist eine biologische und soziale Realität – keine Identität, kein Gefühl, keine Ästhetik!“ Die Gruppe RadFem Berlin beansprucht, in Bezug auf Transsexualität die „Absurdität von […] Gedanken und Gefühlen aufzuzeigen, die ebenso wenig materiell sind wie die Politik der Selbstidentifikation“ (RadFem Berlin 2022).

Damit gerät ein materialistischer Feminismus in die Bredouille, der von seinen Vertreter*innen – auch von mir selbst – in den letzten Jahren entlang einer Kritik des vorherrschenden Queerfeminismus entfaltet wurde. Zwar habe ich schon im ersten Band von *Feministisch streiten* sowie im Text *Die andere Frau* (Linkerhand 2019) einige Kritikpunkte am Radikalfeminismus formuliert. Um in der sich zuspitzenden Debatte nicht vom radikalfeministischen Biologismus und der daraus folgenden Transfeindlichkeit vereinnahmt zu werden, möchte ich meine Position schärfen und aktualisieren. Grundthese wird dabei sein: Eine Auffassung von Geschlecht, die Männlichkeit und Weiblichkeit als einander ausschließenden, auf Vulven und Penissen beruhenden Gegensatz begreift, ist kein Materialismus, sondern biologistisch und reaktionär.

Die These von den genau zwei Geschlechtern

Binarität bedeutet die Teilbarkeit eines Gegenstands in genau zwei Teile, die einander ausschließen. Dieses wissenschaftliche Ordnungsschema – bekannt aus der Mathematik, Informatik oder Linguistik – ist nicht ohne die Herrschaftsbeziehungen im kapitalistischen Patriarchat zu denken, die ebenfalls auf binären Trennungen beruhen. Silvia Federici beschreibt in *Caliban und die Hexe*, wie die Spaltung der Bevölkerung in Staatsbürger*innen und Rechtlose/Kolonisierte, Weiße und Rassifizierte, produktiv Arbeitende und nicht bzw. reproduktiv Arbeitende, in Männer und Frauen historisch gewaltsam durchgesetzt wurde.

Heute erscheint es als logische und überhistorische Realität, dass die Menschheit in zwei Geschlechter eingeteilt ist und dass diese Teilung viele gesellschaftliche Bereiche durchzieht.

Auch die Aktivistinnen und Theoretikerinnen der Zweiten Frauenbewegung, die ab den 1960er Jahren von den westlichen Ländern des globalen kapitalistischen Patriarchats ausging, sprachen mit großer Selbstverständlichkeit von Frauen einer- und Männern andererseits. Die Zumutungen der Frauenrolle im Patriarchat kritisierten sie meist mithilfe der sozialkonstruktivistischen Trennung von Geschlecht in *sex* und *gender*, also in Biologie und eine der biologischen Zuordnung aufsitzende Sozialisation. Vordenkerin war Simone de Beauvoir mit *Das andere Geschlecht*.

Die Unterscheidung in biologisches und soziales Geschlecht erlaubte es, die Frage nach der Geschlechterrolle vom Geschlechtskörper zu lösen. Dass die meisten Frauen über einen gewissen Zeitraum ihres Lebens gebären und stillen können, sollte nicht länger als Rechtfertigung dafür dienen, Frauen in die reproduktiven Funktionen der Gesellschaften abzudrängen, die wenig anerkannt und wenig bis gar nicht bezahlt werden. Ebenso wenig sollten sich Frauen und Mädchen einem angeblich sanften, hilfsbereiten, „friedfertigen" (Margarete Mitscherlich) Geschlechtscharakter unterwerfen; sie sollten, unabhängig von der weiblichen Biologie, alles sein und werden können. Die Trennung von *sex* und *gender* diente der fundamentalen Zurückweisung einer vorgeblich natürlichen Weiblichkeit, die als patriarchales Phantasma und Herrschaftsinstrument erkannt wurde (etwa von Silvia Bovenschen in *Die imaginierte Weiblichkeit*). Feministinnen wollten, mit ihrem weiblichen Geschlechtskörper und gleichzeitig unabhängig von ihm, alle sozialen Rollen und gesellschaftlichen Funktionen bekleiden können – und darüber hinaus die männerdominierte Welt aus den Angeln heben.

Die queerfeministische Kritik der Binarität

Ab den frühen 1990er Jahren wich dieses konstruktivistische Verständnis von Geschlecht weithin einem dekonstruktivistischen, das zur wichtigen Referenz für transaktivistische Anerkennungskämpfe wurde. Die queerfeministische Bewegung erklärt – in Anlehnung an Judith Butlers frühe Werke *Das Unbehagen der Geschlechter* und *Körper von Gewicht* – nicht nur das soziale Geschlecht zur Konstruktion, sondern auch das biologische: Der Körper wird als Materialisierung von Diskurs verstanden, Natur immer schon als Naturalisierung. Die Ablehnung der biologischen Trennung in Männer und Frauen ermöglicht es, eine Vielfalt von Geschlechtern und Sexualitäten wahrzunehmen und auszuleben. Diese werden als Identitäten artikuliert, setzen also ein recht widerspruchsloses Einssein von Individuum und geschlechtlicher bzw. sexueller Kategorisierung voraus. Das ist insofern plausibel, als Queerfeminist*innen besonders stigmatisierte und verfolgte Identitäten fokussieren: Homo-, Bi-, Trans- und Intersexuelle, bis hin zu Drag und rassifizierten queeren Subkulturen.

Geschlecht und Sexualität werden also nicht im Spannungsverhältnis zwischen Biologie und Sozialem, zwischen Natur und patriarchaler Gesellschaft politisiert, sondern im Widerstand gegen das binäre Zweigeschlechtersystem. Queere Aktivist*innen verorten widerständige Identitäten häufig als außerhalb der Geschlechterbinarität stehend, worauf die Kategorie *non-binary* bzw. *nichtbinär* gründet.

An Wichtigkeit gewonnen hat auch die Bezeichnung *cis*, mit der der Sexualwissenschaftler Volkmar Sigusch Personen meinte, deren Geschlechtsidentität mit dem bei der Geburt zugewiesenen Geschlecht übereinstimmt. In der Diskussion um Transgeschlechtlichkeit halte ich *Cis-* bzw. *cis* (vor Personenbezeichnungen in adjektivischer Verwendung) für eine sinnvolle beschreibende Kategorie. In der queerfeministischen Praxis hat sie freilich das Geschmäckle, dass Personen, die auf der ihnen zugeschriebenen Seite der Binarität verbleiben, weniger geschlechterrevolutionäres Feuer zugetraut wird.

Im deutschsprachigen Aktivismus fordert die Rapperin FaulenzA in *Support your Sisters, not your Cisters*, Penisse nicht ausschließlich als männliche, sondern auch als transweibliche Körperteile anzuerkennen: als Teil einer trans Frau und ihrer Identität. Auch die transaktivistische Autorin Felicia Ewert betont, dass „jedes Körperteil und jedes vergeschlechtlichte Organ jedem Geschlecht zugehörig sein [kann]. Eine Frau kann ausgeprägte Brüste und einen Penis haben. Sie kann diese Organe haben und sie für sich völlig anders bezeichnen“ (Ewert 2020, S. 28).

Selbstidentifikation ist hier das bestimmende Moment von Geschlecht. Sowohl in der sozialwissenschaftlichen Forschung, der außerschulischen Bildungsarbeit als auch in der sozialen Arbeit, sofern sie queertheoretisch inspiriert sind, steht die Geschlechtsidentität als „inneres Wissen und Empfinden über die eigene geschlechtliche Zugehörigkeit“ (Regenbogenportal o. J.) im Mittelpunkt der Geschlechterpolitik.

Radikalfeminismus und geschlechtliche Selbstidentifikation

Heftigen Einspruch gegen diese Absage an die Binarität erheben Radikalfeministinnen. Diese Bewegung setzt sich aus Veteraninnen der Zweiten Frauenbewegung und jüngeren Feministinnen zusammen, die sich – wie ich – unter dem Banner der queerfeministischen Hegemonie politisiert, aber ihre Anliegen als Frauen und/oder Lesben darin nicht wiedergefunden haben. In Deutschland vertreten der Blog *Störenfriedas*, die Zeitschrift *EMMA*, aber auch die antideutsch geprägte linke Wochenzeitung *Jungle World* radikalfeministische Positionen. Die Frauenrechtsorganisation *Terre des Femmes* teilte einige Jahre lang die radikalfeministische Ansicht zu Transsexualität, revidierte sie aber 2023 (Terre des Femmes 2023).

Radikalfeministinnen verstehen sich als Hüterinnen der Errungenschaften der Zweiten Frauenbewegung. Orte, an denen eine feministische bzw. lesbische Frauenkultur gepflegt wird, sowie Frauenhäuser, Frauenquotenplätze, Frauentoiletten, sogar Frauengefängnisse sehen sie heutzutage gefährdet, weil trans Frauen sich den Zugang dazu erkämpfen wollen.

In diesen Abwehrkämpfen geht es ganz wesentlich um die Anwesenheit von Penissen in Frauenräumen, die als „potenzielle Waffen“ (Borchert 2017) zur sexuellen Gewalt gegen Frauen verstanden werden. So urteilt die *Harry-Potter*-Autorin Joanne K. Rowling: „Wenn man die Türen zu Toiletten und Umkleideräumen für jeden Mann aufreißt, der glaubt oder fühlt, eine Frau zu sein – und, wie gesagt, Geschlechtsbescheinigungen könnten jetzt ohne die Notwendigkeit jeglicher Operationen oder Hormone ausgestellt werden –, dann öffnet man diese Türen für alle Männer, die hineinwollen. Das ist die schlichte Wahrheit. [...] Ich [weigere] mich, mich einer Bewegung zu beugen, die meiner Meinung nach nachweislich Schaden anrichtet, indem sie versucht, ‚Frau' als politische und biologische Klasse auszuhöhlen, und die wie nur wenige vor ihr rücksichtslosen Männern Deckung bietet" (Rowling 2020).

Dass es keine Männer sind, die hineinwollen, sondern trans Frauen, macht für Rowling keinen Unterschied, weil „Frauen ihre eigene biologische Realität haben" (ebd.). Dazu gehört, so legt es ihr vielbeachtetes Statement nahe, auch die Verletzlichkeit gegenüber Männergewalt, die damit ebenso zur Naturgewalt wird. Wo Rowlings Übersetzerinnen von „rücksichtslosen Männern" sprechen, heißt es im englischen Original „predators", also „Raubtiere" bzw., im Boulevardstil, „Frauen- oder Kinderschänder".

Rowling bezieht sich auf eine seit Jahren angestrebte Reform des britischen Gender Recognition Act, die ungefähr dem deutschen Selbstbestimmungsgesetz entspricht. Das Selbstbestimmungsgesetz, seit Langem von der Transbewegung gefordert, war seit 2021 Teil des Koalitionsvertrags der deutschen Bundesregierung. Im April 2024 wurde es im Bundestag angenommen und wird nun das seit 1981 gültige Transsexuellengesetz ablösen. Beide Gesetze, das deutsche wie das britische, sollen es trans Personen ermöglichen, ihren Namen und Geschlechtseintrag ohne psychologische Gutachten und geschlechtsangleichende Maßnahmen zu ändern.

Artikel, die in der *Jungle World* zu beiden Gesetzesentwürfen erschienen, kritisieren sie zumeist mit derselben, radikalfeministischen Stoßrichtung. „Die Reform würde eine biologische Fiktion von Frauen mit Penis erschaffen", wird die britische Feministin Miranda Yardley zitiert (Marte/Pintul 2019). In der

Konsequenz könnten sich selbstidentifizierte Mädchen in Pfadfinderinnengruppen einschmuggeln. Wozu sie das tun sollten, verdeutlicht der folgende Hinweis auf „Transgender-Sträflinge" in Frauengefängnissen, die Insassinnen vergewaltigen könnten. Im selben Sinn befürchtet ein weiterer *Jungle World*-Autor, „dass mit dem geplanten Selbstbestimmungsgesetz die Hälfte der Bevölkerung die Garantie auf Schutzräume verliert" (Sboron 2022). Biologische Frauen werden zu Opfern von trans Frauen erklärt, weil diese biologisch männlich seien.

Zwar argumentieren einige Radikalfeministinnen, dass trans Frauen nicht allein wegen ihres Penis eine Gefahr darstellten, sondern aufgrund der männlichen Sozialisation, die der genitalen Zuordnung folge (etwa Borchert 2017). Allerdings widmen sie dem Sozialisationsprozess, der Vermittlung von Natur und Gesellschaft im Subjekt, keine nähere Aufmerksamkeit. Die männliche (Täter-)Sozialisation erscheint als ebenso unveränderlich wie der Körperteil Penis. Die Trennung von *sex* und *gender* bleibt rein formell und die Argumentation im Biologismus stecken. Folgerichtig postuliert die radikalfeministische Philosophin Kathleen Stock, Geschlecht nach anderen als biologischen Kriterien in Mann und Frau zu unterscheiden, sei schlicht „Geschlechtsverweigerung" (Stock 2022, S. 78).

Die Angst vor der Auslöschung der Frauen

Stock fordert einen Feminismus nur für cis Frauen und einen davon getrennten Transaktivismus. Das Ende jedes Transaktivismus hingegen strebt die britische Lesbengruppe *Get The L Out* an, die biologische Männer zum systemischen und unversöhnlichen Feind erklärt: „Wir sind gegen jede Art von misogyner Politik und gegen Systeme, die Männerinteressen in den Vordergrund stellen: queere Politik und Transgenderismus [...] Wir werden Zeuginnen, wie Transaktivismus Lesben auslöscht, wie er Lesben, die sich trauen, ihre Meinung zu äußern, zum Schweigen bringt und dämonisiert. Wir werden nicht schweigen! Lesben lieben und begehren ausschließlich Frauen!" (Get The L Out o. J.).

Das Auslöschen von lesbischer Exklusivität geschehe dadurch, dass trans Frauen nicht akzeptieren würden, dass Lesben keine Penisse mögen, und sie dennoch zum Sex nötigen würden (ebd.). Dabei biegen *Get The L Out* entsprechende transaktivistische Auswüchse, die sich tatsächlich finden – v. a. online –, zur Transnormalität zurecht.

Ähnliches geschieht im Fall der trans Straftäterin Karen White, die in einem britischen Frauengefängnis Insassinnen sexuell belästigte. Immer wieder wird sie als einer der sehr wenigen Belege für die Fahrlässigkeit der geschlechtlichen Selbstidentifikation herangezogen.

Einen weiteren Grund für die Auslöschung von Frauen und Lesben sehen Radikalfeministinnen darin, dass Mädchen, die sich nicht geschlechtskonform verhalten, geradezu zur Transition gedrängt würden. „Trans ist Trend" heißt es im Sammelband *Transsexualität* von Alice Schwarzer und ihrer *EMMA*-Kollegin Chantal Louis. Ähnlich besorgt wie Rowling äußern sie sich darüber, dass innerhalb weniger Jahre die Zahl von trans Jungen und Männern extrem gestiegen sei. Das verweise auf ein verstärktes Unbehagen von Mädchen mit ihrer Geschlechterrolle, das auf den Körper umgelagert werde: „Doch statt die Geschlechternormen zu bekämpfen, sollen diese ‚unweiblichen' Mädchen einfach in einen zur Rolle ‚passenden' Körper gestopft werden" (Schwarzer/Louis 2022, S. 14).

Auch die *EMMAs* sehen das Selbstbestimmungsgesetz nicht als Möglichkeit zur Selbstermächtigung und Lebenserleichterung für trans Menschen, sondern als „Auslieferung von Jugendlichen und Frauen" (ebd., S. 17). Mädchen und Frauen erscheinen als Opfer, als „gehirngewaschene" (ebd., S. 184) Manövriermasse einer „lautstarken Minderheit der Transfrauen", die ihre „neue Identität aggressiv gegen die Rechte biologischer Frauen [setzt]" (ebd., S. 15). Die psychischen und finanziellen Erleichterungen, die die neuen Gesetze in Deutschland und Großbritannien bringen würden, werden aber auch der Mehrheit der trans Personen nicht zugestanden. Dabei attestieren Schwarzer, Louis und Rowling diesen durchaus, friedlich, einsichtig und solidarisch mit den politischen Anliegen von cis Frauen zu sein.

Die *Störenfriedas* argwöhnen in ihrem Buch *Störenfriedas – Feminismus radikal gedacht*: „Obwohl es ehemals eine starke und schlagkräftige Frauenbewegung gab, sind die Stimmen von Lesben in der öffentlichen Debatte durch LGBTI und Queer so gut wie verschwunden. Es drängt sich der Eindruck auf, als Nächstes sollten auch die Frauen zum Verschwinden gebracht werden. Es ist jedenfalls besorgniserregend, wenn Frauen mehr und mehr aus dem Fokus des Feminismus verschwinden" (Sigel/Schon/Panther et al. 2018, S. 324).

Die Nostalgie angesichts der geschwundenen Schlagkraft führt die Autorinnen allerdings nicht zur Frage, welche politischen und sozioökonomischen Faktoren hier eine Rolle gespielt haben könnten: etwa die Verheerungen, die der Neoliberalismus in sozialen Bewegungen anrichtete, und die in den 1990er Jahren verlorengegangene Hoffnung auf ein revolutionäres Subjekt Frau (Linkerhand 2018b). Schuld seien vielmehr der übermächtige Transaktivismus und seine Sprechverbote.

Die Angst, dass transaktivistische Konzepte „die gelebte Realität von Frauen weltweit auslöschen" (Twitter-Post von @ jk_rowling vom 7.6.2020), greift eine sprechakttheoretische Rhetorik auf, von der sich Radikalfeministinnen – genau wie Materialist*innen – eigentlich abgrenzen. Im Geraune von der „Auslöschung" vermischen sich Nicht-genannt-Werden, juristische Benachteiligung und physische Vernichtung, wodurch es äußerst suggestiv wirkt. Das schürt transfeindliche Verschwörungstheorien, deren strukturelle Nähe zum Antisemitismus Veronika Kracher analysiert (Kracher 2021). Im nächsten Unterkapitel erläutere ich, dass diese Verschwörungstheorien eine lange radikalfeministische Tradition haben.

Alter und neuer Radikalfeminismus

Als vor einigen Jahren vermehrt radikalfeministische Debattenbeiträge laut wurden, war ich erfreut, dass endlich wieder auf breiterer Ebene frauenverachtende gesellschaftliche Strukturen thematisiert wurden, z.B. die Ausbeutung und sexuelle Gewalt in der Prostitution. Leider erweist sich diese Artikulation des politischen Subjekts Frau immer wieder als identitäre Opfererzählung rund um den weiblichen Körper. Dass es dabei weniger um die Feier von Vulven als um die Abwehr der Penisse von trans Frauen geht, macht deutlich, dass Transfeindlichkeit ein konstitutives Moment des *aktuellen* Radikalfeminismus ist.

Der Radikalfeminismus entstand in den späten 1960ern aus der US-amerikanischen marxistischen Linken heraus. Er war inspiriert von der schwarzen Bürgerrechtsbewegung und grenzte sich vom liberalen Feminismus ab. Als eine Strömung der Zweiten Frauenbewegung vertrat er unterschiedliche Standpunkte zum Verhältnis von *sex* und *gender*.

Kate Millett richtete ihr Hauptaugenmerk auf das kulturell vermittelte soziale Geschlecht: „Die biologischen Grundlagen des Patriarchats sind […] sehr zweifelhaft" (Millett 1985, S. 47). Shulamith Firestone hingegen, eine weitere prägende Theoretikerin, sah die Unterdrückung der Frauen in der Biologie angelegt. In *Frauenbefreiung und sexuelle Revolution* beschrieb sie Männer als unterdrückende Klasse, die durch eine feministische Revolution der Produktions- wie der Reproduktionsverhältnisse abgeschafft werden müsse. Neben einer gerechten Verteilung der Sorgearbeit sollte Reproduktionstechnologie, die das Austragen der Babys übernimmt, zur Frauenbefreiung beitragen.

Diese tendenzielle Verschmelzung von biologischem und sozialem Geschlecht wiederholt sich bei Mary Daly, die das Patriarchat als eine groß angelegte Verschwörung der Männer gegen die Frauen betrachtete. Auch die Gewalt, die Frauen einander antun, etwa im Rahmen von weiblicher Genitalverstümmelung, führte Daly nur zu der rhetorischen Frage, „wer hinter den Kulissen dieser frauenmörderischen Szene die Fäden zieht" (Daly 1985, S. 461).

Dagegen argumentierte die historische Materialistin Gerda Lerner in *Die Entstehung des Patriarchats*, dass das Patriarchat in keiner Entwicklungsstufe zuvörderst als Revolte oder Verschwörung der Männer missverstanden werden darf – obwohl Männer stets von der Unterordnung der Frauen profitiert haben. Lerner charakterisierte den Prozess, der Frauen immer weiter in die schwächeren Positionen der Gesellschaft abdrängte, als historische Tragik einer ursprünglich biologisch begründeten Arbeitsteilung zwischen den Geschlechtern, an der Frauen von Anfang an mitgewirkt haben. Sie müsse als Handlungsgrundlage beider Geschlechter erst mühevoll reflektiert werden.

Ähnlich wie Firestone betonte Lerner, dass diese historisch verselbstständigte Arbeitsteilung auf dem modernen Stand der Produktionsverhältnisse längst nicht mehr notwendig sei; daher sei es nötig, sie im Zuge eines großen feministischen Bewusstwerdungsprozesses abzuschaffen. Beide Autorinnen beschrieben das kapitalistische Patriarchat zugleich als gesellschaftliche Struktur *und* als männerbündische Machtausübung ganz konkreter Männer. Nimmt man die erste dieser beiden Ebenen weg, verkümmert die Patriarchatskritik zur binären und verschwörerischen Erzählung von guten Frauen und bösen Männern.

Dass Dalys Stoßrichtung im heutigen Radikalfeminismus wiederaufersteht, lässt sich aus dem Spruch *Dead Men Can't Rape* schließen, der in Leipzig neuerdings an Häuserwänden prangt. In polemischer Überzeichnung klingt an, dass Männer ein natürliches und unveränderliches Problem wären. Es geht also nicht um eine männliche Subjektivität, die aus den (Re-) Produktionsverhältnissen resultiert und emanzipatorisch überwunden werden muss.

Das größte Problem dieser Argumentation liegt darin, dass sich der politische Hauptfeind mittlerweile verschoben hat: Was im älteren Radikalfeminismus der Mann war, ist jetzt die trans Frau. Gleichzeitig reicht die transfeindliche Linie zurück bis zu Mary Daly und v.a. ihrer Promotionsstudentin Janice Raymond. Beide beschrieben bereits Ende der 1970er Jahre Transweiblichkeit als Experiment des Patriarchats, sich das Frausein und damit den Status der Unterdrückten anzueignen. Letztlich sollten biologische Frauen mithilfe von „männlichem chirurgischem Erzeugertum" ganz ersetzt werden (ebd., S. 93).

Obwohl Transsexualität damals ein weit randständigeres Thema war als heute, ist die Denkfigur, dass manipulierte männliche Biologie den Frauen zum Verderben gereichen würde, hier schon vertreten. Die fehlende Einsicht, dass trans Frauen als reale gesellschaftliche Gruppe viel weniger politische, ökonomische und auch sexuelle Macht ausüben als cis Männer, offenbart den aktuellen Radikalfeminismus als schlechten Aufguss einer Bewegung, deren Kritik, zumindest in Teilen, einmal deutlicher die tatsächlichen Machtverhältnisse getroffen hat.

Das stellt auch Catharine MacKinnon fest, eine seit den 1970er Jahren einflussreiche radikalfeministische Theoretikerin. In einem Vortrag von 2022 kritisiert sie den neu aufgebrühten Biologismus: „Ein Großteil der aktuellen Debatte dreht sich wie besessen um die Frage, ob trans Frauen Frauen seien. Ehrlich gesagt, ist es ziemlich erschreckend, ‚Frausein' als ein zu verteidigendes Terrain zu sehen – nicht als Aneinanderreihung von Imperativen und Einschränkungen, die kritisiert, in Frage gestellt, verändert oder überwunden werden müssen. [...] Diese Zuschreibungen, dieses Machtverhältnis sind es – nicht unsere Körper –, die Frauen zu einer politischen Gruppe, Kaste oder Klasse machen. Der Widerstand dagegen macht die Frauenbewegung zu einer politischen Bewegung" (MacKinnon 2023).

Männergewalt als transfeindliches Argument

Um den Ausschluss von trans Frauen zu rechtfertigen, berichten Joanne K. Rowling wie auch die *Störenfrieda*-Autorin Anneli Borchert von eigenen Gewalterfahrungen mit männlichen Tätern. Aus ihren Äußerungen wird nicht ersichtlich, dass diese cis Männer je in Anspruch genommen hätten, etwas anderes zu sein. Die Gewalterfahrungen haben also nichts mit realen trans Frauen zu tun. Dennoch begründen die Autorinnen den Ausschluss von trans Frauen mit der Erfahrung von Männergewalt, die alle (cis) Frauen vereine: „Ich bin in meinem Leben mehrmals Opfer sexueller Gewalt geworden. Ich kenne keine Frau, der das nicht passiert ist" (Borchert 2017).

Frauenunterdrückung wird als eine unmittelbar erfahrbare, nicht weiter erklärungsbedürftige Gemeinsamkeit vorausgesetzt – als hätte es nicht seit dem Anfang feministischer Bewegungen Auseinandersetzungen über Differenzen zwischen Frauen gegeben. Die Erfahrungen mit dem gesellschaftlichen Frausein unterscheiden sich je nach Schicht und Weltgegend, Milieu, Beruf. Sie unterscheiden sich zwischen rassifizierten und weißen Frauen, Müttern und Kinderlosen, behinderten und nichtbehinderten Frauen, Jüdinnen und Nichtjüdinnen, zwischen Heteras, Lesben und bisexuellen Frauen sowie cis und trans Frauen (bzw., je nach Ort und Zeit, Transvestiten oder *travestis*). Diese Differenzen wirken sich immer auch auf den Grad der Gefährdung durch sexuelle Gewalt aus – und auf die Möglichkeit, sich dagegen zu wehren, ob als Einzelne oder kollektiv.

In der radikalfeministischen Deutung fallen alle Differenzen zwischen Frauen in eins. Nur von trans Frauen wird sich mit biologistischen Argumenten abgegrenzt, ungeachtet der Tatsache, dass auch sie Männergewalt erleben. Überdies werden sie mit unlauteren Mitteln selbst zu männlichen Gewalttätern erklärt.

Weibliche Subjektivierung

Materialistischer Feminismus geht von einem gesellschaftlichen Frausein aus, das strukturelle Gemeinsamkeiten aufweist. Zugleich berücksichtigt er die unterschiedlichen historischen, regionalen und sozioökonomischen Bedingungen, die die „Situation der Frau“ (Simone de Beauvoir) jeweils bestimmen. Darüber hinaus gehen Materialist*innen vom *Subjekt* Frau aus, das im Widerspruch von Gesellschaft und Individuum handelt, denkt und sich entwickelt. Dabei spielt auch der Geschlechtskörper eine Rolle, der aber vom ersten Atemzug an vergesellschaftet wird. Das augenfälligste Argument hierfür finde ich die völlige Hilflosigkeit des menschlichen Babys, das sich dank enormer neuronaler Plastizität auf alle möglichen kulturellen Konzepte einstellt, um zu überleben. Die Neurowissenschaftlerin Cordelia Fine führt aus, dass das Baby sich bestmöglich an die Geschlechtervorstellungen seiner Bezugspersonen anpasst, indem es – bis in seine körperlichen Ausdrücke und Bewegungen hinein – zum erwünschten Jungen oder Mädchen wird

(Fine 2012). Eine materialistische Kritik der geschlechtsspezifischen Sozialisation muss diese also als Prozess verstehen, der zwischen Gesellschaft und Subjekt stattfindet, nicht als reine Prägung von außen. Ohne psychische Subjektivierung biologischer Gegebenheiten gäbe es keine Frauen und Männer und kein Patriarchat.

In *Die Fesseln der Liebe*, einem Klassiker der feministischen Psychoanalyse, beschreibt Jessica Benjamin, dass kleine Mädchen ihre Mutter – das gleichgeschlechtliche Elternteil und die emotional höchst bedeutsame Versorgerin – nicht als machtvolles Subjekt erleben können, weil Frauen weniger gesellschaftliche Macht haben als Männer. Folglich wird es Teil der weiblichen Subjektivierung, das eigene Begehren nach Freiheit und Selbstverwirklichung idealisierend auf Männer zu richten und sich selbst mit der weiblich-ohnmächtigen Libidoposition zu identifizieren. In der Sozialisation müssen also gesellschaftliche Anforderungen und das Heranreifen des kindlichen und pubertären Geschlechtskörpers psychisch vermittelt und integriert werden. Das Mädchen wird genötigt, seine Sexualität damit zu verknüpfen, einen geliebten Mann (und später gemeinsame Kinder) zu unterstützen und zu versorgen. Welche Kompromisse mit der Integration dieser strukturellen Ungerechtigkeit geschlossen werden können, bleibt aber individuell – und veränderlich.

Entgegen der geschichtslosen Identität mit dem eigenen transsexuellen Körper, die FaulenzA und Felicia Ewert vertreten, beschreibt die Transfeministin Daria Majewski in *Feministisch streiten*, dass eine männlich *gemeinte* Sozialisation auf ein Kind treffen kann, das trotz Penis und Hoden nicht die psychische Möglichkeit hat, zum Mann zu werden, sondern vielmehr zur Frau wird. Majewski betont den „Hybridstatus" einer „verqueeren Kindheit" (Majewski 2018, S. 66) zwischen biologisch männlichem Körper und einer Geschlechtsidentität, die sich viel eher an der gesellschaftlichen Weiblichkeit orientiert. Sozialisation – so gewaltsam normierend sie auch ist – ist also kein starres, binäres, entweder Männlichkeit oder Weiblichkeit erzeugendes Programm, sondern muss nachträglich bestimmt werden, vom vergeschlechtlichten Subjekt aus: „Gefragt werden sollte also nach der Art und Weise, wie das Individuum auf gesellschaftliche Zurichtungen innerhalb des kapitalistischen Patriarchats antwortet, sie verinnerlicht und wieder nach außen trägt. Subjektwerdung wäre demnach als permanenter, dynamischer Zirkel von Input, Verarbeitung, Output und Einschreibung […] in den eigenen Körper zu betrachten. […] Es wird erst durch die spätere Erfahrung des Selbst als trans zu einer spezifischen Subjektivierungserfahrung“ (Majewski 2018, S. 69f.). In jeder Kindheit liegt demnach eine gewisse geschlechtliche Geschichtsoffenheit.

Auch FaulenzA teilt die Erfahrung, „dass eine trans*weibliche Sozialisation nicht das Gleiche ist wie eine männliche Sozialisation. […] Viele Menschen sehen aber die Tatsache, dass früher Menschen von mir erwartet haben, ein Junge zu sein, als mein Privileg und nicht als Gewalt, die mir viele Jahre angetan wurde“ (FaulenzA 2017, S. 87).

Es widerspricht keiner materialistischen Auffassung von Geschlecht, der Selbstaussage „Ich bin eine Frau“ Glauben zu schenken – egal, mit welchen körperlichen Geschlechtsmerkmalen diese Person ausgestattet ist und mit welchen Rollenanforderungen sie als Kind leben musste. Materialist*innen gehen zwar davon aus, dass Frausein in dieser Gesellschaft strukturell mit dem weiblichen Geschlechtskörper verbunden ist. Das bedeutet aber nicht, dass diese Bedingung auf alle zutrifft, die mit der Identität Frau durchs Leben gehen: Denn jede, die als Mädchen oder Frau sichtbar wird, ist von sexueller Gewalt bedroht und mit der patriarchalen Erwartung konfrontiert, attraktiv, verfügbar, auf das Wohl Anderer bedacht und zur (reproduktiven) Mehrarbeit bereit zu sein.

Die Anforderungen an trans Frauen mögen sich von denen unterscheiden, die an cis Frauen gestellt werden, v.a. hinsichtlich der Erklärung und Rechtfertigung ihrer Existenz bis zum Umgang mit transfeindlicher Gewalt. Dennoch handelt es sich in beiden Fällen um patriarchale Frauenfeindlichkeit. Umgekehrt negiert die Anerkennung der Tatsache, dass manche Frauen trans sind, nicht per se die Lebensrealität der großen Mehrzahl der Frauen, die die sozialen Zumutungen von Weiblichkeit in enger Verknüpfung mit ihrem weiblichen Körper erfahren.

Dass Geschlecht individuell subjektiviert wird, darf nicht mit den Auffassungen verwechselt werden, dass die Geschlechtsidentität als angeborene, vom Körper unabhängige Wahrheit in den Menschen schlummern würde – oder aber beliebig verändert werden könnte. Das gegenwärtige Verhandeln von Geschlechterfragen in Identitätskategorien erschwert es mitunter, die eigene Geschlechtlichkeit als eine subjektiv geschichtliche zu begreifen, als eine lebenslange Auseinandersetzung mit patriarchalen und kapitalistischen Zwängen, aber auch Freiheitsmöglichkeiten: Was muss, kann und darf eine Frau? Was für eine Frau muss ich sein, um akzeptiert zu werden, vielleicht einfach, um zu überleben? Kann ich gar keine Frau sein? Die Interpretation der eigenen Geschichte und des eigenen Selbstverständnisses ist veränderlich, etwa wenn gesellschaftlich die Möglichkeit erkämpft wird, als Frau zu studieren, offen als Lesbe zu leben oder als Mann zu leben statt als Frau. Auf dieselbe Weise öffnen und schließen sich für Männer geschlechtliche Möglichkeitsräume, etwa der eines schwulen Lebens. Dazu gehört auch die Möglichkeit, Anteile dessen, was als weiblich gilt, ins Selbstbild zu integrieren – oder Weiblichkeit, die eigene wie die anderer Leute, gewaltsam abzulehnen, abzuspalten, zu vernichten.

Gegen den biologischen Determinismus

Die biologische Zweigeschlechtlichkeit als binär und unveränderlich auszuweisen, ist deterministisch und kann nicht im Sinn eines befreiten Geschlechterverhältnisses sein. Mit dem strikt zweiwertigen, hierarchisierenden Schema der Binarität lassen sich Taschenrechner programmieren; in feministischer Theorie hat es nichts zu suchen. Männlichkeit über die Abspaltung und Absonderung von Weiblichkeit zu konstruieren, ist ein alter patriarchaler Taschenspielertrick, der durch die feministische Umkehrung nicht emanzipatorischer wird: Wer keine cis Frau ist, muss noch lange kein cis Mann sein.

Biologie – und Natur allgemein – sind so wenig unveränderlich wie die patriarchale und kapitalistische Gesellschaft. Dem historischen Materialismus zufolge sollten wir Natur niemals absolut setzen, sondern uns ihr im Sinn eines Verständnisses von Naturgeschichte annähern, die immer in Beziehung zu einer menschlichen Gesellschaft und deren Produktionsverhältnissen steht.

Außerdem beruht die Interpretation von Natur stets auf einem bestimmten Erkenntnisinteresse, das sorgfältig reflektiert werden muss. So untersucht die materialistisch-feministische Theoretikerin Karina Korecky, dass die heute ganz selbstverständliche Kategorie der Gebärfähigkeit erst Mitte des 19. Jahrhunderts in den Katalog der biologischen Merkmale einzog, die eine Frau ausmachen: „Gebärfähigkeit bezeichnet die medizinisch kalkulierbare Bedingung der Fortsetzung des Subjekts via Familie und damit der in das Bestehen des Staates integrierten Weiblichkeit" (Korecky 2020, S. 99).

Auch mit aktuellen medizinischen Erkenntnissen kann gegen ein allzu statisches Verständnis der Zweigeschlechtlichkeit argumentiert werden: So beschreibt das Couvade-Syndrom, dass heterosexuelle cis Männer, die Väter werden und eng mit ihrer Partnerin verbunden sind, darauf mit einem niedrigen Testosteronspiegel reagieren. Durch die veränderte Geschlechterrolle treten schwangerschaftsähnliche Symptome wie Bauchansatz, Morgenübelkeit und Stimmungsschwankungen auf. Kümmern sie sich nach der Geburt intensiv um das Baby, hält die Hormonumstellung länger an. Männerkörper können also vorübergehend weiblicher werden – bis hin zur Produktion des Milchbildungshormons Prolaktin. Umgekehrt können bei cis Frauen in den Wechseljahren, wenn Testosteron im Hormonspiegel eine größere Rolle einnimmt, die Libido und die Unduldsamkeit steigen, also eine Annäherung an die patriarchal-männliche Geschlechterrolle mit sich bringen. Der feministische Austausch zwischen cis und trans Personen über das enge Miteinander von sozialen und biologischen Faktoren könnte hier sehr interessant sein.

Das Modell der biologischen Binarität dagegen geht von automatenhaften Körpern aus, die isoliert von sozialen Umständen pubertieren, menstruieren, ejakulieren und gebären. Binarität setzt Weiblichkeit und Männlichkeit als zwei festgelegte, säuberlich voneinander getrennte Phänomene – die sich wunderbar mit Projektionen aufladen lassen.

… und seine Projektionen

Das Beharren auf Binarität verlangt eine geschlechtliche Eindeutigkeit, die die Geschlechterzwänge des kapitalistischen Patriarchats wiederholt. Radikalfeministinnen definieren Gewalt gegen Frauen als ausschließlich männliches Phänomen und interpretieren trans Frauen qua männlicher Biologie (und einem Rattenschwänzchen männlicher Sozialisation) als Männer. Auf diese Weise spaltet die radikalfeministische Forderung, trans Frauen sollten keinen Zutritt zu Frauenräumen haben, Gewalt ab. Das eindeutig weibliche Opferkollektiv kann sich als eindeutig gut, gewaltfrei und schutzbedürftig setzen. In dieser Projektion ähnelt das radikalfeministische Kollektiv dem queerfeministischen, das viel Energie darauf verwendet, cis Männer fernzuhalten. Die patriarchale Idealisierung des Mannes, von der Jessica Benjamin spricht, wird in beiden Fällen zwar auf den Kopf gestellt, aber in der negativen Fixierung aufrechterhalten: Alle Gewalt bleibt bei ihm.

Der projektive Ausschluss leugnet die Gewalt, die cis Frauen einander antun, nicht zuletzt in feministischen Räumen. Emanzipatorisch ist, auch Gewalt unter Frauen zu besprechen und zu theoretisieren, um ihr entgegenzutreten – statt sie, wie einst Mary Daly, auf männliche Infiltration zurückzuführen. Frauen fügen einander sexuelle Gewalt zu, etwa im Gefängnis. Alltäglicher sind aber subtile Formen wie das ständige Abgleichen von Frauenkörpern mit der Schönheitsnorm oder das kontinuierliche Sich-Beziehen auf Männer statt auf andere Frauen. Sich damit zu befassen, ist anstrengender und sicherlich schmerzlicher als die ungezügelte Projektion nach außen – weil es in die Untiefen der eigenen weiblichen Sozialisation zurückführt. Eine sehr empfehlenswerte Lektüre dazu finde ich

Evas Biss. Weibliche Aggressivität und ihre Wirklichkeiten, herausgegeben vom Hamburger Arbeitskreis für Psychoanalyse und Feminismus.

Es gibt ein strukturelles patriarchales Gefälle in dem Sinn, dass cis Männer am häufigsten zu Gewalttätern werden und auch ihren Penis als Gewaltinstrument benutzen. Dennoch ist es deterministisch und nicht vereinbar mit feministischer Subjekttheorie, die Grenze zwischen Opfern und Täter*innen patriarchaler Gewalt geradlinig zwischen biologischen Männern und biologischen Frauen zu ziehen. Mit ihrem identitären und projektiven Bezug auf Biologie wiederholen Radikalfeministinnen den queerfeministischen Fehler, politische Fragestellungen entlang von Identitätskategorien zu verhandeln, und verschanzen sich auf ähnliche Weise gegen eine offene, welthaltige Auseinandersetzung.

Materialistischer Feminismus hingegen bedeutet ein historisches und ideologiekritisches Nachzeichnen der Kategorien, in denen die Gesellschaft Geschlecht verhandelt. Dazu gehören, neben der Vergesellschaftung von Biologie, sozioökonomische Faktoren: ganz zentral die Abspaltung von Reproduktionsarbeit auf Frauen, die so alt ist wie der Kapitalismus selbst. Aber auch der Zwang und die Unterdrückung, die diese Kategorisierungen verursachen, gehören dazu – sowie die Suche nach Möglichkeiten der Emanzipation im kapitalistisch-patriarchalen Geschlechterverhältnis und *von* diesem Geschlechterverhältnis. Die Überidentifizierung mit einem Geschlecht und einem Geschlechtscharakter weist keinen Weg zur Befreiung, sondern richtet sich letztlich immer projektiv gegen Andere.

Beispielhaft dafür steht die radikalfeministische Sorge um den Anstieg von Transitionswünschen junger Menschen, die als Mädchen aufgewachsen sind. Rowling ist bei Weitem nicht die Einzige, die über sich sagt: „Ich fragte mich, ob ich, wäre ich 30 Jahre später auf die Welt gekommen, auch versucht hätte, eine Transition zu erreichen. Die Verlockung, der Weiblichkeit zu entfliehen, wäre enorm gewesen“ (Rowling 2020).

Mir scheint einiges an projektivem Gehalt in dieser Sorge zu stecken, die trans Jungen zu fehlgeleiteten Opfern des Patriarchats erklärt. Im Mittelpunkt der radikalfeministischen Betrachtung steht nicht die Frage, ob und wie trans Jungen ein gutes, glückliches Leben führen können – sondern die Delegitimierung ihres Geschlechtsempfindens. Radikalfeministinnen schildern ihren steinigen Weg zur Frau und hauen dabei eigene Gewalterfahrungen im Patriarchat trans Menschen um die Ohren.

Wäre ich trans geworden? Was wäre unter anderen Umständen anders gelaufen, und welchen Entscheidungsspielraum hätte ich gehabt? Eine veränderte Wertung der eigenen Sozialisation, der eigenen begrenzten Möglichkeiten kann schmerzhaft sein. Sozialisation ist bei niemandem je ganz abgeschlossen. Es scheint mir allemal die freiheitlichere Option zu sein, sich solchen Fragen und Neubewertungen zu stellen, statt jungen Leuten gesellschaftliche Möglichkeiten verbieten zu wollen, die sich inzwischen aufgetan haben. Mir scheint viel ungebrochener eigener Schmerz in der Empörung über Transrechte mitzuklingen: Mir wurde so viel Gewalt angetan; ich musste mir so viel Gewalt antun, um als richtige Frau durchzugehen; und *die* sollen einfach per Sprechakt bzw. per Selbstbestimmungsgesetz zur Frau werden können?!

Selbstviktimisierung

Auch die Inszenierung als Wahrsprecherin und einsame Widerständlerin nimmt im Radikalfeminismus eine große Rolle ein. „J. K. Rowling ist […] das prominenteste Opfer der Trans-Polizei und ihrer ‚Allies'" (Schwarzer/Louis 2022, S. 57), ist sich Chantal Louis sicher – als wäre Rowling in einen Shitstorm geraten, weil sie wie das mutige Kind im Märchen verkündet hätte, dass der Kaiser nackt sei. Dabei vertritt Rowling seit Jahren explizit und konsequent transfeindliche Positionen, etwa wenn sie einen Online-Shop bewirbt, der Buttons mit Aufschriften wie „Transwomen Are Men" und „Join Your Local TERF Gang" vertreibt (Twitter-Post von @jk_rowling vom 22.9.2020). In einem persönlichen Angriff denunzierte sie India Willoughby, Großbritanniens erste trans Nachrichtensprecherin, als jemanden, der sich „als misogyne Phantasie dessen, was eine Frau ist, verkleidet“ (X-Post von @jk_rowling vom 4.4.2024). Auf Nachrichten, die Labour-Partei plane, Misgendern von trans Personen als Hassdelikt zu ahnden, äußerte Rowling, sie würde lieber ins Gefängnis gehen, als die Realität und das biologische Geschlecht zu verleugnen (X-Post von @ jk_rowling vom 17.10.2023).

Kathleen Stock stellt sich gar in die Tradition der historischen Hexenverfolgungen, wenn sie auf Twitter schreibt, nachdem sie wegen Vorwürfen und Drohungen ihre Professur gekündigt hat: „Die Hexe ist tot“ (zit. n. Schwarzer/Louis, S. 59).

Meine Kritik des radikalfeministischen Opferkults soll in keiner Weise Gewalt gegen transfeindliche Feministinnen (und solche, die dafür gehalten werden) rechtfertigen. Radikalfeministinnen wie Transaktivist*innen erleben von der jeweils anderen Seite ein erschreckendes Ausmaß an Online-Gewalt, sexistischen Beschimpfungen und Faschismusvergleichen bis hin zu Klagen, Gewalt- und Morddrohungen.

Das innerfeministische Feindbild TERF dient dabei weniger der Kritik und Bekämpfung von Transfeindlichkeit denn als denunziatorisches Instrument, dem sachlich kaum zu begegnen ist. Auf der Demonstration des 8.-März-Bündnisses Leipzig im Jahr 2023 wurden Schilder mit der Aufschrift „TERFs boxen“ toleriert, als handelte es sich bei dieser Gewaltaufforderung um eine feministische Forderung unter vielen. 2022 wurde auf dem CSD Dresden das ekelhaft sexistische Spruchband „TERFs can suck my huge trans cock“ durch die Straßen gefahren. Die Kritik solcher Vorfälle muss Teil jeder feministischen Auseinandersetzung mit dem Radikalfeminismus sein.

Genauso unlauter ist jedoch die reaktive Opferinszenierung von Radikalfeministinnen, die Frauen als eindeutig unschuldig imaginiert. „Frauen werden beschimpft, niedergemacht [...] und von Veranstaltungen ausgeladen“, schreibt Eva Engelken, eine weitere Kritikerin des Selbstbestimmungsgesetzes, und fragt: „Warum beten Frauen und Lesben die Transideologie nach? Weil sie es gewohnt sind, Männern zu gehorchen?“

(Engelken 2020). Als Täter benennt sie immer wieder „Transaktivisten" und „Transideologen": Während trans Frauen in dieser projektiven Feindbestimmung kein Fitzelchen Weiblichkeit zugestanden wird, werden cis Frauen, die sich für Transrechte engagieren, als vom Transaktivismus bzw. von Männergewalt unterdrückt, eingeschüchtert, „konditioniert" (ebd.) diskreditiert. Nach Veröffentlichung eines offenen Briefs gegen die Transfeindlichkeit in der *Jungle World* (Offener Brief an die Jungle World 2023) habe ich über soziale Medien zahlreiche Kommentare des Sinnes bekommen, ich wäre vor dem übergroßen Druck irgendeiner Translobby eingeknickt oder hätte aus Karrieregründen meine frauensolidarische Haltung verabschiedet – als gäbe es keine guten feministischen Gründe, gegen Transfeindlichkeit das Wort zu erheben.

Unter den Tisch fällt bei dieser Opferinszenierung, dass Radikalfeministinnen nicht einfach kritisiert werden, weil sie Frauen sind – sondern als Wortführerinnen einer hoch aufgeladenen gesellschaftspolitischen Debatte, die von feministischen Strömungen über den linken und FDP-Liberalismus bis hin zur konservativen und christlich-fundamentalistischen Rechten geführt wird. Ihr Debattenbeitrag fällt in eine gesellschaftliche Situation, in der alles identitätspolitisch verhandelt wird und in der es zwischen radikaler Ablehnung und radikaler Affirmation von Transrechten kaum Spielraum gibt. Wie angerissen, wird die Debatte durchaus von Transaktivist*innen mitgeprägt, denen Frauenrechte kein politisches Anliegen sind und die ungerechtfertigterweise alle Gewalt gegen trans Personen bei sogenannten TERFs verorten.

Dennoch halte ich es nicht für zielführend, mit entgegengesetzten Projektionen und Forderungen zurückzuschießen und an der Empörungsschraube mitzudrehen. Radikalfeministinnen wie Transaktivist*innen müssen als politische Subjekte ernst genommen und kritisiert werden. (Über-)Identifizierung mit einer dieser Positionen sowie Dämonisierung der anderen bringen die Debatte in keiner Weise voran.

„Es kommt darauf an, sie zu verändern"

Abschließend möchte ich auf das Beharren zurückkommen, die Binarität der Geschlechter sei einfach materielle Realität. Kathleen Stock führt die These, dass „die Wirklichkeit für den Feminismus unerlässlich ist", sogar im Titel ihres Buchs. Auch die „schlichte Wahrheit", von der J. K. Rowling zu sprechen meint, wenn sie vor trans Frauen in Frauenräumen warnt, entspricht der Auffassung, dass die Realität offensichtlich sei und Queer- und Transaktivist*innen einfach vor ihr die Augen verschlössen.

Eva Engelken wettert über die angebliche Erfindung einer „Transrealität […], in der auch Männer Kinder gebären können. […] Was die aggressiven Vertreter der Transideologie letztlich von Frauen fordern, ist die Unterwerfung unter eine völlig absurde Ideologie. Sie fordern das Recht, eine Lüge, eine Phantasievorstellung, rechtlich geschützt ausleben zu dürfen" (Engelken 2020).

Zweifellos leben wir in einer Realität, die alle Individuen erbarmungslos in ein Zweigeschlechtersystem presst – zum größeren Nachteil derer, die dieses System als Frauen klassifiziert. Die gängigen Formen von Liebesbeziehung und Kleinfamilie, die Gleichzeitigkeit von Lohnarbeit und reproduktiven Verpflichtungen, die täglichen Anreize, hübsch, gefällig und zur Mehrarbeit bereit zu sein, lassen keine ihr gesellschaftliches Frausein vergessen und legen es nahe, eigene Neigungen und Kräfte zurückzustellen, die männlich konnotiert sind. Wie viele andere Bereiche wird Geschlecht mithilfe binärer Wissenschaftsmodelle und Ideologien vergesellschaftet.

Materialistischem Feminismus muss es um eine Bestandsaufnahme der kapitalistisch-patriarchalen Realität zu tun sein, die in gewissem Grad auch eine Anerkennung dieser Realität bedeutet: Die Zwänge sind real, brutal und können nicht dekonstruiert werden, ohne die kapitalistische Produktionsweise und die Reproduktion des Lebens und der Arbeitskraft fundamental umzugestalten.

Das anzuerkennen, muss aber eine Vorarbeit dazu sein, die Realität umzugestalten. Dazu gehört die Überwindung der Binarität als eines einengenden und patriarchalen Konzepts voller einschränkender gesellschaftlicher Zuweisungen. Die biologistische Einteilung der Menschen in Männer und Frauen ist Teil einer *schlechten* Realität, die Ausbeutung, Zwang und Not hervorbringt. Sie als „schlichte Wahrheit" einzuklagen, ist ungefähr so emanzipatorisch, wie die Zumutungen der kapitalistischen Arbeitsweit zu affirmieren oder darauf zu beharren, jemanden, der das nicht möchte, mit seinem bürgerlichen Namen anzusprechen. Das autoritäre Beharren auf einem Identischsein mit der Weiblichkeit läuft auf genau die engstirnige Form von opferzentrierter Identitätspolitik hinaus, die Radikalfeministinnen an Queerfeminismus und Transaktivismus kritisieren.

Demgegenüber braucht es durchaus „Fantasievorstellungen", nämlich utopisches feministisches Denken: Wie wollen wir als vergeschlechtlichte Individuen miteinander leben? Wie lassen sich Männlichkeit und Weiblichkeit und vielleicht weitere Geschlechter so gestalten, dass alle Individuen in Freiheit leben und sich entfalten können? Der Wunsch, in der herrschenden Realität nicht Frau oder Mann zu sein, kann ebenso Beweggrund feministischen Denkens sein wie der Wunsch, ohne patriarchale Zurichtung Frau sein zu können.

Ich stimme der radikalfeministischen Kritik darin zu, dass sich das patriarchale Geschlechterverhältnis nicht mit Sprechakten und einer subkulturellen Praxis, die Vielfalt zelebriert, abschaffen lässt. In diesem Punkt zielen Radikalfeministinnen auf einen gewaltigen Hinkefuß der Queer Theory, die gesellschaftliche Strukturen tendenziell nicht als solche anerkennen, sondern immerzu als Diskursprodukte entlarven will. Catharine MacKinnon polemisiert mit Bezug auf Judith Butler: „Die Postmoderne hat einfach die kritischen Einsichten des Feminismus in Bezug auf Geschlechterrollen gestohlen, sie in ‚Performance' umbenannt, ihre Realität ausgesaugt, die Unterordnung zu einem literarischen Text gemacht" (MacKinnon 2023). Ich betrachte es als große Aufgabe materialistischer Theoriebildung, dieser Derealisierung entgegenzuarbeiten und Theorie und Aktivismus wieder enger an die gesellschaftlichen Verhältnisse anzuschließen. Hingegen ist es keine emanzipatorische Kritik des Queerfeminismus, ihm ein triumphales „Aber Biologie gibt es wirklich!“ entgegenzustellen – als wären Körper jemals eine vorgesellschaftliche Realität.

Natürlich ist es oft deprimierend mitanzusehen, wie queerfeministische Versuche, die Geschlechterrollen auszuhebeln, zu erweitern, zu vervielfältigen, in einer sprachpolitischen und selbstbezüglichen Identitätspolitik stecken bleiben. Dennoch sympathisiere ich mit solchen Versuchen, und meine Kritik an ihnen ist solidarisch. Nicht nur, um die schlechte Realität abzuschaffen, sondern auch im Interesse eines möglichst schönen Lebens im Hier und Jetzt braucht Feminismus utopische und experimentelle Vorgriffe in ein Leben jenseits der patriarchalen, binären Geschlechterordnung. Welche wozu taugen, können wir nur im Rahmen einer streitbaren feministischen Bewegung herausfinden. Die Realität gemeinsam grundlegend verändern zu wollen, ist seit Marx der glühende Kern materialistischer Theorie.

Und nun? Streit!

Am Ende dieses langen Texts stehen keine abschließenden Antworten auf die vielen Fragen über einen emanzipatorischen Umgang mit Cis- und Transsexualität. Ich weiß nicht, welche Kriterien zur medizinischen oder psychologischen Behandlung von trans Jugendlichen angemessen wären. Den Leistungssport, wo Unterschiede des Geschlechtskörpers eine große Rolle spielen, finde ich kein sehr interessantes feministisches Thema.

Im Interesse feministischen Streitens sehe ich aber einen diskussionswürdigen Widerspruch zwischen dem Kampf für Transrechte einerseits und andererseits für ein Frau- oder Mädchensein, das von den patriarchalen Anforderungen der weiblichen Geschlechterrolle befreit wäre. Jugendliche, die als Mädchen eingeordnet wurden und darunter leiden, sollten sowohl die Chance haben, offiziell zum Jungen zu transitionieren, als auch die, eine rüpelige, bewegungsfreudige, vielleicht lesbische Frau zu werden. Wie bestimmt man den jeweiligen Wirkungsbereich beider Emanzipationsvorstellungen: zwischen Frauenemanzipation und der Emanzipation *vom* Frausein? Ich denke nicht, dass es Sinn macht, die eine gegen die andere auszuspielen. Im Vordergrund sollte das Lebensglück der Jugendlichen und die größtmögliche Freiheit von Geschlechterzwängen stehen – nicht die feministische Selbstversicherung, dass in dieser oder jener Bewegung alles falsch laufe.

Feminist*innen, ob Frauen, Nichtbinäre oder Männer, ob trans oder cis, tun gut daran, einander in erster Linie als politische Subjekte gegenüberzutreten, die grundsätzlich in der Lage sind, ihre geschlechtlichen Erfahrungen zu reflektieren und miteinander abzugleichen. Dass es dabei zu Streit kommt, ist beinahe unvermeidlich.

Ein Beispiel: Manchmal kommt sich eine cisweibliche Feministin im selben Raum mit Drag Queens und trans Frauen, die ihre Schönheit zelebrieren und sich politisch artikulieren, wie eine graue Maus vor. Ihr politischer Weg hat sie dahin gebracht, sich von klassischen bzw. stereotypen Attributen von Weiblichkeit wie Schminke, Haarspray und Hochhackigen zu befreien. In einem persönlichen Emanzipationsprozess hat sie gelernt, sich selbst und andere Frauen jenseits des *male gaze* schön, interessant, vielleicht begehrenswert zu finden. Der Weg ist immer wieder mit Alltagsquerelen verbunden, etwa auf Familientreffen Kritik für die burschikose Frisur zu ernten oder von kleinen Kindern gefragt zu werden, ob man ein Junge oder ein Mädchen wäre. Im Raum mit der schillernden trans Frau, die für ihr prachtvolles Make-up und ihre Hochhackigen Bewunderung erfährt und vielleicht obendrein zur Vorsitzenden des Lesbenvereins gewählt wird, stellt sich vielleicht ein Gefühl von Unzulänglichkeit ein: Sind all diese Kämpfe nichts wert gewesen? Warum erfährt diese andere Frau so viel politische und erotische Aufmerksamkeit? Hier wäre es kein guter Ausweg, der Schillernden ihre Weiblichkeit abzuerkennen, sich selbst als richtige Frau zu setzen und dabei in transfeindliche Ressentiments zu flüchten. Stattdessen könnte in einer feministischen Auseinandersetzung geklärt werden, warum die Eine schmerzlich gekränkt ist – während es für die Andere mitunter lebenswichtig ist, als Frau mit allen klassischen Attributen durchzugehen, statt als trans aufzufallen. Das Gefühl, zu kurz zu kommen, ohnmächtig zu sein, die Schwierigkeit, für sich selbst einzustehen, sind allesamt übliche Resultate weiblicher Sozialisation, die auch bei Feminist*innen noch abrufbar sind.

Umgekehrt sollten trans Feministinnen für die Kritik offen sein, dass ein dominantes Auftreten und zu selbstbezogene Forderungen Versatzstücke männlicher Subjektanforderungen sein können, die in einer transweiblichen Sozialisation nicht automatisch ausgeschaltet oder durchreflektiert sein müssen. Einzubeziehen, dass nicht alle Frauen eine Vulva haben, darf beispielsweise nicht bedeuten, Vulven und cisweibliche Körpererfahrungen zu dethematisieren. Hier müssen die jahrzehntelangen Kämpfe älterer Feministinnen, die Kategorie Frau auf allen Ebenen der Gesellschaft zu etablieren, ernstgenommen werden: „Frauen sind im Kampf gegen ihre Unterdrückung vorwärtsgekommen, indem wir unsere Körper, unsere Menstruation, unsere Geburten und die Wechseljahre zum Thema gemacht haben. Wir wollen nicht, dass unsere Körper jetzt aus dem Drehbuch geschrieben werden" (Suzanne Moore, zit. n. Schwarzer/Louis, S. 57).

Gemeinsam sollte nach den Ursachen gefragt werden, warum die gesellschaftliche Unterstützung und Finanzierung von Frauenräumen – die nie so stabil war wie die anderer Institutionen – in den letzten Jahren besonders prekär geworden ist. Wo und warum kommt das Umdenken von Frauen- zu Queerpolitik tatsächlich Männern zugute, etwa im Bekleiden von Gleichstellungsposten? Warum beziehen sich plötzlich rechte Politiker*innen, die traditionelle Frauen- und Männerbilder pflegen, positiv auf Schutzräume für Frauen?

Um solche Fragen streitbar zu diskutieren, müssen wir uns als feministische Genoss*innen zusammensetzen, die ihre geschlechtsbezogenen Ängste und Projektionen liebevoll im Blick behalten und offen besprechen. Wie gut wäre es, wenn Cis- und Transsexualität, ähnlich wie Rassifizierung, Homo- und Heterosexualität oder Behinderung, eine Differenz der Erfahrung bezeichnen würden, die Feminist*innen miteinander verhandeln könnten, um in emanzipatorischen Kämpfen gegen das kapitalistische Patriarchat zusammenzufinden?

Exkurs 14

Lesben und Schwule gegen Transaktivismus

1

Die Lesbengruppe *Get The L Out* sind nicht die Einzigen, die eine transaktivistische Auslöschung der Homosexuellen fürchten. Ähnliches ist am Werk, wenn der *Jungle World*-Mitherausgeber Dierk Saathoff darauf beharrt, die Stonewall-Kämpferin Marsha P. Johnson, die heute zumeist als trans Aktivistin erinnert wird, sei *eigentlich* ein Schwuler gewesen: „Der […] in der New Yorker Schwulenbewegung wichtige Aktivist Malcolm Michaels Jr., so Johnsons bürgerlicher Name, [war] nicht transsexuell, sondern eine schwule Drag Queen, die sich selbst als ‚gay' und mit dem heute völlig verschwundenen Wort ‚transvestite' bezeichnete" (Saathoff 2022).

Die lesbische und schwule Abwehr der Kämpfe um Transrechte lässt vergessen, dass Schwul- und Lesbischsein selbst soziale Kategorien sind, die gesellschaftlicher Veränderung unterliegen. Ihre Sichtbarkeit und teilweise Akzeptanz in der öffentlichen Debatte sind das Resultat politischer Kämpfe der Homosexuellen- und der Frauenbewegung. Im Bestreben, an diese historischen Kämpfe zu erinnern, führt Saathoff die Kategorie Homosexualität gegen die *uneigentliche* Geschlechterkategorie trans ins Feld: Transaktivistinnen seien eigentlich schwule (cis) Männer. Im selben Sinn behaupten die *EMMA*-Autorinnen Schwarzer und Louis, trans Männer seien eigentlich lesbische (cis) Frauen.

Ein materialistischer Feminismus sollte es einerseits ermöglichen, Marsha P. Johnson als schwulen Aktivisten, Transvestiten und Drag Queen einzuordnen – also entsprechend den zeitgenössischen Kategorien, zwischen denen sich

Johnson bewegte und mit denen sie/er spielte. Es liegt kein Widerspruch darin, Johnson in einem weiteren Schritt als Vorkämpferin und Identifikationsfigur der heutigen Transbewegung zu würdigen. Das Erkenntnisinteresse an einer bewegungsgeschichtlich relevanten Person und die Deutungen ihres Wirkens können sich wandeln; dieser Wandel ist für die Materialistin gerade interessant. Nur müssen die Deutungen, um redlich zu bleiben, sorgsam mit der historischen Sachlage abgeglichen werden. Saathoff fordert das zu Recht von der queeren Bewegung, sofern sie Johnson ungebrochen als trans Frau verehrt – nur um dieselbe Person anschließend vor den eigenen identitätspolitischen Karren, nämlich den schwulen, zu spannen. Dabei wissen wir nicht, wie Marsha P. Johnson bzw. Malcolm Michaels jr. heute sexuell und politisch umtriebig wäre. Es liegt nahe, dass das Selbstverständnis als Transvestit heute gängigeren Identifikationen als trans Frau oder nichtbinäre Person weichen würde.

Zu beachten bleibt ebenfalls, dass der Lebensentwurf des bürgerlichen Schwulen oder der reaktionären Lesbe, die sich wie Dierk Saathoff nicht von der queeren Bewegung verwirren lassen, sondern „schlicht und ergreifend einfach nur schwul oder lesbisch sind“ (ebd.), zu Johnsons Zeiten weniger möglich war als heute. Das relativ normale Leben, das manche cis Lesben und Schwule heute glücklicherweise beanspruchen können, darf nicht auf Kosten der aktuellen Kämpfe von trans Leuten gehen, indem man sie sich – mit einem üblichen miesen Move bürgerlicher Subjektivität – als angeblich perverse oder auch nur unvernünftige Andere vom Leib hält.

2

Zur selben Zeit, als vorm Stonewall Inn Steine flogen, wurde in der Zweiten Frauenbewegung über das Phänomen der „Bewegungslesben“ gestritten. Die niederländische Feministin Anja Meulenbelt erzählt in ihrer zeitgenössischen Autobiografie *Die Scham ist vorbei*: „Lesbisch? Ich? Wo doch meine Vergangenheit mit Männern bevölkert ist? […] Die

Frauen um mich herum, die immer treu und brav hetero gewesen und nun eine nach der anderen nicht mehr sicher sind. Modeerscheinung, sagen ein paar strenge Hetero-Feministinnen. […] es geht um meine Erfahrungen, die etwas mit Feminismus zu tun haben, denn ohne die Frauenbewegung wäre es nie möglich gewesen" (Meulenbelt 1978, S. 229f.).

In den 1970ern öffnete sich die historische Möglichkeit, Begehren für andere Frauen bewusst zu empfinden und auszuleben. Meulenbelt berichtet über „Gespräche darüber, was es bedeutet, Frauen zu lieben. Die Frauen, die früher schon lesbisch waren. Die Frauen, die es geworden sind, weil die Trennungslinie zwischen Arbeiten miteinander, Solidarität und Erotik immer dünner wird, immer absurder" (ebd., S. 273). *Get The L Out* wissen sicherlich, dass Lesben durchaus nicht in allen Fällen immer lesbisch gelebt haben, und das nicht nur aus Gründen der Anpassung. Warum sollte es heute nicht genauso gut trans Personen geben, bei denen das Thema Transsexualität erst später aufgetaucht ist, befördert durch den Kontakt mit queeren und transaktivistischen Ideen? Genauso gut, wie andere trans Personen seit frühester Jugend wissen, dass das zugeschriebene Geschlecht nicht das richtige ist?

3

Ein Unterschied, der der melancholischen Lesbe der 2020er Jahre auffällt: Der politische Lesbianismus war eine Bewegung *zwischen* Feministinnen, eine – soweit ich es einschätzen kann – historisch einzigartige Beziehungsweise, die es ermöglichte, andere Frauen nicht nur als Konkurrentinnen und bestenfalls Leidensgenossinnen zu sehen, sondern als vollständige und aktive Menschen, die dadurch eine ganz neue Qualität an weiblicher Schönheit und Stärke gewannen. Auf manchen feministischen Demos oder Tanzflächen ist diese politisch-sexuelle Energie zwischen Frauen zu spüren: ein im Patriarchat recht seltenes Sich-in-Beziehung-Setzen, das die eigene Libido befeuern kann. Dagegen stellt sich die geschlechtliche Selbsterforschung heutzutage oft als einsame Seelenbeschau vor dem Spiegel und im Internet dar. Aber dieses identitäre Schneckenhaus ist nicht trans Personen anzulasten, sondern der sich wandelnden Form politischer Bewegungen.

Dass ein breites Spektrum von Transidentität heute präsenter ist als während der Zweiten Frauenbewegung und der Stonewall-Riots, korrespondiert mit dem identitätspolitischen Zeitgeist der Vielfalt, aber auch mit der geschlechtlichen Eindeutigkeit und Selbstvermarktung, die der Neoliberalismus erzwingt. Jede Bewegung hat materielle und ideelle Voraussetzungen, die ihre Ideen und Kämpfe beeinflussen. Dennoch ist Transsexualität ebenso wenig eine Modeerscheinung wie der politische Lesbianismus, sondern ein Bestandteil der Geschlechterverhältnisse, mit denen wir heute leben. Die seit den 1990ern präsente Geschlechtervielfalt ist nicht einfach ein ideologischer Irrtum – sondern ein realer gesellschaftlicher Prozess, der unsere Geschlechterrealität von derjenigen der Bewegungslesben wie auch von Marsha P. Johnson trennt.

4

Meulenbelt thematisierte auch die in der Frauenbewegung vertretene Anforderung, dass richtige Lesben auf keinen Fall mit Männern schlafen dürften. An dieser Stelle spiegelt sich das heutige Bedürfnis mancher lesbischen Radikalfeministin, das Lesbischsein zu vereindeutigen, die eigene heterosexuelle Geschichte – wenn sie überhaupt Teil des Selbstverständnisses bleiben darf – zum Leidensweg und die Liebe zu anderen Frauen zur Offenbarung zu erklären. Ein derart exklusives und zugeschnürtes Verständnis von Lesbischsein mag verständlich sein im Licht der Kämpfe der 1970er Jahre. Frauen und Lesben suchten nach Wegen, sich jenseits männerbündischer Strukturen und eines sehr offenen Sexismus (auch in der Linken) zu organisieren. Dass das mitunter harte Abgrenzungen erforderte, ist historisch verständlich.

Aber persönlich sowie in der Reaktion auf den aktuellen Radikalfeminismus habe ich einen großen Widerwillen dagegen, Lesbischsein auf den expliziten Ausschluss von Männern oder trans Frauen zu gründen. Ich möchte es auf Lust gründen und ein offenes und lebendiges Zugehen auf Menschen und auf die Welt. Ich möchte es auf Neugier und ein Begehren gründen, das in erster Linie anderen Frauen gilt und möglichst frei ist von heteronormativen, frauen- und sexualfeindlichen Beschränkungen; ein Begehren, das durchlässig ist in Richtung Sympathie, Freundschaft, spannende Alltagsbegegnungen, politische und kollegiale Zusammenarbeit.

Mit einem solchen weit offenen Sinn für Liebesobjekte will ich mein weibliches Begehren verstehen, das in frühen Jahren nicht eben gehegt und gepflegt wurde, weder von mir selbst noch von den Leuten, die mich aufgezogen haben. Als lesbische Feministin zu schreiben und zu referieren, ist mir wichtig, um die lesbische Sichtbarkeit in der Gesellschaft voranzutreiben, und auch, um die queerfeministische Identitätspolitik zu kritisieren, die die Identitäten Frau und Lesbe scheut wie der Teufel das Weihwasser (vgl. Linkerhand 2017).

Gleichzeitig wäre es nicht sinnvoll, mich im Rahmen feministischer Verteidigungskämpfe zu stark zu panzern. Ein allzu identitär verstandenes Lesbischsein hat denselben Nachteil wie das Selbstverständnis als queer – es setzt Begehren und Politik nicht in Beziehung zueinander, sondern schmeißt sie in einen Topf. Das unterwirft das Begehren erneut einem Regelwerk: Wen darf ich lieben und auf welche Weise? Lieber möchte ich mich auf intersubjektive Begegnungen einlassen können, in denen weder ich selbst noch mein Gegenüber geschlechtlich verbarrikadiert sind. Keine politische Bewegung ist es wert, diese Berührung mit einem Anderen, den lustvollen Schwindel wegzusperren, in dem ich für Momente mein Identitätsschneckenhaus (Frau, Lesbe, weiß, auf dem Weg zur Arbeit) verlassen und mich in eine neugierige, sinnliche und begehrende Beziehung zu anderen Menschen setzen kann. Dass es sich dabei in den allermeisten Fällen um Frauen handelt, braucht keine autoritäre Vorschrift, die mein Begehren noch mehr sanktioniert, als es meine Sozialisation ohnehin getan hat.

Schluss

Am Ende dieses bunten Straußes an Themen und Gedanken bleibt zu fragen: Sind die neuen und die alten Fäden zusammengelaufen? Welches Fazit lässt sich dem Strauß anfügen?

Ich fürchte, die Fäden sind nicht in allen Fällen zusammengekommen. Bei keinem anderen meiner Bücher habe ich während des Schreibens so gehadert. Es ist mir nicht mehr durchgängig gelungen, das gelesene und notierte Material knapp und klar zu erfassen und Gemeinsames und Trennendes quasi tabellarisch zu ordnen. Die selbstbewusste Rationalität, die mir – gerade als Frau und Feministin – lange Zeit große intellektuelle Zuversicht bereitet hatte, erschien mir immer wieder als herrschaftlicher Zugriff auf Lebensrealitäten und Erfahrungen, die sich meinen Ordnungsversuchen entzogen. Dadurch ist mir meine bisherige Form, politisch zu denken und zu schreiben, entglitten. Manchmal trauere ich noch um die alte Schmissigkeit. Aber im Grunde bin ich froh, mittlerweile eher zwischen den Dingen zu segeln als über ihnen und ein Stück Herrschafts- und Kontrollbedürfnis aufgeben zu können. Das hilft, offener zu segeln und die Dinge und die Menschen intensiver auf mich wirken zu lassen, aufnahmefähiger und durchlässiger zu sein; den Fäden nicht mehr die Fransen abschneiden zu müssen. Rita Segato schreibt von einer Denkbewegung des Mäanderns, die sie dem vereinheitlichenden kolonialen Zugriff auf die Welt entgegensetzt. Das hat mir gut gefallen – obwohl ihre Texte recht anstrengend zu lesen sind.

Feministisch streiten 2 dokumentiert eine Suche. Es ist ein Stand der Dinge, eine Dokumentation meines Denkens im Hier und Jetzt, die recht unfertig bleibt. Ich bin mir nicht sicher, ob es wieder dahin kommen wird, dass alles klar und übersichtlich ist. Während des Schreibens und Umarbeitens wartete ich darauf, dass sich endlich alles neu ordnet. Jetzt habe ich den Eindruck, einige Stränge ganz gut miteinander verflochten zu haben, während andere isoliert geblieben sind. Aber gerade macht es keinen Sinn, von einem noch ausstehenden Ende, einem Stadium des Fertigen und Glattgezogenen auszugehen. Das wichtigste Anliegen dieses Buches scheint mir der Versuch zu sein, im feministischen Denken ein Stückweit von der Gewalt abzurücken, mit der ich gelernt habe, mich als Subjekt zusammenzuhalten, Widersprüche einzuebnen und mir ein eindeutiges politisches Profil zu geben.

Gerade in dieser autoritärer und identitärer werdenden Zeit möchte ich auf einem Denken bestehen, das sich nicht auf Linie bringt und nicht allzu hart macht. Ich möchte hadern können auch in einer schlimmen Realität, in der Nazis die Wahlen gewinnen, die Kriege in der Ukraine und im Gazastreifen weitergehen und Hitze- und Flutwellen einander abwechseln. Gleichzeitig möchte ich in dieser Zeit, die sich in Leipzig und Sachsen so verfinstert wie in vielen anderen Regionen der Welt, politisch handlungsfähig sein. Paradoxerweise passt das nicht schlecht zusammen. Wenn man sich nicht mehr so sehr abdichten muss, entsteht mehr psychischer Raum für die Auseinandersetzung mit der gesellschaftlichen Realität (auch wenn sie deprimierend ist) und damit auch eine größere Offenheit für andere linke und feministische, manchmal auch bürgerliche Aktivist*innen und Aktionsformen. Hadern bedeutet nicht, unfähig zum Handeln zu sein. Mit den Mitteln feministischen Streitens lassen sich die grundlegenden Kampflinien bestimmen und die Differenzen und der Umgang damit auf den Punkt bringen.

In diesem Sinn: Alerta!

Quellen

#KeineMehr (o.J.): Femi(ni)zide – geschlechtsbasierte Tötungen an Frauen*. Unter: www.keinemehr.wordpress.com

#Keinemehr Leipzig (2023): Redebeitrag Kundgebung: Gewaltschutz in Leipzig? Massiv in Gefahr! Unter: www.keinemehrleipzig.noblogs.org

20 Fragen an: Olaf Scholz (2021). Unter: www.emma.de

Aktionsnetzwerk Leipzig nimmt Platz (2023): Erfahrungsbericht vom Kessel und der GeSa am 03.06. – „Als ich anfing zu weinen, durfte ich mich wieder anziehen." Unter: www.platznehmen.de

Allgemeinverfügung (2023): Versammlungsrecht am Wochenende 3./4. Juni 2023 eingeschränkt. Unter: www.leipzig.de

Arriba Las Que Luchan! Transnationales feministisches Manifest, um gemeinsam aus der Krise herauszukommen und das System zu verändern (2020). Unter: www.frauenstreik.org

ARTE (2021): Indien: Die Gebärmutter muss raus. Unter: www.arte.tv

Bachner, Frank (2021): „Keine Idee, wie man Männer besser integrieren kann": Berlins Integrationssenatorin will nicht von Ehrenmord reden – Giffey widerspricht. Unter: www.tagesspiegel.de, 9.8.2021

Baeck, Jean-Philipp (2019): Frauenstreik am 8. März: Streik mit Hindernissen. Unter: www.taz.de, 6.3.2019

Bartsch, Luise (2013): Durchsuchungen bei linker Gruppe: Razzien gegen Feminist*innen. Unter: www.taz.de, 20.12.2023

Beier, Friederike (Hrsg., 2023): Materialistischer Queerfeminismus. Theorien zu Geschlecht und Sexualität im Kapitalismus. Münster: Unrast

Benhabib, Seyla (2023): An Open Letter To My Friends Who Signed „Philosophy for Palestine". Unter: www.medium.com/amor-mundi

Bennholdt-Thomsen, Veronika/von Werlhof, Claudia/Mies, Maria (1992): Frauen, die letzte Kolonie. Zürich: Rotpunktverlag

Berlanga Gayón, Mariana (2023): Rassismus und Feminizid: Über den Zusammenhang von Kolonialität, Frauentötung und generalisierter Gewalt. In: Dyroff, Merle/Maier, Sabine/Pardeller, Marlene/Wischnewski, Alex (Hrsg., 2023): Feminizide. Grundlagentexte und Analysen aus Lateinamerika. Leverkusen-Opladen: Barbara Budrich

Adamczak, Bini (2017): Beziehungsweise Revolution. 1917, 1968 und kommende. Berlin: Suhrkamp

BMI (2022): Partnerschaftsgewalt: Anzahl der Opfer in fünf Jahren um 3,4 % gestiegen. Pressemitteilung vom 24.11.2022. Unter: www.bmi.bund.de

Böhme, Lucas (2022a): Endlos-Prozess entschieden: Mörder vom Auwald zu lebenslanger Haft verurteilt – scharfe Kritik an Verteidigung des Angeklagten. Unter: www.l-iz.de, 23.2.2022

Böhme, Lucas (2022b): Mord im Leipziger Auwald: Angeklagter legt Revision gegen lebenslange Haft ein. Unter: www.l-iz.de, 3.3.2022

Böhme, Lucas (2023): Urteil am Landgericht: 43-Jähriger muss für Frauenmord in Leipziger Hotel lebenslang in Haft. Unter: www.l-iz.de, 4.7.2023

Borchert, Anneli (2017): Die Sache mit den Safe Spaces – Warum ich keine Schwänze auf Frauentoiletten haben will. Unter: www.stoerenfriedas.de

Böttcher, Xenia (2023): Lithium in Argentinien: „Wir können die Natur nicht opfern". Unter: www.tagesschau.de, 29.1.2023

Clemm, Christina (2020): AktenEinsicht. Geschichten von Frauen und Gewalt. München: Verlag Antje Kunstmann

Clemm, Christina (2023): Gegen Frauenhass. München: Hanser Berlin

Colectivo Miradas Críticas del Territorio desde el Feminismo (2014): La vida en el centro y el crudo bajo tierra. El Yasuní en clave feminista. Unter: www.territorioyfeminismos.org

Copwatch Leipzig (o.J.): Abolitionismus in Deutschland. Unter: www.copwatchleipzig.home.blog

Die Linke Fraktion im Sächsischen Landtag (2024): Weitere Falschbehauptungen zum „Tag X" aufgedeckt – Juliane Nagel: Innenminister Schuster stellt Parteiinteressen über Professionalität, zum Schaden der Versammlungsfreiheit. Unter: www.linksfraktionsachsen.de

Dyroff, Merle/Maier, Sabine/Pardeller, Marlene/Wischnewski, Alex (Hrsg., 2023): Feminizide. Grundlagentexte und Analysen aus Lateinamerika. Leverkusen-Opladen: Barbara Budrich

Dyroff, Merle/Pardeller, Marlene/Wischnewski, Alex (2020): #KeineMehr. Femizide in Deutschland. Berlin: Rosa-Luxemburg-Stiftung

Ebert, Marco (2018): Die „Identifikation mit dem Leiden". Zur Apologie der Gewalt in Judith Butlers Agitation nach dem 11. September 2001. In: Vojin Saša Vukadinović (Hrsg.): Freiheit ist keine Metapher. Antisemitismus, Migration, Rassismus, Religionskritik. Berlin: Querverlag

Ekine, Sokari (2009): Women's Responses to State Violence in the Niger Delta. Violence as an Instrument of Governance. Unter: www.pambazuka.org

El Masrar, Sineb (2016): Emanzipation im Islam – eine Abrechnung mit ihren Feinden. Freiburg im Breisgau: Herder

Engelken, Eva (2020): Aggressive Transaktivisten: Stark gegen Frauen. Unter: www.evaengelken.de

Ewert, Felicia (2020): Trans. Frau. Sein. Aspekte geschlechtlicher Marginalisierung. Münster: Unrast

EZLN (2016): Das kritische Denken angesichts der kapitalistischen Hydra. Beiträge von EZLN-Aktivist*innen zu Theorie und Praxis der zapatistischen Bewegung. Münster: Unrast

FaulenzA (2017): Support your Sisters, not your Cisters. Über Diskriminierung von Trans* Weiblichkeiten. Münster: Unrast

Feddersen, Jan (2024): Judith Butler und die Hamas: Oops, she did it again. Unter: www.taz.de, 7.3.2024

Federici, Silvia (2012): Der Aufstand aus der Küche. Hrsg. von Kitchen Politics – Queerfeministische Interventionen. Berlin: edition assemblage

Federici, Silvia (2015): Caliban und die Hexe. Frauen, der Körper und die ursprüngliche Akkumulation. Wien: Mandelbaum

Federici, Silvia (2020): Jenseits unserer Haut. Körper als umkämpfter Ort im Kapitalismus. Münster: Unrast

Federici, Silvia (2020a): Die Welt wieder verzaubern. Feminismus, Marxismus & Commons. Wien: Mandelbaum

Fernandez, Elsa (2020): Fragmente über das Überleben. Romani Geschichte und Gadje-Rassismus. Münster: Unrast

Fine, Cordelia (2012): Die Geschlechterlüge. Die Macht der Vorurteile über Frau und Mann. Stuttgart: Klett-Cotta

Flachsenberg, Helene (2019): Wieso stehen Frauen so auf True Crime? Unter: www.spiegel.de, 18.4.2019

Freud, Sigmund (1912): Über die allgemeinste Erniedrigung des Liebeslebens. In: Jahrbuch für Psychoanalytische und Psychopathologische Forschungen, Nr. 4

Gago, Verónica (2021): Für eine feministische Internationale. Wie wir alles verändern. Münster: Unrast

Get The L Out (o.J.): About us. Unter: https://www.gettheloutuk.com

Goetz, Judith (2020): „Der große Austausch". Rechtsextreme Reproduktions- und Bevölkerungspolitik am Beispiel der „Identitären". In: Femina Politica 2/2020

Grigat, Stephan (2019): Das vergessene Leid der arabischen Juden. Unter: www.nzz.de, 15.5.2019

Gül, Lale (2022): Ich werde leben. Berlin: Suhrkamp

Hamas (2008): Im Wortlaut: Charta der Islamischen Widerstandsbewegung. Unter: www.kritiknetz.de

Hargreaves, Samantha/Hamilton, Patricia (2023): Die Auswirkungen des Extraktivismus auf den Körper, die Sexualität und die Autonomie von Frauen. In: outside the box – Zeitschrift für feministische Gesellschaftskritik, Nr. 8

Hartman, Saidiya (2022): Aufsässige Leben, schöne Experimente. Von rebellischen schwarzen Mädchen, schwierigen Frauen und radikalen Queers. Berlin: Claassen

Hausen, Elisabeth (2021): Dolphinarium-Anschlag vor 20 Jahren: Als Disko-Besucher zu Terror-Opfern wurden. Unter: www.israelnetz.de

Henkel, Knut (2023): Referendum in Ecuador: Ölförderung im Amazonas abgewählt. Unter: www.taz.de, 21.8.2023

Hofmann, Anne (2015): „Es war mein 21. Geburtstag, als ich am Telefon zu meiner Mutti gesagt habe: 21 Jahre und noch immer kein Kommunismus. Und da hat sie gesagt: Na, was soll ich denn sagen, ich stand kurz davor und wurde dann einfach in die Vormoderne zurückgebombt". In: outside the box – Zeitschrift für feministische Gesellschaftskritik, Nr. 5

Horkheimer, Max/Adorno, Theodor W. (2003): Elemente des Antisemitismus. Grenzen der Aufklärung. In: Dialektik der Aufklärung. Philosophische Fragmente. Frankfurt am Main: Fischer

IfGbsG (o.J.): „Sexuelle" oder „sexualisierte Gewalt". Unter: www.ifgbsg.org

Islamrat (2020): Aufmüpfig, rebellisch und feministisch. Wie soll die muslimische Ehefrau sein? Unter: www.youtube.de

Kampagne *Vergewaltigung verurteilen*: Petition, Plakate und Postkarten (o.J.). Unter: www.frauen-gegen-gewalt.de

Kastner, Jens (2013): Pueblo. Probleme einer Übersetzung. Unter: www.jenspetzkastner.de

Kayserilioğlu, Alp (2023): Kalaschnikow und Olivenzweig. Unter: www.revoltmag.org

Kelek, Necla (2006): Die fremde Braut. Ein Bericht aus dem Inneren des türkischen Lebens in Deutschland. München: Goldmann

Kempen, Aiko (2024): Einsatzprotokolle zu „Tag X": Chaos und Widersprüche zum Leipziger Polizeikessel. Unter: www.fragdenstaat.de

Kohpeiß, Henrike (2023): Bürgerliche Kälte. Affekt und koloniale Subjektivität. Frankfurt am Main: Campus.

Korecky, Karina (2020): Über Gebärfähigkeit. Zur Naturgeschichte einer Imagination des Weiblichen. In associazione delle talpe (Hrsg.): Maulwurfsarbeit V

Kracher, Veronika (2021): Was Transfeindlichkeit mit Antisemitismus zu tun hat. Unter: www.belltower.news

Kreuz, Sabine/Wurzel, Dirk (2020): 30-Jähriger in Leipzig unter Mordverdacht: Wer ist Edris Z.? Unter: www.lvz.de, 15.4.2020

Küntzel, Matthias (2002): Dschihad und Judenhass. Über den neuen antijüdischen Krieg. Freiburg: ça ira

Küntzel, Matthias (2020): Zeitenwende in Nahost. Unter: www.jungle.world, 22.10.2020

Kvinnegruppe Ottar (2019): Das Sexkaufgesetz ist 10 Jahre alt: Wie weiter? Unter: www.abolition2014.blogspot.com

Lagarde y de los Ríos, Marcela (2023): Anthropologie, Feminismus und Politik. Feminizidale Gewalt und die Menschenrechte von Frauen. In: Dyroff, Merle/Maier, Sabine/Pardeller, Marlene/Wischnewski, Alex (Hrsg.): Femizide. Grundlagentexte und Analysen aus Lateinamerika. Leverkusen-Opladen: Barbara Budrich

Lang, Tobi (2018): Fall Sophia: „Polizei hat die Lage falsch eingeschätzt". Unter: www.nordbayern.de, 10.7.2018

Lessenich, Stephan (2020): Neben uns die Sintflut. Wie wir auf Kosten anderer leben. München: Piper

Liebermann, Hallie (2022): Schwangerschaftsabbruch bei trans* Männern – „hat mir das Leben gerettet". Unter: www.buzzfeed.de

Lindig, Wolfgang/Münzel, Mark (1978): Die Indianer. Kulturen und Geschichte. Band 2: Mittel- und Südamerika. München: dtv

Linkerhand, Koschka (2017): Pappkamerad Primark. Über die Grenzen der Konsumkritik. In: konkret 2/17

Linkerhand, Koschka (2017): Treffpunkt im Unendlichen. Das Problem mit der Identität. In: Patsy L'Amour LaLove (Hrsg.): Beißreflexe. Kritik an queerem Aktivismus, autoritären Sehnsüchten, Sprechverboten. Berlin: Querverlag

Linkerhand, Koschka (2018): Feministisch streiten. Texte zu Vernunft und Leidenschaft unter Frauen. Berlin: Querverlag

Linkerhand, Koschka (2018a): Angst und Aggressivität im Feminismus … und die Notwendigkeit, sich Objekte jenseits von Sprachpolitik zu setzen. In:

Koschka Linkerhand (Hrsg.): Feministisch streiten. Texte zu Vernunft und Leidenschaft unter Frauen. Berlin: Querverlag

Linkerhand, Koschka (2018b): Das politische Subjekt Frau. Rehabilitierung eines Kampfbegriffs. In: Koschka Linkerhand (Hrsg.): Feministisch streiten. Texte zu Vernunft und Leidenschaft unter Frauen. Berlin: Querverlag

Linkerhand, Koschka (2019): Die andere Frau. Weibliche Erfahrungen als Grundlage feministischer Politik. In: outside the box – Zeitschrift für feministische Gesellschaftskritik, Nr. 7

Linkerhand, Koschka (2020): Global, aber nicht überall gleich. Überlegungen zum transnationalen Kampf gegen Femizide, Teil 2. In: konkret 9/20.

Linkerhand, Koschka/H., Azadiya (2022): Um mein Leben. Ein biografischer Bericht. Berlin: Querverlag

Löcher, Jennifer/Buhl, Lisa/Tegeler, Janna (2019): Die Feminismos Populares und die Frauenbewegung in Argentinien. In: outside the box – Zeitschrift für feministische Gesellschaftskritik, Nr. 7

Lux, Katharina (2019): „Es liegt nicht in unserem Interesse, Erfahrungen in eine vorgefasste Theorie einzupassen …“ Erfahrung und feministisches Bewusstsein in der autonomen Frauenbewegung der 1970er-Jahre. In: outside the box – Zeitschrift für feministische Gesellschaftskritik, Nr. 7

Lux, Katharina (2022) Kritik und Konflikt. Die Zeitschrift *Schwarze Botin* in der autonomen Frauenbewegung. Wien/Berlin: Mandelbaum

Luxemburg, Rosa (2022): Sozialreform oder Revolution? Berlin: Manifest

MacKinnon, Catharine A. (2023): Exploring Transgender Law and Politics. Unter: www.signsjournal.org

Majewski, Daria (2018): Töchter der Räuberin. Zu Differenz und Gemeinsamkeit von cis und trans Weiblichkeit. In: Koschka Linkerhand (Hrsg.): Feministisch streiten. Texte zu Vernunft und Leidenschaft unter Frauen. Berlin: Querverlag

Mania-Schlegel, Josa/Nößner, Robert (2023): Einkesselung am „Tag X“: „Ich dachte, wir holen sie da raus“. Unter: www.lvz.de, 4.6.2023

Manifiesto Feminista contra el genocidio al Pueblo Palestino. Contra el silencio y la impunidad (2023). Unter: www.feministas.org

Manifiesto: El antisemitismo es racismo y el antisionismo es anticolonialismo (2020). Unter: www.clacso.org

Maria 2.0 (o.J.): Willkommen. Unter: www.mariazweipunktnull.de

Marte, Janina/Pintul, Naida (2019): „Die Reform würde eine biologische Reform von Frauen mit Penis erschaffen“: Feministinnen in Großbritannien kritisieren den Gender Recognition Act. In: Jungle World 4/2019.

Marx, Karl (1974): Die sogenannte ursprüngliche Akkumulation. In: Das Kapital. Kritik der politischen Ökonomie. Erster Band, 24. Kapitel. Berlin: Dietz

Marx, Karl/Engels, Friedrich (o.J.): Manifest der Kommunistischen Partei. Unter: www.marxists.org

Mau, Huschke (2022): Entmenschlicht. Warum wir Prostitution abschaffen müssen. Hamburg: Edel Books

mauramagni (2019): Un violador en tu camino. Unter: www.youngmigrants.blog
MDR DOK (2024): Trauma „Tripperburg“ – Gewalt gegen Frauen in der DDR. Unter: www.youtube.de
Medico International (2021): (Re-)Konstruktion. Die umkämpfte feministische Revolte (Rita Segato & Eva von Redecker). Unter: www.youtube.com
Melo, Patrícia (2022): Gespaltene Frauen. Zürich: Unionsverlag.
Meulenbelt, Anja (1978): Die Scham ist vorbei. Eine persönliche Erzählung. München: Frauenoffensive
Millett, Kate (1985): Sexus und Herrschaft. Die Tyrannei des Mannes in unserer Gesellschaft. Reinbek bei Hamburg: Rowohlt
Netzwerk LINKE für eine Welt ohne Prostitution (2020): Aufruf „Für eine neue Prostitutionspolitik der LINKEN“. Unter: www.linke-gegen-prostitution.de
Oertel, Barbara (2022): Abtreibungen in Polen: Im Krankenhaus gestorben. Unter: www.taz.de, 27.1.2022
Offener Brief an die Jungle World (2023): Linke streben keine „natürliche“ Gesellschaft an, sondern eine befreite. Offener Brief von (ehemaligen) Autor*innen der Jungle World gegen die fehlende Abgrenzung von transfeindlichen Ressentiments in der Zeitung. Unter: www.tumblr.com/offenerbriefjungleworld
One Billion Rising (2023): Femizid Opfermeldungen 2022. Unter: www.onebillionrising.de
Orbach, Susie (2010): Bodies. Schlachtfelder der Schönheit. Hamburg: Arche
Othmann, Ronya (2021): Kolumne Import Export: Wer ist Kübra Gümüşay? Unter: www.faz.net, 11.4.2021
Pardeller, Marlene/Wischnewski, Alex (2018): „Revolution ist kein einmaliges Ereignis“. *Ni una menos* und *Keine mehr* – ein internationaler Kampf gegen Frauenmorde und Patriarchat. In: Koschka Linkerhand (Hrsg.): Feministisch streiten. Texte zu Vernunft und Leidenschaft unter Frauen. Berlin: Querverlag
Perdue, Theda (1999): Cherokee Women. Gender and Cultural Change 1700-1835. Lincoln/London: Nebraska University Press
Pfannkuch, Katharina (2015/2016): Muslimisch, queer und feministisch. Unter: www.libertine-mag.com
Piñeiro Moreno, Nancy (2023): Erinnerungen an das Morgen. In: outside the box – Zeitschrift für feministische Gesellschaftskritik, Nr. 8
Posster, Kim (2023): Männlichkeit verraten! Über das Elend der ‚Kritischen Männlichkeit‘ und eine Alternative zum heutigen Profeminismus. Berlin: Neofelis
Poutrus, Kirsten (1995): Ein fixiertes Trauma – Massenvergewaltigungen bei Kriegsende in Berlin. In: Feministische Studien, Band 13/2
Power-Feitz, Luzi (2023): Weltfrauentag: „Das Kopftuch ist kein Stück Stoff, sondern eine Waffe“. Unter: www.sueddeutsche.de, 9.3.2023

Prüwer, Tobias (2014): Zombie-Che is back. Zeitzeuge und Analytiker Volkmar Wölk über autoritäre K-Gruppen und ihr Erstarken. Unter: www.kreuzer-leipzig.de

Puppe, Matthias (2019): Mordfall Sophia: Cousine des Opfers kritisiert Untätigkeit der Polizei. Unter: www.lvz.de, 3.8.2019

Pychlau-Ezli, Lisa/Ezli, Özhan (2022): Wer darf in die Villa Kunterbunt? Über den Umgang mit Rassismus in Kinderbüchern. Münster: Unrast

RadFem Berlin (2022): Ein Jahr RadFem Berlin. Unter: https://radfemberlin.de

RadFem Berlin (o. J.): Shop. Unter: www.radfemberlin.de

Radford, Jill/Russel, Diana (2023): Femizid: Die Politik des Frauenmordes. Vorwort. In: Dyroff, Merle/Maier, Sabine/Pardeller, Marlene/Wischnewski, Alex (Hrsg.): Feminizide. Grundlagentexte und Analysen aus Lateinamerika. Leverkusen-Opladen: Barbara Budrich

Raha, Nat (2023): Ein queer-marxistischer Transfeminismus: Zur queeren und trans sozialen Reproduktion. In: Friederike Beier (Hrsg.): Materialistischer Queerfeminismus. Theorien zu Geschlecht und Sexualität im Kapitalismus. Münster: Unrast

Ramczik, Jessica (2022): Femizid in Leipzig: „Frauenhass wird verschleiert". Unter: www.nd-aktuell.de, 22.11.2022

Regenbogenportal (o. J.): Geschlechtsidentität und Geschlechtsausdruck. Unter: www.regenbogenportal.de

Rietzschel, Antonie (2024): Landgericht Leipzig: Durchsuchung bei Fotograf wegen „Tag X" rechtswidrig. Unter: www.lvz.de, 27.3.2024

Rodney, Walter (2023): Wie Europa Afrika unterentwickelte. Mit Beiträgen von Peluola Adewale, Bafta Sarbo und René Arnsburg. Berlin: Manifest

Roldán Mendívil, Eleonora (2017): Sie versuchen, Zionismus und Judentum gleichzusetzen. Im Gespräch mit Eleonora Roldán Mendívil. Unter: www.diefreiheitsliebe.de

Rowling, Joanne K. (2020): J. K. Rowling schreibt über die Gründe für ihre Äußerungen zur Geschlechts- und Genderthematik. Unter: www.stoerenfriedas.de

Ruhrbarone (2018): Rechte, Linke, Islamkritik und „Islamkritik". Unter: www.ruhrbarone.de

Saathoff, Dierk (2022): Queere Homophobie: In der queeren Szene grassieren Vorurteile gegen Homosexuelle. In: Jungle World 43/2022

Sahebi, Gilda (2023): „Unser Schwert ist Liebe". Die feministische Revolte im Iran. Frankfurt am Main: Fischer

Salzborn, Samuel (2022): Globaler Antisemitismus. Eine Spurensuche in den Abgründen der Moderne. Weinheim: Beltz Juventa

Sboron, Vincent (2022): Feministische Nazis: Jan Böhmermanns Gleichsetzung von Feministinnen und Rechten ist falsch. In: Jungle World 50/2022.

Schilling, Regina (2023): Diese Sendung ist kein Spiel. Die unheimliche Welt des Eduard Zimmermann (Dokumentarfilm).

Schmid, Birgit (2024): „Kein klares Muster von Verstümmelungen im Genitalbereich". Die zynischen Versuche, die Hamas zu entlasten. Unter: www.nzz.ch, 23.3.2024

Schon, Manuela (2017): Prostitution und Sklaverei – wo kommt die Begrifflichkeit Abolitionismus eigentlich her? Unter: www.manuela-schon.de

Schwarzer, Alice/Louis, Chantal (Hrsg., 2022): Transsexualität. Was ist eine Frau? Was ist ein Mann? Eine Streitschrift. Köln: Unrast

Segato, Rita (2014): Palestina somos todos. Unter: www.pagina12.com.ar

Segato, Rita Laura (2021): Wider die Grausamkeit. Für einen feministischen und dekolonialen Weg. Wien: Mandelbaum

Segato, Rita Laura (2023): Die Verbrechen des „zweiten Staates". Die Handschrift auf den Körpern getöteter Frauen in Ciudad Juárez. In: Dyroff, Merle/Maier, Sabine/Pardeller, Marlene/Wischnewski, Alex (Hrsg.): Feminizide. Grundlagentexte und Analysen aus Lateinamerika. Leverkusen-Opladen: Barbara Budrich

Sigel, Mira/Schon, Manuela/Panther, Ariane/Werner, Caroline/Mau, Huschke (2018): Störenfriedas – Feminismus radikal gedacht. Norderstedt: BoD

statista (2024): In welche der folgenden Berufsgruppen und Institutionen haben Sie großes Vertrauen? Unter: www.statista.com

Stock, Kathleen (2022): Material Girls. Warum die Wirklichkeit für den Feminismus unerlässlich ist. Berlin: Edition Tiamat

Stögner, Karin (2022): Intersektionalität und Antisemitismus. Unter: www.bpb.de

Stögner, Karin (2023): Angela Davis und Queer BDS. Was hat Palästina mit Feminismus zu tun? Unter: www.katho-nrw.de

Stöver, Merle (2018): Im Zweifel gegen den Burgfrieden. Zur notwendigen Kritik des Antisemitismus unter Feminist*innen. In: Koschka Linkerhand (Hrsg.): Feministisch streiten. Texte zu Vernunft und Leidenschaft unter Frauen. Berlin: Querverlag

Taskale, Hasan (2015): Das Kopftuch sorgt für Ausgrenzung. Unter www.gew-nrw.de

Taylor Allen, Ann (1991): Feminismus und Eugenik im historischen Kontext. In: Femina Politica 1/1991

Tegeler, Janna/Resnik, Martina (2019): Poner el cuerpo. Körper im Protest – Erfahrungen aus Argentinien. In: outside the box – Zeitschrift für feministische Gesellschaftskritik, Nr. 7

Terre des Femmes (2023): Stellungnahme von Terre des Femmes zu Transgender und Selbstbestimmung. Unter: www.frauenrechte.de

Terre des Femmes (o.J.): Unsere Forderung „Den Kopf frei haben". Unter: www.frauenrechte.de

The Combahee River Collective (2019): Ein Schwarzes feministisches Statement. In: Kelly, Natasha A. (Hrsg.): Schwarzer Feminismus. Grundlagentexte. Münster: Unrast

UN Women (2020): Formen der Gewalt gegen Frauen und Mädchen. Unter: www.unwomen.de

Vázquez, Eva (2023): Repatriarchalisierung durch Rohstoffabbau. In: outside the box – Zeitschrift für feministische Gesellschaftskritik, Nr. 8

Vogel, Wolf-Dieter (2020): Frauenmorde: „Man nimmt die Hilferufe nicht ernst". Unter: www.zeit.de, 30.5.2020

von Behren, Dirk (2019): Kurze Geschichte des Paragrafen 218 Strafgesetzbuch. Unter: www.bpb.de

von Werlhof, Claudia (2020): Hinter Corona. Brief an die Mitdenkenden. Unter: www.nrhz.de, 27.3.2020

Weiß, Volker (2017): Die autoritäre Revolte. Die Neue Rechte und der Untergang des Abendlandes. Stuttgart: Klett-Cotta

Wettig, Hannah (2023): Frauen in der Hamas: Frauen spielen eine wichtige Rolle in der Terrororganisation Hamas. Unter: www.jungle.world, 2.11.2023

WHO (2012): Femicide: Understanding and addressing violence against women. Unter: www.who.int

Wilpert, Bettina (2020): Morde an Frauen: Die unerkannte Pandemie Femizid. Unter: www.lvz.de, 1.7.2020

Wilpert, Bettina (2022): Herumtreiberinnen. Berlin: Verbrecher

Wir können nur ändern, was wir konfrontieren (2020). Unter: www.nothingchangeduntilfaced.com

Wischnewski, Alex (2018): Femi(ni)zide in Deutschland – ein Perspektivwechsel. In: Femina Politica 2/2018

WoMin – Women in Mining (2013): Women, Gender and Extractivism in Africa. A Collection of Papers. Unter: www.womin.africa

World Rainforest Movement (2018): Resistance by Women Defenders of Territory to Extractivism in Latin America. Unter: www.wrm.org.uy

Zartbitter (o.J): Der Begriff „Sexualisierte Gewalt". Unter: www.zartbitter-muenster.de

Zeiske, Kathrin (2022): Ciudad Juárez. Alltag in der gefährlichsten Stadt der Welt. Münster: Unrast

Zuerst mächtige Frauen des Regenbogens, dann Feministinnen (2019). Unter: www.npla.de

Zwerenz, Stephan (2020): Von precrime bis postfaktisch. Polizeiarbeit in Sachsen. Unter: www.belltower.news

FÜR MEHR STREITKULTUR

Feministisch streiten
Texte zu Vernunft und Leidenschaft unter Frauen
Koschka Linkerhand (Hrsg.)

broschiert, 328 S., 4. Auflage
18 €, 26 sFr., 18,50 € [A]
ISBN 978-3-89656-263-0